UTB

UTB **2916**

Eine Arbeitsgemeinschaft der Verlage

Beltz Verlag Weinheim · Basel
Böhlau Verlag Köln · Weimar · Wien
Wilhelm Fink Verlag München
A. Francke Verlag Tübingen und Basel
Haupt Verlag Bern · Stuttgart · Wien
Lucius & Lucius Verlagsgesellschaft Stuttgart
Mohr Siebeck Tübingen
C. F. Müller Verlag Heidelberg
Ernst Reinhardt Verlag München und Basel
Ferdinand Schöningh Verlag Paderborn · München · Wien · Zürich
Eugen Ulmer Verlag Stuttgart
UVK Verlagsgesellschaft Konstanz
Vandenhoeck & Ruprecht Göttingen
vdf Hochschulverlag AG an der ETH Zürich
Verlag Barbara Budrich Opladen · Farmington Hills
Verlag Recht und Wirtschaft Frankfurt am Main
WUV Facultas Wien

Europäische Zeitgeschichte

Herausgegeben von
Thomas Mergel und Martin Schulze Wessel

Band 3

Christian Jansen

Italien seit 1945

Vandenhoeck & Ruprecht

Christian Jansen, geb. 1956, lehrt Neuere und Neueste Geschichte an der TU Berlin. Nach einem Studium der Geschichte und Mathematik und drei Jahren Arbeit als Offsetdrucker 1989 Promotion an der Universität Heidelberg, 1998 Habilitation in Bochum, anschließend Lehrstuhlvertretungen, Gastprofessuren und Forschungsprojekte in Konstanz, Tübingen, Paderborn und Jerusalem, 2000–2006 Hochschuldozent an der Ruhr-Universität Bochum. Zahlreiche Veröffentlichungen zur deutschen und italienischen Geschichte des 19. und 20. Jahrhunderts, Wissenschafts- und Universitätsgeschichte.

Mit neun Tabellen und einer Karte

Bibliografische Information der Deutschen Nationalbibliothek

Die Deutsche Nationalbibliothek verzeichnet diese Publikation in der Deutschen Nationalbibliografie; detaillierte bibliografische Daten sind im Internet über http://dnb.d-nb.de abrufbar.

Internet: www.v-r.de

ISBN 978-3-525-03752-2

Umschlaggestaltung: Atelier Reichert, Stuttgart
Druck und Bindung: Ebner & Spiegel, Ulm

UTB Bestellnummer:
ISBN 978-3-8252-2916-0

Inhalt

Einleitung 9

1. Wo stand Italien 1945? 10
2. Besonderheiten des Landes und Themen dieses Buches 12

Kapitel 1
Der Anfang: antifaschistische Einheit 16

1. *Resistenza* 16
2. Die Weichenstellungen der Jahre 1945/46 19
3. Friedensvertrag, Verfassung und staatliche Institutionen 24

Kapitel 2
Die Italiener: Gesellschaft – Religion – Massenkultur 36

1. Bevölkerung, Sozialstruktur und Migration 36
2. Katholizismus und Kirchlichkeit 42
3. Familie – Geschlechter – Generationen 46
4. Medien, Kino, Popmusik und Sport 50

Kapitel 3
Zwei Wirtschaftswunder: Industrialisierung und Postindustrialismus . . . 65

1. Wiederaufbau und Entwicklung zur Konsumgesellschaft 68
2. Die Krise der italienischen Wirtschaft 74
3. Strände, Berge und Kultur: der Massentourismus und seine Folgen . . . 78
4. Der Übergang zum Postindustrialismus 81
5. Italienischer Lebensstil als Exportschlager 85

Kapitel 4
Die »Südfrage«: Misstrauen, Mafia, Modernisierung 90

1. Ökonomische und mentale Traditionen 90
2. Mafia & Co. 95
3. Modernisierungsprojekte 99
4. Die Anti-Mafia-Bewegung: Anfänge einer Zivilgesellschaft? 103

Kapitel 5
Die Segmentierung der politischen Kultur 108

1. Die Entwicklung der *Democrazia Cristiana* zur Staatspartei 108
2. Gespaltene Gewerkschaften 114
3. Die kommunistische Subgesellschaft 119
4. Die kleineren Parteien 123
5. Das Prinzip der *lottizzazione* 126

Kapitel 6
Die Außenpolitik: Vom »Lumpenimperialismus«
zum Stützpfeiler der europäischen Einigung 130

1. US-Einflüsse: Marshallplan, Little Italy und Hollywood 131
2. Zwischen Eigensinn und US-Gefolgschaft 136
3. Pionier der europäischen Einigung 139
4. Von den introvertierten Sechzigern zur Neuen Außenpolitik 141

Kapitel 7
Blockierte Aufbrüche: *centro-sinistra*, sessantotto
und die Krise der siebziger Jahre 149

1. *Centro-sinistra:* Eine Regierungsformel für die Sechziger 149
2. *Sessantotto*: Studenten- und Arbeiterbewegung 157
3. Schwarzer Terror 162

Neue Bewegungen und die Integration des PCI 166

5. Die »bleiernen« Jahre 174

Kapitel 8
Scheinblüte und Zusammenbruch der Ersten Republik 183

1. P2-Affäre, Krise der DC und Bedeutungsgewinn des PSI 183
2. Neue Medienlandschaft: freie Radios und Berlusconi 189
3. Die Craxi-Jahre: Konsumismus und große Worte 193
4. Reorganisation des kommunistischen Milieus 196
5. »System CAF«: Machterhalt auf verlorenem Posten 198
6. Die herrschenden Parteien werden abgewählt 202

Kapitel 9
Die Anfänge einer Zweiten Republik 207

1. Dimensionen und Grenzen des Umbruchs 207
2. Neue Parteien – neue Politiker? 210
3. Auf dem Weg in den Bipolarismus? 217
4. Was ist anders in der Zweiten Republik? 224

Abkürzungen 229

Kommentiertes Literaturverzeichnis 231

Personenregister 245

Sachregister 249

Tabellen im Text

Tabelle 1: Ergebnisse der Wahlen zur Nationalversammlung bzw. zur Abgeordnetenkammer 1946–1992 34
Tabelle 2: Soziale Schichtung während des 20. Jahrhunderts 38
Tabelle 3: Zusammensetzung der aktiven Bevölkerung nach Sektoren . . . 65
Tabelle 4: Verteilung der Arbeitnehmer auf kleine, mittlere und große Betriebe in wichtigen Industrieländern Anfang der neunziger Jahre 67
Tabelle 5: Indizes für Bevölkerungswachstum und Pro-Kopf-Einkommen . 67
Tabelle 6: Verbreitung langlebiger Konsumgüter 1953–1985 71
Tabelle 7: Pro-Kopf-Einkommen in italienischen Regionen 1951–1997 . . . 73
Tabelle 8: Registrierte Übernachtungen in Hotels und Pensionen 1961–1992 80
Tabelle 9: Ergebnisse der Wahlen zur Abgeordnetenkammer 1994–2006 . . 226

Einschübe im Text

De Gasperi, der Vatikan und die Entstehung der *Democrazia Cristiana* . . . 21
Die Lösung der Südtirolfrage 26
Vier Päpste bestimmten die katholische Kirche und die politische Kultur seit 1945 44
Erklärungsansätze für die Andersartigkeit des Südens 92
Präsidiale Instruktion für US-Botschafter Richard Gardner, März 1977 . . . 143
Die Entführung des Ciro Cirillo 180

Einleitung

Italien ist ein Land, das in besonderem Maße Emotionen weckt – positive oder auch negative. Unzählige Deutsche lernen Italienisch und setzen sich auf Bildungsreisen intensiv mit dem Land und seiner Kultur auseinander. Auch für den Massentourismus aus Deutschland ist Italien immer eines der drei beliebtesten Zielländer gewesen. Italiensehnsucht und Italienverehrung werden begleitet von Negativklischees, ambivalenten Gefühlen und Ängsten. Hierzu gehört das Bild von der italienischen Unzuverlässigkeit, dem mediterranen Leichtsinn und Schlendrian, das »deutschen Tugenden« wie Zuverlässigkeit, Fleiß und Pflichterfüllung gegenübergestellt wird. In der Nachkriegszeit war auch das Bild vom Italiener als Verräter sehr verbreitet. Entsprechende Klischees sind bis heute an den Stammtischen abrufbar – etwa wenn Deutschland wieder einmal im Fußball gegen Italien verliert. In Italien scheint vieles schlechter zu funktionieren, die Bürokratie gilt als schwerfällig und willkürlich. Ängste vor »italienischen Verhältnissen« sind ebenso verbreitet wie die Liebe zu Italien. Die meisten Deutschen, die Italien als Reiseland schätzen, können sich nicht vorstellen dort zu leben.

Italien, die Italiener und italienische Lebensart sind den Deutschen auch deshalb so vertraut, weil sie seit langem in Deutschland präsent sind. Seit dem späten 19. Jahrhundert sind in mehreren Wellen italienische Arbeitskräfte nach Deutschland eingewandert. Mit ihnen kam ein vielfältiges gastronomisches Angebot, das zur Beliebtheit Italiens wesentlich beigetragen hat: Seit den ersten Eisdielen im Kaiserreich und seit in den fünfziger Jahren *Cinzano, Campari* und *Lambrusco* die deutschen Esszimmer erreichte, ist italienisches Essen auf dem Siegeszug. Deutsche aller Schichten kennen und lieben *Pasta, Pizza, Cappuccino* und *Prosecco.*

In politischer Hinsicht ist das Bild von Italien fast einhellig negativ: »Chaos« und »Instabilität« sind die häufigsten Urteile. Dann wird auf die vielen Regierungswechsel verwiesen, auf die undisziplinierte und aufsässige Haltung der Italiener gegen jede Obrigkeit. Die Berichterstattung in den deutschen Medien über den früheren Ministerpräsidenten und Medienmogul Silvio Berlusconi hat das negative Bild von den politischen Verhältnissen in Italien verstärkt. Darüber ist fast in Vergessenheit geraten, dass es lange eine politische Italiensehnsucht der deutschen Linken gegeben hat – nach dem Land mit der starken kommunistischen Partei, mit der schmerzlich vermissten Widerstandstradition, mit einer ausgeprägten linken und linksradikalen Kultur.

Zum Negativbild der Deutschen von Italien gehört schließlich die Angst vor alltäglicher Delinquenz und organisiertem Verbrechen. Das reicht von der im Italienurlaub allgegenwärtigen Furcht, übers Ohr gehauen oder ausgeraubt zu werden, bis zum sehr realen Schrecken, der von der sprichwörtlichen Mafia, also den diversen kriminellen Geheimorganisationen des Südens, ausgeht – allerdings weniger für die ausländischen Besucher als für die Bewohner des Südens und hier auch nur für die, die sich den Erpressungen und moralischen Zumutungen (Schweigen, Wegsehen usw.) der Mafia widersetzen.

Die Erste Republik bestand seit dem Ende des Zweiten Weltkriegs und ist 1993 in einem für die westliche Welt beispiellosen Zusammenbruch des Parteiensystems untergegangen. Die folgende Geschichte Italiens seit 1945 ist in erster Linie eine Geschichte der Ersten Republik. Diese Epoche ist abgeschlossen und deshalb der historischen Analyse zugänglich. Was danach kam, der Übergang zur Zweiten Republik und deren erste Jahre, schließt sich als Ausblick an unter der Fragestellung »Was hat sich geändert? Was nicht?« Hier sind die großen Trends noch nicht absehbar, muss vieles Prognose oder Spekulation bleiben. Mit seiner Fokussierung auf die inzwischen untergegangene Erste Republik hat dieses Buch eine andere Perspektive als die älteren Darstellungen, die zwar die Dauerkrise des politischen Systems analysierten und das Chaos in Politik und Gesellschaft beschrieben, dem aber die Fähigkeit der Italiener, das Beste aus jeder Situation zu machen, und die positive ökonomische und soziale Bilanz der Ersten Republik gegenüberstellten.

Obwohl es viele parallele historische Entwicklungen und eine vielfältige Verflechtung zwischen Deutschland und Italien gibt, ist Italien ebenso faszinierend wie rätselhaft. Ziel dieses Buches ist, die Spezifika der Ersten Republik zu beleuchten und historisch zu ergründen. Methodisch versteht es sich als eine sozialgeschichtlich fundierte und kulturgeschichtlich erweiterte Politikgeschichte. Das heißt: In einer Mischung aus struktureller und chronologischer Gliederung wird einerseits die gesellschaftliche, kulturelle, ökonomische und politische Entwicklung des Landes geschildert. Andererseits sollen Besonderheiten Italiens, die dem Fremden geheimnisvoll oder irrational erscheinen, aus der politischen Entwicklung, den gesellschaftlichen Strukturen und Traditionen erklärt werden.

1. Wo stand Italien 1945?

Aus der Zeit seit der Gründung des italienischen Nationalstaates (1859/60) war das Land mit einer Reihe struktureller und politischer Hypotheken belastet, die die Entwicklung nach 1945 mitbestimmten. Hierzu gehörten vor allem: eine schwache demokratische Tradition und ausgeprägte klientelistische Strukturen (»Vetternwirtschaft«), ein starker Nord-Süd-Gegensatz, ein ausgeprägter Lokalismus mit tief verwurzelten antistaatlichen und antizentralistischen Ressentiments, die die Durchsetzung des staatlichen Gewaltmonopols verhinderten, – und die mehr als zwanzig Jahre faschistischer Herrschaft (1922–1945).

Das 1859 gegründete *Königreich Italien* orientierte sich politisch stark an Großbritannien. Es war eine liberale parlamentarische Monarchie mit einem sehr restriktiven, an Besitz und Bildungsqualifikationen gebundenen Wahlrecht (1861 waren 2 % der Bevölkerung wahlberechtigt, seit 1882 7 %). Die Wahlrechtsreform von 1912, die die Wahlberechtigung erheblich ausweitete, kam zu spät, um noch tief greifende Veränderungen zu bewirken. Italien blieb bis zur Regierungsübernahme der Faschisten (1922) eine parlamentarisch verfasste Oligarchie. Innerhalb der politischen Klasse handelten kleine Honoratiorenzirkel die Regierungsbildung aus. Eine Anhängerschaft, die ihre Interessen hätte artikulieren können, oder ein festes Parteiprogramm wären bei der Aushandlung der für die Regierungsbildung notwendigen Kompromisse innerhalb der politischen Klasse nur hinderlich gewesen. Deswegen entstand nie eine organisierte liberale oder demokratische Partei. Die Abgeordneten versuchten ihre Wiederwahl dadurch zu gewährleisten, dass sie spezifische Interessen ihres Wahlkreises vertraten und dort klientelistische Abhängigkeitsverhältnisse schufen. Wer zur Klientel eines Abgeordneten gehörte, musste dessen Wiederwahl unterstützen und konnte dafür Gegenleistungen erwarten, insbesondere die Bevorzugung bei der Erteilung staatlicher Aufträge und bei der Vergabe von Stellen im Staatsdienst. Wegen der großen Bedeutung, die Verwandtschaft bis heute hat, bildeten nicht Einzelpersonen, sondern ganze Großfamilien oder Clans jeweils die Klientel eines Politikers.

Im Rahmen dieses politischen Systems spielte das Prinzip des *trasformismo* eine große Rolle, demzufolge Mehrheiten nicht durch inhaltliche Entscheidungen und Kompromisse zwischen Parteien oder Fraktionen, sondern durch persönlich geprägte Bündnisse gefunden wurden. Das System des *trasformismo* führte dazu, dass Abgeordnete im Parlament häufig etwas anderes vertraten, als sie im Wahlkampf versprochen hatten, und dass die Grenzen zwischen Regierung und Opposition verwischt wurden. Der Verzicht der liberalen Strömungen auf den Aufbau von Mitgliederparteien mit klarem Programm erschwerte neben dem restriktiven Wahlrecht die Integration breiter Schichten in das politische System. Das Fehlen einer klaren Alternative aus Regierung und Opposition führte auch zu den häufigen Regierungswechseln, die bereits vor dem Faschismus typisch für Italien waren.

Seit der Gründung des liberalen Nationalstaates bestand ein scharfer Gegensatz zwischen einer dezidiert laizistischen Staatsführung und der *katholischen Kirche*, die durch die nationale Einigung (1859–1870) den Kirchenstaat, der ganz Mittelitalien außer der Toskana umfasst hatte, bis auf den winzigen Rest des Vatikanstaats verloren hatte. Papst Pius IX. verbot daraufhin den Gläubigen jede Mitarbeit in den Institutionen des neuen Staates, der seinerseits die Macht des Klerus mit der Enteignung von Kirchengut und dem Verbot politischer Betätigung einzudämmen suchte. Die Idee eines liberalen italienischen Nationalstaates war bis 1914 vor allem in den bürgerlichen und adligen Schichten mehrheitsfähig, während die Masse der Bevölkerung mental fest in einem bigotten Katholizismus verankert war. 1904 rückte Papst Pius X. (1903–1914) von der Fundamentalopposition ab und gestattete Katholiken die Wahrnehmung ihres Wahlrechts: sie sollten Politiker wählen, die versprachen schul- und familienpolitische Positionen der Kirche zu vertreten und die erstarkenden »gottlosen Sozialisten« zu bekämpfen.

Als Benito Mussolini am 30. Oktober 1922 zum Ministerpräsidenten ernannt wurde, verfügte die Faschistische Partei über nicht einmal 5 % der Sitze im Parlament. Aber die Parteiaktivisten und vor allem die berüchtigten Schlägertrupps der Partei (*squadre*) waren in der Lage, so viel öffentlichen Druck auszuüben, dass weite Teile der Führungsschichten nur von einer Regierung Mussolini die Wiederherstellung der öffentlichen Ordnung und die Unterdrückung der in den frühen zwanziger Jahren erstarkten Arbeiter- und Gewerkschaftsbewegung erwarteten. Einen Monat nach der Ernennung Mussolinis verzichtete das italienische Parlament in einem Ermächtigungsgesetz für mehr als ein Jahr auf jegliche Kontrolle der Regierung. Diese Zeit konnte Mussolini zur Institutionalisierung seines Regimes nutzen, da die politische Klasse, das Königshaus und auch das Militär stillhielten und die gesellschaftlichen Führungsschichten größtenteils mit seinen Maßnahmen sympathisierten. Der Faschismus verfügte noch weit weniger als der Nationalsozialismus über ein ausformuliertes Programm. Im Gegensatz zu Hitler hatte Mussolini seine »Doktrin« erst vier Jahre *nach* seinem Regierungsantritt schriftlich niedergelegt. Der Faschismus ließ außerdem der Opposition deutlich größere Freiräume als der NS-Staat. Durch *trasformismo* konnte das Regime immer wieder Teile der Opposition integrieren.

2. Besonderheiten des Landes und Themen dieses Buches

Im Kalten Krieg war Italien neben der Bundesrepublik wegen seiner strategischen, politischen und ökonomischen Bedeutung für die USA und die NATO der wichtigste Frontstaat. Daraus ergaben sich vor allem in den ersten Nachkriegsjahrzehnten eine starke Abhängigkeit der Innen- von der Außenpolitik und massive Interventionen der USA in die italienische Innenpolitik.

Eine weitere Besonderheit, die die Nervosität in Washington und bei der NATO verstärkte, war der Erfolg der Kommunistischen Partei (PCI). Durch eine geschickte Taktik entwickelte sie sich schnell zum großen Gegenspieler der *Democrazia Cristiana*. Mit einem moderaten Kurs reihte der PCI Wahlsieg an Wahlsieg, erreichte in westlichen Demokratien beispiellose Stimmenzahlen und schien von einer Klassen- zu einer Volkspartei zu werden. Während in Deutschland mit dem »Wirtschaftswunder« die kommunistische Massenbasis in der Arbeiterklasse verschwand, stabilisierte sie sich in Italien und weitete sich sogar in die Mittelschichten hinein aus. In vielen Städten übernahm der PCI die Regierung – und zwar gerade in reichen und wirtschaftlich erfolgreichen Regionen. Der PCI entwickelte sich von einer fundamentaloppositionellen Partei des Klassenkampfs zu einer Partei der materiell Abgesicherten, nur politisch-kulturell Oppositionellen. Die schroffe

Frontstellung zwischen einer von DC und katholischer Kirche beherrschten Mittelschicht und einer proletarischen Gegengesellschaft, die in den populären und vielfach verfilmten Romanen Giovanni Guareschis in den Figuren Don Camillo und Peppone geschildert wird, wich allmählich einem Nebeneinander, bei dem man zwar verbal, vor allem in Wahlkämpfen, immer wieder scharf aneinander geriet, aber praktisch gut zusammenarbeitete und in vielen Bereichen Macht und Posten untereinander aufteilte. Zu den PCI-Erfolgen trug auch bei, dass die tragende Rolle des PCI in der *resistenza* bis in die DC hinein anerkannt wurde. Der PCI bekräftigte bei allen Gelegenheiten den *resistenza*-Mythos, zu dessen zentralen Topoi gehörte, dass erst die Zusammenarbeit aller Antifaschisten den Sieg gebracht habe.

Italien war spätestens seit den sechziger Jahren außerdem geprägt durch eine Erstarrung der politischen Verhältnisse, die etwa darin zum Ausdruck kam, dass die größte Partei alle Regierungen der Ersten Republik dominiert hat – eine in der westlichen Welt beispiellose politische *Stabilität*. In keiner anderen europäischen Demokratie gab es außerdem so geringe Schwankungen der Wahlergebnisse. Diese außergewöhnliche Stabilität der politischen Verhältnisse widerspricht ebenso den Klischees über Chaos und Instabilität wie die hohe Kontinuität des politischen Personals: Die meisten Ministerpräsidenten und Minister gehörten vielen Regierungen an und übernahmen im Laufe ihrer Karriere die unterschiedlichsten Posten. Um Minister zu werden, musste man sich jahrelang hochdienen. Wie kein anderer repräsentiert Giulio Andreotti diese personelle Kontinuität: nirgendwo in Europa hatte ein Politiker über so lange Zeit so unterschiedliche parlamentarische und Regierungsposten wie Andreotti. Seit 1947 und über den Zusammenbruch der Ersten Republik und seiner *Democrazia Cristiana* hinaus gehörte er der politischen Klasse an. Als Senator auf Lebenszeit war er 2006 der Kandidat der politischen Rechten für das Amt des Staatspräsidenten.

Gesellschaft und politische Kultur sind extrem parzelliert – das reicht von historischen Fachzeitschriften und den Erinnerungskulturen über viele Bereiche des geselligen Lebens bis hin zu den verschiedenen Kanälen des staatlichen Fernsehens (RAI). In all diesen Bereichen gab es in der Ersten Republik zwei große Lager, das katholische und das linke. In Teilbereichen haben auch die zuvor dominanten Lager (das faschistische und das liberale) als eigene Milieus überlebt. Diese Parzellierung hängt auch damit zusammen, dass das Verhältnis zwischen Politikern und Wählern bis heute stark klientelistisch geprägt ist – und das nicht nur im Süden! In jeder Partei bzw. Parlamentsfraktion gab und gibt es unterschiedliche Strömungen (*correnti*), die spezifische regionale oder ökonomische Interessen vertreten und deshalb gegebenenfalls auch gegen ihre »eigene« Regierung stimmen. Das italienische Parlament mit seiner Vielzahl an kleinen Fraktionen und der Spaltung der größeren in *correnti* sowie in Regionalgruppen bildet die Interessen(gegensätze) in der Bevölkerung wesentlich genauer ab als etwa der Bundestag. Aber dieses hohe

Maß an demokratischer Repräsentativität zwingt die Regierungen zu permanentem Interessenausgleich, gefährdet ihre Stabilität und erschwert Strukturreformen.

Trotz dieser Starrheit des politischen Systems war die Zeit seit 1945 für Italien eine Zeit extremer Umbrüche im Zuge einer nachholenden Modernisierung, ökonomisch eine beispiellose Erfolgsgeschichte und aus der Perspektive der meisten italienischen Familien eine Zeit des rapiden sozialen Aufstiegs. Die Apenninhalbinsel entwickelte sich seit 1945 von einem armen, in großen Teilen noch traditionell agrarisch geprägten Land zu einem der sieben reichsten Industrieländer. Seit ihrer Gründung 1975 gehört Italien zur G 7. Innerhalb weniger Jahrzehnte hat sich das Nationaleinkommen verfünffacht, das Pro-Kopf-Einkommen vervierfacht. Italien als der andere große Verlierer des Zweiten Weltkriegs war letztlich ökonomisch noch erfolgreicher als Deutschland. Denn wegen der in Italien verspätet einsetzenden Industrialisierung war einerseits der Aufschwung in den Jahren des »Wirtschaftswunders« noch durchschlagender. Andererseits war wegen der nur kurzen Phase der Hochindustrialisierung in Italien der folgende Wandel zur postindustriellen Ökonomie weniger schmerzhaft als in stärker industrialisierten Ländern wie Deutschland. Im ökonomischen Bereich klaffen die Fremdwahrnehmung mit Klischees wie »Inflation«, »Pfusch« und »Mafia« und die Daten weit auseinander. Die Erfolge wären noch eindrucksvoller, wenn man die Schattenwirtschaft statistisch einbeziehen könnte.

Die Kehrseite des großen wirtschaftlichen Erfolgs Italiens seit 1945 ist ein ausgeprägter Konsumismus: postmaterielle Werte haben sich weit weniger durchgesetzt und auch die Geschlechterrollen weit weniger verändert als in West-, Mittel- und Nordeuropa. Traditionelle Verhaltensweisen und Rollennormen zwischen Generationen und Geschlechtern, das Zur-Schau-Stellen von Reichtum, ein unreflektiertes Mitmachen bei Moden aller Art sind stärker verbreitet als nördlich der Alpen. Trotz aller Kommerzialisierung des Fernsehens in ganz Europa wären Programme, die in Italien großen Erfolg haben, anderswo kaum denkbar. Selbst Institutionen der linken Kultur wie die Feste des PCI-Organs *Unità* sind seit den 1980er Jahren weitgehend kommerzialisiert worden. Böse Zungen sagen, der Konsumismus sei in Italien die einzige ernst zu nehmende und langfristig erfolgreiche Konkurrenz zum Katholizismus. Zu den Erfolgsgeheimnissen von Populisten wie Bettino Craxi oder Silvio Berlusconi gehörte, dass sie den Konsumismus der großen Mehrheit bedient und Ängste vor stärkerer Besteuerung und konsequenter Durchsetzung bestehender Vorschriften geschürt haben, die die Konsummöglichkeiten breiter Bevölkerungsschichten, aber auch die vielen halb- oder illegalen Vorteilsmitnahmen eingeschränkt hätten, ohne die der hohe Lebensstandard für viele nicht durchzuhalten wäre.

Zum spezifischen Traditionalismus gehört auch die überragende Bedeutung, die der Familie zukommt. Der Zusammenhalt in der (Groß)Familie und im Clan, der auch zu den Strukturbedingungen politischer Phänomene wie Klientelismus oder organisierte Kriminalität gehört, zeigt, dass Italien trotz aller Modernität und seines wirtschaftlichen Erfolgs ein mediterranes Land ist. Verglichen mit dem Balkan oder dem Maghreb wirkt die Bedeutung der Familie weniger ungewöhnlich.

Italien ist schließlich das Land der Naturkatastrophen – zumindest innerhalb Europas. Nirgendwo sonst gab es seit 1945 so zahlreiche Erdbeben, Erdrutsche, Überschwemmungen mit so vielen Opfern und so großen Schäden. Die von Naturkatastrophen auf der Apenninhalbinsel Betroffenen wurden häufig über viele Jahre und damit weit über das in einem westlichen Industriestaat zu erwartenden Maß hinaus in Mitleidenschaft gezogen, weil die Aufbauarbeiten nach anfänglichem, demonstrativem Aktionismus meist in Kompetenzstreitigkeiten, Korruption und Organisationschaos stecken blieben. So bekamen auch Naturkatastrophen häufig einen bitteren politischen Beigeschmack, wenn sich herausstellte, dass sie durch die Verantwortungslosigkeit von Behörden oder Privatpersonen verschlimmert worden waren. So wirkte im allgemeinen Fortschrittsglauben der frühen sechziger Jahre die Flutwelle als Schock, die 1963 nach einem gigantischen, von Experten prophezeiten Felssturz die 1961 vollendete, mehr als 250 Meter hohe Staumauer von Vajont (Dolomiten) überrollte und mehr als 2.000 Menschen tötete. In Friaul 1976, in der Irpinia 1980 und in Umbrien 1997 gab es heftige Erdbeben. Viele Opfer leben bis heute in provisorischen Zeltstädten, da die Wiederaufbaugelder in mafiosen Kanälen versickerten und sich der zuständige Minister als inkompetent erwies. Die zahlreichen Naturkatastrophen haben in Italien seit 1945 regelmäßig zur Delegitimierung der politischen Klasse beigetragen – dies wird besonders deutlich im Vergleich zur Bundesrepublik, wo Politiker Katastrophen immer wieder zum Aufstieg oder Machterhalt genutzt haben, weil sie sich als gute Krisenmanager präsentierten, und wo Naturkatastrophen über Solidaritätskampagnen sozial integrativ gewirkt haben.

Kapitel 1
Der Anfang: antifaschistische Einheit

1. *Resistenza*

Die Opposition gegen Mussolini stieß bis in den Zweiten Weltkrieg hinein auf wenig Resonanz. Außerdem war sie politisch zersplittert. Die größte Gruppe innerhalb des Antifaschismus bildeten die Kommunisten. Die zweite relativ große Widerstandsbewegung war die demokratisch-laizistische *Giustizia e Libertà* (Recht und Freiheit). Daneben gab es kleinere sozialistische und liberale Widerstandszirkel. Die nichtkommunistischen, laizistischen Gruppen schlossen sich 1942 zum *Partito d'Azione* (PdA) zusammen. Außer Kommunisten und PdA hatte sich die Kirche eine gewisse Autonomie bewahrt. In ihrem Schatten wurde im Herbst 1942 die *Democrazia Cristiana* gegründet, eine klassenübergreifende, christlich-demokratische Partei. Während die DC seit 1945 zur übermächtigen Staatspartei wurde und der PCI ihr großer Gegenspieler, wurde der PdA schnell marginalisiert. Sein politisches Erbe traten verschiedene kleinere laizistische Parteien an.

Am 25. Juli 1943 stürzten das Königshaus, Teile des Militärs und der faschistischen Partei Mussolini und verhafteten ihn. Sein Nachfolger, General Pietro Badoglio, arrangierte sich mit den Briten und Amerikanern. Daraufhin besetzten deutsche Truppen den Norden und die Mitte des Landes, befreiten Mussolini und bildeten unter seiner Führung einen Marionettenstaat, die *Repubblica Sociale Italiana* (RSI), nach ihrem Regierungssitz am Gardasee auch Republik von Saló genannt. Dieses Regime konnte nur entstehen und überleben, weil es von den vom Verbündeten zum Besatzer gewandelten deutschen Verbänden gestützt wurde. Diese Fremdherrschaft trug wesentlich zur Motivation der Widerstandsgruppen bei, für die die Idee nationaler Befreiung mindestens so wichtig war wie der Kampf gegen den Faschismus.

1943 bis 1945 existierten zwei halbautonome Regierungen: im Norden die von den Nazis gestützte RSI und im Süden, unter anglo-amerikanischem Protektorat, die Regierung Badoglio. In deren, mit dem Vorrücken der Front allmählich wachsenden Herrschaftsbereich gab es eine relativ unabhängige Presse und kommunale Selbstverwaltung unter der Leitung von Antifaschisten. Überraschenderweise erkannte im März 1944 die Sowjetunion als erstes Land die demokratisch in keiner Weise legitimierte Regierung Badoglio diplomatisch an. Zwei Wochen später kehrte PCI-Chef Palmiro Togliatti (1893–1964) aus der UdSSR ins inzwischen befreite Salerno zurück. Im Schlepptau Stalins erklärte er zur Empörung aller Antifaschisten, dass der PCI in die reaktionäre Regierung Badoglio eintreten werde (»Wende von Salerno«).

Eine bewaffnete Widerstandsbewegung, die einst mystifizierte, heute insbesondere von der politischen Rechten sehr kritisch bewertete *resistenza,* entstand erst nach dem Sturz Mussolinis aus versprengten italienischen Soldaten, die zu weit im Norden stationiert waren, um zu den Alliierten überlaufen zu können, und sich weder den Deutschen ergeben noch für die Republik von Saló kämpfen wollten. Sie versteckten sich in unwegsamen Regionen der Alpen und des Apennin. Zunehmend stießen militante Antifaschisten und junge Männer, die sich der Rekrutierung zur Arbeit im Reich oder zur Armee entziehen wollten, zu den Partisanen. Wie viele politische Phänomene im modernen Italien gab es die *resistenza* nur in einer Hälfte des Landes: in diesem Fall in der nördlichen bis hinunter in die Toskana. Die Partisanen lebten von dem, was die Bauern ihrer Gegend ihnen mehr oder minder freiwillig gaben. Mitte 1944 ging das Oberkommando der Republik von Saló von mehr als 80.000 Partisanen aus. Sie wandten klassische Guerilla-Taktik an: überraschende, blutige Angriffe auf Exponenten der RSI und der Deutschen, Sabotage, Anschläge auf die Infrastruktur, insbesondere auf Brücken, Eisenbahnlinien und die Energieversorgung sowie Überfälle mit dem Ziel, Geld, Waffen und Ausrüstung zu erbeuten. Beide Seiten gingen mit großer Grausamkeit vor. Auf der Seite der *resistenza* gab es in den anderthalb Jahren zwischen September 1943 und dem Kriegsende im April 1945 35.000 Tote und 21.000 Verwundete. 9.000 Partisanen wurden in deutsche Lager deportiert. Dies sind weit höhere Opferquoten als bei regulären Einheiten im Zweiten Weltkrieg.

Mehr als die Hälfte der *resistenza*, rund 50.000 Kämpfer, werden kommunistischen Gruppen zugerechnet. Darunter waren immerhin 5.000 Bürger der Sowjetunion, die ihre Regierung als Militärberater oder Politkommissare entsandt hatte. Viele kommunistische Partisanen träumten davon, nach dem Sieg über die Deutschen und die Faschisten gleich zur Revolution überzugehen. Aber wie bereits Togliattis »Wende von Salerno« gezeigt hatte, verfolgte die Parteiführung einen wesentlich vorsichtigeren und wohl auch realistischeren Kurs. Dabei stand ihr die Entwicklung in Griechenland vor Augen, wo die Briten die kommunistische Widerstandsbewegung, die maßgeblich zur Befreiung des Landes beigetragen hatte und nun die Revolution versuchte, blutig zerschlugen. Die zweite große politische Richtung innerhalb der *resistenza* bildeten mit rund 28.000 Kämpfern die Guerillagruppen von *Giustizia e Libertà*. Der Rest – also weniger als ein Fünftel aller Partisanen – sympathisierte mit den Christdemokraten und den Sozialisten, also den beiden Parteien, die bei den ersten freien Wahlen die meisten Stimmen erhielten.

Sowohl im Süden als auch im Norden schlossen sich die fünf antifaschistischen Parteien – PCI, PdA, PSI, DC und der liberale PLI – in Komitees zur nationalen Befreiung (*Comitati di Liberazione Nazionale*, CLN) zusammen. Im Januar 1944 bildeten die CLN eine Gegenregierung, die nicht nur die Entschlossenheit der antifaschistischen Parteien demonstrierte, sich selbst zu befreien, sondern auch eine stärker demokratisch legitimierte Konkurrenz zu der von den Alliierten abhängigen Allparteienregierung im Süden bildete. Militärisch war die *resistenza* von beschleunigender, aber keineswegs ausschlaggebender Bedeutung für die Befreiung. Sie band ein großes deutsches Truppen- und Polizeikontingent – bei Kriegsende 26 Divisionen. Dennoch sollte sie militärisch nicht überschätzt werden: nur in den letzten Kriegstagen, als die Niederlage der Deutschen unabwendbar war, kam es in einigen Regionen des Nordens zu Aufständen. Davor war die *resistenza* nur zu gezielten Guerillaaktionen fähig. Die Befreiung war also ein »Geschenk der Alliierten« (Jens Petersen). Die Bedeutung der *resistenza* lag auf politischem Gebiet: Gegen die von den Faschisten immer wieder propagierte Einheit der Nation setzten die Antifaschisten eine auf demokratischen Werten und auf Widerstand basierende, alternative nationale Identität.

Die Eskalation der Partisanenbekämpfung am Ende des Krieges zog eine im Vergleich zu Frankreich oder Deutschland brutale Abrechnung mit den Faschisten in der unmittelbaren Nachkriegszeit nach sich. Hatte schon die *resistenza* zahllose Mordanschläge auf Exponenten der Republik von Saló verübt, so ging während der Aufstände im März/April 1945 die Zahl der registrierten Morde steil nach oben. Der Sommer nach der Befreiung war die Zeit der unkontrollierten Säuberungen, in der viele alte Rechnungen, teilweise noch aus der Frühzeit des Mussolini-Regimes, teilweise auch nicht-politischer Art, beglichen wurden. Nach der vorsichtigen Schätzung Wollers fielen der spontanen, nicht gesetzlich geregelten »Abrechnung mit dem Faschismus« mindestens 15.000 Menschen zum Opfer. Darüber hinaus verhängten Gerichte zahlreiche Todesurteile und verurteilten tausende Kollaborateure und Parteimitglieder zu Haftstrafen.

Diese heftige Abrechnung war nicht nur ein Strafgericht an faschistischen Tätern, sondern Teil des Bürgerkriegs, der seit dem Ersten Weltkrieg in mehreren Etappen ausgetragen wurde: zunächst in den Kämpfen der frühen zwanziger Jahre zwischen Militanten der Linken einerseits und den faschistischen *squadre* sowie Milizen der Großgrundbesitzer und Unternehmer andererseits; dann im Faschismus staatlicherseits gegen die Linke, die Gewerkschaften und alle aktiven Antifaschisten. Als Farce wurde jener Bürgerkrieg in den siebziger Jahren von militanten Gruppen der Rechten und der extremen Linken fortgesetzt.

Nirgendwo in Europa wurde so schnell und unerbittlich die Abrechnung mit dem Faschismus aufgenommen wie in Italien. Die Heftigkeit der Säuberungen, der auch zahlreiche Unschuldige zum Opfer fielen, erzeugte Gegenreaktionen in den Bevölkerungsschichten, die sich bedroht fühlten. Schließlich hatte sich die Gesellschaft 1922 freiwillig dem Faschismus unterworfen und war dem Regime mehr als zwanzig Jahre in alle Abenteuer gefolgt. So war Italien nicht nur das Land, das als erstes eine konsequente Abrechnung mit dem Faschismus begann, sondern auch das erste, das bereits im Sommer 1946 eine großzügige Amnestie erließ. Hernach durften selbst prominente Vertreter des Regimes darauf vertrauen, dass ihnen verziehen worden war.

2. Die Weichenstellungen der Jahre 1945/46

Nach der Befreiung des Nordens und dem Sturz der Marionettenrepublik von Saló blieb die politische Konstellation kompliziert. Es gab zwei, trotz desselben Namens (CLN) und der auf dem Papier gleichen politischen Zusammensetzung auf sehr unterschiedliche Weise legitimierte Bündnisse, die Anspruch auf die Herrschaft in Nachkriegsitalien erhoben: Im Süden dominierten konservative Kräfte. Auch der in die Regierung eingetretene PCI-Chef Palmiro Togliatti taktierte sehr vorsichtig. Im Norden träumten Kommunisten, Sozialisten und demokratische Republikaner (PdA) von einer Art Räterepublik. Die Jahre 1943 bis 1945 hatten der ohnehin tiefen Nord-Süd-Spaltung des Landes eine weitere Komponente hinzugefügt: die *resistenza*-Erfahrung.

Wegen der geschickt inszenierten Erfolge der *resistenza* in den letzten Kriegstagen gewannen zunächst die radikaleren Kräfte aus dem Norden die Oberhand. Die Regierung des Südens musste abtreten. Immerhin hatte sie am 1. Februar 1945 noch für ganz Italien das Frauenwahlrecht eingeführt. Der erste Nachkriegs-Ministerpräsident Gesamt-Italiens, Ferruccio Parri, kam entsprechend aus der *resistenza* – und zwar aus den Reihen von *Giustizia e Libertà* und *Partito d'Azione*. Unter seinem Kampfnamen »Maurizio« war Parri ein Volksheld. Mit seiner sprichwörtlichen Ehrlichkeit und seiner Nüchternheit verkörperte er den Gegentypus zu den korrupten Faschistenführern, aber auch zur liberalen *classe politica* vor Mussolini. Seine Regierung stützte sich auf alle Parteien, die zu den CLN gehörten. Italien hatte wahrscheinlich nie eine nominell so radikale Regierung: PCI-Chef Togliatti wurde Justizminister, Pietro Nenni (PSI) stellvertretender Ministerpräsident, Emilio Lussu (PdA) wurde Sozialminister, dessen Genosse Ugo La Malfa Verkehrsminister, der DC-Chef Alcide De Gasperi war Außenminister. Es war jedoch eine Regierung ohne administrative Erfahrung. Ihre Bilanz fiel wenig überzeugend aus: keine tiefgreifenden ökonomischen und sozialen Veränderungen, keine Sozialisierungen in der Industrie, keine Kontrolle des Staates über die Wirtschaft, keine wohlfahrtsstaatlichen Reformen. Trotz der »Säuberungen« wurde der aufgeblähte Staatsapparat nicht angetastet. Es gab zwar CLN-Kommissare in den großen Betrieben, aber keine gesetzliche Verankerung ihrer Mitbestimmungsrechte.

Für die Erfolglosigkeit der Regierung Parri gab es mehrere Gründe: Erstens hatte keine Partei ausgearbeitete Pläne für die Zeit nach Mussolini. Zweitens bestand die Regierung aus äußerst heterogenen Kräften, die zwar anfangs einen Bruch der »antifaschistischen Einheit« verhindern wollten, deshalb aber über die Bewältigung der Alltagsprobleme hinaus zu keiner konsistenten Reformpolitik in der Lage waren. Drittens waren gerade die normalerweise staatsinterventionistischen Parteien der Linken in der unmittelbaren Nachkriegszeit staatsskeptisch. Nach den Erfahrungen mit dem überall hinein regierenden faschistischen Staat plädierten sie *nicht* für Verstaatlichungen und für einen schwachen Staat. Viertens verhinderten die Alliierten sozialistische und demokratisierende Reformen. Schließlich war Ministerpräsident Parri zwar ein bedeutender Partisanenführer, aber kein geschickter Politiker. Es spricht einiges dafür, dass die Führer der übrigen Parteien, allesamt Politiker, die der Ersten Republik ihren Stempel aufgedrückt haben, den wenig charismatischen Vertreter der schwächsten Gruppierung zum Ministerpräsidenten machten, weil er keinem von ihnen die Schau stehlen würde, und weil er an den hochfliegenden, einander ausschließenden Nachkriegserwartungen der Italiener nur scheitern konnte.

Die sechs Monate der Regierung Parri (bis zum 24. November 1945) schadeten zunächst vor allem der Partei des Ministerpräsidenten. Bei den ersten Wahlen im Juni 1946 erhielt der PdA nur gut 1 % der Stimmen und löste sich bald auf. Darüber hinaus war der Nimbus der Partisanenführer des Nordens beschädigt, die als Politiker offenbar weniger geeignet waren. Künftig lagen Regierungsbildung und Verteilung der wichtigen Posten wieder bei der politischen Klasse in Rom. Hingegen gehört es zu den Verdiensten der Regierung Parri, dass der Übergang von der Kriegs- zur Friedensgesellschaft weniger dramatisch verlief als nach dem Ersten Weltkrieg, als es zu bürgerkriegsähnlichen Konflikten kam, deren Resultat der Faschismus war.

Parris Nachfolger wurde Alcide De Gasperi, der bis 1953 acht Kabinetten vorstand und bis Herbst 1946 und erneut 1951–1953 auch Außenminister war. 85 Jahre nach der Nationalstaatsgründung wurde mit De Gasperi zum ersten Mal ein kirchentreuer Katholik Ministerpräsident. Auch in dieser Beziehung unterschied sich das postfaschistische Italien vom präfaschistischen. Anstelle der permanenten Konflikte zwischen Kirche und Staat gab es nun eine große Nähe beider Obrigkeiten. De Gasperi wurde zur beherrschenden Figur bis 1953 und verfolgte einen sachlichen, strukturkonservativen *law and order*-Kurs. Die Chance für radikale Reformen war vorüber. Traditionelle Staatlichkeit hatte über die Vorstellungen der *resistenza* gesiegt, nach dem Sieg eine demokratische Ordnung mit plebiszitären Zügen zu errichten.

Die langfristig wichtigsten Weichenstellungen durch die ersten Regierungen De Gasperi waren die Verabschiedung einer neuen Verfassung und der Abschluss eines Friedensvertrages. Bereits auf ihrem ersten gemeinsamen Kongress im Januar 1944 in Bari hatten die in den CLN vereinten Parteien beschlossen, nach dem Sturz des Faschismus eine verfassungsgebende Nationalversammlung zu wählen und die Frage Republik oder Monarchie in einem Referendum klären zu lassen.

De Gasperi, der Vatikan und die Entstehung der Democrazia Cristiana

Alcide De Gasperi war 1881 im Trentino, als Bürger Österreich-Ungarns und Sohn eines Gendarmen geboren worden. Der hoch begabte Junge konnte dank diverser katholischer Stipendien in Wien Philologie studieren. Im Wien der Jahrhundertwende wurde De Gasperi politisch sozialisiert. Eine Mischung aus katholischer Soziallehre, wirksamer Sozialpolitik, Populismus und Antisemitismus, wie sie der charismatische Oberbürgermeister Karl Lueger vertrat, prägte De Gasperi noch nach 1945. Pietro Nenni berichtet in seinen Tagebüchern etwa von Anspielungen De Gasperis auf den »jüdischen Geist« der PdA-Führung.

Nach seiner Promotion ging De Gasperi 1905 ins Trentino zurück und wurde Direktor von *La Voce Cattolica*, der Zeitung der christlich-sozialen Partei. Nach Engagement in der Kommunalpolitik wurde er 1911 Abgeordneter im österreichischen Reichsrat. Erst durch die Gebietsabtretungen nach dem Ersten Weltkrieg wurde De Gasperi italienischer Staatsbürger. 1919 gehörte er zu den Gründern des *Partito Populare Italiano*, 1921 wurde er Fraktionsvorsitzender, im Faschismus gehörte er zu den Führern des antifaschistischen Parteiflügels; 1926 bis 1929 saß er deshalb in Haft. Danach fand er Unterschlupf im Vatikanstaat, wo er als Bibliothekar angestellt wurde und an der Gründung der *Democrazia Cristiana* arbeiten konnte. Die Protektion für De Gasperi bedeutete keineswegs, dass die Kurie einhellig hinter dessen 1942 gegründeter demokratischer Partei stand. Zunächst liebäugelte der Vatikan mit autoritär-klerikalen Modellen wie in Spanien oder Portugal. Erst angesichts der Unterstützung für die *resistenza* im katholischen Milieu setzte der Vatikan auf die *DC*.

Im Vorfeld der Wahlen im Juni 1946 und des gleichzeitig stattfindenden Referendums nutzte De Gasperi sein ganzes taktisches Geschick und seine guten Beziehungen zu den Alliierten, um die Linke in die Defensive zu bringen. Die Wahlen wurden zu einem Triumph der neu gegründeten DC, die 35 % der Stimmen erhielt, während der PSI 21 und der PCI 19 % bekamen. Der große Erfolg der *Democrazia Cristiana* bestätigte den Bruch mit der laizistischen Tradition des präfaschistischen Italien. Ihren Sieg verdankten die Christdemokraten vor allem den Frauen, die 1946 erstmals wählen durften und stark überproportional für die DC stimmten. Aber nicht nur der Triumph der Christdemokraten, sondern ebenso der Erfolg der beiden Parteien der Arbeiterbewegung dokumentiert eine neue politische Kultur: Alle Parteien, die in der Tradition des *risorgimento,* also die nationalstaatliche Einigung, standen und bis zum Faschismus die Politik bestimmt hatten, erlitten katastrophale

Niederlagen – egal ob sie an der *resistenza* beteiligt waren oder nicht. Die Liberalen (PLI) bekamen knapp 7 %, die Republikaner (PRI) gut 4 %, die Aktionspartei (PdA) gerade 1 %, die Monarchisten (PNM) knapp 3 % der Stimmen (vgl. Tab. 1). Die Kräfte des präfaschistischen Italien konnten also nicht einmal ein Sechstel der Wähler gewinnen, die modernen Mitgliederparteien hingegen drei Viertel.

Mit dreißig Abgeordneten zog auch eine neue Partei in die Nationalversammlung ein, die einen Teil des faschistischen Potenzials mobilisieren konnte: die *Fronte dell'Uomo qualunque* (Jedermanns-Front). Landesweit kam diese Anti-Partei für alle, die mit der Politik seit der Befreiung grundsätzlich unzufrieden waren, auf gut 5 %, aber im Süden waren es in manchen Gegenden bis zu 20 %. Die Gruppierung, die von lokalen Mafiabossen finanziert wurde und deren Wähler hauptsächlich männliche Angestellte waren, war von dem Schriftsteller und Publizisten Guglielmo Giannini gegründet worden, der sich auch in seiner erfolgreichen Zeitschrift *L'Uomo qualunque* gegen alles wandte, wofür die *resistenza* und insbesondere der demokratische Flügel Parris eintrat: Säuberungsaktionen gegen Faschisten, Demokratisierung, Orientierung an westlich-demokratischen Werten. Dies alles bedrohe den einfachen Italiener und den Nationalcharakter. Zwar war die *Fronte dell'Uomo qualunque* nur kurzlebig. Aber die antipolitische Haltung des *qualunquismo* ließ sich besonders im Süden jederzeit gegen Rom und den Norden mobilisieren.

Die Linke (PSI und PCI), die bereits 1946 vielfach mit gemeinsamen Listen antrat und sich wenig später zur »Demokratischen Volksfront« zusammenschloss, siegte in fast allen großen Industriestädten sowie im »roten Gürtel« in der Mitte Italiens, der von Ligurien im Nordwesten über die Emilia-Romagna, Toskana, Umbrien bis in die Marken reicht. Hingegen hatte die DC ihre Hochburgen im Nordosten (Venetien, Trentino/Südtirol und Friaul), im Aostatal, auf Sardinien, in den Abruzzen und Molise sowie im Süden. Hier spielten auch diverse, meist rechtsextreme Listen eine Rolle, die mit keiner der drei großen Parteien (DC, PSI und PCI) etwas zu tun haben wollten: *Qualunquismo*, Monarchisten, Separatisten und um den PLI gruppierte Listen. Etwa gleichauf lagen die Linke und die *Democrazia Cristiana* im Piemont, in der Lombardei und in der Basilikata. Diese politische Einfärbung der einzelnen Regionen blieb während der ganzen Ersten Republik erhalten.

Die politische Spaltung des Landes zeigte sich gleichfalls beim Referendum über die Monarchie. Insgesamt war die Entscheidung mit 54 % für die Republik relativ deutlich. Bezieht man aber die fast zwei Millionen ungültigen Stimmen ein, was die Monarchisten sogleich taten, so war das Votum für die Republik mit knapp 51 gegen gut 49 % denkbar knapp. Während im »roten Gürtel« über 70 % für die Republik stimmten, waren in Neapel fast 80 % für die Monarchie. Die unterschiedliche Art, in der Norden und Süden vom Faschismus befreit worden waren, hatte die politischen Gegensätze verschärft. Im Norden war die Monarchie gründlich desavouiert. Das Gefühl, sich selbst befreit zu haben, hatte dem traditionsreichen Republikanismus Auftrieb gegeben, auch wenn davon nicht die klassischen republikanischen Parteien profitierten. Hingegen war im Süden die Erfahrung dominant, dass der König Mussolini gestürzt und einen relativ glatten und unblutigen Regimewechsel ermöglicht hatte. Außerdem beeinflussten dort klientelistische Abhängigkeiten vielfach die Wahlentscheidung.

De Gasperi war auch nach seinem Wahlsieg auf die Unterstützung der Linksparteien angewiesen. PCI und PSI blieben in der Regierung, obwohl sie eine Kröte nach der anderen schlucken mussten. Sie verfolgten langfristige Strategien der politischen Organisierung und Wählergewinnung. Kurzfristig konnten sie kaum etwas durchsetzen. Nach und nach jedoch machte die Zuspitzung des Kalten Krieges die Allparteienregierung in Rom zum Anachronismus. Seit Herbst 1946 wollte De Gasperi lieber ohne die Linke regieren. Befürchtungen, ein Bruch der antifaschistischen Koalition könne einen Bürgerkrieg auslösen, hielten ihn einstweilen davon ab. Bei einer Kabinettsumbildung im Januar 1947 verlor die Linke allerdings einflussreiche Posten. So wurde PSI-Chef Nenni als Außenminister durch den parteilosen Carlo Sforza ersetzt.

Im Frühjahr 1947 sah es so aus, als gehe die Taktik der Linken auf, die sich zur »Demokratischen Volksfront« zusammenschloss, den Bruch mit der DC zu vermeiden, bis diese an der Fülle von Problemen bei der Demobilisierung und Umstellung auf Friedenswirtschaft scheitern würde, und anschließend die Regierung zu übernehmen. Die wirtschaftliche Lage war kritisch, die Inflation galoppierte: seit 1945 hatten sich die Lebenshaltungskosten verdoppelt, seit 1938 gar vervierzigfacht. Allein im ersten Halbjahr 1947 waren die Preise um 50 % gestiegen. Hinzu kam eine schlechte Ernte 1946. Inflation und Hunger säten im Winter 1946/47 Panik in der Bevölkerung. Bereits im Oktober 1946 führte die Aussetzung von Arbeitsbeschaffungsmaßnahmen zu einer Revolte in Rom: Demonstranten versuchten, das Innenministerium zu stürmen. Es gab Tote und mehr als hundert Verletzte. In allen Regionen kam es zu Plünderungen und Hungerrevolten. Hätten die USA nicht die Lage mit massiven Getreidelieferungen stabilisiert und die Parteiführungen von PSI und PCI nicht an ihrer Doppelstrategie festgehalten, einerseits in der Regierung mit der DC zusammenzuarbeiten, andererseits die Proteste vor Ort zu unterstützen, so hätte es wie 1919/20 zu bürgerkriegsähnlichen Zuständen kommen können. Auch der im Februar unterzeichnete Friedensvertrag empörte viele Italiener.

Aus all diesen Gründen befand sich die Popularität De Gasperis und der DC auf Talfahrt. Regionalwahlen in Sizilien im April 1947 zeigten dies deutlich: der Stimmenanteil der Christdemokraten fiel von knapp 34 auf 20,5 %, die vereinte Linke steigerte ihren Anteil von 21,5 auf 30,4 %. De Gasperi fürchtete, seine Partei werde in der gesellschaftlichen Polarisierung zerrieben, falls er nicht Entschlossenheit zeige. Auch seine amerikanischen Berater, allen voran US-Botschafter James Dunn, rieten De Gasperi zu einer Regierung ohne den PCI. Der Hinauswurf der Kommunisten aus der französischen Regierung der nationalen Einheit Anfang Mai 1947 lieferte dazu ebenso einen Anlass wie heftige Attacken des PCI auf die Großgrundbesitzer und die Polizei nach einem Massaker bei einer Maifeier in Sizilien. Dort hatten Banditen und ehemalige *squadristi* unter Führung des legendären Salvatore Giuliano im Auftrag der Mafia und des US-Geheimdienstes die Maikundgebung im Dorf Portella delle Ginestre bei Palermo mit Maschinengewehren beschossen, elf Menschen getötet und mehr als fünfzig verletzt.

Am 13. Mai entließ De Gasperi die Minister der Linken und bildete mit den Liberalen und einigen Parteilosen eine Minderheitsregierung, die sich parlamentarisch auf die extreme Rechte stützte. Die USA erhöhten die Hilfe für die nun antikommunistische Regierung deutlich. Zwei der neuen Minister waren politische Schwergewichte: der starke Mann des PLI, Luigi Einaudi, als Finanzminister und der Christdemokrat Mario Scelba als Innenminister. Durch massive Staatsintervention und dank der Marshallplan-Hilfe bekam Einaudi die Inflation in den Griff. Im Gegenzug kam es allerdings zum typischen Nebenprodukt deflationärer Politik: steigende Arbeitslosigkeit; 1948 lag sie durchschnittlich bei 2,1 Mio. (eine Quote von rund 10 %). Auch soziale Konflikte nahmen zu, da die Linke nicht mehr so loyal zur Regierung stand, auch wenn sie keineswegs zur offenen Konfrontation überging. Insgesamt jedoch legte Einaudis entschlossene Finanzpolitik den Grundstein für den DC-Wahlerfolg im April 1948. Innenminister Scelba säuberte die Polizei von ehemaligen Partisanen und setzte sie massiv gegen Unterschichtenproteste ein. Besonders berüchtigt war seine Bereitschaftspolizei *celere* (die Schnellen), relativ hochgerüstete Großverbände, die mobil gegen Demonstrationen und Unruhen eingesetzt wurden. Viele fühlten sich an die faschistischen *squadre* erinnert, was die Linke propagandistisch ausschlachtete. Mit seiner autoritär-antikommunistischen Politik wollte Scelba vor allem Wähler der kleineren Rechtsparteien für die DC gewinnen. Das 1894 zur Bekämpfung der Arbeiterbewegung eingerichtete politische Zentralregister, das im Faschismus zu trauriger Berühmtheit gelangt war, wurde insgeheim fortgeführt. Bespitzelt wurden Kommunisten und linke Gewerkschafter, während Neofaschisten unbehelligt blieben, teilweise gar von Geheimdiensten protegiert wurden.

3. Friedensvertrag, Verfassung und staatliche Institutionen

Von den beiden Verursachern des Zweiten Weltkriegs erhielt Italien bereits im Februar 1947 – von geringen Einschränkungen abgesehen – die Souveränität zurück, die Bundesrepublik erst 1990. Allerdings empfanden die Italiener den Friedensvertrag überwiegend als »Diktat« und »Schmach«. Nur 17 % der Bevölkerung sprachen sich in einer Umfrage für die Annahme aus. Insbesondere aktive Antifaschisten fanden ihr Engagement nicht genügend gewürdigt, obwohl die unterschiedliche Behandlung der faschistischen Staaten durch die Alliierten doch die *resistenza* honorierte.

Besonders umstritten waren die territorialen Bestimmungen des Vertrages: Italien verlor alle faschistischen Eroberungen, musste die Unabhängigkeit Albaniens anerkennen, dem Land sogar eine bereits im Ersten Weltkrieg eroberte Insel zurückgeben und Reparationen für die Zeit der Besatzung zahlen. Ähnliche Regelungen wurden für Äthiopien getroffen. Griechenland erhielt die seit 1912 italienischen Dodekanes-Inseln zurück. An Frankreich musste Italien nicht nur die im Krieg eroberten Gebiete zurückgeben, sondern darüber hinaus entlang der Alpengrenze einige kleinere Flächen mit knapp 10.000 Bewohnern. Abgesehen vom Verlust sämtlicher Kolonien, der alle empörte, die weiter von einer Weltmacht Italien träumten, hatte das Land die größten Territorien an Jugoslawien abzutreten: fast ganz Istrien, Fiume (Rijeka) und die vorgelagerten Adriainseln. Triest und sein Umland verwalteten Briten, Amerikaner und Jugoslawen zunächst gemeinsam. Nach komplizierten Verhandlungen fiel Triest 1954 an Italien zurück, während das Umland an Jugoslawien ging. Weitergehende territoriale Forderungen Jugoslawiens konnten aber ebenso wie Ansprüche der übrigen Nachbarn abgewehrt werden: weder erhielt Österreich Südtirol noch Frankreich das Aostatal und die Teile des Piemont, die die französische Armee 1945 besetzt und erst unter massivem Druck der USA geräumt hatte. Obwohl die territorialen Bestimmungen des Friedensvertrages also Kompromisse darstellten, wurde er in der Öffentlichkeit (und wird bis heute von Historikern) als »hart« bezeichnet.

Italien musste 350 Mio. Dollar Reparationen an Jugoslawien, Griechenland, die Sowjetunion, Äthiopien und Albanien, vornehmlich in Form von Sachleistungen wie Industrieanlagen und Maschinen, leisten. Italienisches Eigentum, das während des Krieges in den Besitz der ehemaligen Gegner gelangt war, wurde mit den Reparationen verrechnet, die deshalb das Land nicht sehr belasteten. Art. 61 und 62 des Friedensvertrages legten fest, dass die italienische Armee defensiv ausgerichtet sein müsse und auf 185.000 Mann sowie 65.000 *Carabinieri* – eine militärisch organisierte Polizei – begrenzt werde.

Dass der Friedensvertrag in Italien abgelehnt wurde, lag auch daran, dass die Regierung eine Strategie verfolgt hatte, die auf den Großmachtallüren basierte, die die Außenpolitik des Landes seit dem ausgehenden 19. Jahrhundert bestimmt hatten. Lange hatte Rom auf einer Rückgabe Istriens und der Kolonien beharrt, zumal ausgerechnet die Sowjetunion, die dem PCI zusätzliche Popularität verschaffen wollte, sie darin unterstützte. Am Tag nach der Unterzeichnung (11. Februar 1947) protestierten die Italiener landesweit mit zehn Schweigeminuten. Außenminister Sforza verlangte eine Revision des noch gar nicht in Kraft getretenen Vertrages. Zu den Folgen gehörten langlebige antibritische und antifranzösische Ressentiments, während die USA bis ins kommunistische Milieu hinein populär blieben.

Die Lösung der Südtirolfrage

Parallel zu der vom 29. Juli bis 15. Oktober 1946 dauernden Pariser Friedenskonferenz, bei der 1.500 Delegierte von 21 Staaten Friedensverträge für die fünf europäischen Verbündeten Deutschlands im Zweiten Weltkrieg aushandelten, wurde auch ein Problem gelöst, das seit dem Ersten Weltkrieg die italienisch-österreichischen Beziehungen belastet hatte: die Südtirolfrage. Am 5. September 1946 schlossen die Außenminister beider Länder das »Gruber-De Gasperi-Abkommen«. Die Alliierten hatten bereits festgelegt, dass die Grenze nicht geändert werde, wie es Wien und die Bevölkerungsmehrheit in Südtirol forderten. Also ging es nur noch um Minderheitenschutz, Autonomieregelungen und eine Verkehrsverbindung zwischen Nord- und Osttirol. Das Abkommen leitete einen Prozess ein, der den Südtirolern die europaweit günstigste Minderheitenregelung gewährt und die ethnischen Konflikte weitestgehend befriedet hat.

Am 26. Februar 1948 wurden die Provinzen Bozen und Trient zur autonomen Region Trentino-Alto Adige zusammengelegt. Am 12. Mai 1949 baute ein Wirtschaftsabkommen mit den österreichischen Ländern Tirol und Vorarlberg Handelsschranken ab. Nachdem seit den späten fünfziger Jahren die Spannungen wieder zugenommen hatten, brachte Österreich das Südtirolproblem 1959 vor die UNO, die 1960 die Kontrahenten aufforderte, die Konflikte durch Verhandlungen zu lösen. Da Rom keine weiteren Zugeständnisse machen wollte, kam es zur Eskalation der Gewalt mit Sprengstoffanschlägen, Toten und Verletzten. 1969 gestand die Regierung in Rom eine Ausweitung der Autonomie für Südtirol zu. 1972 wurde ein erweitertes Autonomiestatut beschlossen, 1992 die Auseinandersetzung vor der UNO für beendet erklärt.

Dass die USA baldige Verhandlungen über seine Revision versprachen, erleichterte die Ratifizierung des Friedensvertrages. Eine klare Mehrheit in der Nationalversammlung stimmte ihm am 31. Juli 1947 zu. Letztlich gaben die Kommunisten den Ausschlag. Togliatti warb gegen die selbstgerechten und nationalistischen Töne der politischen Rechten für die Annahme, da man die Verantwortung für die vom Faschismus ausgegangenen Aggressionen übernehmen müsse. Abgesehen von der Rückgabe Triests und einer Milderung der Reparationszahlungen bestand die wichtigste Revision des Vertrages in der Wiederaufrüstung Italiens. Von der rein defensiven Ausrichtung und zahlenmäßigen Begrenzung der Armee war im Kalten Krieg nicht mehr die Rede. Bereits kurz nach der Ratifizierung unterlief die italienische Regierung mit Billigung der Westmächte die Vertragsbestimmungen. Im Oktober 1947 verzichteten die USA auf den ihnen zustehenden Anteil an der als Kriegsbeute verteilten italienischen Flotte – angeblich unter der Bedingung, dass die Schiffe verschrottet würden, was aber mit Wissen der USA unterblieb. Auch die übrigen Abrüstungsbestimmungen wurden nur teilweise erfüllt. Bereits 1949 war Italien wegen seiner Lage an der europäischen Ost-West-Grenze gleichberechtigt an der NATO-Gründung beteiligt und wurde in den folgenden Jahren mit US-Hilfe weiter aufgerüstet. 1951 kam es zu einem Abkommen mit den Westalliierten über die Revision des Friedensvertrages. 1952 erklärte Italien der Sowjetunion gegenüber seiner Verpflichtungen aus dem Friedensvertrag für null und nichtig. Der Preis für diese Integration in den Westen war, dass die UdSSR bis 1955 durch Vetos die Aufnahme Italiens in die UNO verhinderte.

Ebenso wie die Annahme des Friedensvertrages ist die andere große Weichenstellung des Jahres 1947 – die Erarbeitung einer Verfassung – ein Dokument der Kooperation im Geiste der *resistenza*. Es war der letzte und zugleich bedeutendste Beleg der antifaschistischen Einheit, bevor sich der Kalte Krieg auf die italienische Innenpolitik auswirkte. Hier erwies es sich als Vorteil, dass keine Fraktion der *resistenza* über ausgearbeitete Pläne für die Zeit nach Mussolini verfügte. So kam es in der Nationalversammlung zu vielen offenen Diskussionen und tragfähigen Kompromissen zwischen den Parteien. Die bis heute im Wesentlichen gültige Verfassung konnte Ende 1947 (ebenso wie im Sommer 1947 der Friedensvertrag) nur beschlossen werden, weil die Opposition, vor allem Togliattis PCI, mit der DC zusammenarbeitete, obwohl diese sie aus der Regierung geworfen hatte. Hinter Togliattis bemerkenswerter Kompromissbereitschaft, die die Phase der antifaschistischen Einheit und die Weichenstellungen in die Erste Republik erst möglich machte, stand seine Grundüberzeugung, dass die *Democrazia Cristiana* zu den »fortschrittlichen« Kräften gehöre. Diese Einschätzung erwies sich als blauäugig. Als Verfassung und Friedensvertrag mit kommunistischer Unterstützung in Kraft gesetzt waren, schwenkte De Gasperi auf eine strikt antikommunistische Linie.

Aber die Verfassung wurde noch in der Phase antifaschistischer Einheit ausgehandelt. So wurde die Republik in Art. 1 als antifaschistisch definiert und als Konsequenz aus dem Faschismus als schwacher Staat konzipiert. Anders als im präfaschistischen Italien sollte es keinen starken Präsidenten oder Ministerpräsidenten geben, der wieder zum Diktator werden könnte. So kann der Ministerpräsident keine Minister oder Staatssekretäre (*sottosegretari*) entlassen und hat auch keine Richtlinienkompetenz. Dafür bekam das aus einem radikalen Verhältniswahlrecht hervorgehende Parlament viel Macht, nach Ansicht vieler Zeitgenossen sogar zuviel. Ein weiteres Grundprinzip ist Gewaltenteilung: Der Staatspräsident ernennt den Ministerpräsident und auf dessen Vorschlag die Minister. Anschließend müssen beide Kammern des Parlaments der Regierung das Vertrauen aussprechen. Beide Kammern des Parlaments, Abgeordnetenhaus und Senat, sind verfassungsrechtlich gleichrangig und üben die Gesetzgebung gemeinsam aus. Dieser *bicameralismo perfetto* ist weltweit einmalig. Die Verdoppelung des Beratungsprozesses sollte bessere Entscheidungen gewährleisten, sie führte aber zu Blockaden und Verzögerungen, zumal es kein Schlichtungsverfahren gibt.

Ein weiteres verfassungsrechtliches Unikat ist die Bestimmung, dass die Parlamentsausschüsse Gesetze endgültig beschließen können (Art. 72). Gesetzentwürfe müssen nur dann zur Beratung und Beschlussfassung dem Plenum vorgelegt werden, wenn die Regierung oder mindestens 10 % der Abgeordneten es verlangen. Diese Regelung war zwar immer umstritten, ist aber bis heute gültig, weil sie das umständliche Gesetzgebungsverfahren in Fällen, in denen weitgehender Konsens unter den Parteien besteht, beschleunigt. Selbst in der Legislaturperiode 1948–1953, in einer Zeit scharfer Konfrontation, waren 70 % der beschlossenen Gesetze nicht im Plenum diskutierte *leggine* (Gesetzchen). Ansonsten lag ihr Anteil bei bis zu 90 %. Dass die schärfsten politischen Gegner in den Fachausschüssen des Parlaments regelmäßig zu politischen Kompromissen fanden und dass in Rom in erster Linie ein Arbeits- und kein Debattierparlament tagte, ermöglichte zwar einerseits eine hohe Effizienz der Legislative. Andererseits waren viele Kompromisse faul. Die so gut funktionierende Kompromissfindung untergrub in einem Land, in dem politische Auseinandersetzungen auf der Straße heftig ausgetragen werden, die Legitimation des Parlaments und gab den ohnehin beliebten Verschwörungstheorien Nahrung. Neben den *leggine* ermöglichten vor allem vorläufige Anordnungen mit Gesetzeskraft (*decreti legge* nach Art. 77, 2) dem Staat schnelle Entscheidungen. Obwohl die Verfassung solche Verordnungen nur für Notsituationen oder bei besonderer Dringlichkeit zulässt, wurden sie jahrzehntelang benutzt, um Blockaden im Parlament zu durchbrechen.

Da Plenardebatten also keine große Rolle für die Gesetzgebung spielen, wurden sie noch mehr als in anderen Parlamenten zur Bühne symbolischer Auseinandersetzungen. Die anfangs fast unbegrenzten Freiheiten der Abgeordneten zur Selbstinszenierung wurden allerdings allmählich eingeschränkt. So wurde die Redezeit begrenzt, um das »Filibustern« zu verhindern, die Verzögerung von Abstimmungen durch endlose Reden, bis im Gesetzgebungsverfahren vorgesehene Fristen überschritten waren. Geheime Abstimmungen wurden abgeschafft, da sie es »Heckenschützen« leicht machten von der Parteilinie abzuweichen.

Die beiden Kammern des Parlaments, *Camera dei Deputati* (Abgeordnetenhaus) und *Senato*, wurden nach einem konsequenten Verhältniswahlrecht gewählt. Seit 1994 galt eine Mischform aus Mehrheits- und Verhältniswahlrecht, seit 2006 ein modifiziertes Verhältniswahlrecht. Allerdings gab es eine Besonderheit des Wahlrechtes, die dem Klientelismus sehr förderlich war. Man wählte zwar eine Parteiliste, konnte aber zugleich vier »Präferenzstimmen« vergeben. Die Zahl der Abgeordneten wurde proportional zur erzielten Stimmenzahl vergeben. Von jeder Parteiliste bekamen die Kandidaten mit den meisten Präferenzstimmen ein Mandat. Deshalb war es für jeden Kandidaten wichtig, dass er von einflussreichen *pressure groups* unterstützt wurde oder eine große Klientel hatte, die ihm ihre Präferenzstimmen gaben. Liberalen Prinzipien entsprechend heißt es in Art. 67, jeder Abgeordnete vertrete die Nation und sei an keine Aufträge gebunden. Faktisch spielen jedoch die Parteiführungen, deren Stellung weder in der Verfassung noch in einem Parteiengesetz geregelt ist, eine sehr wichtige Rolle im politischen Willenbildungsprozess. Hierin liegt ein wichtigeres Strukturproblem der Verfassung als in der vermeintlichen Übermacht des Parlaments.

Der Senat hat immer halb so viele Mitglieder wie das Abgeordnetenhaus. Die Altersgrenze für das passive Wahlrecht lag (und liegt) bei den Senatoren bei 40, bei den Abgeordneten bei 25 Jahren, für das aktive Wahlrecht bei 25 bzw. 18 Jahren. Außerdem gibt es einige nicht gewählte Senatoren: fünf Personen, die sich »höchste Verdienste« auf sozialem, wissenschaftlichem oder kulturellem Gebiet erworben haben, darf der Präsident zu Senatoren ernennen. Wie die ehemaligen Präsidenten der Republik haben sie Mandate auf Lebenszeit.

Der Kompromisscharakter der italienischen Verfassung, die christliche Soziallehre, liberale und sozialistische Ideen zu verbinden sucht, wird besonders in den ersten zwölf, unabänderlichen Artikeln deutlich. Diffuse, in mehrere Richtungen interpretationsfähige Formulierungen überwiegen die wenigen klaren und originellen Maximen. So besagt etwa der erste Satz der Verfassung, Italien sei eine »demokratische, auf Arbeit gegründete Republik«. Art. 4 gewährleistet ein Recht auf Arbeit und verpflichtet alle Bürger, dem »sozialen Fortschritt« zu dienen. Gelungen und wohldurchdacht ist hingegen die Formel in Art. 1, dass die Staatsgewalt »dem Volk gehört«: sie soll damit nicht nur von ihm ausgehen, sondern ist ein unveräußerliches Gut des italienischen Volkes. Am umstrittensten war 1946 Artikel 7: »Der Staat und die katholische Kirche sind, ein jeder im eigenen Bereich, unabhängig und souverän. Ihre Beziehungen sind in den Lateranverträgen geregelt.« Für das laizistisch-antifaschistische Italien waren die Affirmation des von Mussolini abgeschlossenen Konkordats und der Verzicht des Staates auf Aufsicht über die Kirche eine Provokation. In der Tat ist die Aufnahme eines zwischenstaatlichen Vertrages in eine Verfassung sehr ungewöhnlich. Aber Togliatti überredete die PCI-Fraktion zur Annahme, nachdem Christdemokraten und die Kirche die Annahme des Art. 7 zur Bedingung für ihre Zustimmung zur ganzen Verfassung gemacht hatten. Sozialisten und Liberale lehnten sie ab.

Nach den Grundprinzipien listet die Verfassung in Art. 13–54 Grund- und Freiheitsrechte sowie »Pflichten der Staatsbürger« auf. Zu diesen gehört die Pflicht, das Wahlrecht auszuüben, ohne dass jedoch die Nichtbefolgung mit Sanktionen belegt wäre. Die Durchsetzung der Bürgerrechte krankte daran, dass es bis 1956 kein Gericht gab, das über eventuelle Verletzungen der Grundrechte entscheiden konnte. Dies ist nur ein Beispiel dafür, dass in Italien in besonderem Maße Verfassungstext und Verfassungswirklichkeit auseinanderfielen. Dies hing nicht zuletzt damit zusammen, dass zahlreiche repressive und autoritäre Gesetze aus dem Faschismus weitergalten, die die antikommunistischen Regierungen unter De Gasperi benutzten, um Opposition zu unterbinden. Der britische Historiker Martin Clarke schrieb: »Italien hatte eine sehr liberale Verfassung, eine katholische Regierung und faschistische Gesetze.« Andere behaupten, von der ganzen schönen Verfassung werde nur Art. 12, der die Nationalfarben festlegt, angewendet.

Zu den Bürgerrechten zählt auch, sich in Parteien zusammenzuschließen, um »mit demokratischer Methode die nationale Politik mitzubestimmen« (Art. 49). Diese wolkige Formulierung umschreibt nur unzureichend die Bedeutung der Parteien in der parlamentarischen Demokratie. Da sich die Parteien nie auf ein Parteiengesetz einigen konnten, gibt es außer der vagen Formel »mit demokratischer Methode« auch keine Mindeststandards für die innere Struktur der italienischen Parteien. So konnte Berlusconis *Forza Italia* 1994 als »freie Vereinigung privater Clubs« ohne demokratische Strukturen an die Regierung gelangen. Paradoxerweise entwickelte sich die viel zitierte *partitocrazia* (Parteienherrschaft), obwohl die Verfassung den Parteien *keine* zentrale Stellung bei der politischen Willensbildung zuspricht. Allerdings stärkte das Verhältniswahlrecht die Macht der Parteiapparate.

Neben der Willensbildung über Wahlen und über die Mitarbeit in Parteien sieht die Verfassung in Art. 75 auch Volksentscheide vor. Erst 1971 wurde ein Ausführungsgesetz beschlossen. Seitdem wurden Plebiszite vielfach angewandt, um die parlamentarische Gesetzgebung zu korrigieren – meist ohne Erfolg. Erst in der Endphase der Ersten Republik wurden Parlamentsentscheidungen mehrfach durch Referendum umgeworfen und trugen 1993 entscheidend zum Zusammenbruch des politischen Systems bei.

Zu den grundlegenden Neuerungen in der Verfassung von 1947 gehörte die Regionalisierung des zentralistischen Italien. Sie wurde allerdings – abgesehen von den fünf autonomen Regionen Sizilien, Sardinien, Aostatal, Trentino-Südtirol und Julisch-Venetien – erst in den siebziger Jahren politisch umgesetzt. Bei dieser Bestimmung traf sich die traditionell regionalistische Orientierung der DC mit dem Misstrauen aller Antifaschisten gegen einen starken Staat. Unter De Gasperi und seinen Nachfolgern verkehrten sich allerdings die Fronten: die DC sah als Dauerregierungspartei zunehmend die Vorzüge des Zentralismus. 1977 setzte die Opposition eine halbherzige Regionalisierung durch. Erst die Verfassungsreform von 2001 kehrte das Machtverhältnis von Zentralstaat und Regionen um. Statt Zentralismus gilt nun »asymmetrischer Regionalismus«: Im neuen Art. 117 sind 17 Kompetenzbereiche aufgezählt, für die allein die Zentralregierung zuständig ist: vor allem Außenpolitik, Verteidigung, Umweltschutz, juristische Normen, Sozialfürsorge, Wahlgesetze, Währungs-, Zoll- und Finanzpolitik, Staatsbürgerschaft und Einwanderung. Daneben gibt es 16 Bereiche, die Staat und Regionen gemeinsam regeln. Alle anderen staatlichen Kompetenzen sind auf die Regionen übergegangen, die damit, wie es die Verfassung seit 1947 vorsah, zu einem ernsthaften Gegenspieler Roms wurden. Da die Verfassungsreform 2001 gegen den neuen starken Mann Berlusconi durchgesetzt worden war, wurde sie in dessen Regierungszeit teilweise sabotiert. Eine nachhaltige Umsetzung des Regionalisierungsgebotes steht noch aus.

Eine letzte Besonderheit der italienischen Verfassung liegt in der starken Stellung der Jurisdiktion (*magistratura*), zu der die Richter (außer Verwaltungs- und Militärrichtern) und Staatsanwälte zählen und die Art. 104 zu einer »selbständigen, von jeder anderen Gewalt unabhängigen Institution« erklärt. Die Jurisdiktion wurde damit aus jeglicher Hierarchie herausgelöst: weder sind die italienischen Richter und Staatsanwälte dem Justizministerium unterstellt, noch gibt es Vorgesetzte innerhalb der Justiz. Über alle Einstellungen, Versetzungen, Beförderungen und Disziplinarmaßnahmen entscheidet der *Consiglio superiore della magistratura* (Hohe Rat für die Justiz). Ihm gehören zwanzig demokratisch gewählte Vertreter der *magistratura* sowie zehn von den beiden Kammern des Parlaments gewählte Juraprofessoren oder angesehene Rechtsanwälte an. Diese gut abgesicherte Unabhängigkeit der Justiz war schon vielen Regierungen ein Dorn im Auge. Zugleich jedoch ist die Justiz chronisch überlastet. Vor allem die unteren Ränge des Justizsystems fühlen sich unterbezahlt, was zu einer Vielzahl von Richterstreiks geführt hat. Die Geschäftsgänge sind außerordentlich kompliziert. Außerdem gelten wohl nirgends auf der Welt so viele, teilweise einander widersprechende rechtliche Bestimmungen: schätzungsweise 200.000 Gesetze und Dekrete sind derzeit in Kraft (in Frankreich nur ca. 8.000). Diese Regelungswut sollte nach der Erfahrung mit dem Faschismus die Bürger vor bürokratischer Willkür schützen, führte aber zu einer unüberschaubaren Vielfalt an Vorschriften. Sie ist zwar ein Beleg für eine gut funktionierende Legislative. Aber sie ist keineswegs ein Beleg für ein funktionieres politisches System. Denn statt einer klaren Linie wurden häufig nur unterschiedlichste Interessen ruhig gestellt. Statt eingehender Beratung und kontroverser Debatten wurden zu schnell Kompromisse geschlossen und undurchdachte Bestimmungen erlassen.

Die durch politische Tradition, Friedensvertrag und Verfassung gebildeten Rahmenbedingungen prägten die wichtigsten staatlichen Institutionen:

Das *Militär*, dessen Stellung gegenüber der Zeit vor 1945 deutlich geschwächt war, profitierte von der Wiederaufrüstung durch die USA im Zeichen des Kalten Krieges. Im Offizierskorps der Wehrpflichtigenarmee – erst 1972 wurde das Recht auf Kriegsdienstverweigerung eingeführt – gab es eine starke Kontinuität zur faschistischen Zeit. Eine Demokratisierung der Armee, wie sie der *resistenza* vorgeschwebt hatte, fand nicht statt. Vielmehr blieben Kommunisten und Sozialisten von der Offizierslaufbahn ausgeschlossen.

Die *Polizei* besteht aus verschiedenen Zweigen. Die wichtigsten sind die kasernierten, dem Verteidigungsministerium unterstehenden *Carabinieri* (seit 2000 offiziell vierte Teilstreitkraft der Armee), die dem Innenministerium unterstehende *Polizia di Stato* (PS), die für die Bekämpfung von Wirtschaftskriminalität und die Zollgrenzen zuständige, zum Finanzministerium gehörende *Guardia di Finanze* sowie kommunale, den Bürgermeistern unterstehende Gemeindepolizeien. Diese komplizierte Struktur ist historisch gewachsen, denn diese vier Polizeitruppen sind älter als der italienische Staat. Andere kamen je nach Bedarf hinzu, z.B. die *Direzione Investigativa Antimafia* zur Bekämpfung der organisierten Kriminalität. Zwischen den verschiedenen Polizeitruppen gibt es regelmäßig Kompetenzstreitigkeiten, insbesondere zwischen *Carabinieri*, die ursprünglich für die kleinen Gemeinden und ländlichen Gebiete zuständig waren, und der *Polizia di Stato*, die vornehmlich die Großstädte kontrollieren sollte. Seitdem Innenminister Scelba innerhalb der PS die *celere* zur Aufstandsbekämpfung geschaffen hatte, überschnitten sich die Kompetenzen noch stärker als zuvor. Seit dem Faschismus koordiniert die Abteilung für öffentliche Sicherheit im Innenministerium *Carabinieri, Guardia di Finanze*, PS und den Staatsschutz DIGOS, während der Nachrichtendienst SISDE direkt dem Innenminister untersteht.

In der *Justiz* waren die Säuberungen nach 1945 besonders erfolglos. Auch das Strafgesetzbuch aus der Zeit des Faschismus, der *Codice Ròcco*, blieb in Kraft. Die Justiz rekrutierte sich wie die gesamte Bürokratie hauptsächlich aus den Universitäten des Südens, weil die Absolventen im Norden leichter lukrativere Positionen fanden. In Verbindung mit der verfassungsrechtlichen Sonderstellung der *magistratura* schloss sich die Justiz kastenartig gegen die übrige Staatsverwaltung ab. Seit dem Linksruck bei Akademikern im Kontext von »1968« hat sich die Justiz allerdings in manchen Bereichen zu einer obrigkeitskritischen Institution entwickelt: ohne couragierte Ermittlungsrichter wären die großen Skandale wie P2, *Mani pulite*, die zum Untergang der Ersten Republik führten, vielleicht vertuscht worden; Berlusconi hat seine Regierungszeit (1994 und 2001–2006) in erster Linie dazu benutzt, die Unabhängigkeit der Justiz zu schwächen, um Ermittlungsverfahren gegen sich und seine Vertrauten zu unterbinden.

Vor dem Hintergrund der skizzierten Traditionen aus der liberalen und der faschistischen Zeit entstand eine schwerfällige, häufig entscheidungsunwillige *Bürokratie*. So konnte der Staat kein Geld ausgeben, bevor nicht fünf Schritte vollzogen waren: Parlamentsbeschluss, Überprüfung durch das oberste Verwaltungsgericht, Kontrolle durch die zuständigen Ministerien, Zustimmung des Haushaltsministeriums, das hierfür in jedem Ministerium eine Stabsabteilung hat, sowie schließlich Genehmigung durch den Rechnungshof.

Besondere Bedeutung haben in Italien die *enti pubblici* (staatliche Agenturen im Bildungswesen, Tourismus etc.) und parastaatliche Einrichtungen wie die Sozialversicherungen. Die wichtigsten waren die klassischen Staatsunternehmen Eisenbahn, Post und Telekommunikation, die Monopolverwaltungen sowie die Institutionen der Sozialversicherung; hinzu kam die im Faschismus geschaffene

Industrieholding IRI, die 1948 216.000 Menschen vor allem in Werften, Reedereien, Elektrizitäts- und Telefongesellschaften beschäftigte.

Da eine fundamentale Verfassungsreform 1998 am Widerstand von *Forza Italia* gescheitert ist, ist die Verfassung von 1948 in ihren Grundzügen auch das Grundgesetz der Zweiten Republik. Trotz zahlloser Lippenbekenntnisse zu einer »großen Reform« wurde seit 1946/47 nie wieder die Kompromissbereitschaft zwischen den politischen Lagern erreicht, die in der Zeit der antifaschistischen Einheit bestanden hat. Insofern könnte die viel gescholtene Verfassung von 1947 sich als ebenso langlebig erweisen wie ihr Vorläufer, der *statuto Albertino* von 1848.

Die Erste Republik war in wichtigen politischen Strukturen geprägt durch die relativ kurze Anfangszeit, in der alle antifaschistischen Parteien zusammenarbeiteten. Hinter dieser Kooperation über politische Lagergrenzen hinweg stand der Mythos der *resistenza*, dass Italien sich selbst vom Faschismus und von der deutschen Besatzung befreit habe. Tatsächlich hat die *resistenza* den Zusammenbruch der RSI beschleunigt und erhebliche deutsche Kräfte gebunden. Sie war aber für die Befreiung Italiens militärisch nicht entscheidend. Die *resistenza* half Italien aber, bereits 1947 einen relativ glimpflichen Friedensvertrag zu bekommen, und spielte eine entscheidende Rolle bei der Entstehung der republikanischen Verfassung. Auch wenn die neu gegründete *Democrazia Cristiana* wegen massiver Unterstützung durch die Besatzungsmächte bereits 1946 die Parlamentswahlen gewann und anschließend die Politik der Ersten Republik dominierte, war sie doch bis 1947 auf eine Kooperation mit PSI und PCI angewiesen. Dadurch ist die bis heute weitgehend gültige Verfassung ein Gemisch aus sozialkatholischen, liberalen und sozialistischen Elementen.

Tabelle 1: Ergebnisse der Wahlen zur Nationalversammlung bzw. Abgeordnetenkammer 1946–1992

Termin[1]		MSI	PNM	PLI	Qualunque Lega[5]	Regionalparteien[6]	DC	PRI	PdA PR	Verdi	PSDI[2]	PSI	PCI/ PDS	Sonst. Linke[3]	Sonstige	Ung. Stimmen[7]	Abgeordnete	Nichtwähler[4] insg.
2.6.1946	%	–	2,8[8]	6,8[9]	5,3	1,1	**35,2**	4,4	1,5	–		**20,7**	**18,9**	0,7	2,6	?		10,9
	Sitze	–	16	41	30	6	**207**	23	7	–		**115**[10]	**104**	4	3		556	
18.4.1948	%	2,0	2,8	3,8[11]	–	0,7	**48,5**	2,5	–	–	7,1	**31,0**[12]		–	1,7	2,2		7,1
	Sitze	6	14	19	–	4	**305**	9	–	–	33	**183**		–	1		574	
7.6.1953	%	5,8	6,9	3,0	–	0,6	**40,1**	1,6	–	–	4,5	**12,7**	**22,6**	–	2,2	4,6		6,2
	Sitze	29	40	13	–	3	**263**	5	–	–	19	**75**	**143**	–	–		590	
25.5.1958	%	4,8	4,8[13]	3,5	–	0,6	**42,3**	1,4	–	–	4,6	**14,2**	**22,7**	–	1,1	2,9		6,2
	Sitze	25	23	16	–	4	**273**	7	–	–	23	**84**	**140**	–	1		596	
28.4.1963	%	5,1	1,7	7,0	–	0,5	**38,3**	1,4	–	–	6,1	**13,8**	**25,3**	–	0,8	3,2		7,1
	Sitze	27	8	39	–	4	**260**	6	–	–	33	**87**	**166**	–	–		630	
19.5.1968	%	4,5	1,3	5,8	–	0,5	**39,1**	2,0	–	–		**14,5**[14]	**26,9**	4,4	1,0	3,6		7,2
	Sitze	24	6	31	–	3	**266**	9	–	–		**91**	**177**	23	–		630	
7.5.1972	%	8,7	–	3,9	–	0,6	**38,8**	2,9	–	–	5,1	9,6	**27,1**	3,2	0,2	3,2		6,8
	Sitze	56	–	20	–	4	**267**	14	–	–	29	61	**179**	–	–		630	
20.6.1976	%	6,1	–	1,3	–	0,5	**38,7**	3,1	1,1	–	3,4	9,6	**34,4**	1,5	0,3	2,7		6,6
	Sitze	35	–	5	–	3	**263**	14	4	–	15	57	**227**	6	1		630	
3.6.1979	%	5,3[15]	–	1,9	–	0,8	**38,3**	3,0	3,4	–	3,8	9,8	**30,4**	1,5	1,8	4,1		9,6
	Sitze	30	–	9	–	6	**262**	16	18	–	20	62	**201**	6	–		630	
26.6.1983	%	6,8	–	2,9	–	1,1	**32,9**	5,1	2,2	–	4,1	**11,5**	**29,9**	1,5	2,1	5,8		11,0
	Sitze	42	–	16	–	5	**225**	29	11	–	23	**73**	**198**	7	1	–	630	
14.6.1987	%	5,9	–	2,1	0,5	1,1	**34,3**	3,7	2,6	2,6	3,0	**14,3**	**26,6**	1,7	1,7	4,9		11,1
	Sitze	35	–	11	1	6	**234**	21	13	13	17	**94**	**177**	8	–		630	
5.4.1992	%	5,4	–	2,9	8,7	1,0	**29,7**	4,4	1,2	2,8	2,7	**13,6**	**16,1**	5,6	6,0[16]	5,2		12,8
	Sitze	34	–	17	55	5	**206**	27	7	16	16	**92**	**107**	35	13		630	

Abkürzungen: s. S. 229f.; Lega: *Lega Nord*; Qualunque: *Fronte dell'Uomo qualunque* (s. S. 22); Verdi: Grüne
fett: Parteien, die mehr als 10 % der Stimmen gewannen.
Quellen: http://it.wikipedia.org/wiki/Calendario_delle_elezioni_in_Italia, http://politiche.interno.it/politiche/camera060409/C0000000.htm

Anmerkungen

1 Wahlen (und Referenden) finden in Italien immer an einem Sonntag und dem darauf folgenden Montag statt – ein Kompromiss zwischen katholischen und laizistischen Vorstellungen. Hier ist (ebenso wie im Text) immer nur der erste Tag angegeben.
2 Die Partei hieß bis 1952 Partito Socialista dei Lavoratori Italiani (PSLI).
3 1946: Concentrazione Democratica Repubblicana, Partito Democratico del Lavoro und Fronte Democratico Progressista Repubblicano; 1968: Partito Socialista Italiano di Unità Proletaria; 1972: Partito Socialista Italiano di Unità Proletaria: 1,9 %; Il Manifesto: 0,7 %; 1976: Nuova Sinistra Unitaria (=Zusammenschluss aus Partito dell'Unità Proletaria per il Comunismo, Lotta Continua, Il Manifesto und Avanguardia Operaia); 1979: Partito dell'Unità Proletaria per il Comunismo: 1,4 %/6 Sitze; Nuova Sinistra Unita: 0,8 %/kein Sitz; 1983 und 1987: Democrazia Proletaria; 1992: Rifondazione Comunista.
4 In Prozent der Wahlberechtigten. Die für die einzelnen Parteien aufgeführten Prozentwerte wurden auf der Basis der *gültigen* Stimmen errechnet.
5 1946: L'Uomo Qualunque (Jedermann-Partei); 1987: Lega Lombarda; 1992: Lega Nord
6 Südtiroler Volkspartei, Partito Sardo d'Azione, Union Valdôtaine, Lista per Trieste, Liga Veneta (kandidierten außer den ersten beiden nicht bei allen Wahlen).
7 In Prozent der abgegebenen Stimmen; die für die einzelnen Parteien aufgeführten Prozentwerte sind auf der Basis der *gültigen* Stimmen errechnet.
8 Blocco Nazionale della Libertà.
9 Unione Democratica Nazionale.
10 Partito Socialista Italiano di Unità Proletaria; 1947 spaltete sie sich in PSI und PSLI (vgl. Anm. 2).
11 Wahlbündnis mit *Fronte dell L'Uomo Qualunque*.
12 Einheitsliste von PSI und PCI.
13 Zwei monarchistische Parteien, die getrennt antraten, sich aber 1960 wieder zusammenschlossen.
14 Partito Socialista Unitario (PSU); kurzlebiger Zusammenschluss von PSI und PSDI.
15 Außerdem kandidierte der vom MSI abgespaltene, extremistische Flügel als Destra nazionale und erreichte 0,6 %, die unter »Sonstige« gefasst wurden.
16 Darunter: La Rete 1,9 %/12 Sitze.

Kapitel 2
Die Italiener: Gesellschaft – Religion – Massenkultur

Zu den Grundstrukturen der Ersten Republik gehören auch die Bewohner des Landes, ihre Mentalität und Massenkultur. Da die Italiener nicht nur zu fast 100 % katholisch sind, sondern ihr Land auch seit der Antike das Zentrum der katholischen Hierarchie ist, spielt der Katholizismus eine entscheidende Rolle für Mentalität und Alltagskultur.

1. Bevölkerung, Sozialstruktur und Migration

1951 gab es 47,5 Mio. Italiener, 1971 waren es 54,1 und 2003 58,0 Mio. Die Säuglingssterblichkeit war im europäischen Vergleich lange recht hoch: 1971 lag sie bei 3,3 % (BRD: 2,2 %). Seitdem hat sich die gesundheitliche Versorgung erheblich verbessert, so dass sich die Säuglingssterblichkeit an andere europäische Industriegesellschaften angeglichen hat (2003: Italien wie BRD: 0,4 %). Auch bei der Lebenserwartung hat Italien seit 1945 deutlich aufgeholt: für die seit 2000 Geborenen ist sie mit 78,7 Jahren genauso hoch wie in Deutschland. Seit den siebziger Jahren wächst die Bevölkerung in Italien wie in fast allen westlichen Industrieländern kaum noch. Die durchschnittliche Familiengröße ging bis in die Nachkriegszeit nur langsam zurück: von 4,5 (1881) auf 4,0 (1951). Seitdem aber – mit steigendem materiellen Wohlstand – sank sie deutlich auf 2,8 (1991).

Brauchbare Daten zur *Sozialstruktur* Italiens sind Mangelware. Seriöse Statistiken gibt es erst seit etwa dreißig Jahren, und in einem politisch so tief gespaltenen Land sind nicht nur ihre Interpretation, sondern vielfach auch die statistischen Kategorien selbst durch die Zugehörigkeit der Autoren zu einem der politisch-wissenschaftlichen Lager gefärbt. Ich stütze mich im Folgenden vor allem auf Paolo Sylos Labini, einen Marxisten, der dem PSI nahe stand. Folgt man seinen Daten, so hat sich die Sozialstruktur in Italien während des 20. Jahrhunderts auf den ersten Blick erstaunlich wenig verändert. Bei einer stabilen, kleinen Oberschicht ging der Anteil der Unterschichten nur leicht – von 47 (1921) auf 39 % (1993) – zurück. Die verfügbaren Daten zum Anfang und Ende der Ersten Republik (1951 bzw. 1993) zeigen für Mittel- und Unterschicht *insgesamt* fast keine Veränderungen. Anders als in den meisten europäischen Gesellschaften wuchs der Anteil der Unterschichten in den ersten beiden Nachkriegsjahrzehnten zu Lasten der Mittelschichten. Ein zweiter Blick auf die Verschiebungen innerhalb der beiden großen Gesellschaftsschichten zeigt jedoch erhebliche Auswirkungen des industriegestützten »Wirtschaftswunders« der fünfziger und sechziger Jahre: die deutlich gestiegenen Anteile der städtischen

Unter- und Mittelschichten spiegeln die rasante Urbanisierung, die mit massiver Binnenmigration einherging. Die Entstehung einer breiten Angestelltenschicht und das überproportionale Wachstum des öffentlichen Dienstes waren allgemeine Trends in den europäischen Industrienationen, die allerdings in der italienischen Sozialschichtung relativ spät durchschlugen. Hingegen sind der stabile Anteil städtischer Einzelhändler von ca. 10 % und die wachsende Zahl von Kleinunternehmern im Dienstleistungssektor spezifisch italienische Phänomene. Sie gehören zu den wichtigsten Faktoren, die den erfolgreichen Übergang der italienischen Ökonomie in die postindustrielle Phase erklären können. Die Statistik verschleiert jedoch die extreme Heterogenität der Mittelschichten: die Interessen von Kleinunternehmern, Beschäftigten im Dienstleistungssektor oder im öffentlichen Dienst sind völlig verschieden. Die Mittelschichten bilden keine handlungsfähige soziale Gruppe – politisch verteilen sie sich über das gesamte Parteienspektrum.

Ebenso rasant wie die urbanen Mittelschichten wuchsen, sank der Anteil der ländlichen Bevölkerung im 20. Jahrhundert. Bereits im Faschismus konnten selbst massive Bemühungen das Land nicht von langfristigen europäischen Trends abkoppeln und den Bedeutungsverlust des agrarischen Sektors kaum bremsen. Die dramatische Umstrukturierung vom agrarischen in den industriellen Sektor zeigt sich bis in die siebziger Jahre auch innerhalb der Arbeiterklasse im starken Zuwachs der Industrie- und Bauarbeiter. Dieser langfristige Trend endete erst in den 1980er Jahren mit dem Übergang zur Dienstleistungsgesellschaft. Seitdem hat sich erneut ein tiefgreifender Wandel vollzogen: nach den neuesten Daten (2000) stellen die Selbständigen die Mehrheit der beruflich aktiven Bevölkerung: rund 10 von 20,6 Mio. offiziell Berufstätigen. Unter Einschluss der auf rund vier Millionen geschätzten Schwarzarbeiter und Beschäftigten in der Schattenwirtschaft, die größtenteils als Selbständige anzusehen sind, nimmt das statistische Institut CENSIS an, dass nur noch 40 % der Beschäftigten in Italien abhängig beschäftigt sind. Diese sozialstrukturelle Verschiebung der 1980er und 1990er Jahre ist ein Sonderfall in Europa. Die ungewöhnlich zahlreichen Selbständigen bilden einerseits eine Kerngruppe der Anhänger von Berlusconis *Forza Italia* und zählen andererseits zu den strukturellen Ursachen für die Schwäche der Gewerkschaften. Hinter der Selbständigkeit verbergen sich vielfach prekäre Existenzen, kleine Einzelhändler und Handwerker, die die gegenwärtige, postindustrielle Ökonomie mittragen.

Tabelle 2: Soziale Schichtung während des 20. Jahrhunderts (in %)

	1921	1951	1971	*davon* Nord	*davon* Latium	*davon* Süd	1983	*davon* Nord	*davon* Latium	*davon* Süd	1993
Oberschicht*	**1,8**	**1,9**	**2,5**	***2,4***	***2,9***	***2,3***	**3,3**	***3,5***	***3,5***	***2,9***	**3,0**
Mittelschichten	**51,5**	**56,7**	**50,4**	***46,6***	***55,4***	***53,3***	**54,0**	***50,9***	***56,6***	***57,1***	**58,0**
a) urbane Mittelschichten insg.	16,9	26,5	38,5	*37,2*	*45,0*	*36,6*	46,4	*44,4*	*50,8*	*46,8*	52,0
Angestellte	0,9	5,2	8,7	*9,9*	*11,7*	*5,0*	10,2	*11,5*	*11,7*	*7,4*	11,0
Öffentlicher Dienst**	5,3	8,0	11,3	*9,1*	*16,4*	*11,2*	15,8	*12,7*	*20,5*	*17,6*	18,0
Kleinbürgertum	10,7	13,3	18,5	*18,2*	*16,9*	*20,3*	20,4	*20,2*	*18,6*	*21,8*	23,0
davon Handwerker	k.A.	k.A.	5,3	*5,0*	*5,2*	*6,2*	5,8	*5,5*	*5,8*	*6,2*	6,0
Einzelhändler	k.A.	k.A.	10,2	*10,6*	*7,8*	*10,9*	10,4	*11,2*	*8,2*	*10,7*	11,0
Transport und Dienstleistungen	k.A.	k.A.	3,0	*2,6*	*3,9*	*3,2*	4,2	*3,5*	*4,6*	*4,9*	6,0
b) (selbständige) Bauern	34,6	30,2	11,9	*9,4*	*10,4*	*16,7*	7,6	*6,5*	*5,8*	*10,3*	6,0
Unterschichten	**46,7**	**41,2**	**47,1**	***51,0***	***41,7***	***44,4***	**42,7**	***45,6***	***39,9***	***40,0***	**39,0**
a) Landarbeiter	22,6	11,8	6,1	*2,8*	*3,9*	*12,5*	4,0	*1,5*	*1,9*	*9,1*	3,0
b) Industrie-und Bauarbeiter	20,3	22,9	31,1	*40,0*	*27,9*	*23,1*	26,1	*32,0*	*22,1*	*19,9*	25,0
c) Beschäftigte in Handel, Verkehr und Dienstleistung	3,8	6,5	9,9	*8,2*	*9,9*	*8,8*	12,6	*12,1*	*15,9*	*11,0*	11,0

* Im Original »Bürgertum«. Dazu zählen Unternehmer, leitende Angestellte, Spitzenbeamte und die Angehörigen freier Berufe.

** Einschl. Militär und Geistliche, die etwa ein Viertel (mit sinkender Tendenz) ausmachen; ein Drittel (mit wachsender Tendenz) des öffentlichen Dienstes sind Lehrer. In dieser Kategorie finden sich auch die im Ursprungsmaterial nicht eigens ausgewiesenen Arbeiter im öffentlichen Dienst.

Zahlenbasis: Paolo Sylos Labini: Die neuen Klassenverhältnisse, Frankfurt/M. 1988, S. 34 und 222 ff.; 1993: Ginsborg: Italy and Its Discontents, S. 337; eigene Kategorien und Berechnungen. Zur Kritik an Sylos Labini und für ein alternatives Schichtungsmodell vgl. Sassoon: Contemporary Italy, S. 93–98.

Wie in vielen europäischen Ländern sind die traditionellen Klassenschranken und -gegensätze abgelöst worden durch neue Interessenkonflikte – vor allem die zwischen Selbständigen und abhängig Beschäftigten und die zwischen befristeten und unbefristeten Arbeitsverhältnissen. Bereits sehr früh hat in Italien der Gegensatz zwischen der traditionellen Arbeiterklasse und den »Marginalisierten« in Italien wie in Arbeitskonflikten wie auch in politischen und wissenschaftlichen Debatten eine große Rolle gespielt. Der andauernd hohe Anteil der Unterschichten verstellt etwas den Blick dafür, dass in allen europäischen Gesellschaften am Ende des 20. Jahrhunderts Faktoren wie Einkommen und Lebensstil mindestens ebenso wichtig sind wie Besitz und die jeweilige Stellung im Produktionsprozess. Insbesondere die einst scharfen Gegensätze zwischen Arbeitern und Angestellten spielen keine große Rolle mehr.

Dafür, dass Statusunterschiede nicht mehr unbedingt Einkommensunterschiede bedeuten, spricht auch ein Blick auf die regional differenzierenden Spalten der Tabelle, die die Hauptstadtregionen mit diversen Besonderheiten herauslösen und den stärker industrialisierten Norden dem Süden (*Mezzogiorno*) gegenüberstellen. Hier sind die Mittelschichten deutlich stärker als im reichen Norden, vor allem Bauern, Handwerker und der öffentliche Dienst weisen höhere Werte auf. Abgesehen vom öffentlichen Dienst gehören zu den Mittelschichtsangehörigen im *Mezzogiorno* viele marginale Existenzen und halb- und illegal Beschäftigte, die in der Regel über ein geringeres Einkommen verfügen als Arbeiter im Norden. In der Unterschicht des Südens sind Landarbeiter fünfmal so stark vertreten, Industriearbeiter hingegen deutlich seltener. Die Hauptstadtregion Latium zeichnet sich durch wesentlich höhere Anteile im öffentlichen Dienst und bei den (Privat)Angestellten aus – der vielzitierte römische »Wasserkopf«.

Migration. Seit der Nationalstaatsgründung war Italien ein Auswanderungsland. Zwischen 1861 und 1973 verließen etwa 26 Mio. Menschen das Land – ihre wichtigsten Zielländer waren zunächst die USA, Brasilien und Argentinien. Als 1922 die USA im Zeichen des Isolationismus die Einwanderung stoppten, wurde Frankreich neben Argentinien zum wichtigsten Zielland. Trotz der faschistischen Bemühungen, die Auswanderung zu unterbinden, verließen in den zwanziger Jahren immer noch 2,5 Mio. Menschen das Land. Diese starke Emigration ist einer der wesentlichen Gründe für das geringe Bevölkerungswachstum. Die Faschisten holten zur »Stärkung der Volkskraft« mit großem Getöse Auslandsitaliener zurück, ließen aber gleichzeitig zu, dass sich Arbeiter vor allem aus dem Süden von deutschen Firmen anwerben ließen. Diese transnationale Migration hörte auch nach dem Zweiten Weltkrieg nicht auf.

Arbeitslosigkeit und Unterbeschäftigung waren immer die Hauptursachen für die Abwanderung. Da die Auswanderer häufig ihre Heimat nicht ganz verlassen wollten, war ein erheblicher Anteil der Migration temporär. Die Migranten kombinierten Landarbeit im Sommer und Industriearbeit im Winter oder Arbeit in der Gastronomie in Deutschland (Eisdielen!) und in Touristenorten im Sommer mit

Aufenthalten in der Heimat im Winter. Dabei wurden bereits vor 1945 erstaunliche Entfernungen überwunden, so gab es etwa ganze Dörfer, deren junge Männer jedes Jahr im Winter nach Argentinien gingen und im Sommer zurückkamen und so den erhöhten Arbeitskräftebedarf während der Ernte in unterschiedlichen klimatischen Regionen ausnutzten. Neben der transnationalen gab es immer eine starke Binnenwanderung von Süden nach Norden und in die Hauptstadtregion Latium, aber auch innerhalb der vier großen Landesteile (Nordwesten, Nordosten und Mitte, Latium sowie Süden und die Inseln) aus der Peripherie in die Zentren. Wie stark die Unterbeschäftigung auf dem Lande war, zeigt sich daran, dass der dramatische Rückgang der landwirtschaftlich Beschäftigten während des 20. Jahrhunderts keinen entsprechenden Produktionsrückgang zur Folge hatte.

Leider gibt es auch zur Binnenmigration keine befriedigende Statistik. Ein faschistisches Gesetz, das die Landflucht eindämmen sollte und bis 1961 galt, erlaubte den Zuzug in Städte nur unter Vorlage eines Arbeitsvertrages, den es jedoch in der Regel nur gegen den Nachweis eines festen Wohnsitzes gab. So wurden in den vierziger und fünfziger Jahren viele Binnenmigranten in die Illegalität gedrängt – und fallen damit auch aus der offiziellen Statistik heraus. Es gab in der Nachkriegszeit vor allem in den Jahren 1955 bis 1963 und 1967 bis 1971 massive Bevölkerungsverschiebungen, die Paul Ginsborg als *revolution* bezeichnet hat. Diese Umwälzung der Einwohnerschaft bestand aus *zwei verschiedenen* Wanderungsbewegungen: Einerseits verließen etwa acht Millionen Italiener, also knapp 15 % der Bevölkerung, zwischen 1955 und 1981 ihre Heimat, um in einen anderen der vier großen Landesteile zu ziehen. Die stärkste Binnenmigration gab es mit fast vier Millionen Menschen aus dem Süden und von den Inseln (vor allem aus Sizilien und Apulien) in den Norden, weitere 750.000 gingen aus dem *Mezzogiorno* nach Latium. Andererseits erreichte in der Nachkriegszeit (1945–1975) die Auswanderung ins Ausland fast dasselbe Ausmaß wie die Binnenwanderung: Mehr als sieben Millionen Menschen – wiederum vor allem aus dem Süden – gingen vornehmlich nach Mittel- und Nordeuropa. Insgesamt verließ also etwa jede/r dritte Italiener/in aus ökonomischen Gründen die Heimat. Die Arbeitsmigration der Nachkriegszeit war extrem asymmetrisch: es gingen vor allem die Jungen und vor allem die Männer. Die Generations- und Geschlechterdisparitäten, die sich in den Abwanderungsregionen ergaben, störten das gewachsene Sozialgefüge und die Wirtschaftsstrukturen nachhaltig. Viele Dörfer und ganze Landstriche überalterten; die Frauen blieben zurück, teilweise bereits verheiratet und mit Kindern, aber mit Männern, die nur ein- oder zweimal im Jahr kamen und sich zunehmend ihrer Herkunftskultur entfremdeten. Ökonomisch wirkte die Auswanderung hingegen überwiegend positiv: bis heute sind die Transferleistungen der Auslandsitaliener wichtig zum Ausgleich der Zahlungs- und Leistungsbilanz.

Um 1965 schwächte sich die Auswanderung deutlich ab; auch zuvor gab es viele Remigranten – allein 1945 bis 1965 kehrten rund vier Millionen zurück. 1973 hatte

Italien erstmals eine positive Wanderungsbilanz: mehr Italiener kamen zurück oder Ausländer ins Land, als auswanderten. Zunächst war diese Trendumkehr eine Folge der Wirtschaftskrise in den Einwanderungsländern nach dem Ölpreisschock; aber zunehmend spielte eine Rolle, dass Italien der Übergang zur postindustriellen Ökonomie besser gelang als den meisten Industrieländern. In den 1980er Jahren wurde Italien sogar zum Einwanderungsland – vor allem für AfrikanerInnen und OstasiatInnen. 1975 befanden sich schätzungsweise 186.000 ausländische Arbeitskräfte im Land; 1980 waren es 350.000, 1991 bereits rund eine Million. Die Begleiterscheinungen dieser Immigrationswelle aus außereuropäischen Ländern waren rassistische Übergriffe, offen ausgesprochene Ressentiments und ein Ausbau der Küstenüberwachung. Aber es scheint unmöglich, Italien mit seinen tausenden Kilometern an schwer kontrollierbaren Küsten und seiner geographischen Nähe zum Balkan und zu Nordafrika gegen den zunehmenden Druck der Süd-Nord-Migration abzuschotten.

Regional fallen die Binnenwanderungssalden sehr verschieden aus. In den fünfziger und sechziger Jahren wiesen nur das industrielle Dreieck Turin-Mailand-Genua im Nordwesten sowie die Hauptstadtregion einen deutlichen Wanderungsgewinn aus. Der *Mezzogiorno* war die Hauptabwanderungsregion mit einem Bevölkerungsverlust von knapp 1 % jährlich bzw. gut zwei Millionen Menschen zwischen 1955 und 1970. Für Nordost-Italien fällt die Bilanz gemischt, in der Summe aber ebenfalls negativ aus – während Toskana und Emilia-Romagna Zuwanderungsregionen waren, ging in den übrigen nordöstlichen Regionen und in den an den Süden angrenzenden die Bevölkerung zurück. Die Salden geben allerdings keine Auskunft über das ganze Ausmaß der »Bevölkerungsrevolution«. Denn es gab z.B. parallel zur Abwanderung auch eine Zuwanderung von rund 2 Mio. Menschen in den *Mezzogiorno* – Angehörige des öffentlichen Dienstes und Führungspersonal, das im Rahmen der Industrialisierungsmaßnahmen in den Süden versetzt wurde. Außerdem gab es teilweise erhebliche Verschiebungen innerhalb der einzelnen Regionen, die sich in erster Linie aus der Landflucht ergaben, aber auch aus dem Bevölkerungszuwachs wirtschaftlich erfolgreicher Orte, insbesondere der Touristenzentren in Südtirol, an der Adria und Riviera.

Zwischen der »großen Wanderung« der ersten Nachkriegsjahrzehnte und der Sozialstruktur besteht ein enger Zusammenhang, der auch das scheinbar statische Verhältnis zwischen Unter-, Mittel- und Oberschicht aus anderer Perspektive beleuchtet. Mitte der achtziger Jahre ergab eine Untersuchung, dass fast zwei Drittel der zwischen 18- und 65-jährigen einer anderen sozialen Schicht angehörten als ihre Eltern. Die Hälfte der Industriearbeiterkinder und ein Viertel der Landarbeiterkinder schaffte den Aufstieg in die urbanen Mittelschichten – in der Regel durch Migration. Auch für das Heiratsverhalten spielte in der Nachkriegszeit soziale Herkunft eine immer geringere Rolle.

2. Katholizismus und Kirchlichkeit

In Italien ist es der Gegenreformation ähnlich wie auf der iberischen Halbinsel gelungen, die zahlreichen protestantischen Gemeinden fast völlig zu vernichten. Seit dieser gewaltsamen Vereinheitlichung war das Land zu fast 100 % katholisch. Die Kirche ist bis heute in der Bevölkerung verankert und prägt den Lebenszyklus wie auch das alltägliche Leben. Seit den Lateranverträgen von 1929, die über Art. 7 auch Teil der republikanischen Nachkriegsverfassung wurden, war der Katholizismus in Italien bis zum Konkordat von 1984 Staatsreligion. Dieser im modernen Europa einmalige Status führte etwa dazu, dass die Ehe auch staatlicherseits als Sakrament definiert wurde. Ein Kirchenaustritt ist in Italien nicht vorgesehen. Noch 1988 waren 97,9 % der Italiener getaufte Katholiken. Religiöse Minderheiten spielen quantitativ kaum eine Rolle – die beiden traditionsreichsten sind die Juden und die *Valdesi* (Waldenser), eine spätmittelalterliche Sekte, die sich später der Reformation angeschlossen hat, mit jeweils ca. 30.000 Gläubigen (je knapp 0,5 % der Bevölkerung).

Für den Einfluss des Katholizismus in der Gesellschaft spielt eine große Rolle, dass sich die Zentrale dieser weltumspannenden Kirche im Land befindet. Nirgends gibt es mehr Diözesen als die 227 italienischen. Seit dem Zweiten Vatikanischen Konzil gibt es wie in allen Ländern eine nationale Bischofskonferenz, die *Conferenza Episcopale Italiana* (CEI). Im Unterschied zu allen anderen Ländern werden der Vorsitzende wie der Sekretär der CEI nicht gewählt, sondern vom Papst ernannt, der zudem eine eigentümliche Doppelrolle spielt – ist er doch neben seiner Funktion als Oberhaupt der Weltkirche zugleich als Bischof von Rom einer der italienischen Bischöfe. Zwar nimmt auch in Italien die kirchliche Bindung allmählich ab. Werte wie in den fünfziger Jahren, als 69 % bei einer Umfrage angaben, sie seien in der vergangenen Woche mindestens einmal in der Messe gewesen, werden heute nicht mehr erreicht. Dennoch stellt das Land, an dem ansonsten die Moderne keineswegs vorbeigegangen ist, einen nur mit Polen und Irland vergleichbaren Sonderfall dar. 85 % der Bevölkerung bezeichneten sich in einer Umfrage in den neunziger Jahren als Katholiken, 35 % als praktizierend (Frankreich: 70 bzw. 10 %). Zahlen über den Kirchgang bestätigen dies: etwa ein Drittel der Italiener besuchte in den neunziger Jahren wöchentlich die Messe – in der älteren Generation liegt diese Quote wesentlich höher als bei den jüngeren. Mehr noch als das Kirchenvolk ist der Klerus überaltert: fast die Hälfte der rund 35.000 Priester (sowie knapp 20.000 Ordenspriester) ist über sechzig Jahre alt. Diejenigen, die sich derzeit auf die Priesterweihe vorbereiten, reichen bei weitem nicht aus, um die Ausscheidenden zu ersetzen.

Wie alle politisch-kulturellen Phänomene in Italien ist auch der Katholizismus regional sehr unterschiedlich verwurzelt. Während im Süden und auf den Inseln eine traditionalistische Religiosität verbreitet ist und die Bewohner bei Umfragen das höchste Maß an Übereinstimmung mit den Lehren und Dogmen der Kirche zum Ausdruck bringen, ist dies im »roten Gürtel« in der Mitte Italiens am wenigsten der Fall, während der am stärksten industrialisierte und modernisierte Norden im Landesdurchschnitt liegt. Auch der Nordosten, insbesondere Venetien, ist tief katholisch. So problematisch die statistische Bewertung von Religiosität und kirchlichen Bindungen insgesamt ist, zeigt doch schon der erste Eindruck, dass Modernisierung keineswegs automatisch Säkularisierung bedeutet. Bei gesamteuropäischen Umfragen zum Glauben an die Existenz Gottes, dem Verpflichtungscharakter der christlichen Gebote, nach Kirchenbesuch und Akzeptanz der kirchlichen Lehrmeinungen liegen die Antworten der Italiener im Allgemeinen deutlich (10–20 %) über den Durchschnittswerten. In Fragen der Sexualmoral hingegen liegen die Einstellungen im europäischen Durchschnitt. Und die Mehrheit der Gläubigen ist den Vorgaben des Vatikans, der Agitation des Klerus und der DC-Propaganda bei den Referenden zur Ehescheidung (1974) und zur Abtreibung (1981) nicht gefolgt.

Die tiefe Verankerung katholischer Normen und Rituale hängt auch damit zusammen, dass die Kirche trotz aller Säkularisierungstendenzen auf dem Medienmarkt gut vertreten ist: *Radio Vaticana*, der 1931 gegründete Sender des Vatikanstaates, zehrt immer noch von seiner subversiven Funktion im Faschismus. Hinzu kommen zwei kirchliche Tageszeitungen – *L'Osservatore Romano* (Auflage unbekannt) und *L'Avvenire* (Auflage: 100.000) – sowie die nicht immer vatikantreue, aber umso einflussreichere Wochenzeitung *Famiglia Cristiana* (1992: 1,1 Mio. verbreitete Auflage) und die Monatszeitung *Il Messaggero di S. Antonio* (900.000). Beide liegen damit unter den Wochen- bzw. Monatsblättern jeweils auf dem zweiten Rang (nach einer Fernseh- bzw. einer Autozeitung).

Anfang der siebziger Jahre hat der Religionssoziologe Silvano Burgalassi die Kirchenbindung untersucht und 5 % der Bevölkerung als Atheisten eingestuft, 55 % als indifferent, 20 % als kirchenkonform, 15 % als Traditionalisten (also Gegner der liturgischen Reformen des zweiten Vaticanums) und schließlich 5 % als Reformer (Linkskatholiken). Rund 10 % der Italiener zwischen 15 und 65 Jahren sind Mitglied in einer der zahlreichen katholischen Basisorganisationen; die meisten dieser engagierten Katholiken gehören mehreren Organisationen oder Vereinen an. Die wichtigste katholische Basisorganisation ist nach wie vor *Azione Cattolica Italiana* (ACI) mit etwa 500.000 Mitgliedern, obwohl ihre große Zeit vorbei ist. Nach dem Ersten Weltkrieg als kulturell-religiöse Massenorganisation geschaffen, war sie nach den Lateranverträgen die einzige größere katholische Organisation, die fortbestand und sich weiter dem Projekt einer Katholisierung des gesellschaftlichen und privaten Lebens widmete – wenn auch in vorsichtiger Weise, um den labilen Frieden zwischen Kirche und Regime nicht zu stören. In der ACI konnten auch einige oppositionelle Gruppen überleben, so dass sie sich seit 1945 als antifaschistisch präsentieren konnte.

Vier Päpste bestimmten die Kirche und die politische Kultur seit 1945

Pius XII. – mit bürgerlichem Namen Eugenio Pacelli (1876–1958) – war in der vatikanischen Diplomatie sozialisiert worden. In den 1920er Jahren war er Nuntius (Botschafter) in Deutschland. Er war sehr konservativ, ein Asket mit Charisma und einem großen Sinn für Organisation. Nachdem der Vatikan in der Übergangsphase 1943 bis 1945 mit einer klerikal-autoritären Lösung wie in Spanien oder Portugal geliebäugelt hatte, versuchte er nach dem Bruch der antifaschistischen Einheit möglichst großen politischen Einfluss zu gewinnen und vor allem die aus der Sicht der kirchlichen Lehre zentralen Felder Ehegesetzgebung und Familienpolitik zu besetzen. Um die DC im Wahlkampf zu unterstützen, zog die Kirche alle Register: allein in Neapel weinten 1948 36 Marienstatuen, um vor einem Sieg der Volksfront zu warnen. Während des Pontifikats Pius XII. knüpfte die Kirche ein engmaschiges Netz sozialer Kontrolle und politischer Einflussnahme. Die Pfarreien waren für die Mehrheit der Italiener Mittelpunkt des gesellschaftlichen Lebens.

Die Wahl eines neuen Papstes im Jahre 1958, des aus Norditalien stammenden, bereits 77-jährigen Angelo Roncalli (1881–1963), der sich *Johannes XXIII.* nannte, bedeutete nach dem erzkonservativen und dezidiert antikommunistischen Kurs unter Pius XII. einen Bruch. Der Vatikan fuhr seine Einmischung in die Innenpolitik deutlich zurück; *Azione Cattolica* beschränkte sich auf soziale und religiöse Aktivitäten. Die Kurie fand sich mit der Zusammenarbeit der DC mit den Sozialisten, die sie zuvor vehement bekämpft hatte, ab. Vor allem innerkirchlich bedeutete die Wahl des neuen Papstes eine Wende. Nicht nur hob Johannes XXIII. antiquierte Vorschriften für die Priester auf, etwa das Verbot Fernsehgeräte zu besitzen. Er bemühte sich um eine Modernisierung der Kirche und leitete eine gewisse Dezentralisierung ein, indem er die Bischöfe stärkte und nationale Bischofskonferenzen schuf. Seine Enzyklika *Mater et magistra* (1961) aktualisierte die katholische Soziallehre, wies die Prinzipien der freien Marktwirtschaft als ungerecht zurück und sprach sich für die Integration der Unterschichten in Politik und Gesellschaft aus. Im Oktober 1962 eröffnete Johannes XXIII. das Zweite Vatikanische Konzil, dem er auf den Weg gab, die Kirche müsse aus ihrer negativen Haltung zur Moderne herausfinden. So reformierte das Vaticanum die Liturgie: während der Messe schaute der Priester nun die meiste Zeit die Gläubigen an und sprach die Landessprache (statt Latein). In seiner letzten Enzyklika *Pacem in terris* (1963) warb Johannes XXIII. für internationale Aussöhnung und für eine Beendigung des Kalten Krieges. Vielleicht hätte sich die katholische Kirche mit der Moderne versöhnt, wenn dem liberalsten Papst seit langer Zeit mehr Jahre im Amt vergönnt gewesen wären. Zwar war er nicht im politischen Sinne liberal, plädierte aber für stärkere politische Neutralität der Kirche und betonte Seelsorge und Spiritualität. Der Tod Johannes' XXIII. wurde 1963 zusammen mit dem Tod Kennedys von vielen als Ende der Hoffnung auf einen politischen Aufbruch empfunden.

Auch der dritte Papst der Nachkriegszeit kam aus dem außenpolitischen Apparat des Vatikans. *Paul VI.* (Giovanni Montini, 1897–1978) war weniger charismatisch, weniger spirituell und weitaus konservativer als sein Vorgänger, in mancher Hinsicht aber auch moderner. Außerdem verfügte er über hervorragende Beziehungen zur politischen Klasse in Rom. Während des Faschismus war er der geistliche Beistand des katholischen Studentenverbandes *Federazione Universitaria Cattolica Italiana*, in dem fast die ganze DC-Führung sozialisiert worden war. Als Sohn eines Zeitungsverlegers wusste er zudem um die Bedeutung der Medien für die kirchliche Verkündigung und die Vertretung ihrer politischen Interessen. Innerkirchlich war Paul VI. ein Diplomat und Vermittler zwischen dem konservativen italienischen Katholizismus und den politisch teilweise weit links stehenden – vielfach von Johannes XXIII. ernannten – Bischöfen und Kardinälen in beiden Amerikas und Afrika. Mit diesen Fähigkeiten gelang es Paul VI., das Konzil zu einem Abschluss zu bringen, auch wenn die verabschiedeten Dokumente manche Katholiken enttäuschten. Des weiteren bestimmten erfolglose Abwehrkämpfe gegen den Zeitgeist die Amtszeit Pauls VI.: gegen Empfängnisverhütung (»Pillenpaul«), Ehescheidung und Abtreibung.

1978 wurde zum ersten Mal seit mehr als 400 Jahren ein Nicht-Italiener Papst und noch dazu ein Kardinal, der nicht in der römischen Kurie sozialisiert worden war: der Krakauer Erzbischof Karol Wojtyla (1920–2005) – *Johannes Paul II.* Auch er betrieb das Projekt einer politischen Kirche, jedoch weitaus erfolgreicher als Paul VI. und für die meisten Katholiken so überzeugend, dass er zu einem weltweit umjubelten Popstar wurde. Kein Papst vor ihm hat so viele Auslandsreisen unternommen, keiner so viele Gläubige in Audienzen empfangen und so wirksam die Massenmedien genutzt. Verschiedene Umstände halfen ihm, sich vom Wirken seiner Vorgänger abzuheben: Einerseits kam er aus der rebellischsten Gesellschaft des Ostblocks, in der die Kirche an der Spitze des Widerstandes stand. Andererseits wandelte sich der Zeitgeist so, dass es den Anliegen Johannes Pauls II. entgegenkam: Spiritualität und Religion erlebten eine Renaissance; Fortschrittsskepsis machte sich breit; die politische Linke geriet durch den Zusammenbruch des sozialistischen Blocks weltweit in die Defensive.

In den fünfziger Jahren war Azione Cattolica mit mehr als drei Millionen Mitgliedern die wichtigste katholische Basisorganisation, die in den einzelnen Pfarrgemeinden maßgeblich zur Bindung an die DC beitrug. Azione Cattolica organisierte zahllose kulturelle und soziale Veranstaltungen, die der Verbreitung katholischer Werte dienen sollten. So hatte die ACI eine Kette von mehreren tausend Kinos und damit großen Einfluss auf das im Nachkriegsitalien wichtigste Massenmedium. Azione Cattolica war vehement antikommunistisch. Der alltägliche erbitterte Kampf zwischen Katholiken und Kommunisten, den die Bücher und Filme über Don Camillo, den Pfarrer, und Peppone, den Kommunisten, humoristisch schildern, war im Italien der 1950er Jahre sehr real. Anfang der 1960er Jahre, auf dem Höhepunkt ihres Einflusses, hatte die ACI 3,6 Mio. Mitglieder. Seitdem gehen ihre Anhängerschaft und ihr politisch-kultureller Einfluss ständig zurück. Neben Azione Cattolica betrieb die Kirche soziale und Wohlfahrtseinrichtungen: Kindergärten, Horte, Jugendhäuser, Beratungsstellen, Krankenhäuser, Alten- und Pflegeheime. Über diese Einrichtungen ließen sich auch Klientelstrukturen aufbauen, die Politiker unterstützten, die sich die Forderungen der Kirche zueigen machten. Auf dieses organisatorische Netz der Kirche konnte sich vor allem die DC stützen.

Trotz der ausgeprägten Katholizität der italienischen Gesellschaft ist ein tiefgreifender Säkularisierungsprozess unverkennbar. Die disziplinierte und unreflektierte Gefolgschaft ist in modernen Individualisierungsprozessen erodiert. Damit ist die rigide soziale Kontrolle, die in der unmittelbaren Nachkriegszeit in den regional unterschiedlichen katholischen Milieus ausgeübt werden konnte, nicht mehr möglich. Bereits vor dem Zusammenbruch der Democrazia Cristiana im Jahr 1994 war die italienische Bischofskonferenz nicht mehr in der Lage, sich auf Wahlempfehlungen zu einigen. Hierbei spielte die Wahl des »ausländischen« Papstes 1978 eine wichtige Rolle: die unter allen vorangegangenen Päpsten bestehenden engen Beziehungen zwischen der Kurie und der politischen Klasse gab es unter Karol Wojtila nicht mehr. Die Bischofskonferenz gab einige spektakuläre Erklärungen gegen die Korruption, die Mafia und den Drogenmissbrauch ab, die die Autorität der DC untergruben und zum Legitimationsverlust des Parteiensystems und zum spektakulären Erfolg des Wahlrechtsreferendums von 1991 beitrugen, das ohne Unterstützung aus den Reihen der engagierten Katholiken nicht fast 96 % Ja-Stimmen erlangt hätte (s. S. 200).

3. Familie – Geschlechter – Generationen

In Italien scheint der Familienzusammenhalt stabiler als in anderen europäischen Gesellschaften. Mit einem spezifischen Familiarismus werden die unterschiedlichsten Phänomene erklärt: von der Krisenfestigkeit der italienischen Wirtschaft, die auf familiärem Zusammenhalt und der Ausbeutung von Familienangehörigen beruhe, über die Mafia bis hin zur »großen Wanderung« der Nachkriegszeit, die stärker durch familiäre Beziehungen und ökonomische Familienstrategien als durch Staat und Politik gesteuert worden sei. Zunächst einmal verorten solche

Beobachtungen, die sich statistisch belegen lassen, die italienische Gesellschaft in einem mediterranen Kontext – ein Bezugssystem, das angesichts des modernen, ökonomisch erfolgreichen Industrielandes oft ausgeblendet wird. Andere christlich-mediterrane Gesellschaften, etwa die spanische, griechische oder serbische, aber auch islamische Gesellschaften und christlich-islamisch gemischte Gesellschaften wie die albanische oder bosnische sind durch ähnlich intensive Familienbindungen geprägt.

In scheinbarem Widerspruch zum viel zitierten Familiarismus steht die Tatsache, dass Italien um die Jahrtausendwende mit knapp 1,2 Kindern pro Frau (zusammen mit Spanien) die niedrigste Geburtenrate in Europa aufwies – mit einem klaren Süd-Nord-Gefälle zwischen 1,7 in Sizilien und Kampanien und 1,0 in Ligurien. Diese Zahlen weisen auf einen dramatischen Umbruch des Reproduktionsverhaltens hin, hatte die Geburtenrate doch 1970 noch bei 2,4 und damit im damaligen EWG-Durchschnitt gelegen. Zum Vergleich: in Deutschland betrug die Geburtenrate 1998 1,4, im EU-Durchschnitt 1,5 und bei den europäischen Spitzenreitern Finnland, Dänemark und Großbritannien (alle 1,7), Frankreich (1,75) und Irland (1,93) lag sie deutlich höher.

Für den starken Geburtenrückgang in Italien gibt es neben allgemeinen Ursachen, die für alle westlichen Industrieländer gelten, landesspezifische, die – wie Paul Ginsborg und andere gezeigt haben – in einen engen Bezug zum Familiarismus gebracht werden können. Die sechziger und siebziger Jahre waren in allen kapitalistischen Ländern eine Zeit beschleunigter Modernisierung und des Wandels lang eingeübter Beziehungs-, Familienbildungs- und Reproduktionsmuster. Die Pille, die Liberalisierung des Sexualverhaltens, die Erleichterung von Abtreibungen und Scheidungen bedeuteten einen Bruch mit traditionellen Verhaltensnormen und erzeugten neue Verhältnisse zwischen den Geschlechtern und Generationen. In Italien waren die Folgen besonders dramatisch, denn sie fielen zusammen mit den Traditionsbrüchen, die durch die »große Wanderung« ausgelöst wurden.

Frauenemanzipation ist in allen entwickelten Gesellschaften eine weitere Ursache veränderten Reproduktionsverhaltens. Aber auch hier wirkten italienische Spezifika verstärkend. In der Wirtschaftswunderzeit arbeiteten mehr Italienerinnen als jemals zuvor nur als Hausfrauen. Magazine und das Fernsehen gaben diesem als Massenphänomen neuen Typus *tutta casa e famiglia* (nur Haus und Familie) breiten Raum und ein positives Image durch Berichte und Fotostrecken über durchgestylte Wohnungen voll mit langlebigen Konsumgütern, in denen die modisch gekleidete, perfekt frisierte und geschminkte Hausfrau mit wohlgeratenen Kindern agierte. Durch die Verlängerung der Schulpflicht und erhöhte gesellschaftliche Erwartungen wurde die Kindererziehung ausgeweitet und aufgewertet. Wie in allen westlichen Ländern stieg das Ausbildungsniveau der weiblichen Jugendlichen, und seit den Siebzigern drängten gut ausgebildete junge Frauen zurück auf den Arbeitsmarkt. Die meisten wollten zwar weiter zwei Kinder oder mehr wie ihre

Geschlechtsgenossinnen in früheren Zeiten. Aber die Doppelbelastung durch Beruf und Haushalt ließ sie das Kinderkriegen aufschieben. Durch die Verlängerung der Ausbildungszeiten und die »sexuelle Revolution«, die vorehelichen Sex enttabuisierte, verschob sich das durchschnittliche Heiratsalter erheblich: waren 1981 zwei Drittel der Männer mit 28 Jahren und zwei Drittel der Frauen mit 25 verheiratet, so galt dies Anfang der Neunziger nur noch für 37 % der 28-jährigen Männer und für 53 % der 25-jährigen Frauen. Zusammen mit der Schweiz und Irland gehört Italien zu den wenigen europäischen Ländern, in denen uneheliche Kinder selten sind (1993/94: 7,3 %). Hingegen sind diese mit 45 % aller Geburten in Dänemark, 35 % in Frankreich, das zwar wie Italien überwiegend katholisch, aber zugleich laizistisch geprägt ist, oder 32 % in Großbritannien fast schon der Normalfall. Entsprechend niedrig ist in Italien die Zahl der Alleinerziehenden und der nichtehelichen Lebensgemeinschaften (1988: ca. 200.000). Da die Frauen sich beruflich stärker engagierten, aber weiterhin erst in der Ehe Kinder bekamen, waren sie bei der Geburt des ersten Kindes 1990 durchschnittlich 29 Jahre alt (statt 1972 knapp 25).

Weitere Faktoren verstärkten den Trend zur Einkindfamilie: die gestiegenen Erwartungen auch an die Väter als Erzieher erhöhten die Schwelle, sich für Kinder zu entscheiden. Zudem hat das republikanische Italien – in Abgrenzung zum Faschismus – nie Geburten gefördert. Kinderkriegen gilt in Italien als Privatsache, die der Staat nicht durch materielle oder immaterielle Vergünstigungen (Kindergeld, Steuerbegünstigung, Betreuungsangebote, Elternzeit o.ä.) fördert. Die öffentlichen Ausgaben für die alte Generation (Pensionen etc.) – so hat die OECD 1988 ermittelt – waren in Italien viermal so hoch wie die Ausgaben für Kinder, in Großbritannien und Schweden hingegen nur gut doppelt so hoch (in der BRD dreimal so hoch). Bereits in den Neunzigern zog die Zahl der Pensionäre mit der der offiziell Erwerbstätigen gleich – die Pensionen fressen einen immer größeren Teil der Staatseinnahmen. Eine Rentenreform ist lange überfällig, aber keiner Regierung – weder der Ersten noch der Zweiten Republik – gelungen.

Schließlich trug auch der starke Familienzusammenhalt paradoxerweise zum Sinken der Geburtenraten bei: die junge Generation wohnt in Italien extrem lange bei den Eltern. In Italien lebten 1982/83 90 % der jungen Männer zwischen 20 und 25 Jahren zuhause; in der Bundesrepublik 43, in Frankreich 52 und in Großbritannien 58 %; bei den Frauen lauteten die Werte 65 % (Italien), 31 % (BRD), 27 % (Frankreich) und 23 % (Großbritannien). Aktuelle Zahlen liegen nur für 25–29-jährige vor: von den Männern dieses Alters leben 70 %, von den Frauen 40 % bei ihren Eltern. Auch von den verheirateten ItalienerInnen sah 1993/94 ein Drittel täglich die Mutter, weitere 28 % mindestens einmal wöchentlich; mehr als die Hälfte wohnte nicht mehr als 15 Minuten Fahrzeit von ihr entfernt. Nach der Trennung von ihrer Ehefrau zog die Hälfte aller Männer zurück zu *Mamma*. Aus dieser späten Ablösung von den Eltern ergeben sich häufig besonders enge

Bindungen. Durch das spätere Heirats- und Gebäralter fällt die Erwartung, kranke Eltern oder andere Verwandte zu pflegen, häufig in denselben Lebensabschnitt wie die Kindererziehung. In Gesellschaften, die weniger familienorientiert sind, fällt es leichter, die Alten in Pflegeeinrichtungen abzuschieben und jugendliche »Nesthocker« in die Selbständigkeit zu entlassen. So verstärkt der Familiarismus die Tendenz zur Einkindfamilie.

Wegen der geringen Sozialleistungen blieb die Familie die wichtigste Sicherung gegen Risiken wie Krankheit, Behinderung oder Arbeitslosigkeit. Insbesondere im Süden, wo die staatlichen Apparate schlecht funktionieren und selbst gesetzlich garantierte Sozialleistungen nicht immer in Anspruch genommen werden können, kann allein die Familie den sozialen Absturz verhindern. Der dort besonders verbreitete Familiarismus muss deshalb auch als »defensives Einstellungs- und Verhaltenskonzept« (Fritzsche) begriffen werden. Die Familie bleibt die wichtigste Solidargemeinschaft, so lange andere Sicherungssysteme schlecht funktionieren.

Im Zentrum der italienischen Familien steht die sprichwörtliche *Mamma*, der Eigenschaften wie Selbstaufgabe, Reinheit, aber auch besitzergreifende Allgegenwart und Dominanz zugesprochen werden. Bei dieser scheinbar uralten Mutterrolle handelt es sich um eine typische *invention of tradition*. Denn erst im späten 19. Jahrhundert entwickelte sich das Ideal der zugleich beschützenden und fürsorglichen Mutter, deren bedingungslose Liebe vor allem ihren Söhnen galt. Töchter werden von der idealtypischen *Mamma* eher als Hilfskräfte, wenn nicht gar als Konkurrentinnen empfunden. In der modernen Ausprägung des *Mammismo*, also der mutterzentrierten Familie, rückt neben immer weniger Kindern und dem Ehemann die Versorgung der Eltern oder Schwiegereltern in den Vordergrund. Im Mittelpunkt der Tätigkeit und des Bildes einer *Mamma* standen und stehen vielfach bis heute die Rituale der Essenszubereitung. Angelsächsische Anthropologen, die Feldforschung in italienischen Familien betrieben haben, zeigten sich beeindruckt von dem Zeitaufwand, der der Zubereitung, dem Verspeisen der Familienmahlzeiten und den anschließenden Aufräumarbeiten gewidmet war. »Die Hohe Priesterin dieses Essenskultes ist die *Mamma*« (Donald Pitkin). Der Aufwand hat sich heute reduziert. Die großen, rituellen Mahlzeiten werden auf Sonn- und Feiertage sowie Familienfeste beschränkt. Aber bis heute wird die Zugehörigkeit zur Familie über die Teilnahme an Mahlzeiten ausgedrückt, und die Zubereitung der meist mehrgängigen Speisefolge ist in vielen Familien die exklusive Domäne der Hausfrau geblieben.

Die Nachtseite der starken Familienorientierung ist der wenig hinterfragte Fortbestand autoritärer, insbesondere patriarchaler Strukturen. Außerdem erschwert der tief verwurzelte Familiarismus die Politisierung sozialer Probleme. Jugendarbeitslosigkeit, körperliche oder psychische Behinderungen usw. werden eher individuell-familiär aufgefangen, anstatt staatlich-politische Hilfe zu fordern. Insofern besteht ein enger Zusammenhang zwischen dem Familiarismus und der Schwäche der Zivilgesellschaft in Italien.

4. Medien, Kino, Popmusik und Sport

In der Nachkriegszeit war der Kulturbereich wie die gesamte Gesellschaft fraktioniert: dies galt sowohl für die kulturelle Produktion als auch für die Medien wie die Konsumenten. Zugleich gingen von den Medien und den Produkten der Kulturindustrie wichtige Impulse zur Wiederherstellung einer gesellschaftlichen Ordnung, zur Schaffung eines neuen politischen und moralischen Klimas und nicht zuletzt zur Nivellierung regionaler Unterschiede aus. David Forgacs betont drei Aspekte: *Erstens* blieben die meisten großen Zeitungen, Verlage, Filmstudios und sonstige Medien über den Umbruch von 1943/45 hinweg in denselben Händen. Es gab kaum Entlassungen von Faschisten oder Kollaborateuren. Allerdings hatten die etablierten Medien zuvor nicht gekannte Konkurrenz in Form linker Zeitungen, insbesondere durch PCI- und PSI-Organe, und Filmclubs, die aber unterkapitalisiert waren und nicht über effiziente Vertriebsstrukturen verfügten. *Zweitens* wurden die wichtigsten Schaltstellen in den Medien, aber auch in Kontroll- und Zensurgremien seit ihrem Erdrutschsieg von 1948 von Christdemokraten übernommen, die die Medien in enger Zusammenarbeit mit der katholischen Kirche und deren Laienorganisationen reorganisierten. *Drittens* war die Massenkultur der Nachkriegszeit geprägt von neuen Medien: durchgängig illustrierte Zeitschriften, die dank neuer Techniken billig, schnell und in hohen Auflagen gedruckt werden konnten, und seit 1954 das Fernsehen. Auch der Film erhielt dank des vielfältigen und nicht mehr der Propaganda unterworfenen Angebots einen zuvor ungekannten Zulauf. Als *vierter* Aspekt kamen seit den späten fünfziger Jahren spezifische Jugendkulturen der Popmusik, des Tanzens und der Mode hinzu.

In der *Presse* entwickelte sich seit 1948 rasch ein konservativer, amerikafreundlicher Konsens, der christlich, antigewerkschaftlich und antikommunistisch war. Die meisten Zeitungen waren regierungsfreundlich, propagierten die Segnungen des Marshallplans und der amerikanisierten Kultur. Der wichtigste Pressekonzern der fünfziger Jahre, die *Agenzia Giornali Associati (AGA)* gehörte dem Industriellenverband *Confindustria* und einzelnen Unternehmen. Die AGA kontrollierte nicht nur sämtliche Handels- und Finanzblätter (*Il Globo*, *Il Sole-24 Ore*), sondern auch rund 20 Lokal- und Regionalblätter, darunter auch mehrere bedeutende wie *La Nazione* (Florenz), *Il Resto del Carlino* (Bologna) oder *Gazzetta del Popolo* (Turin). Die der AGA angeschlossenen Blätter erhielten gegen eine Gebühr Nachrichten und Artikel für ihre überregionalen Seiten sowie für ihren Kulturteil, die dadurch weitgehend im Sinne der Industrie beeinflusst werden konnten. Außerdem setzten die Unternehmer Anzeigen als politisches Druckmittel ein. Die Werbewirtschaft boykottierte die dem PCI und dem PSI nahestehenden Blätter, die deshalb neben Kleinanzeigen auf alternative Wege des *fund raising* angewiesen waren. So entstand eine vielfältige oppositionelle Kultur von lokalen, regionalen und nationalen Pressefesten – am bekanntesten die *Feste dell'Unità* des PCI-Zentralorgans.

Die Chefredakteure der großen, regierungsloyalen Blätter hatten durchweg im Faschismus Karriere gemacht. Nun vertraten sie zwar keine faschistischen Positionen mehr, waren aber auch keine Verfechter konsequenter Presse- und Meinungsfreiheit gegen die Einflussnahme und Regulierungen, denen die Nachkriegspresse seitens der Regierung und der Industrieverbände ausgesetzt war. Der wichtigste Gegenspieler der AGA in den Fünfzigern war Amerigo Terenzi, der »rote Verleger«, der die PCI-Presse organisierte, zu der neben dem Zentralorgan *L'Unità* die Abendzeitung *Paese Sera* und die sizilianische *L'Ora* gehörten. Weitere wichtige linke Tageszeitungen waren das PSI-Organ *Avanti* sowie die neapolitanische *La Voce*. Mehrere linke Blätter gingen in den fünfziger Jahren ein, weil sie vom Werbemarkt ausgeschlossen wurden. Hinzu kamen hausgemachte Probleme mit zu kritischer Berichterstattung über Parteiinterna oder die UdSSR. Aus einer PCI-Abspaltung entstand 1971 *Il Manifesto* – ein Blatt der Achtundsechziger, das bis heute überlebt hat.

Am Ende des Wirtschaftswunders mussten 1963/64 auch sieben regierungsfreundliche Tageszeitungen und drei Wochenmagazine wegen fehlender Rentabilität eingestellt werden. In den sechziger Jahren waren 56 % der Tageszeitungen im Besitz von Industrieunternehmen, knapp 15 % gehörten den linken Parteien PCI, PSI und PSDI, je 9 % der DC und der katholischen Kirche sowie der öffentlichen Hand. Bis der Rizzoli-Verlag 1974 die größte italienische Zeitung *Corriere della Sera* kaufte und bis 1976 Eugenio Scalfari und der Mondadori-Verlag mit Unterstützung des Agnelli-Clans die linksliberale *la Repubblica* gründeten, war keine Tageszeitung im Besitz eines Verlages, also unabhängig von Parteien oder Interessenverbänden. Die Gründung der *Repubblica* markiert noch in einem weiteren Sinne eine Epochenwende: erstmals ging ein großes überregionales, bürgerliches Blatt auf Oppositionskurs. Bis dahin hatten die auflagenstärksten Zeitungen *Corriere della Sera* und *La Stampa* (im Besitz der Agnelli-Familie) die Regierung fast vorbehaltlos unterstützt und wirtschaftsfreundliche und kulturell konservative Positionen vertreten. Die wichtigste Zeitung Süditaliens *Il Mattino* befand sich ohnehin bereits lange im Besitz der Staatsholding IRI und damit unter indirekter Regierungskontrolle.

Die Presselandschaft ist ein Indikator für die Schwäche der italienischen Zivilgesellschaft bis in die 1980er Jahre hinein: es gibt kein Weltblatt aus Italien, bis heute sind viele Zeitungen abhängig von der Regierung, von Parteien oder großen wirtschaftlichen Interessenverbänden. Die verkaufte Auflage der gesamten italienischen Tagespresse stagniert seit langem zwischen vier und fünf Millionen – das schafft in Deutschland die BILD-Zeitung allein. Eine Boulevardpresse wie in Deutschland oder noch ausgeprägter in Großbritannien gibt es in Italien nicht. Ein partielles Pendant bilden die großen Sportzeitungen *Gazzetta dello Sport* und *Corriere dello Sport*, die mit täglich ca. 450.000 bzw. 300.000 verkauften Exemplaren auf Platz 3 und 6 der auflagenstärksten Zeitungen stehen. Mehr Exemplare als die größte Sportzeitung verkaufen nur *la Repubblica* und *Corriere della Sera*, die seit etwa 20 Jahren mit Auflagen von knapp 700.000 einen aufwändigen Wettbewerb mit CDs, Videos, Büchern und anderen Beigaben um Platz 1 bei den Auflagen austragen. Die dritte überregionale Tageszeitung *La Stampa* liegt mit gut 300.000 verkauften Exemplaren auf Platz 5 hinter der Wirtschaftszeitung *Il Sole-24 Ore* (ca. 350.000). Nach diesen sechs überregionalen Blättern folgen Regional- und Parteiblätter mit Auflagen zwischen 100.000 und gut 200.000. Alle Zahlen sind von 2007, haben sich aber bis auf das 2000 gegründete Berlusconi-Blatt *Libero* (Auflage: 110.000), seit 1990 kaum verändert.

Da es in Italien keine Zeitungsabonnements gibt, lesen viele die Zeitung in Bars oder Cafés. Die relativ niedrigen Auflagen müssen mit 5 multipliziert werden, um die Zahl der Leser zu ermitteln. Mit durchschnittlich 14 Minuten täglich widmen die Italiener der Zeitung sehr wenig Zeit: sie liegen damit auf dem drittletzten Platz in Europa (vor Frankreich und Griechenland). Die politischen Wochenmagazine – die wichtigsten sind *Panorama* und *L'Espresso* – konnten im Gegensatz zur Tagespresse ihre Auflagen seit den 1950er Jahren erheblich steigern. Aber Italien ist kein Leseland. Das Interesse an Informationen und Sensationen stillt primär das Fernsehen.

Rundfunk und Fernsehen. Der relativ geringen Bedeutung der Presse steht der umso größere Einfluss des Radios und später des Fernsehens gegenüber. Nach einem kurzen Zwischenspiel der Demokratisierung und Dezentralisierung in der Zeit der antifaschistischen Einheit erhielt der italienische Rundfunk RAI (*Radio Audizioni Italia*) seit der Einführung des Fernsehens 1954 RAI-TV (*Radio Audizioni Italia/Televisione Italiana)* eine ähnlich zentralistische Struktur wie während des Faschismus. Aufgrund von Zerstörungen im Krieg waren landesweite Sendungen zunächst nicht möglich, sondern es gab eine nördliche und eine südliche Senderkette (zu der auch Rom gehörte). Gegen die Bemühungen im Rahmen des republikanischen Staatsaufbaus, wieder einen einheitlichen, zentralisierten Rundfunk zu schaffen, gab es vor allem im Süden, wo man vom Radio entscheidende Unterstützung beim Überwinden der Rückständigkeit erwartete, heftigen Widerstand. Zentralistische Strukturen wurden anfangs bis in die DC hinein als negatives, faschistisches Erbe angesehen.

Offiziell orientierte sich die RAI mit ihren drei Programmen an der BBC – und damit an einem in den fünfziger Jahren fast unantastbaren Vorbild: das erste Programm war für landesweit ausgestrahlte politische Sendungen, Bildung und seriöse Unterhaltung zuständig; das zweite für leichte Unterhaltung und das dritte, das nur in manchen Regionen zu empfangen war, für anspruchsvollere Kultursendungen. Dass der Streit um die RAI nicht nur politisch motiviert war, sondern es auch um ein großes Geschäft ging, zeigen einige Zahlen: 1975 hatte die RAI 12.000 festangestellte und rund 25.000 nebenamtliche Beschäftigte, gehörte damit zu den größten Arbeitgebern im Lande und setzte 500 Mrd. Lire im

Jahr um. Mit der RAI wirtschaftlich verbunden waren große Werbefirmen, ein Musikkonzern, Buchverlage und Filmproduktionsfirmen.

Als die DC nach ihren Wahlsiegen 1948 und 1952 Radio und Fernsehen unter Kontrolle bringen wollte, nutzte sie einerseits die im Faschismus geschaffenen Organisationsstrukturen: von den 16 Mitgliedern des RAI-Direktoriums wurden vier (seit 1952: sechs) von der Regierung bestimmt, die übrigen von den Anteilseignern. Da 99,55 % der Aktien der RAI der Staatsholding IRI gehörten, konnte die *Democrazia Cristiana* als dominante Regierungspartei auf beiden Wegen Einfluss nehmen und sicherte sich ein erdrückendes Übergewicht in der Leitung des Radio- und bald TV-Monopolisten. Andererseits schafften die Christdemokraten 1952, als sie mit ihrer absoluten Mehrheit im Parlament einen neuen Fernsehstaatsvertrag durchsetzten, das 1945 eingeführte parlamentarische Kontrollgremium wieder ab. Der neue Staatsvertrag verlängerte nicht nur das RAI-Monopol um zwanzig Jahre, sondern entzog die RAI dem Einfluss des Parlamentes und lieferte sie der Regierung und den an ihr beteiligten Parteien aus. So konnten künftig der Generaldirektor, Präsident und geschäftsführender Direktor nur mit Zustimmung des Ministerpräsidenten ernannt werden.

Es gab nur wenige Fälle direkter Zensur bei der RAI – einer der spektakulären betraf 1962 die Schriftsteller und Schauspieler Dario Fo und Franca Rame, die von der Mitwirkung an der populären Samstagabend-Show *Canzonissima* wegen einiger politischer Bemerkungen ausgeschlossen wurden. Viel häufiger und wirksamer, aber weniger offensichtlich waren Beschränkungen bis hin zur Selbstzensur durch Sprachregelungen für die politischen Sendungen, Tabus und Schwerpunkte in der Berichterstattung. Über die Parteilichkeit der RAI gab es regelmäßig Debatten im Parlament und Dossiers in der oppositionellen Presse. Die Regierungsnähe von Radio und Fernsehen trug entscheidend dazu bei, dass es bis 1993 nie wirkliche Regierungswechsel gegeben hat.

Eine gewisse Liberalisierung der RAI trat 1961 ein, als der Herausgeber des DC-Parteiorgans *Il Popolo*, Ettore Bernabei, RAI-Generaldirektor wurde, was er bis 1974 blieb. Er gehörte zum linken DC-Flügel, der seitdem großen Einfluss auf die Postenvergabe bei Funk und Fernsehen hatte. Bernabeis Leute überließen einerseits einige Posten dem PSI, der seit 1963 in den Kreis der Regierungsparteien aufrückte. Andererseits führten sie modernere, weniger rigide Management- und Kontrollmethoden ein. An die Stelle der direkten Abhängigkeit der RAI von der DC trat nun eine größere Autonomie, wodurch die RAI trotz ihrer Regierungsnähe nicht mehr wie ein Propagandainstrument wirkte. Sie reagierte damit auch auf die allgemeine Liberalisierung der Gesellschaft und die zunehmende Bedeutung der Zivilgesellschaft. Dank ihrer geschickten Steuerung unter Bernabei behielt die RAI durch die Krisen und Konflikte der sechziger und siebziger Jahre hindurch eine hohe Akzeptanz in der Gesellschaft, bis sich mit der Einführung privaten Rundfunks und Fernsehens seit 1975 die Medienlandschaft grundlegend veränderte (s. S. 189 ff.).

Kino. Auch die Entwicklung des Kinos und der Filmindustrie ist geprägt von Kontinuitäten zur faschistischen Zeit und von massiver Einflussnahme der *Democrazia Cristiana*. Das Kino ist in Italien ein besonders guter Indikator, um den gesellschaftlichen und politisch-kulturellen Wandel zu ergründen. Stephen Gundle nennt hierfür vier Gründe: Nirgends sonst in Europa war nach 1945 das Kino so populär wie in Italien. Die Stoffe der einheimischen Filmproduktion waren besonders stark auf die Gesellschaft und auf »kleine Leute« bezogen. Über das Kino wurden grundsätzliche politische Konflikte zwischen den staatstragenden Kräften und der Opposition ausgetragen. Filme spielten eine große Rolle bei der Transformation des Landes in eine moderne Industriegesellschaft.

Nachdem während des Krieges Hollywoodfilme in Italien verboten waren, wurde das Land nach der Befreiung mit US-Streifen überschwemmt. Schilderungen der frühen Nachkriegszeit sind voll von Erlebnissen bei der Begegnung mit Hollywood und seinem *glamour*. Dieser Prozess spielte sich auf zwei Ebenen ab: einerseits als Rezeption und Übernahme westlicher Werte und Verhaltensmuster. Denn die von der US-Propaganda zur Verfügung gestellten Hollywoodstreifen trafen in Italien auf ein dankbares und aufnahmebereites Publikum, das die kulturelle Bevormundung leid war. Besonders prägend waren die von Rita Hayworth oder Marilyn Monroe verkörperten Figuren, die sich durch makellos inszenierte Schönheit, perfektes Styling und Unschuld bei gleichzeitig vamphaftem Auftreten auszeichneten. *Sex appeal* wurde bezeichnenderweise als *sessapiglio* sprachlich sogleich italianisiert und spielte in den Medien eine große Rolle. Illustrierte wie *Oggi* und *Epoca*, die der US-Zeitschrift *Life* nacheiferten, informierten die italienische Mittelschicht über das aufregende, opulente, exzessive Leben der Stars, das in extremem Kontrast zum Alltag der LeserInnen zu verlaufen schien.

Auf Promotiontouren, während Produktionen in den vom Faschismus geschaffenen *Cinecittá*-Studios in Rom und als Touristen bereisten zahlreiche Hollywoodstars Italien und lösten in der Öffentlichkeit hysterische Reaktionen aus. Den Höhepunkt bildete die Hochzeit der Hollywoodstars Tyrone Power und Linda Christian (deren Tochter Romina ein Schlagerstar wurde) im historischen Zentrum Roms Anfang 1949: eine ganze Hundertschaft *Celere* auf weißen Pferden musste mit Gummiknüppeln die kreischende Menge zurückhalten. Die Trauung wurde im Radio live übertragen. So waren überall in Italien die Schreie der Menge vor der Kirche als Hintergrund zu den Worten des Priesters und Orgelklänge zu hören. In der nicht mehr vom Nationalismus geprägten italienischen Nachkriegsgesellschaft nahmen US-Filmstars in mancher Hinsicht den Platz des Adels ein; so frequentierten sie Orte, die einst der Aristokratie vorbehalten waren und konsumierten exzessiv. Die Szenerie der Hollywoodstars wirkte jedoch weniger exklusiv als der Adel: jede/r konnte sich einbilden, in die *glamour*-Aristokratie aufsteigen zu können. Es gibt einen inneren Zusammenhang zwischen dem Kult um Filmstars und der Entstehung der Konsumgesellschaft in den fünfziger und sechziger Jahren. Erstens im

Versprechen einer klassenlosen Konsumgesellschaft: jeder kann an den Segnungen des Kapitalismus partizipieren. Zweitens waren die Hollywoodfilme selbst Produkte für den Massenkonsum. Drittens warben die Stars für Konsumprodukte mit ihren Gesichtern, Körpern und Namen.

Über die Rezeption hinaus entstand aus der Konfrontation mit dem Hollywood-*glamour* etwas Neues. *Glamour* war dem Zeitgeist in Ialien nach 1945 zunächst fremd: wie etwa die Filme des Neorealismus zeigen, waren Eleganz und Luxus mit Dekadenz und politisch mit der Kollaboration mit Faschismus oder Nazismus konnotiert. Unter den Einflüssen aus Hollywood entwickelte sich in den fünfziger Jahren ein neuer Kult der Körperlichkeit, der sich in der Mode, aber auch in zahllosen Schönheitskonkurrenzen, bis in die tiefste katholische Provinz hinein, zeigte. Wer daran teilnahm, träumte davon, in die glamouröse Szene des Films und des internationalen Jetset zu gelangen. Auch in italienischen Filmen der fünfziger Jahre sind die Wirkungen Hollywoods spürbar: der Typus der wilden, geheimnisvollen, dunklen Schönheit war die Antwort auf die Hollywood-Diven und auch international erfolgreich. Silvana Mangano, Gina Lollobrigida oder Sophia Loren, die bekanntesten Schauspielerinnen, die im Italien der fünfziger Jahre groß wurden, waren schließlich sogar in Hollywood gefragt – als sehr körperbetontes Gegenmodell zu den US-Stars. Die Regisseure des Neorealismus sahen dies kritisch. So meinte Vittorio de Sica in einem viel diskutierten Interview, die weiblichen italienischen Stars seien »nur Kurven«, der italienische Film setze weniger auf schauspielerische Qualitäten als auf schöne Beine und opulente Dekolletés. Rückblickend erscheint diese Kritik puristisch: die italienischen Filmstars lassen sich vielmehr als Variante des *glamour* verstehen, die aus der Konfrontation der US-Einflüsse mit eigenen Traditionen entstanden ist.

Während in der britischen oder deutschen Wahrnehmung die eigenen Filmstars immer weniger attraktiv waren als die amerikanischen, wurden die italienischen im eigenen Land als wirklichkeitsnäher und menschlicher empfunden als die künstlichen Hollywood-Schönen. Gleichzeitig war Italien bis in die Siebziger hinein der wichtigste europäische Gegenpol zu Hollywood. Italienische Seebäder und Rom wurden zu Tummelplätzen des Jetset (von Federico Fellini in *La dolce vita* stilisiert). Damit wurden ein spezifisch italienischer *glamour* mit den Bestandteilen Erotik, Theatralik und Leichtlebigkeit sowie die italienische Lebensart durch die bunten Blätter der ganzen westlichen Welt verbreitet. Neben Filmstars symbolisierten besonders Sportwagen weltweit den Italo-*glamour*.

In der Nachkriegszeit war in Italien – ausgeprägter als in den übrigen westlichen Ländern – das Kino neben dem Radio das wichtigste Unterhaltungsmedium. War das Radio, das in den sechziger Jahren zunehmend vom Fernsehen verdrängt wurde, das Medium der alltäglichen Unterhaltung, so war der Kinobesuch etwas Besonderes. Und die Italiener strömten in die Kinos wie keine andere Nation in der Nachkriegszeit: in Großbritannien und Frankreich war der Filmkonsum bereits in den vierziger Jahren eingebrochen, als er in Italien (ähnlich wie in der Bundesrepublik) nach dem Ende der Diktatur überhaupt erst begann. Allerdings gingen in der BRD die Zuschauerzahlen schneller wieder zurück. Italien war in der Nachkriegszeit der mit Abstand lukrativste Filmmarkt in Europa.

Vom Kinoboom der Nachkriegszeit profitierten jedoch nicht in erster Linie die Werke der Neorealisten, die man heute mit dem italienischen Nachkriegsfilm verbindet – etwa »Rom – offene Stadt« oder »Paisá« von Roberto Rossellini, »Fahrraddiebe« von Vittorio De Sica, »Bitterer Reis« von Giuseppe De Santis. Zwar war »Rom – offene Stadt« 1945/46 der kommerziell erfolgreichste Film in Italien, und auch die übrigen genannten Filme hatten hohe Zuschauerzahlen. Aber viele andere Filme des Neorealismus von Luchino Visconti, De Sica oder Rossellini, die heute als Meisterwerke gelten, waren Flops an den Kinokassen. Von den 100 kommerziell erfolgreichsten Filmen des Jahres 1949 etwa waren 79 US-Produktionen, aber nur 14 italienische. Der Anteil der US-Importe an den in Italien gezeigten Filmen sank zwar von mehr als 70 % 1948 und 1949 auf 50–60 % in den fünfziger und sechziger Jahren, aber die heimischen Produktionen erreichten nie mehr als 25 % Marktanteil.

Für den kommerziellen Erfolg von Filmen waren in Italien nicht allein die Marktgesetze verantwortlich. Auch der Staat hatte erhebliche Möglichkeiten der Einflussnahme: Einerseits besaß eine staatliche Bank das Monopol bei der Vergabe von Produktionskrediten. Andererseits wurde 1947 ein *Ufficio Centrale per la Cinematografia* geschaffen, das den Import und Export von Filmen kontrollierte, aber auch die Produktionen überwachte. Obwohl die Verfassung Meinungsfreiheit garantierte, übte die Regierung in den fünfziger Jahren eine rigide Zensur aus. Sie betraf nicht nur Film und Fernsehen, sondern auch Literatur (etwa Werke Alberto Moravias und Pier Paolo Pasolinis) und das Theater. Viele Brecht-Stücke durften im Italien der fünfziger Jahre nicht aufgeführt werden. Inhaltlich ging es einerseits um die Sexualmoral – selbst das Thema »Scheidung« war tabu bis zu Pietro Germis Komödie »Scheidung auf italienisch« (1961) – andererseits um »Beleidigungen« der Republik, der Armee und der Fahne. Die Filmskripte mussten vor Beginn der Dreharbeiten der Zensurbehörde vorgelegt werden, was bereits eine gewisse Vorsicht und Selbstzensur bewirkte. Wurden darüber hinaus Änderungen verlangt, gaben viele Regisseure entsprechende Projekte lieber ganz auf.

In den sechziger Jahren milderte sich die Zensur; es kam aber immer wieder zu spektakulären Fällen, die meist von Provinzstaatsanwälten ins Rollen gebracht wurden und zu einem kaum abschätzbaren Maß an Selbstbeschränkung führten. Auch die RAI hielt einen strikten Moralkodex ein und vermied nach Möglichkeit alles Kontroverse. Mindestens ebenso einflussreich wie die staatliche Zensur war die halboffizielle kirchliche. Bereits 1935 hatte die der kirchlichen Hierarchie direkt unterstehende Laienorganisation *Azione Cattolica Italiana* ein *Centro Cattolico Cinematografico* gegründet, das mit der staatlichen Zensur eng zusammenarbeitete. Wenn es einen Film ablehnte, durfte er nicht in den ca. 7.000 (1953) *sale paroc-*

chiali – den katholischen Kinos, meist in Gemeindesälen – gezeigt werden. Dies bedeutete erhebliche kommerzielle Einbußen, so dass Regisseure und Produzenten auf diese Instanz Rücksicht nahmen.

1947 bis 1953 war Giulio Andreotti als Unterstaatssekretär für Kino und Theater zuständig. Er verstand es, die Interessen der Filmwirtschaft und die ideologischen Vorgaben der DC zusammenzubringen. Mit einer Mischung aus Zensur, ideologischen Vorgaben und Ausnutzung der Marktgesetze stützte er den *mainstream*, der hauptsächlich aus Genrekomödien (insb. Filme des neapolitanischen Komikers Totò) bestand, und machte den Neorealisten das Leben schwer. Deren Filme standen für die führenden Männer vom rechten DC-Flügel, zu denen Andreotti gehörte, im Widerspruch zur katholischen Lehre, aber auch zur positiv-optimistischen Moral des Wiederaufbaus. Tatsächlich standen die Regisseure des Neorealismus (außer Rossellini) der *resistenza* und dann dem PCI nahe.

Ein neues, 1949 verabschiedetes Filmgesetz, das weitgehend Andreottis Werk war, versuchte die Marktchancen italienischer Filme durch Subventionen zu erhöhen, die nach ihrer »Qualität« gestaffelt waren. Bis zu 18 % der Einnahmen an den Kinokassen gab der Staat dazu, wenn Filme in die höchste Qualitätsklasse eingestuft wurden. Dafür mussten aber vorab die Drehbücher vorgelegt werden, so dass das neue Filmgesetz die Kontrollmöglichkeiten der Regierung verbesserte. Zugleich vermied Andreotti Ärger mit den Kinobesitzern, die alle Restriktionen gegen die erfolgreicheren ausländischen Konkurrenten (Schutzzölle, Quotenregelungen o.ä.) als geschäftsschädigend ablehnten. Unter dem neuen Filmgesetz blühte die italienische Filmindustrie auf. Zahllose Komödien, das neue Genre des Italo-Western, aber seit Ende der fünfziger Jahre auch der Autorenfilm verschafften ihr kommerzielle Erfolge und internationales Renommée. Zu den bekanntesten Filmen und Regisseuren zählen Federico Fellini mit *La Dolce Vita* (1959), Michelangelo Antonioni mit *L'Avventura* (1960), Lucchino Visconti mit *Rocco und seine Brüder* (1960) und *Der Leopard* (1963), später auch Pier Paolo Pasolini, Bernardo Bertolucci und Lina Wertmuller.

Wenn es darum ging, kritischen Filmen trotz Zensur und unter den Bedingungen des Andreotti-Gesetzes ein Publikum zu verschaffen, spielten die nach der Befreiung gegründeten *circoli del cinema* (Filmzirkel) eine wichtige Rolle. 1951 gab es rund 100 Zirkel mit etwa 16.000 Mitgliedern. Sie mieteten Kinos außerhalb der üblichen Öffnungszeiten oder andere geeignete Säle und zeigten Filme jenseits des kommerziellen *mainstream* – Werke des Neorealismus, aber auch osteuropäische Filme, über die anschließend diskutiert wurde. 1953 hatten die *circoli del cinema* bereits über 50.000 Mitglieder. Aber selbst wenn man annimmt, dass diese pro Jahr durchschnittlich 30 Filme sahen, so nehmen sich die auf diese Weise verkauften rund 1,5 Mio. Tickets nicht sehr imposant aus im Vergleich zu den 778 Mio. Karten, die die kommerziellen Kinos 1953 verkauft haben.

Ein Grund für den begrenzten Erfolg der *circoli del cinema* lag auch in ihrer politischen Nähe zum PCI. Der tat sich nämlich schwer mit dem Kino, obwohl die Mehrheit der prominenten italienischen Regisseure ihm nahestand oder gar angehörte. Zwar hat die Partei Antonio Gramscis der kulturellen Sphäre und dem Kampf um kulturelle Hegemonie immer große Bedeutung beigemessen, aber ihre Definition der kulturellen Sphäre stammte – wie Gundle formuliert hat – »vom Vorabend des Ersten Weltkriegs«: Kunst, Literatur und Philosophie galten als die wichtigsten Gebiete. Außerdem schrieben sich die Kommunisten die Förderung von »Volkskultur« auf die Fahnen, die oft pathetisch und mit einem Hang zum Polit-Kitsch als »authentisch« einer verlogenen und dekadenten bürgerlichen Kultur gegenübergestellt wurde. Das Kino (oder auch nur einzelne Filme oder Regisseure) hingegen konnte mit keiner strukturellen oder gar finanziellen Unterstützung durch den PCI rechnen, obwohl die der Partei nahestehenden Regisseure besondere Schwierigkeiten hatten, staatlichen Fördermittel zu bekommen. Hingegen hat der politische Katholizismus die Bedeutung des Films für die Beeinflussung einer modernen Gesellschaft viel klarer erkannt. Deshalb wurden die aus katholischer Sicht akzeptablen Produktionen in das kirchliche Kulturprogramm integriert.

Obwohl auch in Italien der Siegeszug des Fernsehens unaufhaltsam war, gab es viel länger als in anderen Industriegesellschaften eine Koexistenz mit einer zwar schrumpfenden, aber kommerziell erfolgreichen Kinolandschaft. Mitte der siebziger Jahre wurden in Italien noch mehr als 400 Mio. Kinokarten pro Jahr verkauft, während es in der BRD nur noch gut 100 Mio. waren. Der Umsatz der Kinobranche stieg bis in die achtziger Jahre hinein kontinuierlich an. Zu den Ursachen gehörte eine Rollenteilung zwischen TV und Kino, die es so ausgeprägt nirgends sonst gab: Das Fernsehen bot einen unkritischeren, optimistischeren Blick auf die Moderne. Die Werbung, aber auch das redaktionelle Programm förderten den Konsum. Wegen der besonderen Kommerzialität und Unterhaltungsorientierung des Fernsehens konnte das Kino stärker das Unbehagen an der Moderne thematisieren und die Orientierungslosigkeit angesichts der radikalen Veränderungen der Nachkriegszeit. Zugleich jedoch wirkte das Kino stark modernisierend – vor allem in der Provinz. Denn allein der Kauf einer Kinokarte war ein Stück Konsumgesellschaft: Geld ausgeben ohne unmittelbaren Nutzen. Zweitens verbreitete das Kino moderne Ideen und Verhaltensweisen. Wie das Fernsehen trug es zur Vereinheitlichung der Sprache bei – nicht allein der Hochsprache in synchronisierten Streifen, sondern auch zur Entwicklung einer begrenzten Zahl regionaler Dialekte, deren Typik ebenso wie die mit ihnen verbundenen Regionalklischees in vielen Filmen handlungstragend waren und für Unterhaltung sorgten.

Eine Form der Massenkultur, die erhebliche Bedeutung für die Weltsicht der weniger Gebildeten hat, und neben dem neorealistischen Kino vielleicht die wichtigste kulturelle Neuschöpfung der Nachkriegszeit sind die *fotoromanzi* (Fotoromane). In Fotoserien mit nur kurzen Texten werden knappe, triviale Geschichten, meist Liebesgeschichten, auf 3 bis 4 Seiten erzählt und in hoher Auflage verbreitet. *Fotoromanzi* sind eine Weiterentwicklung des Comics in den Zeiten des Kinos.

Hauptthemen sind Konflikte zwischen Liebe und Pflichterfüllung sowie Familie und Ehre; Männer müssen ihre Frau oder Familie verteidigen, Frauen ihre Jungfräulichkeit oder ihren guten Ruf. Die 1946 gegründete Wochenzeitschrift *Grand Hotel* des Verlegers Cino Del Duca enthielt als erste ausschließlich *fotoromanzi* und erreichte schnell eine Millionenauflage. Der Erfolg zog Nachahmer nach sich: *Bolero* im Verlag Mondadori, *Sogno* bei Rizzoli und andere. Dieser Siegeszug bedeutete den Durchbruch des neuen Genres, das außer in Italien vor allem in Lateinamerika erfolgreich war, aber interessanterweise in den protestantisch geprägten Ländern Europas, aber auch in Frankreich auf wenig Resonanz stieß. In Italien waren die *fotoromanzi* das erste Massenmedium, das sämtliche Bildungsschranken überwand und noch vor dem Fernsehen Leute erreichte, die weder Radio hörten noch Zeitung lasen, und ihnen die Segnungen der Moderne nahe brachte: *glamour*, Kleidung und Styling der Stars. Durch *fotoromanzi* gelangte die Idee des *american way of life* in die italienischen Dörfer, zu den Frauen und in den Süden. Auch Weltstars wie Sophia Loren haben ihre Karriere als Darsteller in *fotoromanzi* begonnen. Die Voraussetzungen für dieses neue Massenmedium waren einerseits technische – die Möglichkeit Fotos im Rotationsdruck in hohen Auflagen und guter Qualität herzustellen, andererseits soziale: nach den elitären liberalen Regimen hatte der Faschismus die Massen systematisch in die Politik einbezogen, und die Mitte-Links-Regierungen realisierten endlich die achtjährige Schulpflicht (1962). Neben den *fotoromanzi* profitierten auch klassische Comics von der erfolgreichen Bekämpfung des Analphabetismus: die Wochenauflage beider Gattungen betrug 1950 zwei Millionen, fünf Jahre später bereits vier und Mitte der Sechziger sechs Millionen. Noch 1989 lag die wöchentliche Auflage von *Grand Hotel* bei fast einer halben Million.

Canzoni (Lieder). Auch den meisten Touristen fällt die geringere Präsenz anglo-amerikanischer Popmusik in der italienischen Massenkultur auf. Die Szene der *cantanti* (SängerInnen) und *cantautori* (LiedermacherInnen) ist äußerst vielfältig. Während *cantautori* ihre Lieder selbst schreiben, präsentieren *cantanti* die Kompositionen anderer. Außerdem sind diese kommerzieller, jene stärker inhaltlich orientiert. Entsprechend verschiedenartig sind die *canzoni*, die man im Radio und in der Öffentlichkeit hört, und die musikalischen Traditionen, auf die sie sich beziehen. Hier müssen einige Bemerkungen genügen. Die meisten *canzoni* stehen in der Tradition populärer Opernarien, die schon im 19. Jahrhundert in Italien zu Gassenhauern wurden, sowie in der süditalienischen Tradition popularisierter Kunstlieder (*canzone napoletana*). Das bekannteste Beispiel ist *O sole mio*. Wie bei diesen Vorbildern stand auch in der italienischen Popmusik der Nachkriegszeit meist die Melodie im Vordergrund, aber es gab – vor allem in den bewegten siebziger Jahren – auch viele *cantautori* mit poetisch oder politisch anspruchsvollen Texten.

Das offizielle Gipfeltreffen vor allem der *cantanti* ist alljährlich das Festival von San Remo an der Riviera, bei dem seit 1951 der beste italienische Pop-Song gekürt wird. Unter den *cantautori* ist die Frage der Teilnahme eine Gretchenfrage, weil sie es für zu kommerziell und unpolitisch halten. Seit der Einführung des Fernsehens im Jahre 1954 wird das Festival live übertragen, was bei der Sorge der RAI, politische oder moralische Tabus zu verletzen, bis in die achtziger Jahre hinein zu einer Einschränkung der Auswahl bis hin zur Zensur führte – etwa 1967, als *I Nomadi* den Guccini-Song *Dio è morto* (Gott ist tot) präsentierten. Andererseits waren große Pop-Songs unter den San Remo-Siegern – etwa *Nel blu, dipinto di blu, Una lacrima sul viso* oder *Non ho l'età per amarti*. Aber Performanz und Show-Effekte spielen bei dem Festival eine größere Rolle als poetische Gestaltung oder inhaltliche Aussagen. Thematisch dominieren die Liebe und ihre Wirrungen. Die politische Haltung ist affirmativ oder unpolitisch. So reüssierten in San Remo viele, die zu nationalen, teilweise sogar internationalen Popstars wurden – etwa Domenico Modugno, Adriano Celentano, Al Bano und Romina Power, Massimo Ranieri, I Pooh oder Ricchi e Poveri. Musikalisch lagen die Sieger meist zwischen Softrock und Kitsch. Ein Fanal setzte der Genueser *cantautore* Luigi Tenco, der sich 1967 umbrachte, nachdem sein Lied über einen antifaschistischen Emigranten nicht in die Endausscheidung kam. Tenco wurde zu einem Idol der Achtundsechziger und San Remo zum Symbol für die Kommerzialisierung und Entpolitisierung der *canzone italiana*. Aber bis heute ist das Festival von San Remo ein nationales Ereignis. Eine ganze Woche lang werden zur Hauptsendezeit 3–4 Stunden live aus San Remo übertragen – und das bei traumhaften Einschaltquoten.

Unter den *cantautori* lassen sich verschiedene Richtungen unterscheiden, deren Zentren Genua, Mailand, Rom und Neapel waren. Zur *scuola genovese* zählen Luigi Tenco, Bruno Lauzi oder Fabrizio De André; sie sind wegen der Nähe zu Frankreich stark vom *chanson* beeinflusst. Die wohl bekannteste Liebeserklärung an Genua (*Genova per noi*) stammt jedoch von Paolo Conte, der aber keiner Schule zuzuordnen ist. In seinen Balladen im Stil des Swing oder jazziger Barmusik bezieht er sich immer wieder auf seine Jugend in den fünfziger Jahren und verbindet lateinamerikanische, französische und US-Musiktradition auf einzigartige Weise. Die Mailänder Szene zeichnete sich durch eine besondere Nähe zum Theater aus. Die bekanntesten Vertreter sind Giorgio Gaber und Enzo Jannacci. Beide sind Dario Fo und Franca Rame mit ihrem politisch engagierten Theater *La Comune*, aber auch Giorgio Strehlers legendärem *Piccolo Teatro* verbunden. Jannacci liebt das Groteske. Er bezeichnet sein Werk als »Schizo-Musik«. Wie Jannacci benutzt auch Gaber in seinen Texten oft Dialekt und bezieht sich auch auf lokale Begebenheiten und besonders auf die Trabantenstädte. Gabers musikalischer Weg führte von konventioneller Unterhaltungsmusik zu immer engagierteren Liedern, die aber immer pessimistischer ausfielen. Berühmt wurde er in den siebziger Jahren als *Signor G*, als Inbegriff eines Spießers und politischen Opportunisten, der vor allem an Konsum interessiert ist und zwischen Überheblichkeit, Selbstmitleid und Schuldgefühlen changiert. Ähnlich wie Conte am Rande der Genueser Szene war in der Mailänder Adriano

Celentano ein Solitär. Vom Rock'n'Roll kommend und in seiner Anfangsphase in einer gemeinsamen Band mit Jannacci und Gaber, wurde er spätestens durch seinen Auftritt in Fellinis *La dolce vita* international berühmt. Celentano schrieb zahlreiche Hits, viele davon für seine Filme, in denen er die Hauptrolle spielte und meist auch Regie führte. Große Erfolge über Italien hinaus hatte er auch mit Kompositionen anderer – etwa mit Paolo Contes *Azzurro*. Berühmt ist seine RAI-Samstagabendshow *Fantastico*, in der er mit improvisiert wirkenden, politisch sehr widersprüchlichen Kommentaren sich zu allen möglichen Themen äußert.

Zu den Solitären gehören auch Francesco Guccini und Lucio Dalla, die beide aus Bologna stammen bzw. dort ihren Lebensmittelpunkt haben. Guccini – im Hauptberuf Literaturprofessor – inszeniert sich als Vorstadtbarde. Auch er hat einen Teil seines Oeuvres im Dialekt verfasst. Neben den großen Themen des Lebens rund um Liebe und Tod, Familie und Freundschaft hat er einige berühmte politische Lieder geschrieben – das wichtigste *La Locomotiva* handelt von einem anarchistischen Attentat auf einen vollbesetzten Personenzug, das ihn bei den politischen Bewegungen links vom PCI populär machten. In den siebziger Jahren wurde er als erster der *cantautori impegnati*, der politisch engagierten Liedermacher, zu denen außer ihm vor allem Antonello Venditti und Gaber gehören, landesweit ein Star. Lucio Dalla, der international viel bekannter ist, teilt mit Guccini die melancholische Grundhaltung. Seine Bilderwelt ist eine nächtliche, seine Lieder sind musikalisch elaborierter als bei den meisten *cantautori*. Viele Texte sind skurril und versponnen, mal dadaistisch, mal witzig. Von den Siebzigern bis in die Neunziger hinein tourte Dalla extensiv und veröffentlichte zahllose Tonträger, die sich sehr gut verkauften. Er dürfte der kommerziell erfolgreichste *cantautore* sein.

Die wichtigsten Vertreter der römischen Szene waren Antonello Venditti und Francesco De Gregori. Ihre Charakteristika entsprechen in mancher Hinsicht denen der Mailänder – nur in einem anderen regionalen und dialektalen Kontext. Von ihnen ist De Gregori der introvertiertere und poetischere, Venditti der provokativere und politischere, der sich in den Achtzigern zurückzog, angewidert von der Ausweglosigkeit, in die sich *Autonomia* und Rote Brigaden manövriert hatten. Die neapolitanische Szene rund um die Band *Nuova compagnia di canto popolare* um Eugenio Bennato und die Sängerin Teresa de Sio versucht autochthone Traditionen des Südens zu beleben und nimmt Lieder aus der Renaissance neu auf, um jenseits der Totò-Komödien, des Touristenkitsches und der *Camorra* Identität zu stiften. Die meisten *cantautori* verstehen sich als Volkskünstler, die gegen Kommerzialisierung und anglo-amerikanische Einflüsse versuchen, »authentische« Traditionen wachzuhalten oder zu beleben, und sehen darin ihr demokratisches Engagement.

International wesentlich bekannter als Eugenio ist sein Bruder Edoardo Bennato, der eine spezifisch italienische Rockmusik spielt wie der früh verstorbene Lucio Battisti, Gianna Nannini, Zucchero und viele andere. In der italienischen Rockmusik mischen sich angelsächsische Rock- und Blues-Traditionen mit mediterranen Einflüssen und Elementen aus der Welt der *cantautori*. Manche Rockmusiker –insbesondere Gianna Nannini mit ihren fulminanten Liveauftritten – waren außerhalb Italiens berühmt, bevor sie die heimatlichen Arenen füllen konnten. Die große Bühne der *cantautori* und erst recht der italienischen Rockstars waren in der Ersten Republik die Sommerfestivals in den Touristenstädten und die großen politischen Festivals – vor allem die gigantischen Feste des PCI-Organs *Unità*.

Sport. Das große gesellschaftliche Interesse am Sport zeigt sich an drei Tageszeitungen, die (fast) ausschließlich dem Sport gewidmet sind, und daran, dass Sportsendungen mit Abstand die höchsten Einschaltquoten bei allen Fernsehsendern haben. Dabei ist der Sport in Italien keineswegs politikfern: der Faschismus setzte als erste moderne Diktatur auf den Sport als Befriedungs-, Mobilisierungs- und Propagandastrategie; Sport half Mussolini, sich als Übermensch zu präsentieren und Werte wie Jugendlichkeit, Geschwindigkeit, Selbstüberwindung und Mut zu popularisieren. Berlusconis Bewegung nannte sich nach einem Fussballschlachtruf *Forza Italia*. Bevor er in die Politik ging, war er weniger als Medienmogul, sondern als Präsident eines der größten Fußballvereine – AC Milan – bekannt. Auch Andreotti war lange Präsident eines römischen Fußballclubs. Vincenzo Scotti, ein vielfacher DC-Minister, war Präsident des Radsportverbandes und repräsentierte damit die heute zweitwichtigste Sportart. Auch Romano Prodi inszeniert sich gerne als passionierter Radfahrer.

Lange Zeit war Radsport der populärste Sport in Italien. Zwei Radrennfahrer – Gino Bartali und Fausto Coppi – waren die ersten, die das italienische Selbstbewusstsein nach 1945 wieder aufbauten. Zugleich repräsentierten die beiden Straßenrennfahrer die zwei antagonistischen politischen Lager: der Christdemokrat Bartali begeisterte andere Massen als der Kommunist Coppi. Gino Bartali gewann 1936 zum ersten Mal den *Giro d'Italia*, die Italienrundfahrt, das nach der *Tour de France* bedeutendste Etappenrennen der Welt. Er wurde von der katholischen Opposition zum Idealbild des christlichen Athleten und zum Gegenbild des faschistischen Übermenschen stilisiert: opferbereit, demütig, keusch und fromm. 1946 gewann der 32-jährige Bartali den ersten Nachkriegsgiro, konnte aber den kommenden Star Fausto Coppi (27) nur um 45 Sekunden distanzieren. Im September 1947 lobte Pius XII. vor einer Massenversammlung der *Azione Cattolica* Bartali als Vorbild für die katholische Jugend, die sich in einem »Wettkampf der Ideale« mit laizistischen Gegnern befinde.

1948 gewann »Gottes Radrennfahrer« die *Tour de France*. Die gesamte Presse überschüttete ihn mit Lob. Denn nicht nur fand der erste sportliche Triumph eines Italieners nach dem Krieg in Paris statt, der Stadt, in der nur wenige Monate zuvor bei den Friedensverhandlungen das nationale Selbstbewusstsein gedemütigt worden war. Dieser Sieg einte das Land hinter einem Sportidol, als es kurz vor einem Bürgerkrieg stand. Im nächsten Jahr begann Coppis große Zeit: er gewann 1949 sowohl den *Giro* als auch die *Tour* – bei beiden Rundfahrten wurde Bartali Zweiter.

Obwohl Coppi diesen Doppeltriumph 1952 wiederholte, war er im Kalten Krieg nur der Star der linken, laizistischen Opposition. Zu seiner politischen Haltung kam hinzu, dass er ein ausschweifendes Leben führte und als Unverheirateter mit zahlreichen Affären nicht zur katholischen Familien- und Wiederaufbaupropaganda passte. Als Bartali 1952, mit 38 Jahren, den *Giro*- und *Tour*-Sieger Coppi bei der italienischen Meisterschaft besiegte, rühmte die katholische Propaganda seine »ewige christliche Jugend«; seine Frömmigkeit lasse »seine moralischen und physischen Fasern wie ein Uhrwerk arbeiten«. Ein christliches Leben zu führen, sei der beste Weg zu irdischem Erfolg. Zeitgenössische Fotos zeigen Bartali allerdings auch hinter riesigen Steaks, mit Chiantiflasche oder rauchend.

Das Fernsehen veränderte den Charakter des *Giro* und das Image seiner Protagonisten. Live-Übertragungen, Zeitlupen, die ständige Begleitung der Rennfahrer trugen zur Entmystifikation bei. Von geheimisvollen, romantischen Helden wurden sie zu penibel eingestellten Maschinen – bis hin zum Doping und den Skandalen der Gegenwart. Außerdem wurde der *Giro* kommerzialisiert. Vor dem Fahrerfeld fuhr nun eine Reklamekolonne.

Mit dem Abgang der Dioskuren Coppi und Bartali Mitte der fünfziger Jahre wurde Fußball zur populärsten Sportart in Italien. Die Zuschauerzahlen stiegen von 1953 bis 1963 um 30 %. Nicht zuletzt trug die Erfindung der Sportwette *Totocalcio* – nach Deutschland als Fußballtoto exportiert – dazu bei, das Interesse zu steigern; 1975 spielten 35 % der Italiener *Totocalcio*. Die Fußballliga (*Serie A*) war die erste, in der seit den siebziger Jahren fast keine finanziellen Begrenzungen mehr galten – weder für Spielergehälter noch für Ablösesummen und Handgelder, die häufig an Spielervermittler gezahlt weden. Seit Jahrzehnten ist die italienische *Serie A* ein Eldorado für internationale Fußballstars. Die rückhaltlose Kommerzialisierung schuf allerdings nicht nur die beste Liga der Welt. Begleiterscheinungen waren Skandale, Vereinspleiten und Unmut der *tifosi* (Sportfans; dem Wortsinn nach: Typhuskranke). Die Fußballstadien wurden auch zur Bühne politischer Trends: Die Entwicklung zum Einwanderungsland hat rassistische Äußerungen, insbesondere gegen farbige Spieler hervorgebracht; der durch die *Lega Nord* polarisierte Nord-Süd-Gegensatz wird in den Stadien per Transparent ausgetragen; die Enttabuisierung der faschistischen Ära hat seit den 1990ern Gesten wie den römischen Gruß (gestreckt erhobener rechter Arm) oder einschlägige Tätowierungen wieder populär werden lassen.

Ein Symbol für die Rückkehr in den Kreis der angesehenen Nationen war – vor allem für die Italiener selbst – die Ausrichtung der Olympischen Spiele in Rom 1960 – nur 15 Jahre nach Kriegsende. Vorausgegangen waren bereits die Olympischen Winterspiele 1956 in Cortina d'Ampezzo. Die römischen Spiele von 1960 stellten alles bis dahin Dagewesene in den Schatten: Sowohl nach der Anzahl der teilnehmenden Sportler und Nationen als auch in der Berichterstattung durch 1.500 akkreditierte Journalisten waren die Spiele von 1960 die ersten, die weltweit im Fernsehen übertragen wurden. Auch sportlich waren die Olympischen Spiele für alle interessierten Italiener (und das sind fast alle, jedenfalls fast alle Männer) ein Höhepunkt: nie zuvor und nie danach stand das Land in der Welt des Sports so erfolgreich da – auf Platz 3 der Nationenwertung nach den Supermächten UdSSR und den USA.

Seit Ende der siebziger Jahre sind auch Sportarten populär geworden, die einst elitäre Vergnügungen waren, z.B. Tennis und Skifahren, die von den Erfolgen der Stars Gustavo Thoeni oder Alberto Tomba im Skizirkus oder vom Sieg im Tennis-Davis Cup (1976) profitierten, aber auch Volleyball oder Basketball, die seit den achtziger Jahren eine vorher unvorstellbare Popularität genießen. Alle diese Sportarten sind in hohem Maße kommerzialisiert und internationalisiert. War der Sportheld der fünfziger oder sechziger Jahre meist ein unbeholfener Provinzler, der am Ende seiner TV-Interviews mit *Ciao, Mamma* nach Hause grüßte, so wird im heutigen globalen Markt der Erfolg ebenso von Medienberatern beeinflusst wie von den Leistungen des Sportlers.

Die Sozialstruktur Italiens spiegelt den rasanten Wandel seit 1945 vom Agrar- zum Industriestaat. Wirtschaftliche Unterschiede zwischen den Regionen und die Urbanisierung führten zu einer starken Binnenmigration, der wirtschaftliche Erfolg sogar dazu, dass Italien vom Aus- zum Einwanderungsland wurde. In dem zu fast 100 % katholischen Land mit dem Sitz des Papstes gab es eine enge Zusammenarbeit zwischen der Dauerregierungspartei DC und dem Klerus, der vor allem seinen Einfluss auf die Familienpolitik erhalten wollte. Aber nicht nur der Katholizismus ist mental und im Alltagsleben fest verankert, auch moderne Formen der Religiosität, seien es synkretistische Kulte oder okkulte Riten, seien es der Buddhismus oder die Wahrsagerei, treffen in Italien auf große Resonanz.

Ein ausgeprägter Familiarismus gehört in Verbindung mit generellen, modernen Entwicklungen (Frauenemanzipation, sexuelle Revolution, späteres Heiratsalter) zu den Ursachen für die innerhalb der EU niedrigste Geburtenrate.

In der Massenkultur hat das Fernsehen überragende Bedeutung, da es keine Boulevardpresse gibt. Wegen des niedrigen Niveaus der TV-Programme hat sich das Kino lange großer Beliebtheit erfreut. Neben den Filmen des Neorealismus gehörten *fotoromanzi* und die Liedermacherszene zu den wichtigsten eigenständigen Entwicklungen seit 1945.

Kapitel 3
Zwei Wirtschaftswunder: Industrialisierung und Postindustrialismus

Die italienische Landesnatur begünstigt eine industrielle Entwicklung nicht: 35 % der Fläche sind Bergland, 42 % Hügelland, nur 23 % Flachland. Das Land verfügt über fast keine Bodenschätze, insbesondere nicht über Kohle und Eisen, die für eine industrielle Entwicklung im 19. Jahrhundert fast notwendige Voraussetzungen darstellten. Landesweite Nord-Süd-Verkehrsverbindungen mussten den Apennin überqueren. Es gibt kaum schiffbare Flüsse. Dafür spielte die Küstenschifffahrt eine wichtige Rolle – nicht zuletzt um die beiden großen Inseln Sizilien und Sardinien sowie viele kleine Inseln, die zusammen ein Sechstel der Fläche des Landes ausmachen, mit dem Festland zu verbinden. Zu den Rahmenbedingungen der italienischen Ökonomie gehört auch das Klima. In dieser Beziehung ist das Land sehr heterogen: im Norden herrschen mitteleuropäische, im Süden trocken-mediterrane Verhältnisse. Zu diesen, sehr verschiedenen Voraussetzungen kommen die Traditionen der einzelnen Landesteile hinzu, so dass die wirtschaftliche Entwicklung Italiens bis heute von großen regionalen Unterschieden bestimmt ist.

Tabelle 3: Zusammensetzung der aktiven Bevölkerung nach Sektoren (Zeilenprozente)

Jahr	Landwirtschaft	Industrie	Dienstleistungen	Öffentlicher Dienst
1936	52,0	25,6	19,0	3,4
1951	37,1	30,6	22,9	9,4
1971	18,9	38,1	28,5	14,5
1981	11,1	41,5	34,4	13,0
1990	9,5	29,8	42,6	18,1
2005	4,5	30,8	43,3	21,4

Quellen: Vera Zamagni: The Economic History of Italy 1860–1990; dies.: Evolution of the Economy, in: Patrick McCarthy (Hg.): Italy since 1945, S. 45; ISTAT (2005). Für 1951 finden sich deutlich abweichende Zahlen in: Gioacchino Fraenkel: Die italienische Wirtschaftspolitik, S. 129, der L. Vandone (1979) folgt.

Die Unterschiedlichkeit der Voraussetzungen galt in besonderem Maße für die Landwirtschaft, die 1945 noch in vielen Regionen die Ökonomie prägte. Das Land durchlief in den ersten beiden Nachkriegsjahrzehnten einen radikalen Wandel. 1936 arbeiteten noch 52 % der Beschäftigten in der Landwirtschaft, 2005 nur noch 4,5 %, wobei der Anteil im Süden etwa doppelt so hoch war wie in den Regionen der Mitte und des Nordens. Im Norden war die Landwirtschaft überwiegend agrarkapitalistisch strukturiert, also geprägt durch Großbetriebe mit fest angestellten, gut organisierten Arbeitern und heftigen sozialen Konflikten. Vor allem in den Hügellandschaften der Toskana, Umbriens und der Marken dominierte die *mezzadria* (Halbpacht): die Pächter (und ihre Familien) verpflichteten sich, das Land zu bestellen und von der Ernte einen Teil, meistens die Hälfte, dem Grundbesitzer zu geben. Im Süden herrschte Latifundienwirtschaft vor. Latifundien sind Güter mit mehr als 1.000 ha Fläche, in denen die Landarbeiter in häufig sklavenähnlichen Abhängigkeitsverhältnissen lebten. Latifundienwirtschaft gab es in Italien seit der Römerzeit, wegen des Fehlens einer Agrarreform bestand sie in Süditalien bis in die Nachkriegszeit hinein. Moderne Formen und Techniken der Agrarwirtschaft (der Einsatz von Dünger, Mechanisierung, Industrialisierung) zogen erst sehr spät, während des 20. Jahrhunderts, in die Latifundienwirtschaft ein. Die Grundbesitzer lebten in der Regel in einer größeren Stadt und kümmerten sich nicht selbst um die Bewirtschaftung ihrer Ländereien, sondern setzten dort Verwalter und Aufseher ein.

Die Industrialisierung Italiens begann in den 1870er Jahren im Nordwesten, im *triangolo industriale* (Industriedreieck) Turin-Mailand-Genua. In dieser Region, die bis heute das schwerindustrielle Zentrum des Landes ist, entstand seit den 1870er Jahren eine Textil-, Zucker- und Lebensmittelindustrie. Nach der Jahrhundertwende gewannen dank staatlicher Subventionen Eisen- und Maschinenbauindustrie große Bedeutung. Das *triangolo industriale* ist jedoch untypisch für die italienische Gewerbestruktur. Hier dominieren Groß- und Mittelbetriebe, während Italien insgesamt das Land der *piccole imprese*, der Kleinbetriebe, meist Familienbetriebe ist und sich darin von den anderen Industrieländern unterscheidet. Diese Struktur hängt mit verschiedenen Faktoren zusammen: mit differenzierten Handwerkertraditionen, mit dem italienischen Familiarismus, aber auch mit der Begrenztheit der Absatzmärkte, die eine Großproduktion nur in wenigen Branchen rentabel erscheinen ließen, zumal sich das Land bis 1945 weitgehend vom Weltmarkt abgeschottet hatte.

Die Dominanz kleiner und mittelgroßer Betriebe gehörte zu den Spezifika der kapitalistischen Modernisierung Italiens nach dem Zweiten Weltkrieg und zugleich zu den günstigen Voraussetzungen für den erfolgreichen Übergang des Landes in die postindustrielle Phase seit den achtziger Jahren. Wie signifikant dieser Unterschied im Vergleich zu anderen führenden westlichen Industrieländern ist, zeigt Tabelle 4. Nirgendwo sonst ist der Anteil der kleinen und mittleren Betriebe (unter zehn bzw. unter 250 Beschäftigte) so hoch wie in Italien. Hingegen ist in keinem der großen westlichen Industrieländer die Bedeutung der Großbetriebe mit mehr als 250 Beschäftigten proportional so gering. FIAT, Olivetti, Pirelli, Zanussi usw. sind nicht typisch für die italienische Wirtschaft. Die Tendenz zur Schaffung großer Fertigungsanlagen setzte sich in der Modernisierungsphase der italienischen Industrie nur in manchen Branchen durch: vor allem in der Stahlindustrie, bei den Raffinerien und der petrochemischen Industrie, die nach der Entdeckung der Methanvorkommen in der Poebene entstand, und in Teilen des Maschinenbaus.

Tabelle 4: Verteilung der Arbeiternehmer auf kleine, mittlere und große Betriebe in wichtigen Industrieländern Anfang der neunziger Jahre (Spaltenprozente)

Anzahl der Arbeitnehmer	Italien[1]	Deutschland[2]	Frankreich[2]	GB[3]	USA[1]
1–9	23.3	7.4	8.1	7.2	3.0
10–250	48.1	30.1	38.9	37.3	33.6
> 250	28.6	62.5	53.0	55.5	63.4

[1]1991 [2]1992 [3]1993

Quelle: Eurostat, Enterprises in Europe, Brüssel 1996; zit. nach Zamagni, in: McCarthy, S. 56.

Tabelle 5: Indizes für Bevölkerungswachstum und Pro-Kopf-Einkommen

Jahr	Bevölkerung	Pro-Kopf-Einkommen
1922	145	157
1945	.	99
1951	183	196
1963	194	365
1973	209	589
1988	219	893

1861=100; in konstanten Preisen

Quelle: Vera Zamagni: The Economic History of Italy 1860–1990.

Die staatlich geförderte Industrialisierung hatte vor dem Ersten Weltkrieg kaum wirtschaftliche Dynamik ausgelöst; auch das Pro-Kopf-Einkommen stieg kaum. Auch die Aufrüstung im Faschismus hatte nur zu verhaltenem Wirtschaftswachstum geführt. Eine Phase rasanten Wachstums, die die meisten Industrieländer während der Industrialisierung erlebt hatten, setzte in Italien erst nach 1945 ein: von 1861 bis 1951, also neunzig Jahre, hatte es gedauert, bis sich das Pro-Kopf-Einkommen verdoppelt hatte. Nicht einmal 15 Jahre später hatte es sich erneut verdoppelt und in den gut 35 Jahren von 1951 bis 1988 mehr als vervierfacht. Oder – um den rasanten Aufstieg seit 1945 hervorzuheben: das Pro-Kopf-Einkommen verdoppelte sich bis 1951, vervierfachte sich bis Mitte der sechziger Jahre und verneunfachte sich in den gut vierzig Jahren der Ersten Republik. Dieser enorme Zuwachs verteilte sich allerdings regional und nach Branchen sehr ungleich. So verdiente ein abhängig Beschäftigter in der Industrie (und das hieß in der Regel im Norden) 1961 dreimal so viel wie ein abhängig Beschäftigter in der Landwirtschaft (und das hieß in der Regel im Süden). 1981 hatten sich die Unterschiede etwas nivelliert. Aber ein durchschnittlicher Industriearbeiter verdiente immer noch knapp doppelt so viel wie sein Kollege in der Landwirtschaft.

1. Wiederaufbau und Entwicklung zur Konsumgesellschaft

Der Weltkrieg hatte im Süden, der von den Alliierten gegen heftigen Widerstand der Deutschen erobert worden war, größere Schäden hinterlassen als im Norden. Nirgends in Italien waren Industrieanlagen oder Großstädte wie in Deutschland systematisch bombardiert worden, weil der Krieg erklärtermaßen nicht gegen das Volk, sondern gegen das faschistische Regime geführt werden sollte. Die landwirtschaftliche Produktion war seit 1943 auf etwa die Hälfte zurückgegangen, die industrielle hingegen nur um 6–10 %. Da das Zentrale Statistische Amt seine Datenlieferung 1943 eingestellt und erst 1947 wieder aufgenommen hat, sind präzise Angaben schwierig. Schwere Schäden gab es vor allem an der Infrastruktur, an Straßen und Eisenbahnen, besonders an Brücken, von denen 70 % zerstört waren. Der starke Rückgang der landwirtschaftlichen Produktion war vornehmlich dem Fehlen von Arbeitskräften geschuldet, die zum Militär oder zur Arbeit in der Industrie eingezogen worden waren, und ließ sich nach deren Rückkehr schnell wieder aufholen. Das Pro-Kopf-Einkommen betrug 1945 nur die Hälfte des besten Vorkriegsjahres 1939. Erst in den fünfziger Jahren erreichte das Pro-Kopf-Einkommen wieder das Vorkriegsniveau.

Nach der Demobilisierung gab es durch die Rückwanderung von Italienern aus den verlorenen Kolonien und durch die Rückkehr der zahlreichen zur Zwangsarbeit nach Deutschland Deportierten einen starken Arbeitskräfteüberschuss, der Arbeit billig machte. So sieht die beste Kennerin der modernen italienischen Wirtschaftsgeschichte, Vera Zamagni, nicht im Wiederaufbau das Hauptproblem, das seit 1945 zu lösen war, sondern in der Überwindung der langen Tradition der Autarkie und Abschottung der Märkte. Die Produktion war bis 1945 fast allein auf den Binnenmarkt ausgerichtet. Im Zentrum künftiger Wirtschaftspolitik stand die Erschließung internationaler Märkte. Hierbei war das Projekt der europäischen Einigung, zunächst durch die Schaffung eines europäischen Wirtschaftsraumes, sehr vorteilhaft, für das sich Italien deshalb immer engagierte.

In der ersten Nachkriegsphase 1946–1952 wurde die Neuausrichtung der Industrie erfolgreich betrieben. Dies geschah zunächst unter rein wirtschaftsliberalen Vorzeichen durch Schatzminister Epicarmio Corbino und den Nationalbankgouverneur Luigi Einaudi, der 1947 Haushaltsminister wurde. Beide widersetzten sich den Forderungen der Linken und von Teilen der DC nach einer Währungs- oder Steuerreform, um Kriegs- und Devisengewinne abzuschöpfen. Sie nahmen sowohl deflationäre Tendenzen als auch eine Rezession mit Massenarbeitslosigkeit in Kauf. Seit Mitte 1947 begann – auch unter dem Einfluss der US-Berater, die eine stärker keynesianische, konsumorientierte Politik empfahlen – eine teilweise Abkehr von liberalen Prinzipien. Einaudi verfolgte nun eine stärker interventionistische Linie, um die Inflation unter Kontrolle zu halten und den Währungskurs zu stabilisieren. Auch die Marshallplangelder wurden vorwiegend verwendet, um die Lira zu stützen und eine exportorientierte Industrie zu fördern.

Währungsstabilisierung und Inflationsbekämpfung – diesen Leitsternen monetaristischer, auf internationale Konkurrenzfähigkeit ausgerichteter Politik folgte die italienische Wirtschafts- und Finanzpolitik der fünfziger Jahre ohne Rücksicht auf die sozialen Folgen (Abbau von Sozialmaßnahmen, Verarmung der Unterschichten und Rentner). Gegen den Rat der US-Experten wurde erneut auf eine Steuerreform verzichtet. Dies stellte auch insofern eine Ungerechtigkeit dar und führte zu einer extrem ungleichen Verteilung der Kriegslasten, als die der Stabilisierung vorausgehende Inflation dem Staat und der Industrie eine Tilgung seiner Schulden ermöglicht hatte. Mit diesen, bis heute umstrittenen »Einaudi-Methoden« gelang die Stabilisierung der Lira. 1949 konnte ein auf längere Zeit stabiler Kurs fixiert werden: 625 Lire = 1 Dollar. Darüber hinaus wurde mit dem rabiaten Sanierungsprogramm die traditionell abgeschottete italienische Wirtschaft in sehr kurzer Zeit international konkurrenzfähig. Bereits 1948 erreichte die Industrieproduktion das Vorkriegsniveau; 1952 lag sie um 50 % darüber.

Neben der extrem industriefreundlichen Politik und dem Arbeitskräfteüberschuss wirkte sich die Amnestie von 1946 positiv auf die Wirtschaft aus. Indem die Säuberung der Gesellschaft von faschistischen Kadern gestoppt wurde, wurde ein hohes Maß an Elitenkontinuität ermöglicht. Zwar änderten sich die Vorzeichen der Wirtschaftspolitik – statt Protektionismus und Planwirtschaft galten nun liberale Prinzipien. Aber die Besitz- und Machtstrukturen der faschistischen Zeit wurden kaum angetastet. Unter den günstigen Rahmenbedingungen, die die Regierungen schufen, konnten die Manager ihre Tätigkeit in den kaum zerstörten Fabriken fortsetzen und arbeiteten motiviert an der Neuorientierung ihrer Produktion auf den Weltmarkt. Traditionsunternehmen wie FIAT (Autos), Pirelli (Reifen), Bastogi (Maschinenbau), Edison (Elektrogeräte), Montecatini (Chemie- und Elektroindustrie) oder Falck (Stahl) waren schnell wieder erfolgreich.

Insgesamt erhielt Italien aus dem Marshallplan und anderen Programmen mit 3 Mrd. Dollar etwa so viel Geld von den USA wie Deutschland, wo die Kriegsschäden jedoch weitaus größer waren. Schätzungen zufolge sollen die Hilfen in den Jahren 1948–1952 etwa zwei Prozent des italienischen Bruttosozialproduktes ausgemacht haben. Als die Unterstützungszahlungen Ende 1952 eingestellt wurden, hatten sie einen nachhaltigen Wirtschaftsaufschwung in Gang gesetzt, wie es ihn in Italien noch nie gegeben hatte. Die Initialzündung aus den USA und die grundlegende Umorientierung – weg vom Protektionismus, hin zum Weltmarkt – führten 1951 bis 1958 zu Wachstumsraten von durchschnittlich 5,5 % pro Jahr. Das Bruttosozialprodukt pro Kopf stieg in den Fünfzigern um 50 %, allerdings von nur 1.000 auf 1.500 Dollar, während es in den USA in derselben Zeit nur um 12 %, aber von 4.000 auf 4.500 Dollar zunahm. Als auch der Export in Schwung kam und der Außenhandel schneller wuchs als Binnennachfrage und Bruttoinlandsprodukt, stiegen die Wachstumsraten auf durchschnittlich 6,3 % in den Jahren 1958 bis 1963. In den zehn Jahren von 1953 bis 1963, die man als Wirtschaftswunder bezeichnet, verdreifachte sich die Stahlerzeugung, vervierfachten die Raffinerien ihren Ausstoß. Die Automobilindustrie verzehnfachte ihren Absatz. Auch die Konsumgüterindustrie boomte. Die Zahl der Beschäftigten in der Industrie wuchs von fünf auf sieben Millionen.

Der Beginn des Wirtschaftswunders war gestützt durch die Inlandsnachfrage. Von 1948 bis 1953 wuchsen die Importe um fast 80 %, die Exporte nur um gut 50 %. Erst seit 1958 wurde der Export mit Wachstumraten von 14–15 % jährlich zum Konjunkturmotor. Italien erhöhte seinen Anteil am Welthandel von 2,2 % (1951) auf 5,0 % (1987), obwohl sich in dieser Zeit das Welthandelsvolumen deutlich erhöhte und immer neue Akteure auf die Märkte drängten. So sank der Anteil der USA am Welthandel von 20,3 auf 10,5 %, der Großbritanniens von 8,8 auf 5,7 %. Deutschland steigerte seinen Anteil allerdings weit stärker als Italien, von 5,4 (1951) auf 12,7 % (1987).

Die enormen und ungekannten Wachstumsraten erhöhten auch die Nachfrage nach Arbeitskräften stark – allerdings nur in den industriellen Zentren des Nordens. Zu den innenpolitischen Folgen des Wirtschaftswunders gehörte deshalb eine starke Migration, die in den großen Städten zur Bildung eines »neuen Proletariats« führte, im Süden hingegen zur Entvölkerung ganzer Landstriche. Da die Regierungen bis zur Integration des PSI in die Koalitionen (seit 1962) strikt der Linie folgten, dass erst die Ökonomie stabilisiert werden müsse, bevor Sozialreformen in Frage kämen, wurden Wohnungsbau, die soziale Infrastruktur (Schulen, Krankenhäuser, Sozialeinrichtungen usw.) ebenso vernachlässigt wie eine Verkehrsanbindung der neuen, schnell hochgezogenen Vororte. Aus diesen Ghettos, in denen die aus dem Süden stammenden Migranten überwiegend wohnten, rekrutierte der Linksextremismus der siebziger Jahre einen Teil seiner Militanten, und die »Marginalisierten« wurden zur Projektionsfläche linksradikaler Theoretiker.

In den Fünfzigern war den Regierungen mit forcierter Liberalisierung und Modernisierung Erstaunliches gelungen: sie hatten die jahrzehntelang durch Protektionismus »geschützte«, aber auch behinderte staatlich-oligopolistische Wirtschaftsstruktur zu einer verbraucherorientierten *Markt*wirtschaft weiterentwickelt. Dahinter standen auch fundamentale Lernprozesse: die Wirtschaftsbosse interessierten sich nun für die Konsumwünsche in der Bevölkerung und investierten, um sie mit modernen Konsumgütern versorgen zu können. Auch weil die Nachkriegskonjunktur den Bürgern viele neue und erschwingliche Produkte brachte, wurde sie als »Wirtschaftswunder« *wahrgenommen*. So verkaufte die einheimische Industrie den Italienern beispielsweise 1951 18.500 Kühlschränke, 1957 jedoch zwanzigmal so viele, nämlich 370.000, 1967 hatten sich die Verkaufszahlen noch einmal auf 3,2 Mio. verneunfacht. Im Vergleich zu 1951 wurden 1967 –

also nach nur 16 Jahren – mehr als 170mal so viele Kühlschränke verkauft. Ähnliche Wachstumsraten lassen sich für Waschmaschinen, Fernsehgeräte, Autos, Werkzeuge oder Schreibmaschinen (1957: 151.000, 1961: 652.000) anführen, die fast ausschließlich von der einheimischen Industrie produziert und noch nicht aus Fernost importiert wurden.

Tabelle 6: Verbreitung langlebiger Konsumgüter 1953–1985:
(Wieviel Prozent der Haushalte verfügten über welche Konsumgüter?)

	1953	1960	1965	1971	1975	1980	1985
Schwarz-Weiß-Fernseher	–	20	49	82	89	85	64
Farbfernseher	–	–	–	–	–	22	58
Waschmaschine	4	5	23	63	77	86	89
Kühlschrank	14	17	55	86	93	98	99

Quelle: Ginsborg 1990, S. 432 (nach Umfragen des Doxa-Instituts).

Fernsehen wurde seit den späten fünfziger Jahren zum Massenfreizeitvergnügen. Mehr noch als das Kino trug das Fernsehen zur nationalstaatlichen Integration bei, indem es die Hochsprache in die entlegenste Provinz brachte. Zum wichtigsten Symbol des Wirtschaftswunders und der Konsumgesellschaft wurden jedoch motorisierte Fahrzeuge, deren Preise staatlich kontrolliert wurden: der Motorroller und die Kleinwagen Fiat 500 und 600 sind als *vespa* (Wespe), als *cinquecento* bzw. *seicento* bis heute ein Begriff. Sie repräsentierten einen zuvor unerschwinglichen Luxus, den sich nun (fast) jeder leisten konnte. Hatte 1951 nicht einmal jeder Hundertste ein Auto (9 von 1.000), so 1997 jeder zweite (534 von 1.000). Die mit ihnen verbundene Mobilität machte Vespas und Kleinwagen zu Statussymbolen und vor allem zu Symbolen von Männlichkeit. Auch *vespa* und Auto und die mit ihnen verbundenen Träume trugen zum Zusammenwachsen der unterschiedlichen Regionen bei, denn sie waren im ganzen Land verbreitet und erfreuten sich überall gleicher Beliebtheit. Zudem erleichterten sie die Binnenmigration bzw. den Umgang mit deren Folgen, indem Reisen erheblich billiger wurde. Schließlich war die individuelle Motorisierung eine wesentliche Triebkraft für den Tourismus, der auch inneritalienisch eine erhebliche ökonomische Bedeutung bekam.

Im europäischen Vergleich erscheinen die Zuwachsraten bei Fernsehern und Autos in Italien besonders hoch: bis 1980 hatten immer deutlich mehr Haushalte einen Fernseher als eine Waschmaschine; auch der Siegeszug des Autos verlief in Italien besonders rasant. Vielleicht lässt sich dies als Zeichen für stabile patriarchalische Strukturen deuten: die Wünsche der Männer wurden vorrangig erfüllt, die der Frauen standen erst an zweiter Stelle.

Italien schaffte sein Wirtschaftswunder als Niedriglohnland. Niedrige Arbeitskosten gehörten neben den günstigen außenwirtschaftlichen Bedingungen zu den wichtigsten Ursachen des Aufschwungs. FIAT-Chef La Valletta konstatierte einen »Überfluss an Arbeitskraft zu niedrigem Preis«. Lohnkürzungen durch das faschistische Regime, insbesondere während des Krieges, hatten für ein sehr niedriges Ausgangsniveau der Löhne und Gehälter gesorgt; die Schwäche der Gewerkschaften tat ein Übriges. 1953 bis 1960 stieg die Industrieproduktion um 89 %, die Produktivität um 62 %, die Realeinkommen der Industriearbeiter wuchsen in diesen sieben Jahren jedoch *nicht*.

Trotz der hohen Wachstumsraten löste das Wirtschaftswunder die meisten ökonomischen Strukturprobleme des Landes nicht. Teilweise trug die Wirtschaftspolitik sogar zu ihrer Verschärfung bei:

1. Der Staat förderte nur technologisch ausgerichtete, weltmarktorientierte Industrien, insbesondere Metallverarbeitung und Maschinenbau. Dies bedeutete eine erfolgreiche Umstrukturierung der Wirtschaft, die jedoch traditionell wichtige Bereiche wie die Textilindustrie und die Landwirtschaft benachteiligte.
2. Es gab ein Defizit an staatlicher Planung. Insbesondere die subventionierten Wirtschaftssektoren wurden nicht hinreichend koordiniert und kontrolliert.
3. Anders als etwa in der Bundesrepublik Deutschland wurde in Italien nie Vollbeschäftigung erreicht. Am Ende des Wirtschaftswunders (1963) lag die Arbeitslosigkeit zwar nur noch bei 2,5 %, blieb aber regional ungleich verteilt. Im Süden lag sie weit höher (über 5 %) als im Norden, wo ähnlich niedrige Zahlen erreicht wurden wie in der Bundesrepublik (seit 1960 unter 1 %). Auf diesem Sockel struktureller Arbeitslosigkeit stieg die Rate in folgenden Wirtschaftskrisen jeweils schneller an als in vergleichbaren Industrieländern.
4. Der außerordentlich hohe Anteil staatlicher Unternehmen erzeugte viel Wildwuchs. Weiterhin übernahmen staatliche Holdings marode Unternehmen, um sie vor der Pleite zu bewahren, und finanzierten kostspielige Projekte, für die nicht genügend privates Risikokapital zur Verfügung stand. So arbeiteten wichtige Teilbereiche der Industrie weiter unter unrealistischen, nicht marktorientierten Bedingungen. Diese unproduktiven Sektoren waren extrem krisenanfällig.
5. Infrastruktur, soziale und Bildungseinrichtungen (Schulen, Krankenhäuser, öffentlicher Nahverkehr, Wohnungsbau) hinkten hinter der Versorgung mit Konsumgütern weit hinterher.
6. Das Wirtschaftswunder trug eher zur Verschärfung als zum Abbau der regionalen Unterschiede bei. Erfolgreich war zunächst hauptsächlich der bereits seit dem 19. Jahrhundert industrialisierte Nordwesten mit seiner Stahl- und Autoindustrie, teilweise auch der Nordosten und die Mitte, jedoch kaum der Süden und die Inseln, die nur indirekt profitierten, indem Migranten einen Teil ihres Einkommens in ihre Heimat transferierten. Die Versuche des Staates, seit den 1950er Jahren den Süden durch ehrgeizige Großprojekte zu industrialisieren, scheiterten.

Tabelle 7: Pro-Kopf-Einkommen in italienischen Regionen 1951–1997
(jeweiliger Durchschnittswert = 100) und CENSIS-Index über Wohlstand und Lebensqualität (in Klammern: Rang)

	Pro-Kopf-Einkommen				Index Wohlstand u. Lebensqualität
	1951	1970	1980	1997	1992
Piemont/Aostatal	153	124	118	116	-0,04 (13)
Lombardei	159	135	131	129	1,54 (9)
Ligurien	154	119	112	118	3,26 (4)
Trentino-Südtirol	113	106	119	128	5,18 (1)
Venetien	88	107	110	123	2,23 (7)
Friaul-Julisch Venetien	117	103	114	125	3,06 (5)
Emilia-Romagna	105	115	131	130	4,57 (2)
Toskana	99	110	110	109	1,84 (8)
Umbrien	80	90	101	96	1,39 (10)
Marken	75	92	108	108	3,42 (3)
Latium	104	108	102	112	2,55 (6)
Abruzzen/Molise	62	73	84	89	-0,65 (14)
Kampanien	71	70	66	62	-5,90 (19)
Apulien	64	74	71	67	-3,58 (15)
Basilikata	53	63	68	65	-4,53 (17)
Kalabrien	53	58	57	57	-4,21 (16)
Sizilien	62	66	66	63	-4,94 (18)
Sardinien	80	79	72	75	-5,91 (20)

Quelle: SVIMEZ 1961 und 1998; zit. nach Zamagni, in: McCarthy, S. 61; CENSIS, 27o rapporto sulla situazione del paese, Milano 1993, S. 666.

Die Tabelle zeigt das trotz der eindrucksvollen wirtschaftlichen Erfolgsgeschichte weiterhin gravierende Nord-Süd-Gefälle bei den Einkommen und beim Lebensstandard. Nur im Nordosten stieg das Pro-Kopf-Einkommen sowohl in der industriellen wie auch in der postindustriellen Phase (1951 bis 1980 bzw. 1980 bis 1997) deutlich an. Dies gilt für Venetien, die Marken und die Emilia-Romagna, mit Einschränkungen auch für Trentino-Südtirol, Friaul-Julisch Venetien und die Toskana. Der Vorsprung, den das Pro-Kopf-Einkommen im schon länger industrialisierten Dreieck Piemont-Lombardei-Ligurien gegenüber dem Landesdurchschnitt aufwies, sank hingegen von 1951 bis 1997 kontinuierlich. Der Süden holte seinen Rückstand kaum auf. Die einzige Ausnahme bildet die Region Abruzzen, die wegen ihrer Randlage am Erfolg Mittelitaliens partizipierte.

2. Die Krise der italienischen Wirtschaft

Trotz der Öffnung der italienischen Ökonomie zum Weltmarkt wurde in Teilbereichen die protektionistische Politik fortgesetzt: in der Landwirtschaft, wo vor allem die Weinproduktion gegen ausländische Konkurrenz geschützt wurde, aber auch in der Automobil-, Textil- und Maschinenbauindustrie. Darüber hinaus wurde die Industrie wie im Faschismus durch staatliche Infrastrukturinvestition en, z.B. in den Ausbau des Autobahnnetzes, oder durch günstige Kredite gefördert. Das spektakulärste Projekt war die mehr als 750 km lange *autostrada del sole* von Mailand nach Neapel, die den Apennin überqueren musste und nach nur acht Jahren Bauzeit 1964 dem Verkehr übergeben wurde. Sie sollte sowohl den Tourismus fördern als auch die Nord-Süd-Integration verbessern.

Wie in fast allen Industrieländern glaubte auch in Italien in der Nachkriegszeit nur eine Minderheit der politischen Klasse allein an die Marktkräfte. Solche wirtschaftsliberalen Prinzipien vertrat vor allem der PLI. In der dominanten DC hingegen hatten Leute das Sagen, die staatliche Interventionen für notwendig hielten und auf staatliche Wirtschaftsplanung setzten. Eine ganze Reihe solcher Pläne wurde in den fünfziger und sechziger Jahren von Parlamentarier- oder anderen Expertenkommissionen geschrieben. Viele überstanden nicht einmal die parlamentarischen Debatten und Abstimmungen. Aber auch diejenigen, die zur Leitlinie der Regierungspolitik wurden, scheiterten, weil zu viele Interessen und Traditionen einer solchen rationalistischen Wirtschaftsplanung entgegenstanden.

Wo die unternehmerische Risikobereitschaft fehlte, wurden auch nach 1945 Staatsunternehmen gegründet bzw. bereits bestehende weiter subventioniert. Die 1933 gegründete Industrieholding IRI (*Istituto per la Ricostruzione Industriale*/ Institut für industriellen Wiederaufbau) war in den achtziger Jahren zum größten Staatskonzern der westlichen Welt und zum drittgrößten Unternehmen Europas gewachsen. IRI kontrollierte vor allem Unternehmen der Schwerindustrie (u.a. Finsider), der Automobilindustrie (Alfa Romeo), im Verkehrswesen (Alitalia; Autobahnen) und im Bankenbereich (Credito Italiano, Banco di Roma, Banco di Santo Spirito). Ein typisches Beispiel für die Subventionsmoral ist die Eisen- und Stahlindustrie. Diese Branche wurde vom Finsider-Konzern dominiert, der mehrheitlich der IRI gehörte. Finsider produzierte 90 % des Roheisens und mehr als 50 % des Stahls in Italien. Die Bedeutung, die in Italien bis 1993 einer eigenen Stahlindustrie zugeschrieben wurde, entsprang dem nationalstaatlichen Dogma, im Krisenfall rüstungswirtschaftlich autark zu sein. Hierin liegt eine Kontinuität vom Faschismus zur Nachkriegsdemokratie: Finsider war 1937 als Zusammenfassung aller Beteiligungen des faschistischen Staates an der Eisen- und Stahlindustrie gegründet worden, um die Stahlproduktion auszubauen und zu verbilligen. Die faschistischen Planungen wurden seit den fünfziger Jahren leicht revidiert weiterverfolgt und die zu Finsider gehörenden Betriebe mit hohen Subventionen und gegen den entschiedenen Widerstand der Privatwirtschaft unter Führung des Stahlindustriellen Giorgio Falck und des Spitzenverbandes *Confindustria* ausgebaut und immer wieder modernisiert, ohne je profitabel zu arbeiten. Dank seiner hoch subventionierten Stahl- und Maschinenbauindustrie wurde Italien in der Nachkriegszeit zu einem der wichtigsten Rüstungslieferanten für die Dritte Welt. Erst 1989 wurde Finsider wegen anhaltender Verluste, und weil die EU weiteren Subventionen widersprach, liquidiert.

Der wichtigste, nach 1945 neu geschaffene Staatsbetrieb war die Energieholding *Ente Nazionale Idrocarburi* (ENI). Ihr Chef Enrico Mattei war eine für das Wirtschaftswunder-Italien paradigmatische Figur: Als einer der wenigen christdemokratischen Kommandanten in der *resistenza* hatte er 1945 beste Karrierechancen und wurde zunächst Chef der staatlichen Ölfirma AGIP. Als in der Poebene seit 1946 immer mehr Methanvorkommen entdeckt wurden, hoffte die Regierung auf eine von US-Konzernen unabhängige Energieversorgung, um so eines der größten strukturellen Probleme der italienischen Industrialisierung zu lösen: die Abhängigkeit von den Weltrohstoff- und -energiemärkten. Mit seinen guten Beziehungen in die DC-Regierung setzte Mattei durch, dass die Ausbeutung der Methanvorkommen nicht der Privatindustrie, sondern einem Staatsbetrieb unter seiner Leitung überlassen wurde. Die ENI wurde schnell zum wichtigsten Staatsunternehmen in Italien neben der Industrieholding IRI. Sie baute unter Matteis Führung ihre Tätigkeit immer weiter aus und umfasste schließlich neben der Petrochemie so unterschiedliche Geschäftsbereiche wie den Betrieb von Autobahnen und Motels, Textil-, Kunststoff- und Stahlröhrenproduktion sowie den Betrieb von Atomkraftwerken. Bei ihren ökonomischen Aktivitäten setzte sich das Staatsunternehmen ENI regelmäßig über Gesetze und Vorschriften hinweg und setzte sogar öffentliche Gelder zur Bestechung von Staatsbeamten ein. Mattei unterstützte gleich mehrere Strömungen innerhalb der DC, aber auch einzelne sozialistische und kommunistische Abgeordnete. Um seine unternehmerischen und politischen Aktivitäten publizistisch zu flankieren, gründete er 1956 die Tageszeitung *Il Giorno*, die bald zu den meinungsführenden Blättern gehörte. Als er 1962 mit einem Flugzeug abstürzte, war Mattei einer der einflussreichsten Männer Italiens und die ENI der dynamischste Staatsbetrieb. Sein Tod löste Spekulationen über ein Attentat aus, die sich jedoch nie beweisen ließen.

Alle Staatsbeteiligungen an Unternehmen waren so organisiert, dass das Parlament weder Einfluss auf Investitionen und andere betrieblichen Entscheidungen noch auf die Verwendung der Gewinne hatte. Umso größer war der Einfluss der *Democrazia Cristiana* und ihrer Strömungen auf die Staatsbeteiligungen: sie profitierten nicht nur finanziell, sondern nutzten die zahlreichen Betriebe, die zu den großen Holdings IRI und ENI, zu den Elektrizitätswerken, zu den zahllosen *Enti* auf regionaler und lokaler Ebene gehörten, vor allem zur Befriedigung, Festigung und Erweiterung ihrer Klientel. Arbeitsplätze von ganz unten bis in die

Führungspositionen wurden zwischen den Anhängern der verschiedenen DC-Strömungen und den Klientelen der kleineren Koalitionsparteien verteilt.

Der Ölschock von 1973 hatte in Italien besonders gravierende Auswirkungen, weil die Industrie von Energie- und Rohstoffimporten abhängig war. Er war jedoch nicht der einzige Grund für die schwere ökonomische Krise seit Mitte der siebziger Jahre. Hinzu kam die gewachsene Macht der Gewerkschaften – vor allem in den großindustriellen Sektoren, die überproportional von der Krise betroffen waren. Von 1960 bis 1971 waren die Nominallöhne um mehr als 13 % jährlich gestiegen, die Reallöhne immerhin noch um 7,1 % pro Jahr. Seit 1962 lagen die Lohnsteigerungen immer deutlich über der Steigerung der Produktivität und beeinträchtigten die Konkurrenzfähigkeit der italienischen Industrie auf dem Weltmarkt erheblich. Die vielen Streiks und ein hoher Krankenstand taten ein Übriges. Auch die Inflationsrate lag seit 1973 doppelt so hoch wie im Durchschnitt der OECD-Länder und blieb bis Mitte der Achtziger deutlich darüber. Um trotz der verschlechterten Produktionsbedingungen den Export nicht zu gefährden, ließ die Notenbank in den siebziger und achtziger Jahren eine permanente Abwertung der Lira zu: von 1972 bis 1985 verlor die einst so stabile Lira gegenüber Dollar und DM drei Viertel ihres Wertes. Für den Verbraucher waren die Auswirkungen zunächst nicht gravierend. Zwar verteuerten sich ausländische Produkte, aber dafür wurde Italien zum billigen Reiseland, was im Tourismus und im Dienstleistungssektor neue Arbeitsplätze schuf.

Die Wirtschaftskrise verschärfte sich in den siebziger Jahren, weil es den wechselnden Regierungen in Rom nicht gelang, ihre Ursachen zu beseitigen. In den Sechzigern ließen sich die strukturellen Probleme noch kompensieren – etwa durch Exportsubventionen via Wechselkurs, durch Rationalisierung, durch Reduktion der Stückkosten oder durch eine Ausweitung der Produktion. In den Siebzigern stießen diese Gegenmittel an ihre Grenzen. Insbesondere die Lohnkosten liefen durch die wirksame Kampftaktik der Gewerkschaften und einen breiten gesellschaftlichen Rückhalt für ihre Forderungen aus dem Ruder. Die Stundenlöhne stiegen in Italien seit dem »heißen Herbst« 1968 die ganzen siebziger Jahre hindurch im Jahresdurchschnitt um mehr als 20 % und damit doppelt so stark wie im Durchschnitt der westlichen Industrieländer. Mit den überdurchschnittlichen Lohnsteigerungen, dank derer sich der Anteil der Industriearbeiter am Bruttosozialprodukt deutlich erhöhte, ging der entscheidende Vorteil Italiens in der internationalen Konkurrenz verloren: niedrige Lohnkosten. Diese Veränderung hätte sich nur kompensieren lassen, wenn Italien im Rahmen der internationalen Arbeitsteilung stärker höherwertige Arbeiten übernommen hätte, also Forschung, Entwicklung und hochtechnologische Produktion. In diesen für hoch entwickelte Ökonomien existenziellen Bereichen fiel Italien jedoch immer weiter hinter die USA, Japan, Westdeutschland und auch Frankreich zurück. Die Staatsausgaben für Forschung und Technologie lagen prozentual weit unter denen vergleichbarer westlicher Länder. Die Abhängigkeit der Wirtschaft von den technologischen Entwicklungen des Auslandes veranschaulichen folgende Zahlen: 1972 zahlte das Land 152 Mrd. Lire für ausländische Patente, nahm aber nur 27 Mrd. für im Ausland verwertete Patente ein. So wurde Italiens Stellung im Rahmen der internationalen Arbeitsteilung immer schwächer, und die Regierung musste befürchten, bald mit Schwellenländern zu konkurrieren.

Hinzu kam, dass sich die *terms of trade* seit 1973 deutlich zugunsten der rohstoffexportierenden, vor allem der erdölproduzierenden Länder verschoben: die Industrieländer mussten mehr und mehr exportieren, um ihre Rohstoffimporte bezahlen zu können. Auch hier war Italien zusammen mit Großbritannien besonders betroffen. Viele Exportprodukte Italiens (Autos, motorisierte Zweiräder, Low-Tech-Produkte wie Büromaschinen, Kühlschränke usw., aber auch Agrarprodukte) gerieten unter extremen Konkurrenzdruck, da sie auch in Schwellenländern, besonders in den fernöstlichen »Tigerstaaten«, erzeugt wurden. Der Ausweg, den etwa Frankreich oder Japan beschritten, auf Hochtechnologieprodukte umzusteigen, kam für die italienische Industrie nicht in Frage, da ihr die Forschungs- und Entwicklungskapazitäten fehlten.

Ein weiteres Strukturproblem der italienischen Wirtschaft bestand darin, dass in vielen Branchen, vor allem in der Großindustrie, die Konkurrenz stark eingeschränkt war. In den meisten Branchen bestanden Monopole oder Oligopole. Außerdem gab es trotz der in der Nachkriegszeit vollzogenen Öffnung für die Weltmärkte weiter hohe Hürden gegen internationale Beteiligungen an Großunternehmen und erst recht gegen Übernahmen durch ausländisches Kapital. So gehörten die marktbeherrschenden Firmen entweder den staatlichen Holdings IRI und ENI oder Familien bzw. Einzelunternehmern: Der Agnelli-Clan herrschte bei FIAT, auch der Reifenkonzern Pirelli, der Bergbau-Chemie-Energiekonzern Ferruzzi waren Familienunternehmen. Ende der Siebziger übernahm Carlo De Benedetti Olivetti und – last, but not least – baute sich der Bauunternehmer Silvio Berlusconi ein Medienimperium auf.

Bis in die neunziger Jahre hinein, als die Staatskonzerne privatisiert wurden, spielten Aktien keine große Rolle bei der Unternehmensfinanzierung. Verflechtungen zwischen den meisten Banken und den großen Industrieunternehmen sind bis heute gesetzlich verboten. Nur einige Spezialbanken, die sich nicht im normalen Kreditgeschäft engagieren, dürfen Firmenbeteiligungen erwerben. Die wichtigste unter ihnen ist Mediobanca, die 1946 von den drei größten staatseigenen Banken gegründet und bis in die Achtziger hinein von Enrico Cuccia geleitet wurde, *der* grauen Eminenz des Kapitalismus in der Ersten Republik. Mediobanca hält Beteiligungen an allen großen italienischen Unternehmen. Dass sie sich indirekt in Staatsbesitz befindet, verstärkte den Einfluss der Exekutive auf die Wirtschaft und führte auch hier zur Postenvergabe nach Parteienproporz (*lottizzazione*).

Nachdem die korporatistisch-oligarchischen Strukturen in der Industrie jahrzehntelang von der gesamten politischen Klasse mit Ausnahme des PCI gefördert

worden waren, wurden sie seit den neunziger Jahren, am Ende der Ersten Republik und bis heute, fast ebenso einhellig verurteilt und als Kern aller ökonomischen Krisen betrachtet. Heftig kritisiert werden *assistenzialismo* (übertriebene Hilfe) und *statalismo* (Staatsglauben) in der Ersten Republik. Dabei kommen allgemeine Kritik an Verfilzung und neoliberale Ablehnung jeglicher Staatsinterventionen in die Wirtschaftsabläufe zusammen. Durch diese Verschiebung des politischen Diskurses gerieten die Verfechter des nationalstaatlichen Dogmas, ein Land, das politisch und ökonomisch ernst genommen werden wolle, brauche eine eigene Schwerindustrie und müsse in seiner Energieversorgung möglichst autark sein, immer stärker in die Defensive. Dass die Staatsbetriebe immer größere wirtschaftliche Probleme hatten, lag aber nicht nur daran, dass sie nicht privat geführt wurden, sondern auch daran, dass sie sich auf Branchen konzentrierten, die die Krise der Industriewirtschaft besonders getroffen hat (Stahlindustrie, Werften usw.).
Um die wachsenden strukturellen Probleme zu lösen, hätte es einer durchsetzungsfähigen Regierung bedurft, wie sie in der unmittelbaren Nachkriegszeit in Italien die partielle Öffnung für die Weltmärkte durchsetzte. Aber die Regierungsparteien der siebziger und achtziger Jahre waren viel zu eng mit dem ökonomischen System verwoben. Fast alle Politiker waren über Klientelstrukturen oder direkt materiell von ihm abhängig und dadurch unfähig, es grundlegend zu reformieren. So wurden viele Forderungen durch den Griff in die Staatskasse befriedigt. Seit 1971 wies der Staatshaushalt immer ein Defizit auf. Die Staatsverschuldung stieg rasant, das Land überreizte seine finanziellen Möglichkeiten. Zunächst ließen sich die Folgen durch die Notenpresse und die Abwertung der Lira verschleiern. Aber Italien steuerte nach Ansicht vieler Experten seit Mitte der achtziger Jahre auf einen ökonomischen Kollaps zu.

3. Strände, Berge und Kultur: der Massentourismus und seine Folgen

Tourismus und auch die allsommerliche massenhafte Einreise von Fremden ist für viele italienische Regionen nichts Neues. Zur touristischen Attraktivität des Landes tragen die Überreste von mehreren Jahrtausenden Hochkultur und die vielfältige Landschaft bei, die wegen der Nord-Süd-Erstreckung durch mehrere Klimazonen die unterschiedlichsten Erholungswünsche erfüllt. Rom als Zentrum einer der großen Weltreligionen zieht ebenfalls Millionen an. Pilger gab es seit dem Mittelalter in wechselnden Strömen, Bildungsreisende in stets wachsender Zahl seit dem 18. Jahrhundert. Bereits vor dem Ersten Weltkrieg wurde die Einreise von fast einer Million Fremder an den Grenzen registriert. In den dreißiger Jahren lässt sich erstmals von Massentourismus sprechen – 1937 wurden 5 Mio. ausländische Besucher registriert. Die größte Gruppe waren Deutsche, die mit der NS-Organisation »Kraft durch Freude« reisten.

Den eigentlichen Aufschwung nahm der Tourismus aber erst seit den fünfziger Jahren. Zwar sind die Ausgaben für Reisen in hohem Maße konjunkturabhängig. In den letzten fünfzig Jahren kamen aber so viele positive Effekte zusammen, dass der Tourismus durch alle Wirtschaftskrisen hindurch fast lineare Umsatzsteigerungen verzeichnen konnte. In den Industriestaaten hatten immer mehr Leute geregelten Urlaub und das Geld, um zu verreisen. Hinzu kamen das Bevölkerungswachstum der fünfziger und sechziger Jahre und neue, preisgünstige Reisemöglichkeiten durch die Massenmotorisierung (Busreisen und Individualverkehr) und schließlich durch die rasante Verbilligung von Flugtickets.

Von 5,4 Mio. (1951) verdoppelte sich die Zahl der ausländischen Besucher innerhalb von nur vier Jahren auf 9,3 Mio. Ende der fünfziger Jahre wurde die 15 Millionen-Grenze überschritten. Hinzu kam immer eine wesentlich höhere Zahl an inländischen Touristen; in den Jahren des »Wirtschaftswunders« lagen die Zuwachsraten im Tourismus mit durchschnittlich 11,5 % (1951–1965) noch deutlich über den ohnehin hohen gesamtwirtschaftlichen Raten. In dieser Zeit profitierte Italien auch davon, dass es die einzige stabile parlamentarische Demokratie im Mittelmeerraum war.

Seit 1959/60 wurde die Touristenwerbung durch die Schaffung eines eigenen Ministeriums und die Reorganisation des Staatlichen Fremdenverkehrsamtes ENIT zentralisiert. Zur selben Zeit (1958) hob Italien die Visapflicht auf. Wichtiger noch als der ausländische ist nach wie vor der inneritalienische Massentourismus: 60–70 % der Übernachtungen entfallen bis heute auf Einheimische. Die Reisen der Italiener sind saisonal wesentlich stärker konzentriert; sie finden überwiegend im Juli und August statt, während sich der internationale Tourismus gleichmäßiger über das Jahr verteilt. Mit rund fünf Millionen Übernachtungsmöglichkeiten und einem gut ausgebauten Verkehrsnetz verfügt Italien über die dichteste touristische Infrastruktur weltweit. Inzwischen ist die Reisesaison weit über die klassischen Sommermonate hinaus ausgedehnt worden: ganzjährig werden Attraktionen (Festivals, Städtereisen usw.) angeboten, so dass der Tourismus ein immer weniger saisonabhängiges Gewerbe geworden ist. Seit den neunziger Jahren sind allerdings mit Klagen über zu hohe Preise, Streiks, Kriminalität, Defizite im öffentlichen Nahverkehr, Verschmutzung, Umwelt- und Naturkatastrophen auch Krisensymptome unübersehbar. Bisher ist es aber nicht zu einem nachhaltigen Rückgang des Tourismus gekommen. 1995 erzielte Italien weltweit den dritthöchsten Umsatz im internationalen Tourismus. Gut 50 % der Urlauber kamen aus EU-Staaten (die Hälfte davon aus Deutschland), 10 % aus den USA, aber immerhin 5 % aus Japan, was die weltweite Attraktivität des Landes belegt. Schätzungen zufolge hat die Tourismusbranche 2001 143 Mrd. Euro umgesetzt und damit 12,1 % zum Bruttoinlandsprodukt beigetragen.

Tabelle 8: Registrierte Übernachtungen in Hotels und Pensionen 1961–2003 (ohne Camping; in Mio.)

Jahr	Italienische Gäste		Ausländische Gäste		Touristen insgesamt	
	Personen	Übernachtungen	Personen	Übernachtungen	Personen	Übernachtungen
1961	16,8	102,6	9,0	41,6	25,8	144,2
1971	25,6	184,9	12,9	70,5	38,5	255,4
1981	34,2	230,0	16,6	92,4	50,8	322,4
1988	.	250,8	19,3	107,0	.	257,9
1992	39,5	.	20,4	.	59,9	.
2003	47,7	204,8	35,0	139,7	82,7	344,4

Quelle: ISTAT.

Zu den Hauptreisezielen gehören einerseits die städtischen Zentren Rom, Florenz und Venedig, andererseits die touristisch gut erschlossenen Baderegionen. Die touristische Infrastruktur im Süden hat erheblich von der Förderung durch die *Cassa per il Mezzogiorno* profitiert. Allerdings wurden auch überdimensionierte Ferienanlagen an den Küsten gebaut und dabei wertvolle Naturressourcen zerstört. Zu Strandurlauben und Kulturtourismus kam seit 1945 die systematische Erschließung von Wintersportgebieten in den Alpen und im Apennin hinzu. Vom Tourismus profitiert mithin fast das ganze Land – der reiche Norden ebenso wie der arme Süden; urbane Zentren ebenso wie abgelegene Gegenden. 1996 arbeitete mehr als eine Million Menschen (4,5 % aller Beschäftigten) für den Tourismus, außerdem in der Hauptreisezeit zahlreiche Saisonarbeiter. Gerade im Fremdenverkehr ist die Dunkelziffer für Schwarzarbeit und nicht deklarierte Umsätze hoch, so dass die realen Zahlen höher liegen dürften.

Ebenso wie die Transferzahlungen der Migranten ist Tourismus ein Devisenbringer, der zum Ausgleich der Leistungsbilanz wesentlich beiträgt. Sie schwankten stark, brachten aber in den achtziger und neunziger Jahren zwischen sechs (1992) und fast 19 (1994) Billionen Lire ein (damals zehn bis 20 Mrd. DM). Der positive Effekt für die Leistungsbilanz schwächte sich allerdings ab, seit die Lira stabilisiert bzw. der Euro eingeführt wurde und sich immer mehr Italiener Urlaub im Ausland leisten konnten und damit den Devisenüberschuss stark reduziert haben.

Ferienreisen sind kein Privileg der Oberschicht mehr, sondern fast eine Selbstverständlichkeit. Darin liegt ein tiefgreifender kultureller Wandel, der sowohl die Touristen als auch ihre Gastgeber erfasst. Jeder Italienurlauber kommt mit den Sitten und Gebräuchen, den Speisen und Getränken, den Gerüchen und Geräuschen eines fremden Landes in Berührung. Wie irreal auch immer die Urlaubswelten sein mögen, so relativieren sie doch Gewohnheiten, Meinungen und generell die Welt-Anschauung der Touristen. Der Siegeszug italienischen Essens und mediterraner Lebensart wäre ohne den Massentourismus nicht denkbar. Was umgekehrt Massentourismus für Gebiete bedeutet, die alljährlich von Millionen »Gästen« überrollt werden, ist regional sehr verschieden: Handelt es sich um eine Metropole wie Rom oder Städte mit jahrhundertelangen Erfahrungen mit Fremden und Reisenden, oder um eine abgelegene, landschaftlich schöne Gegend, die durch den Tourismus ökonomisch erschlossen und modernisiert werden soll? Die Wahrnehmung der Fremden durch die Italiener ist ambivalent. Denn neben Arbeitsplätzen und Einnahmen bringen sie mit ihrem Geld, anderen Werten und Interessen, ihrer zur Schau gestellten Nacktheit oder erotischer Abenteuerlust das Leben der Einheimischen auch durcheinander.

Tourismus und Migration überkreuzen sich teilweise, etwa wenn Arbeitsmigranten in ihrem Herkunftsland Urlaub machen, wenn Deutsche die Heimatorte zugewanderter Kollegen besuchen, oder in Italien Häuser oder Wohnungen kaufen und sich damit regelmäßig auf Zeit oder dauerhaft im Urlaubsland ansiedeln. Dabei kam es nicht selten zu kuriosen Überkreuzungen: etwa wenn Deutsche alte Häuser kauften, die von Einheimischen, die zu etwas Wohlstand gekommen waren, zugunsten eines Neubaues verlassen wurden, dem die Deutschen gerade entfliehen wollten. Nicht wenige nach Italien ausgewanderte Ex-Touristen wurden selbst zu Anbietern touristischer Dienstleistungen. Soweit die Urlaubsziele in denselben Gegenden lagen, aus denen Arbeitssuchende abwanderten, kam es häufig zu einer Emanzipation der zurückgebliebenen Frauen durch den Tourismus: sie verdienten in Hotels und Gastronomie, aber auch durch die Beherbergung von Gästen wesentlich mehr, als es für Frauen in der ländlichen Ökonomie üblich war, und wurden dadurch unabhängiger von ihren Familien oder ihren Männern.

4. Der Übergang zum Postindustrialismus

1977 unterschied Arnaldo Bagnasco in einer Studie, die seitdem die Begrifflichkeit bestimmt, hinsichtlich ihrer Wirtschaftsstruktur idealtypisch »drei Italien«: *Erstens* im Nordwesten, im Dreieck Lombardei-Piemont-Ligurien, die Regionen der klassischen Industrialisierung mit ihrem Schwerpunkt auf Stahl und Maschinenbau, in denen allerdings auch die Schattenseiten dieser Form der Modernisierung spürbar waren, als die Industriewirtschaft seit den siebziger Jahren in eine schwere Krise geriet: Arbeiterghettos, die vor allem von Migranten aus dem Süden bevölkert waren, Massenarbeitslosigkeit, Zerfall der sozialen Zusammenhänge usw. Das *zweite Italien,* den Süden und die Inseln, veränderten Wirtschaftswunder und Industrialisierung nur oberflächlich. Die *dritte* Wirtschaftsregion bilden der Nordosten und die Mitte – nach der italienischen Bezeichnung *Nordest e Centro* häufig NEC abgekürzt. Hierzu gehören die Regionen Venetien, Emilia-Romagna, Toskana, Marken und Umbrien, in denen sich die klassische Industrialisierung nicht so durchsetzte wie im Nordwesten. Hier überlebten handwerkliche und gewerbliche Traditionen, und die negativen Seiten der Moderne waren weniger spürbar. Sie sind bis heute durch relativ stabile Milieustrukturen geprägt – und zwar im Nordosten durch katholische und im »roten Gürtel« durch sozialistisch-kommunistische. Außerdem gibt es ein *viertes* Italien – das der Mafia und anderer krimineller Ökonomien sowie der Schattenwirtschaft. Aber im Gegensatz zu den drei erstgenannten Großregionen, die allerdings auch nur als Idealtypen und nicht scharf gegeneinander abzugrenzen sind, existiert dieses vierte Italien im ganzen Land. Zu ihm müssen über die kriminellen Strukturen hinaus auch die weit verbreiteten Phänomene der Schattenwirtschaft, der Steuerhinterziehung, der Geschäfte auf schwarzen und grauen Märkten gerechnet werden, an denen sich fast jede/r beteiligt. Für die siebziger Jahre besagen Schätzungen, dass sieben Millionen Italiener – das wären 20 % der Beschäftigten – schwarz arbeiteten (häufig neben bzw. sogar *während* eines regulären Jobs) und 12.000 Mrd. Lire (damals ca. 15 Mrd. DM) umsetzten. Für die dabei erzielten Einnahmen wurden selbstverständlich keine Steuern und Sozialversicherungsbeiträge gezahlt.

Wenn man vom erfolgreichen Übergang Italiens zu postindustriellen, dienstleistungsorientierten Wirtschaftsstrukturen und von einem zweiten Wirtschaftswunder spricht, so wird dieses Phänomen in erster Linie im Dritten Italien verortet (vgl. Tab. 7). Der Erfolg zahlloser, exportorientierter Klein- und Mittelbetriebe in den NEC-Regionen kompensierte teilweise die Krise der großindustriellen Wirtschaft und ließ die Wirtschaftsdaten Italiens wesentlich besser aussehen als in den meisten westlichen Industrieländern. Immerhin wurde 1985 in allen italienischen Medien euphorisch gefeiert, als die Statistiker errechnet hatten, dass das Bruttosozialprodukt größer sei als das Großbritanniens und Italien damit die fünftgrößte Ökonomie der Welt sei. In den achtziger und neunziger Jahren lag das Wirtschaftswachstum meist deutlich über dem der anderen G 7-Staaten. Im Übergang von der industriellen zur postindustriellen Phase (1973–1996) wuchs das italienische Bruttoinlandsprodukt immerhin um 2,1 % jährlich, das britische nur um 1,6 %, das der USA und Frankreichs um 1,5 % und das deutsche nur um 1,2 % pro Jahr.

Das dritte Italien ist geprägt von einer diffusen Industrialisierung (*modello NEC industrializzazione diffusa)*, von kleinstädtischen oder sogar dörflichen Industriedistrikten mit vielen kleinen und mittleren Unternehmen, die sich in der Regel in Familienbesitz befinden. Sie bilden kleine, hoch flexible industrielle Kerne, die sich durch ihre Bereitschaft zur Spezialisierung, durch Knowhow und konsequente Exportorientierung auszeichnen. Wissenschaftliche Untersuchungen haben Anfang der Neunziger weit über 200 solcher Industriebezirke gezählt, in denen fast zwei Millionen Menschen beschäftigt waren. In ihnen sind von der Keramik über Zulieferbetriebe bis zur Mikroelektronik, von der Textilproduktion bis zu spezialisierter Nahrungs- und Genussmittelherstellung, von Feinmechanik bis zur Medizintechnik verschiedenste Branchen angesiedelt, und sie konnten sich den postindustriellen Bedingungen leichter anpassen als die großindustriell geprägten Regionen des Nordwestens. Dort dominierten Komplexe der Schwerindustrie und der Energiewirtschaft, die zwar durch die Montanunion und dann die EWG bis in die 1980er Jahre hinein einen (fast durchgängig subventionierten) Markt fanden, aber häufig aufgrund unrealistischer Annahmen über ihre Wachstumschancen zu groß dimensioniert waren und im Laufe der wirtschaftlichen Globalisierung immer unrentabler wurden. Während die Großindustrie schlimme Krisen mit Massenentlassungen durchlebte, prosperierten die im Nordosten und in der Mitte vorherrschenden mittelständischen, teilweise auch genossenschaftlich organisierten Betriebe und verhalfen ihren Regionen zu einem anhaltenden Wachstum des Pro-Kopf-Einkommens. Insbesondere nach den heftigen Arbeitskonflikten der siebziger Jahre ging zudem die Großindustrie, um die Gewerkschaftsmacht zu brechen, dazu über, Betriebsteile auszugliedern, die Produktion zu dezentralisieren, was durch die modernen Kommunikationsmöglichkeiten und eine immer bessere Verkehrsinfrastruktur erleichtert wurde. Zugespitzt könnte man feststellen, dass sich *big business* der postindustriellen Form der *piccole imprese* anverwandelte.

In den diffusen Industriegebieten sind zwei Typen von Klein- und Mittelbetrieben zu unterscheiden: einerseits diejenigen, die verlängerte Werkbänke oder ausgegliederte Abteilungen von Großbetrieben sind, vollkommen von diesen und deren wirtschaftlichen Erfolg abhängig; andererseits diejenigen, die basierend auf alten, handwerklichen oder gewerblichen Traditionen qualitativ hochwertige Produkte für den Weltmarkt herstellten. Zur zweiten Gruppe gehören zahlreiche Betriebe in hoch spezialisierten Industriedistrikten, die hauptsächlich für die Modebranche produzieren – von Woll-, Leinen- oder Seidenstoffen über Konfektion bis hin zu Schuhen, Schmuck etc. Die Flexibilität und Effizienz der kleinen Industriebetriebe in den NEC-Regionen beruht auf intakten Sozialstrukturen – egal, ob diese von katholischen oder von kommunistischen Werten getragen werden. Und sie hängt von informeller und häufig schlecht bezahlter Mitarbeit von Familienmitgliedern ab. Nicht zuletzt werden die Arbeitskosten niedrig gehalten, weil nicht alle Arbeiten korrekt versteuert und versichert werden, weil Sozialabgaben und Mehrwertsteuer häufig nur unvollständig entrichtet werden, weil Umwelt- und Arbeitsschutzvorschriften unterlaufen werden. Die Regionen, die den Übergang zur postindustriellen Wirtschaft am besten geschafft haben, sind dieselben, in denen die *mezzadria* die Landwirtschaft geprägt hatte. In beiden Produktionsweisen basiert Erfolg auf familiärem und genossenschaftlichem Zusammenhalt, auf Flexibilität und hoher Einsatzbereitschaft.

Nachdem Italien wegen seiner Energie- und Rohstoffabhängigkeit besonders hart von der Krise der siebziger Jahre betroffen war, war das Land seit Ende der Achtziger auch außergewöhnlich erfolgreich bei der Umstellung auf weniger energieintensive Produktionsweisen, zumal ein erfolgreiches Referendum den Bau neuer Atomkraftwerke verbot. Am flexibelsten erwiesen sich auch in dieser Hinsicht die mittelständisch und kleingewerblich geprägten industriellen Zentren des Nordostens und der Mitte des Landes.

Unter dem Druck der »Maastricht-Kriterien«, die Italien keinesfalls verfehlen wollte, um zur Europäischen Währungsunion zu gehören, brachte die Mitte-Links-Regierung des Sozialisten Giuliano Amato Anfang der neunziger Jahre parallel zur Wahlrechtsreform eine Reihe geradezu revolutionärer Veränderungen des erstarrten Wirtschaftssystems auf den Weg: so setzte sie die Umwandlung der Mammutholding IRI in eine Aktiengesellschaft durch. Damit wurde die Auflösung des größten Unternehmens in Europa eingeleitet, dessen Bestandteile dann – unter massivem Druck der Wettbewerbshüter in Brüssel – bis Mitte 2000 größtenteils privatisiert wurden. Die dem Staat verbleibenden Reste – die Fluggesellschaft Alitalia, die Rundfunkanstalt RAI, die Fährgesellschaft Tirrenia, zwei Banken und eine Reihe mittlerer Industrieunternehmen waren allerdings im Jahr 2000 immer noch rund 25 Mrd. Euro wert. Schließlich verließ die Regierung Amato im September 1992 den Europäischen Währungsverbund vorübergehend: die so erreichte Abwertung der Lira um 14 % bildete die Voraussetzung für die weitere wirtschaftliche Konsolidierung.

Trotz der für die postindustrielle Restrukturierung der europäischen Volkswirtschaften paradigmatischen Veränderungen, die Italien erfolgreich bewältigt hat, sehen viele Experten die Zukunftsperspektiven nicht rosig. Fundamentale Strukturprobleme sind immer noch nicht gelöst: Dazu zählen zuerst die immer noch gravierenden Probleme des Südens. Aber auch in den besser entwickelten Regionen weist die Infrastruktur viele Defizite auf: Häfen, Eisenbahn, Telekommunikation, Post, Wasser- und Stromnetz befinden sich keineswegs auf mitteleuropäischem Niveau; hier müssten Milliarden Euro investiert werden. Außerdem fehlt trotz mancher Verbesserungen ein leistungsfähiger inländischer Kapitalmarkt: das Bankensystem ist zu unflexibel; das Interesse an Aktien ist nach wie vor unterentwickelt. Schließlich besteht das Problem der technologischen Rückständigkeit fort: die wirtschaftlichen Erfolge der NEC-Regionen beruhen darauf, dass Marktnischen erfolgreich genutzt werden, nicht auf innovativen Produkten. Italien gibt nur etwa 1 % seines Bruttosozialprodukts für Forschung aus – in den anderen G 7-Staaten sind es hingegen 2-3 %; auch der Bildungsstand der Bevölkerung ist nach wie vor unterdurchschnittlich. Es scheint eine Frage der Zeit zu sein, bis die italienischen Kleinproduzenten dem Konkurrenzdruck asiatischer Staaten wie Südkorea, Taiwan und vor allem China erliegen. Im Streit um Importquoten für Textilien aus China von 2005 war deshalb Italien innerhalb der Europäischen Union einer der Hauptbefürworter protektionistischer Einfuhrzölle. Ein Land, das seit 1945 immer weltmarktorientiert war, dürfte dem von der Globalisierung ausgehenden Konkurrenzdruck nicht mehr lange gewachsen sein.

Die Fähigkeit des Staates, auf diese Probleme und Herausforderungen zu reagieren, ist erheblich eingeschränkt, seit der klassische Weg zur indirekten

Subventionierung der Wirtschaft, nämlich die regelmäßige Abwertung der Lira gegen die wichtigsten westlichen Währungen, durch die Einführung des Euro verstellt ist und die Maastricht-Kriterien den Staat zu einem rigiden Sparkurs zwingen. Denn trotz des Booms in den achtziger Jahren hatte die Staatsverschuldung massiv zugenommen: von 60 % des Bruttoinlandsprodukts (1980) auf 125 % (1994). Nach einem vorübergehenden Konsolidierungskurs hat die zweite Berlusconi-Regierung (2001–2006) die Staatsverschuldung wieder ansteigen lassen. Dabei resultieren die Probleme, einen ausgeglichenen Staatshaushalt zu erreichen, vor allem aus der massiven Steuerhinterziehung der in Italien besonders zahlreichen Selbständigen, die gerade von Berlusconi stark umworben wurden und einen großen Teil ihrer Einnahmen am Fiskus vorbeischmuggeln. Da die Schwarzgelder dann wiederum in die in Italien äußerst beliebten Staatsanleihen investiert werden, entsteht ein Kreislauf, in dem die Steuerhinterziehung zur Finanzierung des Staatsdefizits beiträgt und über die Verzinsung der Staatsanleihen von diesem profitiert.

5. Italienischer Lebensstil als Exportschlager

In den europäischen Gesellschaften werden die Tendenzen zu einer zunehmenden Vereinheitlichung der Konsumkulturen, Lebensweisen und Mentalitäten überwiegend als Amerikanisierung begriffen. Dabei wird der weltweite Siegeszug des italienischen Lebensstils übersehen: *Pasta* und *Pizza*, *Latte macchiato* und *Grappa*, Campari und San Pellegrino, Gucci und Prada sind Produkte bzw. Marken, die in der ganzen Welt bekannt sind. Im Internet-Lexikon Rasscass finden sich unter den dreißig »einflussreichsten Modedesignern des 20. Jahrhunderts« elf Italiener: Giorgio Armani, Luciano Benetton, Nino Cerruti, Gianfranco Ferré, »Valentino« Garavani, Guccio Gucci, Miuccia Prada, Donatella und Gianni Versace sowie die »Brioni«-Gründer Nazareno Fontocoli und Gaetano Savini. Der weltweite Siegeszug italienischer Marken und Produkte gehört auch zu den Ursachen des wirtschaftlichen Erfolges seit 1945. In den frühen neunziger Jahren waren etwa 1,5 Mio. Menschen in der Modebranche beschäftigt, die 14 % des Bruttoinlandsprodukts erzeugten.

In mancher Hinsicht typisch ist die Erfolgsgeschichte der Geschwister Benetton – drei Brüder und ihre Schwester, die in der Zeit des kulturellen Aufbruchs nach »1968« als erste schreiend bunte und zugleich preiswerte Pullover auf den Markt brachten. Wie viele italienische Erfolgsmarken wurde »Benetton« in einem kleinen Familienbetrieb entwickelt. Der Schlüssel für Benettons weltweiten Erfolg lag in der Idee, erst die fertigen Pullover zu färben und sie nicht aus bereits gefärbter Wolle stricken zu lassen. Dadurch war Benetton in der Lage, jeweils schnell auf aktuelle Modetrends zu reagieren. Ein Jahr nach der Eröffnung ihrer ersten Boutique in der Provinzstadt Belluno (1969) in Venetien hatte das Familienunternehmen eine

Filiale in Paris. Ende der Siebziger produzierten drei Fabriken rund um Ponzano (Venetien) Benetton-Pullover in Serie, und die Firma war der weltweit größte Abnehmer von Schurwolle. Neben der Konzentration auf ein Produkt (Pullover) und wenige Modelle, die dafür in jeweils 15 Farben ausgeliefert wurden (»United Colours of Benetton«) gehörte die Entwicklung spezieller Produktlinien für unterschiedliche Zielgruppen (Kinder, junge Erwachsene, Männer, Frauen) und entsprechend ausgerichteter Werbekampagnen zum Erfolgsgeheimnis von Benetton. Obwohl das Familienunternehmen aus Venetien auf Massenprodukte im mittleren Preissegment setzte, wurde der Absatz entscheidend dadurch gefördert, dass Hollywood-Prominenz wie Sylvester Stallone, Dustin Hoffmann oder Jackie Onassis zu den Kunden der New Yorker Benetton-Boutique gehörten. Ein Image von Jugendlichkeit und Erfolg wurde gestützt durch umfangreiches Sport-Sponsoring im Motorsport (dem Faible des Benetton-Managers Flavio Briatore), von Volleyball- und Basketball-Mannschaften.

Inzwischen ist Benetton ein stark diversifizierter, in 120 Ländern operierender Mischkonzern. Neben der Textilbranche engagiert er sich vor allem in der Gastronomie, in der Lebensmittelbranche und in der Viehzucht. Benetton ist der weltweit größte Schafzüchter, wodurch Wolle größtenteils innerhalb des eigenen Konzerns eingekauft werden konnte. Mindestens zum Teil verdankt Benetton den weltweiten Erfolg seiner bunten Pullis den Werbekampagnen des Fotografen Oliviero Toscani, die auf eine Mischung aus Schock und Politisierung setzten. Seine weltweiten Anzeigenkampagnen mit spektakulären Fotos thematisierten AIDS, Folter, Umweltverschmutzung und andere aktuelle Themen. Die Pullover wurden in der Regel nicht abgebildet, sondern nur die Schriftzeile *United Colors of Benetton*. Diese politisierten Werbekampagnen verweisen auf die Sozialisation der Benetton-Geschwister in den unruhigen sechziger Jahren.

Zur weltweiten Verbreitung italienischen Lebensstils trug neben Modemarken auch bei, dass Rom, Venedig, Florenz und die exklusiven Touristenorte an der Riviera zu Treffpunkten des internationalen Jetset wurden. Die sprichwörtliche *dolce vita* und die dazu gehörenden Konsumprodukte wurden damit zu erfolgreichen Exportprodukten. Italienische Lebensart und Küche hatten sich bereits durch die anhaltende Emigration des 19. und 20. Jahrhunderts in der ganzen Welt verbreitet. Da Italien nach 1945 zunächst ein Auswanderungsland blieb, hielt dieser Trend an. Die Stützpunkte italienischer Kulinarik und Lebensgewohnheiten, die bis dahin vor allem von den Auslandsitalienern selbst frequentiert worden waren, stießen durch die symbolische Aufwertung der *italianitá* als Mode der Reichen und Schönen auf zunehmendes Interesse. Produkte wie *Pasta*, *Pizza*, *Cappuccino,* Eis und *Prosecco* sickerten weltweit in die Konsumkultur ein und haben einen Bekanntheitsgrad erreicht, der allenfalls von Hamburgern und Coca Cola übertroffen wird.

Italienische Industrieprodukte wie die Vespa, die kleinen FIATs, aufwändige Espressomaschinen, die seit 1900 das optische Zentrum der für immer größere

Teile der Bevölkerung erschwinglichen Bars wurden, entwickelten sich seit den späten Fünfzigern zu magischen Verkörperungen modernen Designs und lässiger Lebensart – nicht zuletzt dank Werbekampagnen, die diesen Produkten *glamour* und *sex appeal* zuschrieben. Seit den späten Sechzigern wurde Italien und insbesondere Rom zum erwachsenen Gegenpol des zum Zentrum der Jugendkultur aufsteigenden London. Brioni und Armani und sogar Benetton waren seriöser als die Produkte von Carnaby Street, aber gleichwohl glamourös und attraktiv. Weltweit tragen die politischen und wirtschaftlichen Eliten Mode aus Mailand, Schuhe aus den Marken und Brillen italienischer Designer; für den Massenkonsum gibt es entsprechende Marken, die längst in Billiglohnländern produziert, aber von italienischen Modeschöpfern entworfen und unter italienischen Produktnamen vermarktet werden. Selbst Waren, die vollständig nördlich der Alpen produziert werden, werden unter italienisch klingenden Namen vermarktet. Man denke etwa an den in Berlin geborenen Luigi Colani oder an die Unterwäschemarke Bruno Banani (vormals VEB Tricotex Karl-Marx-Stadt).

Der Siegeszug des italienischen Designs begann 1947, als die Architekten Luigi Caccia Dominioni und Ignazio Gardella, die sich aus der Mailänder Technischen Hochschule kannten, die Firma L'Azucena gründeten. Die Firma spezialisierte sich auf modern gestylte Möbel und Einrichtungsgegenstände in hoher Qualität und verstand sich als Teil der architektonischen Schule des Rationalismus, zu der etwa auch das Bauhaus zählt, verband jedoch diese strengen, modernen Momente mit traditionellen Formen – etwa des italienischen Barock. Bereits im Faschismus waren bedeutende Werke sachlich-rationalistischer Architektur entstanden. An diese ästhetisch moderne Seite des Faschismus konnten die Designer der Nachkriegszeit anknüpfen. Ihren Durchbruch verdankten sie dem italienischen Wirtschaftswunder, als umgekehrt auch viele italienische Produkte ihre Marktchancen durch attraktives Äußeres und modernes Design vergrößerten.

Die erfolgreichen italienischen Designer setzten bewusst auf moderne Materialien wie Chrom, Rauchglas, Plexiglas und Kunststoffe. Ihre Entwürfe präsentierten sie auf der Mailänder Triennale, um sie weltweit zu vermarkten. Neben exklusiven und eleganten Produkten war ein Anliegen der italienischen Designer der fünfziger und sechziger Jahre, Massenprodukte (z.B. Plastikstühle) so zu gestalten, dass sie eine individualistische, chice und teure Aura bekamen. Spätestens seit das New Yorker Museum of Modern Art 1972 eine Ausstellung *Italy: the New Domestic Landscape* zeigte, war italienisches Design bis in die High Society hinein salonfähig und gewann eine wachsende, enthusiastische Anhängerschaft. Stephen Gundle hat darauf hingewiesen, dass eine bezeichnende Differenz besteht zwischen dem Image, das italienische Produkte auf den internationalen Märkten und im eigenen Land haben. Hier sind den Konsumenten die handwerklichen Traditionen bewusster, aus denen auch die international bekannten Marken hervorgegangen sind, die Solidität, Qualität und Exklusivität garantieren.

Viele der weltweit bekannten und verkauften italienischen Markenprodukte kommen aus den kleinen und mittleren Betrieben, die das »zweite Wirtschaftswunder« getragen haben, aus familiären Produktionsstrukturen und Ausbeutungsverhältnissen. In den Neunzigern war die Modebranche Italiens erfolgreichste Exportindustrie. Für Marken wie Armani, Ferré, Krizia, Missoni, Prada, Versace, Valentino oder Dolce&Gabbana ist der Weltmarkt inzwischen wichtiger als der heimische Absatz.

Ohne die Entwicklung zur Konsumgesellschaft und den sichtbaren ökonomischen Aufschwung dank Unterstützung aus den USA hätte die Erste Republik die fünfziger Jahre kaum überlebt. Zu groß war der Massenanhang der »Volksfront« aus PCI und PSI. Der erfolgreiche Übergang in die Konsumgesellschaft führte zu einem Rückgang kollektiver Aktivitäten und der sozialen Zusammenhänge in allen politischen Milieus. Sowohl staatliche Investitionen im Bildungs- oder Gesundheitsbereich als auch zivilgesellschaftliches Engagement blieben hinter dem Wirtschaftswachstum zurück. Es kam zu einem Rückzug ins Familienleben in einem mit den Errungenschaften der Konsumgesellschaft ausgestatteten Haus.

Weil die Gewerkschaften seit Mitte der sechziger Jahre Lohnsteigerungen weit über dem Produktivitätszuwachs durchsetzten und weil die Industrie technologisch stagnierte, geriet sie seit Mitte der 1970er in eine tiefe Strukturkrise. Die Konzentration der Wirtschaftsmacht in wenigen Händen und beim Staat in Verbindung mit den Restriktionen für ausländisches Kapital stellte ein gravierendes Entwicklungshemmnis für die Großindustrie dar.

Zunächst konnte die Krise durch eine erhöhte Inflationsrate, verbunden mit regelmäßiger Abwertung der Lira, durch die Einnahmen aus dem Tourismus sowie durch die Transfers von Migranten verschleiert werden. Der Tourismus erleichterte Italien den Übergang zur postindustriellen Ökonomie, denn er hatte bereits früh zur Ausweitung des Dienstleistungssektors geführt. Der erfolgreiche Wandel beruhte einerseits auf der nur flachen Verwurzelung des Industrialismus, andererseits wurde er getragen von den im Nordosten und in der Mitte entstandenen kleinen und hoch spezialisierten Industriegebiete.

Italien und seine Regionen

Vier Landesteile

Nordwesten	Aostatal, Lombardei, Piemont, Ligurien
Nordosten und Zentrum (NEC)	Trentino-Südtirol, Venetien, Friaul-Julisch Venetien, Emilia-Romagna, Toskana, Marken, Umbrien
Latium	mit der Hauptstadt Rom
Süden	Abruzzen, Molise, Apulien, Basilikata, Kampanien, Kalabrien, Sardinien, Sizilien

Kapitel 4
Die »Südfrage«: Misstrauen, Mafia, Modernisierung

Viele ökonomische und politische Entwicklungen seit 1945 sind ohne die tiefe Spaltung Italiens nicht zu verstehen. Quer durch das Land verläuft eine jahrhundertealte kulturelle und politische Grenze, die trotz aller Modernisierungsbemühungen bis heute spürbar ist und zeigt, wie schwer es ist, historisch gewachsene Unterschiede zu überwinden. Seit der Spätantike ist der Süden Italiens einen eigenen politischen und kulturellen Weg gegangen. Die Grenze zwischen den heutigen Regionen Marken, Latium und Umbrien einerseits und Abruzzen, Molise und Kampanien andererseits (s. S. 89), trennte seit dem späten Mittelalter ein süditalienisch-sizilianisches Königreich vom Kirchenstaat. Sie ist eine der am längsten gültigen und kulturell bedeutungsvollsten Trennlinien in Europa. Der Süden war relativ homogen und auf die beiden Metropolen Neapel und Palermo ausgerichtet, reich an arabischen Einflüssen, kulturell und über lange Zeit auch dynastisch Spanien enger verbunden als dem Rest Italiens. Der Norden hingegen war territorial zersplittert und politisch und kulturell geprägt von der republikanischen Tradition einst bedeutender Städte. Als zusätzliche Barriere lag zwischen Süden und Norden der breite Streifen des Kirchenstaats.

Die Differenz ist auch eine der Wahrnehmung: seit dem *risorgimento* (der nationalstaatlichen Einigung im 19. Jahrhundert) blicken die Norditaliener verächtlich auf den kulturell und ökonomisch angeblich zurückgebliebenen Süden, der kriminell und nicht leistungsfähig sei, und bezeichnen dessen Bewohner mit diskriminierenden Ausdrücken wie *terroni* (Erdlinge). Umgekehrt hat der Süden das *risorgimento* nicht als Befreiung, sondern als Fremdherrschaft empfunden und die Entwicklungsmaßnahmen seither als Oktroi einer fremden Kultur.

1. Ökonomische und mentale Traditionen

Der *mezzogiorno* wird bis heute offiziell nach jener uralten Scheidelinie definiert. Zu ihm gehören die Regionen Abruzzen, Molise, Kampanien, Apulien, Basilikata, Kalabrien, Sizilien und Sardinien, also gut 40 % des Territoriums und knapp 40 % der Bevölkerung Italiens. Außer Sardinien gehörte der *mezzogiorno* bis zur »Befreiung« durch Giuseppe Garibaldi bzw. die piemontesisch-sardische Armee zum Königreich beider Sizilien. Bis heute gilt er als »unterentwickelt«, und auf den ersten Blick ist er es auch. Auf den zweiten Blick ist diese Kategorie allerdings problematisch. Denn es sind die Maßstäbe des Nordens mit ihren Leitwerten Industrialisierung und Liberalismus, nach denen der Süden als rückständig galt und gilt. Immerhin war Neapel 1860 die größte Stadt in Italien, hier befand sich die nach Bologna zweitälteste Universität. Jedenfalls ist der *mezzogiorno* »anders«. Aber das Bild von den archaischen oder feudalistischen Verhältnissen, die mit der Moderne unvereinbar seien, folgt zu sehr der Perspektive der Eroberer aus dem Norden, die viele bewährte Strukturen zerstört haben.

1861 schloss sich das frühere »Königreich beider Sizilien« aufgrund manipulierter Plebiszite dem Königreich Italien an. Dessen erster Ministerpräsident, Camillo Cavour, hielt Militärherrschaft für das einzig mögliche Regime in dem, wie er es nannte, »schwächsten und korruptesten Teil Italiens«. Cavour und seine liberalen, fortschrittsgläubigen Mitstreiter waren überzeugt, dass eine solche diktatorische Beherrschung dem Süden langfristig zu effizienten Verwaltungsmethoden und moderner Wirtschaftsweise verhelfen werde. Aus denselben Motiven entschied sich das liberale Italien für ein zentralistisches Verwaltungssystem nach französischem Vorbild. Ein föderalistischer Alternativvorschlag, der den Regionen Selbstverwaltungsrechte geben sollte, wurde verworfen, weil die Parlamentsmehrheit meinte, die rückständigen Gebiete des Südens und auf den Inseln nur durch eine Erziehungsdiktatur entwickeln zu können. Diese Richtungsentscheidung von 1859 wurde erst nach dem Zweiten Weltkrieg als Irrweg für ein so heterogenes Land erkannt: die Verfassung von 1947 schrieb eine Regionalisierung vor, die allerdings erst nach und nach verwirklicht worden ist.

Die Militärherrschaft des liberalen Königreichs Italien im Süden des eigenen Landes war vielfach härter, als die Herrschaft der Bourbonen es gewesen war, und bediente sich ebenso illiberaler Methoden. Der Süden wurde als Kolonie behandelt: als Arbeitskräftereservoir und Standort zur möglichst billigen Produktion von Südfrüchten, Olivenöl, Wein usw. In vielen Gebieten Süditaliens gab es vor 1861 keine moderne Staatlichkeit und insbesondere kein staatliches Gewaltmonopol. Gegen die Versuche des Nordens, hier einen modernen Staat zu schaffen – also Steuerzahlungen, die allgemeine Wehrpflicht, die Schulpflicht usw. durchzusetzen –, gab es massiven Widerstand. Er resultierte aus traditionellen Strukturen, insbesondere aus einem tiefsitzenden Lokalismus, und wurde von Großgrundbesitzern und vom Klerus gefördert.

Die wichtigsten Träger des Widerstandes im Süden waren in den 1860er Jahren die Briganten, zahlreiche Banden mit 20 bis zu mehreren 100 Mitgliedern. Sie rekrutierten sich aus ehemaligen Soldaten der bourbonischen Armee, aus Mitstreitern Garibaldis, aus während des Umbruchs entflohenen Gefangenen und aus jungen Männern, die der Wehrpflicht entgehen wollten. Auch junge Frauen schlossen sich den Briganten an, die bereits von Zeitgenossen (und bis heute von manchen Forschern) zu Rebellen stilisiert wurden. Bis heute stehen sie in der volkstümlichen Erinnerung für den berechtigten Widerstand des Südens gegen eine vom Norden oktroyierte, als fremd und ungerecht empfundene Ordnung. Die einzige politische Idee der Briganten war es, die alten Verhältnisse wieder herzustellen und die kollektiven Rechte der Armen gegen den neuen, liberalen Staat durchzusetzen. Bei diesen traditionellen Wohlfahrtssystemen handelte es sich vor allem um Almosen, die über die Kirche gesammelt und verteilt wurden und deren Zufluss durch die antiklerikale Politik der neuen Regierung im Norden gefährdet war. Die Briganten ermordeten Beamte des neuen Staates, Bürgermeister und Stadträte, kassierten Schutzgelder und erpressten Lösegelder durch Entführungen. Sie wurden mit großer Härte bekämpft. In diesem inoffiziellen Bürgerkrieg fielen mehr Soldaten als in allen Einigungskriegen zusammen. Aber die tiefen antistaatlichen und antizentralistischen Ressentiments ließen sich nicht unterdrücken. Immer wieder kam es vor allem in Sizilien zu Aufständen, und es gelang Rom bis zum Faschismus nicht, in Süditalien das staatliche Gewaltmonopol durchzusetzen.

Seit 1945 knüpften die Mafia in Sizilien, die *'ndrangheta* in Kalabrien und die *camorra* in Neapel an die antistaatliche Tradition und die romantisierte kollektive Erinnerung an die Briganten und andere Banditen an. Sie bedienten sich derselben Methoden, um an Geld zu kommen und den Staat und die Reichen und Mächtigen aus dem Norden zu bekämpfen. Schon die Etymologie der Selbstbezeichnungen der mafiosen Geheimbünde verweist auf eine Tradition gesellschaftlich anerkannten Widerstands: das Wort *mafiusu* ist arabischen Ursprungs und bedeutet »tüchtiger Mann«, ebenso wie das kalabresische *'ndranghetista*. Ein *guáppo*, wie sich die Mitglieder der neapolitanischen *camorra* nennen, ist dem spanischen Wortsinn nach ein eleganter Lebemann, und *kamurra* bedeutet auf Katalanisch »Protest«. Seit 1945 haben sich die kriminellen Organisationen des Südens immer weiter von diesen Traditionen der antistaatlichen Rebellion entfernt, sich internationalisiert und weltweit mit Drogenhändlern und Geldwäschern vernetzt.

Erklärungsansätze für die Andersartigkeit des Südens

Basierend auf eigenen Beobachtungen, Vorurteilen und pseudowissenschaftlichen Untersuchungen (etwa des Kriminalanthropologen Cesare Lombroso) behaupten viele, die Menschen des Südens seien (aufgrund arabischer Einflüsse, Degeneration usw.) ethnisch minderwertig und keine »richtigen Italiener«. Solche Ansätze werden heute vornehmlich von den Befürwortern einer Trennung des Nordens vom Süden, insb. von der Lega Nord, vertreten.

Besser begründet, aber gleichwohl umstritten sind kulturalistische Ansätze. Der einflussreichste stammt vom US-Anthropologen Edward Banfield. Nach Feldforschung in der Basilikata in den frühen 1950er Jahren schrieb er »The Moral Basis of a Backward Society« (1958). Die zentrale These besagt, dass die Gesellschaft des Südens sich durch »amoralischen Familiarismus« auszeichne. Das Handeln sei nicht am Gemeinwohl orientiert, sondern allein an kurzfristigen, materiellen Interessen der Familie. Infolgedessen seien gesellschaftliche Institutionen wie Vereine, Mitgliederparteien, Interessenverbände usw. kaum verankert. Auch die Fähigkeit zu rationaler Kooperation spricht Banfield den Süditalienern weitgehend ab. Deshalb seien sie wirtschaftlich weniger erfolgreich.

In Auseinandersetzung mit Banfields Thesen entwickelten sich zwei Strömungen, die zwar Familiarismus als Spezifikum der süditalienischen, wenn nicht der gesamtitalienischen Sozialstruktur begriffen, ihn aber nicht als Ursache der Unterentwicklung akzeptierten: einerseits eine marxistisch inspirierte Gegenthese, derzufolge die feudalistischen Traditionen, also Ökonomie und Klassenstrukturen, die Unterentwicklung des Südens erklären; andererseits Ansätze, die den Familiarismus nicht mehr grundsätzlich als Entwicklungshindernis ansahen – sizilianische Migranten in den USA erwiesen sich etwa aufgrund ihres Familiensinns als wirtschaftlich besonders erfolgreich. Familiarismus konnte demnach auch eine rationale Reaktion darauf sein, dass der Staat und das Verhalten der Behörden durch demokratische Interessenvertretung nicht zu beeinflussen sind.

Schließlich gibt es mit dem *meridionalismo* (*meridione*=Süden) einen Erklärungsansatz, der die Ausbeutung Süditaliens als Teil des europäischen Kolonialismus ansieht. Zwei der wichtigsten *meridionalisti*, die sich für eine, an den dortigen Traditionen orientierte Förderung des Südens einsetzten, der sozialistische Historiker Gaetano Salvemini (1873–1957) und der Kommunist Antonio Gramsci (1891–1937), waren zugleich Marxisten. Sie machten einen *blocco agrario-industriale* – ein Bündnis der Industriellen des Nordens, die billige Arbeitskräfte aus dem Süden wollten, und der Großgrundbesitzer – für die Misere des Südens verantwortlich. Die Vereinigung mit dem Norden verhinderte eine eigenständige Entwicklung, zog das meiste Kapital und die wirtschaftliche und intellektuelle Elite in den Norden, so dass der Süden hinfort stagnierte und wie eine Kolonie ausgebeutet wurde. Gramsci sah die Arbeiter im Norden, obwohl selbst ausgebeutet, zugleich als Ausbeuter des Südens an. Durch die Mobilisierung der Bauern und Arbeiter des Südens, durch strukturelle Agrarreformen und Verzicht im Norden wollten die *meridionalisti* die Spaltung überwinden.

Mit unterschiedlichen Programmen und sehr viel Geld versuchten die Nachkriegsregierungen, den Süden zu entwickeln. Dabei wurde allerdings kaum auf entwicklungsfähige Ansätze im Süden geachtet, die hätten gefördert werden können. Sondern »Entwicklung« hieß fast immer Angleichung an den Norden. Auch deshalb sind diese Programme gescheitert. Und im Norden sind seit Mitte der neunziger Jahre diejenigen immer einflussreicher geworden, die den Stopp aller Transferleistungen für den Süden und gar eine Auflösung des gesamtitalienischen Staates fordern.

Trotz einiger Erfolge durch die Bodenreform, Infrastrukturmaßnahmen und den Tourismus liegt der Süden bei ökonomischen und sozialen Indikatoren wie dem Bruttoinlandsprodukt, dem Pro-Kopf-Einkommen, der Arbeitslosenquote, dem Bildungsniveau oder der Versorgung mit kulturellen und sozialen Angeboten bis heute deutlich unter dem Niveau des Nordens und der Mitte des Landes. Anfang der neunziger Jahre war im Süden etwa die Arbeitslosenquote und besonders die Jugendarbeitslosigkeit dreimal so hoch wie im Norden. Ende der sechziger Jahre lag im industriellen Dreieck des Nordwestens, in dem fast ein Drittel der Bevölkerung lebte, das Bruttoinlandsprodukt pro Kopf zwischen 30 und 50 % über dem Landesdurchschnitt, hingegen im Süden, wo fast 40 % der Einwohner lebten, um 30 bis 50 % unter dem Durchschnitt. Das Schlusslicht bildete damals (und bildet bis heute) Kalabrien, wo die Pro-Kopf-Produktion nur ein Drittel des Wertes erreichte, der in der Lombardei erzielt wurde. In keinem anderen europäischen Land war das Wirtschaftsgefälle derart steil. In Frankreich etwa lag allein in der Region Paris das Bruttoinlandsprodukt über dem Landesdurchschnitt. In allen übrigen Regionen wurden Leistungen erbracht, die zwischen 85 und 95 % des Durchschnittswertes lagen. In Deutschland bewegte sich die Wirtschaftsleistung in allen Regierungsbezirken (außer Hamburg) in einem Korridor zwischen 80 und 120 % des Durchschnittswertes. Während in anderen europäischen Staaten durch Förderung der strukturschwachen Gebiete die regionalen Unterschiede bis in die achtziger Jahre hinein soweit nivelliert waren, dass die Differenz beim Bruttoinlandsprodukt pro Kopf zwischen der stärksten und der schwächsten Region höchstens 100 % betrug, blieb sie in Italien trotz gigantischer Modernisierungsprogramme bei rund 200 %.

Andere Indikatoren (Frauenerwerbstätigkeit, Beschäftigungsstruktur, Familiengröße etc.) bestätigen den Befund einer extremen regionalen Heterogenität, die Italien entlang der uralten Grenze zwischen dem ehemaligen Königreich Neapel und dem Kirchenstaat spaltet. Trotz aller Programme aus Rom blieb die Arbeitslosigkeit dort signifikant höher, die Frauenerwerbsquote deutlich niedriger. Hatten 1950 in den Regionen des Südens noch drei Viertel der Beschäftigten in der Landwirtschaft gearbeitet, so dominieren heute Dienstleistungen in ähnlicher Weise. Die mit viel Geld aus Rom und Brüssel geförderte Industrialisierung des Südens erwies sich als Strohfeuer: nachdem sich der Anteil der Industriearbeiter von 1950 bis 1970 verdoppelt hatte, ist er heute wieder beim Stand von 1950 angekommen. Zwar konnte auch im Süden die Analphabetenrate, die 1950 bei 25 % gelegen hatte, deutlich reduziert werden, aber in den achtziger Jahren lag sie mit 6–7 % immer noch drei- bis viermal so hoch wie im übrigen Land. Auch Zahlen über die Familiengröße belegen den Sonderweg des Südens: in den Achtzigern hatte dort jede fünfte Familie fünf oder mehr Mitglieder. Dieser Wert liegt um das Zwei- bis Dreifache über den übrigen Regionen.

Das Nord-Süd-Gefälle beim Pro-Kopf-Einkommen (vgl. Tab. 7) führt auch zu einem unterschiedlichen Konsumverhalten: der Fleisch-, aber auch der Tabakkonsum liegt im Norden statistisch deutlich höher als im *mezzogiorno*. Diese offiziellen Zahlen verweisen allerdings zugleich auf ein Probleme, das immer mitgedacht werden muss, wenn es um die soziale Lage und die ökonomischen Probleme des italienischen Südens geht: die große Bedeutung der Schattenwirtschaft, zumal es über diese Grauzone selbstverständlich keine Zahlen gibt. Schätzungen besagen, dass in Catania (Sizilien) etwa 90 % der Ladeninhaber Schutzgelder zahlen und dass zwischen 25 und 40 % des Bruttoinlandsproduktes im Süden aus kriminellen Aktivitäten stamme. Zu dieser, von keiner Statistik erfassten wirtschaftlichen Betätigung im Süden gehören sowohl der Schmuggel (z.B. von unversteuerten Zigaretten) als auch klassische Schwarzarbeit (von Nachbarschaftshilfe über den Dienstleistungssektor bis hin zur nicht versicherten und nicht versteuerten Tätigkeit von Familienangehörigen in der Landwirtschaft) und schließlich die immense, von kriminellen Organisationen kontrollierte Untergrundökonomie, deren wichtigste Zweige Drogen-, Waffen- und Menschenhandel (sowohl mit Flüchtlingen als auch mit Prostituierten und Arbeitssklaven) sind. Ein Teil der offiziell Arbeitslosen ist in diesen Bereichen beschäftigt, der Süden profitiert erheblich von der Schattenwirtschaft und ist deshalb nicht so arm, wie ihn die offiziellen Statistiken erscheinen lassen. So lag Palermo Ende der achtziger Jahre – gemessen am Pro-Kopf-Einkommen – unter den gut 100 Provinzen nur auf Rang 70, gemessen am Pro-Kopf-Konsum jedoch auf Platz 7.

Schließlich gibt es auch im *Mezzogiorno* erhebliche regionale Unterschiede. Der Ökonom Francesco Compagna hat Anfang der Achtziger untersucht, wo im Süden die wirtschaftliche Modernisierung erfolgreich war: zwischen Rom und Neapel, im Süden der Marken sowie in der Gegend um Pescara und Chieti. Darüber hinaus attestierte Compagna einzelnen Städten in allen Regionen des Südens ein beachtliches Produktivitäts- und Einkommensniveau. Diesen Wohlstandsinseln stehen große Teile des Südens gegenüber, die noch immer von Armut beherrscht werden.

2. Mafia & Co.

Eine der wichtigsten Ursachen für die spezifischen Strukturen und Probleme des Südens sind die kriminellen Organisationen vom Typus Mafia. Obwohl ihre Ursprünge sich teilweise in mythischen Erzählungen und Erinnerungen verlieren, scheint auch die Mafia in der Zeit des *risorgimento* entstanden zu sein. Jedenfalls taucht sie in den 1860ern zuerst in Polizeiberichten aus Westsizilien auf. Die Mafia und ähnliche Organisationen in Kalabrien (*'ndrangheta*) und Neapel (*camorra*) stellten ein Gegenmodell zum modernen, staatlichen Gewaltmonopol dar. Statt einem (aus der Sicht des Südens) fernen Staat die Sicherung der öffentlichen Ordnung, die Sanktion von Verstößen gegen die gesellschaftlichen Normen zu übertragen, beanspruchten die mafiosen Organisationen, diese Aufgaben selbst, gewissermaßen aus der Gesellschaft heraus zu regeln. Allerdings entstand diese Form der Selbstorganisation in einer autoritären, durch alltägliche Gewalt geprägten Epoche. Die Mafia entwickelte sich aus der Kaste der Aufseher, die die Gutsherren einsetzten, um die Landarbeiter zu kontrollieren und möglichst hohe Erträge zu sichern. Nach dem Zusammenbruch der Bourbonen-Herrschaft (1860) errang die Mafia faktisch die Kontrolle über die öffentliche Ordnung in Sizilien.

Ein zweites Mal profitierte die Mafia in Sizilien 1943/44 vom Zusammenbruch einer Ordnung und konnte sich in einer chaotischen Umbruchsituation als Garantin von »Sicherheit und Ordnung« präsentieren. Dabei kam ihr zugute, dass der faschistische Präfekt von Palermo seit Ende der zwanziger Jahre einen »Krieg gegen die Mafia« geführt hatte, in dem er versuchte, die Mafia mit ihren eigenen Methoden – Einschüchterung, Folter, gezielte Morde – auszurotten. Die Wurzel des Übels, die ungerechten Herrschaftsverhältnisse, die ökonomische und politische Dominanz von Adel und Großgrundbesitzern, die in den Augen vieler Sizilianer der Mafia ein »Robin Hood«-Image verliehen und sie als kleineres Übel erscheinen lassen konnten, sowie Korruption und Perspektivlosigkeit gingen die Faschisten allerdings nicht an. Die USA versuchten, den Konflikt zwischen der Mafia und dem faschistischen Regime auszunutzen, um Sizilien mit möglichst geringen Verlusten zu erobern. 1942 beauftragten sie den Boss der italo-amerikanischen Mafia, Lucky Luciano, der eine langjährige Haftstrafe absaß, ein Netz von Kontakten in Sizilien zu knüpfen und boten ihm dafür Hafterleichterungen. 1946 wurde er sogar freigelassen – unter der Bedingung, die USA zu verlassen (er ließ sich in den Fünfzigern in Neapel nieder und organisierte dort den Drogenhandel). Mit dieser Strategie halfen die USA der Mafia, erneut wichtige politische Positionen mit ihren Leuten zu besetzen. Dennoch ist die Behauptung irrig, die USA hätten die Mafia wieder aufgebaut. Sie sitzt der faschistischen Propaganda auf, die mafiosen Strukturen seien zerschlagen gewesen.

Die Mafia versuchte über den Abzug der Amerikaner hinaus, dauerhaft Einfluss zu gewinnen, und zwar zunächst über Politiker, mit denen sie bereits vor dem Faschismus kooperiert hatte und die sich nun in der Unabhängigkeitsbewegung engagierten, in der sich traditionelle antizentralistische Ressentiments mit antidemokratischen verbanden. Die mit terroristischen Mitteln arbeitende (und darin von der Mafia unterstützte) Unabhängigkeitsbewegung scheiterte jedoch schnell, u.a. weil die Regierung in Rom bereits vor der Verabschiedung der Verfassung ein Autonomiestatut für Sizilien erließ. Daraufhin engagierten sich führende Mafiosi seit 1947 in verschiedenen Rechtsparteien, bei den Liberalen, den Monarchisten und vor allem bei der *Democrazia Cristiana*, die insbesondere vor den Wahlen vom April 1948 angesichts der Stärke der Linken in Sizilien für jegliche Unterstützung dankbar war. Unter Fanfani baute die DC in den fünfziger Jahren ihre Verbindungen zur Mafia systematisch und flächendeckend aus. In jeder Provinz gab es einen DC-Politiker, der für die Kontakte mit der Geheimorganisation zuständig war. Der wichtigste unter ihnen war Salvatore Lima in Palermo. Über ihn lief auch jahrzehntelang der Kontakt der Mafia zu Giulio Andreotti, dem einflussreichsten Politiker der Ersten Republik.

Nachdem die Mafia trotz ihrer exzellenten Beziehungen nicht in der Lage gewesen war, die Bodenreform und das Ende der Latifundienwirtschaft zu verhindern, stellte sie sich in der Nachkriegszeit um: aus einer Schutztruppe der Großgrundbesitzer zur Verteidigung ihrer Privilegien wurde ein krimineller Mischkonzern. Den wichtigsten Schwerpunkt bildete zunächst die Bauwirtschaft, um einen Teil der Milliarden abzuzweigen, die Rom in die Verbesserung der Infrastruktur im Süden investierte. Hinzu kamen Schutzgelderpressung, vor allem in der seit den Sechzigern boomenden Touristenbranche, Schmuggel und Waffenhandel sowie – mit steigender Bedeutung – Drogen- und Menschenhandel. Die Mafia entwickelte sich in der Nachkriegszeit nach der viel zitierten Definition des Soziologen Pino Arlacchi zu einer »wirtschaftlichen, politischen und militärischen Macht«. Sie produziert nichts. Sie kümmert sich auch nicht um den Endabsatz, sondern macht – parasitär und dadurch schwerer greifbar – reine Vermittlungsgeschäfte, sei es beim Subventionsbetrug, beim Drogen- oder Waffenschmuggel oder bei Schutzgelderpressungen. Die Mafia leitet »vorteilhafte Geschäfte« in die Wege und »beschützt« alle, die in Sizilien Geld verdienen wollen, vor der von ihr selbst ausgehenden Gewalt. Um welche Dimensionen es sich handelt, beleuchtet die Tatsache, dass die Familien, die in den 1970ern den Drogenhandel unter ihre Kontrolle gebracht hatten, Kontakt zu international tätigen Finanz- und Börsenmaklern aufnahmen, weil sie ihren Gewinn in Höhe von 3–4 Billionen Lire (damals etwa 5 Mrd. DM) auf dem legalen Geldmarkt anlegen wollten, da die gigantische Summe die traditionellen Anlagemöglichkeiten der Mafia überforderte.

Für die übrigen kriminellen Organisationen des Südens gilt dasselbe in abgeschwächter Form. Sie waren weniger dicht organisiert und in ihren Aktivitäten nicht so stark diversifiziert, durchliefen aber dieselbe Entwicklung von traditionalen Männerbünden und Klientelstrukturen hin zu modernen, kriminellen Wirtschaftsunternehmen. Teilweise entwickelten sie spezielle Betätigungsfelder: so spezialisierte sich die kalabresische *'ndrangheta* auf Entführungen: in den siebziger Jahren gingen von 580 Entführungen in Italien rund 330 auf ihr Konto; am spektakulärsten war 1973 die Entführung des Milliardenerben Paul Getty, den seine Familie erst nach fünf Monaten, gegen ein Lösegeld von zwei Millionen Dollar mit nur noch einem Ohr zurückbekam. Die *camorra* in Neapel ist eine typische, städtische Gangsterorganisation, insofern eher der Mafia in den großen Städten im Nordosten der USA vergleichbar als mit der flächendeckend organisierten Mafia und *'ndrangheta*. Anders als diese übernimmt die *camorra* in Neapel auch den Verkauf der Drogen an die Süchtigen und beschränkt sich nicht auf Zwischenhandel.

Durch ihre Beschränkung auf reine Vermittlertätigkeiten konnte die Mafia ihren Apparat klein und effizient halten. Die unterste Ebene bilden die jeweils für ein kleineres Gebiet zuständigen »Familien« aus etwa zehn, in der Regel miteinander verwandten *picciotti* (Jünglinge), die von einem *capodecina* (Zehnerführer) angeleitet werden. Mehrere »Familien« unterstehen dann je einem regional zuständigen *capomandamento* (Bezirkschef). Die wichtigsten Befehlshaber bilden die *cupola* (Kuppel) oder *commissione*, die jeweils in einer Provinz die Aktivitäten koordiniert und vor allem für Sanktionen zuständig ist. Denn die innere Kontrolle ist rigide: jedes Mitglied hat genau bestimmte Aufgaben, und Kompetenzüberschreitungen oder das Nicht-Ausführen von Befehlen werden durch Ausstoß aus der »Familie« bestraft. Die Ausgestoßenen sind ihres Lebens nicht mehr sicher. Neben Gewalt halten Ehrengesetze (*Mafia leggi d'onuri*) und symbolische Praktiken die die Geheimbünde zusammen. Die zentralen Werte dieser Ideologie und Subkultur, zu der eine Geheimsprache (*strina),* eigene Lieder und Rituale gehören, sind mit »Blut und Ehre« (*sangu e onuri*) dieselben wie bei militanten Rassisten. Nanni Balestrini hat in seinem literarisch-dokumentarischen Roman *Sandokan* (2004) die atavistische Mentalität der *camorra*, der es ohne jede soziale Verantwortung allein um die rücksichtslose Bereicherung der eigenen »Familie« geht, eindrucksvoll nachgezeichnet.

Die Aktivitäten der kriminellen Organisationen in Süditalien liefen in den fünfziger bis siebziger Jahren weitgehend ungestört von öffentlicher Aufmerksamkeit ab. Allenfalls protestierten mutige Einzelne aus den Reihen des PCI, der einzigen Partei im Süden, die kaum von der Mafia unterwandert war, oder Intellektuelle wie der Sozialreformer Danilo Dolci, der Schriftsteller Leonardo Sciascia u.a. Dass diese Stimmen entweder eingeschüchtert oder als hysterische Außenseiter marginalisiert werden konnten, hatte im Wesentlichen zwei Ursachen: Erstens galt die *omertá*, ein Schweigegebot über alle mafiosen Aktivitäten und Strukturen, dem nicht nur die eigentlichen Mitglieder, sondern alle Mitwisser, faktisch also die gesamte Bevölkerung unterworfen wurden. Die *omertá* funktioniert einerseits durch einen traditionalen, auf Staatsfeindlichkeit und Clansolidarität beruhenden Ehrenkodex und andererseits durch massive Einschüchterung.

Zweitens hatten die Geheimbünde sehr gute politische Beziehungen, und auch die Kirche beteiligte sich am Verschweigen und Beschwichtigen. So erklärte etwa Erzbischof Ernesto Ruffini von Palermo, die Mafia sei nur ein Hirngespinst der Linken. Wenn Gewalttaten dennoch die Öffentlichkeit beschäftigten, führte die unheilige Allianz aus Kirche und Politik sie auf eine angebliche sizilianische Mentalität und Tradition der gewaltsamen Konfliktaustragung zurück. »Blutrache«, »Ehrenmorde«, »heißblütige Sizilianer« lauteten die Klischees zur Verschleierung der Mafiagewalt. Zwar gab es bereits seit 1962, seit dem Regierungseintritt des PSI, in Rom eine aus beiden Häusern des Parlaments gebildete »Anti-Mafia-Kommission«, die auch die übrigen kriminellen Organisationen des Südens untersuchen sollte. Aber deren Ermittlungen verliefen äußerst schleppend. Ein erster Bericht von 1968 war gerade einmal drei Seiten lang. Ein zweiter durfte 1972 nicht veröffentlicht werden. Die führenden Mafia-Familien drängten gerade mit ihren Riesenprofiten aus dem Drogenhandel auf den Geldmarkt und hatten vorteilhafte Beziehungen zur Hochfinanz und wichtigen Politikern aufgebaut, u.a. zur Geheimloge P2, die diese sprudelnde Geldquelle schützten. Erst in den 1980ern, als sich das Klima wandelte und die öffentliche Meinung sowie relevante gesellschaftliche Gruppen sich dauerhaft für die Mafia interessierten, erschienen erste Berichte.

Im europäischen Vergleich stellt der italienische Süden zumindest bis 1990 den Sonderfall einer Großregion dar, in der sich ein moderner Zentralstaat mit kriminellen Gegengewalten arrangiert hat, anstatt zu versuchen, sein Gewaltmonopol durchzusetzen. Zwar gibt es in Nordirland, im Baskenland oder in Korsika ähnliche Untergrundstrukturen wie die mafiosen Organisationen, die das staatliche Gewaltmonopol in Frage stellen. Aber sie sind alle Ausdruck eines separatistischen Nationalismus. In Italien ist es jedoch umgekehrt: Es gibt im Norden starke Kräfte, die sich vom Süden trennen wollen. Aber im Süden sind Autonomiebewegungen ohne Bedeutung, und die mafiosen Organisationen sind ihre Gegner, stellen doch die Mittel, die der Zentralstaat in den Süden pumpt, eine ihrer wichtigen Geldquellen dar. Dass es nicht gelungen ist, in Süditalien das staatliche Gewaltmonopol durchzusetzen, hängt auch damit zusammen, dass es in Italien eine lange Tradition der Rebellionen gibt, in denen sich politische Gruppen bewaffnet gegen die staatliche Autorität stellen. Zwei dieser Bewegungen – die Freiwilligenverbände Garibaldis und die *resistenza* – gehören zum zentralen Traditionsbestand des italienischen Staates, der sich paradoxerweise als Produkt antistaatlicher Rebellion legitimiert.

3. Modernisierungsprojekte

Im Zeichen zunehmender gesellschaftlicher Konfrontation nach dem Bruch der antifaschistischen Einheit gab es 1948/49 zahlreiche Landarbeiteraufstände, bei denen meist unbebaute Latifundien besetzt wurden. Die Landarbeiter waren zu oft mit Versprechungen auf eine durchgreifende Agrarreform vertröstet und als Stimmvieh benutzt worden. Die armen Bauern, die landlosen Pächter und Tagelöhner bedienten sich bei ihren Protesten eines ebenso simplen wie öffentlichkeitswirksamen Mittels: des »umgekehrten Streiks« – sie verweigerten nicht die Arbeit, sondern sie begannen umgekehrt, an freien Tagen ungenutzte Flächen zu bearbeiten. Meist zogen Männer, Frauen und Kinder an Sonntagen in Prozessionen – rote Fahnen und die Bilder der örtlichen Schutzheiligen vorneweg – mit Tieren und Werkzeugen auf Brachland und begannen zu pflügen und zu säen. Solche Aktionen gab es vorwiegend im Süden. Aber auch in Mittel- und Norditalien kam es zu ähnlichen Protesten der Kleinpächter und Landarbeiter. Neben Landzuteilungen verlangten sie sichere Arbeitsplätze – Tagelöhner waren häufig nur an 100 Tagen im Jahr beschäftigt –, und ausreichende Löhne (sie lagen bei 7–14.000 Lire, das offizielle Existenzminimum hingegen bei 50.000).

Diese Proteste wurden von Spezialeinheiten der Polizei brutal niedergeschlagen. In Melissa, nördlich von Crotone in Kalabrien, gab es im Oktober 1949 ein Blutbad mit drei Toten und fünfzehn Verletzten, das die ungelösten Probleme des Südens spektakulär in Erinnerung rief. Die öffentliche Meinung – vor allem im Norden und in der Mitte – stimmte weitgehend überein, dass die Besitzverhältnisse einer der Hauptursachen für Elend, ökonomische Unterentwicklung und Immobilismus des Südens seien, und auch die führenden Politiker bis in die regierende DC hinein akzeptierten die Notwendigkeit einer Bodenreform. Seit sich dank der Rückflüsse aus dem Verkauf der Marshallplanspenden und dank steigender Steuereinnahmen die Spielräume der Zentralregierung vergrößerten, steckte sie erhebliche Mittel in die Modernisierung des Südens. Die beiden wichtigsten Einzelmaßnahmen waren die Bodenreform (*Riforma agraria*) von 1950 und im selben Jahr die Gründung der *Cassa per il Mezzogiorno*.

Während noch an einem großen Reformgesetz gearbeitet wurde, erforderten Proteste und Landbesetzungen in Kalabrien und Sizilien, die von der Polizei nicht zu stoppen waren, eine schnelle Reaktion. So kam es statt einer einheitlichen Regelung zum typischen Nebeneinander regionaler Gesetze, nämlich einer sizilianischen, einer kalabresischen (*Legge Sila*) und einer für die übrigen Gebiete gültigen Regelung (*Legge stralcio*), die noch dazu widersprüchlich waren. Von Enteignungen betroffen war Großgrundbesitz von mehr als 300 ha. Insgesamt wurden nur 700.000 ha enteignet und mit Staatsanleihen entschädigt. Weitere 700.000 ha wurden aufgrund eines Gesetzes von 1948 verkauft, das den Landkauf subventionierte. 120.000 landsuchende Familien waren die Nutznießer dieser halbherzigen Reformen, durch die zwei Arten von Landbesitz neu geschaffen wurden: das *podere* (Landgut) in Größen zwischen drei und 30 ha als selbständiger Hof für zuvor Landlose und die *quota* (Anteil) als zusätzlicher Besitz von drei bis sechs Hektar für Kleineigentümer. Überwiegend kam schlechtes Land in die Verteilung, da die Großgrundbesitzer selbst entscheiden konnten, von welchen Ländereien sie sich trennten. Die Neubesitzer mussten ihr Land in dreißig Jahresraten abbezahlen. Der Staat unterstützte sie durch den Bau von Unterkünften, Bewässerung, Kredite und Beratung. Außerdem sollten die Neueigentümer, denen vielfach Erfahrungen in der Landwirtschaft fehlten, in Kooperativen zusammenarbeiten. Da insgesamt zu wenig Land in die Bodenreform einbezogen wurde, blieben viele Wünsche nach Land unbefriedigt. So bekamen in Sizilien nur 26 % der Bewerber eine Zuteilung, und die zugeteilten Parzellen waren zu klein. Der Landhunger der Unterschicht konnte so nicht befriedigt werden. Außerdem diskriminierten die Bodenreformbehörden bei der Landverteilung Personen, die sich an Landbesetzungen und Streiks beteiligt hatten.

Das Ergebnis der Bodenreform war also sehr durchwachsen: Auf der Sila-Hochebene im kalabresischen Apennin zeigte sie nachhaltige Wirkung. Hier entwickelte sich eine differenzierte Wirtschaftsweise (Landwirtschaft, Viehzucht, Holzindustrie,

Energieerzeugung mit Wasserkraft, Tourismus) und die Abwanderung wurde gestoppt. Hingegen überwogen vor allem in Sizilien die negativen Seiten. Es entstand ein bürokratischer Wasserkopf, in dem die DC-Bosse ihre Schutzbefohlenen unterbrachten und der mehr als ein Drittel des Etats der Reformbehörde verschlang. Zwar wurden einige Großgrundbesitzer enteignet und ein Teil ihres Landes verteilt, aber es entstanden nur wenige lebensfähige Betriebe. Wie oft zuvor stellte sich diese Reform den ländlichen Unterschichten als der Austausch einer Herrenkaste durch eine andere dar: Die Herrschaft der Großgrundbesitzer wurde zwar gebrochen, aber durch die Herrschaft der von der *Democrazia Cristiana* kontrollierten Behörden und Verwaltungsinstitutionen abgelöst. Die neue Herrschaft basierte nicht mehr auf der Tradition, sondern auf dem Zugriff auf den Staatshaushalt und damit auf der Möglichkeit, Subventionen und Posten zu verteilen. So bewirkte die Bodenreform vor allem, dass die Christdemokraten und die ihnen nahestehenden Bauernverbände *Coldiretti* und *Federconsorzi* in den ländlichen Regionen des Südens eine Machtbasis gewannen, die Hochburgen der Linken und der extremen Rechten gewesen waren.

Die Enttäuschung war auch deshalb groß, weil die Reform mit zu großen Versprechungen verbunden worden war. Landwirtschaftsminister Antonio Segni (DC) hatte 1948 verkündet, Großgrundbesitz werde ganz verschwinden, und 1950 die Agrarreform im Süden die »wichtigste Sozialreform seit der Einigung Italiens« genannt. Eine grundlegende Agrarreform wurde jedoch überhaupt nicht versucht, und auch die Bodenreform halbherzig durchgeführt und klientelistisch pervertiert. Große Problembereiche blieben unangetastet. Weder die Verträge, die die Landarbeiter vielfach knebelten, wurden auf-, noch ihre minimalen Löhne angehoben. Ein Reformgesetz, das Segni Ende 1950 durch das Abgeordnetenhaus brachte und das einige rechtliche und tarifliche Verbesserungen für die Landarbeiter gebracht und die Stellung ihrer Gewerkschaften gestärkt hätte, scheiterte 1951 im Senat nach einer massiven Kampagne der Grundbesitzer. Langfristig noch folgenreicher war die Tatsache, dass durch die Bodenreform die breite Bewegung der Jahre 1944 bis 1950, die ganze Dörfer erfasst und sich für eine strukturelle Reform der ländlichen Gesellschaft im Süden eingesetzt hatte, gespalten wurde. Mehr als hunderttausend Landarbeiterfamilien waren seit der Bodenreform auf Wohlverhalten gegenüber den von der DC dominierten staatlichen und halbstaatlichen Institutionen angewiesen, wollten sie ihre wirtschaftliche Existenz nicht aufs Spiel setzen. Die übrigen hatten erneut erfahren, dass friedlicher Protest aussichtslos war und an der Korruption und den Eigeninteressen der politischen Klasse scheiterte. Die Maximen, die die Landlosenbewegung getragen hatten – Solidarität, Gleichheit, Uneigennützigkeit, und die zahlreichen Genossenschaften, die aus ihr heraus entstanden waren, bedeuteten Ansätze zur Überwindung des Familiarismus und zur Entstehung einer Zivilgesellschaft. Sie starben nun ab, und erst die Anti-Mafia-Bewegung der achtziger Jahre arbeitete weiter an einer Zivilgesellschaft im Süden.

Neben der Agrarreformbehörde schuf die Regierung 1950 eine weitere große Behörde, die die Rückständigkeit des Südens aus der Welt schaffen sollte: die *Cassa per il Mezzogiorno*, eine Entwicklungsbank für den Süden. Mit der für damalige Verhältnisse ungeheuren Summe von 1,6 Mrd. Dollar sollte die zunächst für zehn Jahre geschaffene Kasse vornehmlich Infrastrukturmaßnahmen finanzieren. Hinter der von US-Beratern inspirierten *CasMez* stand ein Modernisierungskonzept, demzufolge eine verbesserte Infrastruktur die Industrialisierung automatisch nach sich ziehe. 1957, bei der ersten Verlängerung des Gesetzes, wurde einerseits der Etat noch erhöht, andererseits die Strategie verändert: Unternehmen, die ganz oder teilweise im Staatsbesitz waren, vor allem die Holdings IRI und ENI, wurden verpflichtet, 40 % ihrer Investitionen im Süden zu tätigen. So entstanden die sprichwörtlichen Kathedralen in der Wüste – hoch subventionierte Industriekomplexe, die meist nur kurz in Betrieb waren, bevor sie dem Verfall anheimfielen, etwa ein großes Stahlwerk bei Taranto, Raffinerien in Brindisi und Porto Torres (Sardinien), eine Alfa-Romeo-Fabrik bei Neapel, eine petrochemische Fabrik bei Gela in Sizilien usw. Zugleich wurde seit den sechziger Jahren der Mitteleinsatz auf »industrielle Kerne« konzentriert. Mit dieser Abkehr vom Gießkannenprinzip fielen große Teile des *mezzogiorno* aus der Förderung heraus und wurden ihrem Schicksal überlassen. Es entstanden neue Unterschiede *innerhalb* des Südens. Insbesondere die bergigen Gebiete im Landesinnern wurden vernachlässigt. 90 % der in den Sechzigern ausgeschütteten Mittel floss in küstennahe Standorte. Außerdem wuchs auch die *Cassa per il Mezzogiorno* zu einem riesigen Apparat der Misswirtschaft, der durch christdemokratische Patronage besetzt wurde.

Wie die Bodenreform führte die *CasMez* zu massiven Eingriffen in gewachsene Wirtschafts- und Sozialstrukturen und beschleunigte deren Auflösung. Die Reformen förderten die Entstehung einer politisch-administrativen Mittelschicht und schufen viele lukrative Posten für die Klientel der Regierungsparteien. Bis heute werden die öffentlichen Kassen schwer belastet durch Pensionen, die im Süden bereits nach 25 (Männer) bzw. 20 (Frauen) Beschäftigungsjahren und zwar in Höhe von 80 % des *letzten* Gehaltes gezahlt wurden. Dies bot die Möglichkeit, jemandem für kurze Zeit eine gut bezahlte Stelle zuzuschanzen und ihn dann unter Umständen bereits mit 40 Jahren zu pensionieren. Viel Geld floss außerdem in eine hoch spekulative und korrupte Bauwirtschaft; die Urbanisierung des Südens verlief wesentlich schneller als die angestrebte Industrialisierung. Zwischen 1950 und 1975 entstanden etwa 350.000 Arbeitsplätze in der Bauwirtschaft und etwa 150.000 in Industriebetrieben. Durch die Zerstörung der traditionalen Strukturen und durch die Landflucht fielen jedoch im selben Zeitraum mehr als zwei Millionen Arbeitsplätze in der Landwirtschaft weg, und es entstand ein städtisches, von Schwarzarbeit und illegalen Geschäften lebendes Subproletariat. Insgesamt sank zwischen 1950 und 1975 die Zahl der regulären Arbeitsplätze im Süden um 500.000, während die Bevölkerung um 1,5 Mio. zunahm. Das ist eine bescheidene Bilanz angesichts der 250 Billionen Lire (in

Preisen von 1992), die über die *CasMez* und ihre Nachfolgeorganisation *Agensud* (seit 1986) zwischen 1950 und 1993 verteilt worden sind. Die Gesamtsumme entspricht etwa 200 Mrd. Euro. Allerdings machte auch dieser enorme Betrag, der für die »Entwicklung« des Südens ausgegeben wurde, nur knapp ein Prozent des Nationaleinkommens aus, während der Ausgleich des Defizits der Staatseisenbahnen oder die Subventionierung der Stahlindustrie, wovon vorwiegend das industrielle Dreieck des Nordwestens profitierte, wesentlich mehr Geld kostete.

Die halben Reformen der frühen fünfziger Jahre zeigen, dass der agrarische Sektor für die Nachkriegsregierungen ebenso nachrangige Bedeutung hatte wie für das liberale Italien und für die Faschisten. Trotz anders lautender Erklärungen setzten sie alle auf industrielle Modernisierung und betrachteten den ländlichen Raum und insbesondere den Süden in erster Linie als Arbeitskräfte- und dann auch Wählerreservoir. Allerdings musste der Süden soweit subventioniert werden, dass der Massenexodus in die Industrieregionen des Nordens sich in Grenzen hielt. In den sechziger Jahren legte die Regierung in Rom als Ergänzung zur Infrastrukturpolitik der *Cassa per il Mezzogiorno* zwei »Grüne Pläne« (1961 und 1966) zur Entwicklung der Landwirtschaft vor, die jedoch beide keine nachhaltigen Erfolge brachten. Erst seit den späten Siebzigern profitierte Süditalien von europäischen Agrarsubventionen, die zunächst nur für Getreide- und Fleischproduktion ausgeschüttet wurden und damit fast ausschließlich in Nord- und Mittelitalien ankamen. Im Süden waren allerdings nur die größeren Güter in der Lage, die bürokratischen Hürden bis zur Zahlung der Mittel zu nehmen, während kleine Bauern dem Druck der subventionierten Konkurrenz nicht standhielten und aufgaben (darunter viele, die erst dank der Bodenreform Bauern geworden waren). Seit 1980 nahm die Fläche landwirtschaftlicher Großbetriebe zu Lasten kleiner Gehöfte um 800.000 ha zu. Damit wanderte eine größere Fläche zurück an Großgrundbesitzer, als Anfang der fünfziger Jahre enteignet worden war.

Zwar veränderte sich der *mezzogiorno* dank der Reformen seit 1945 so schnell wie nie zuvor. Das Nettosozialprodukt stieg deutlich, das Pro-Kopf-Einkommen verdreifachte sich von 1950 bis 1975, aber dieser Wohlstand basierte nicht auf nachhaltiger Entwicklung, sondern in erster Linie auf Arbeitsemigration, Sozialleistungen und Patronage, und das Wohlstandsgefälle zum Norden wurde nicht geringer. Durch ihren klientelistischen Charakter zielten die in den Süden gepumpten Gelder immer auf Gegenleistungen und nie darauf, eine eigene Kultur der Entwicklung und Veränderung zu schaffen.

4. Die Anti-Mafia-Bewegung: Anfänge einer Zivilgesellschaft?

Ein komplexes Ursachenbündel führte dazu, dass Mafia und Co. seit den achtziger Jahren ernsthafter und mit einigen spektakulären Erfolgen verfolgt wurden.

Zunächst eskalierte die mafiose Gewalt: die jährliche Mordrate stieg von rund 50 in den Jahrzehnten zuvor plötzlich, zwischen 1980 und 1982 auf mehr als 300. Darunter waren höchste Repräsentanten des Staates und des politischen Systems: z.B. 1980 Piersanti Mattarella (DC), der Präsident der Region Sizilien, 1982 der PCI-Vorsitzende in Sizilien, der in der Anti-Mafia-Kommission des Parlaments engagierte PCI-Abgeordnete Pio La Torre, und im September der Polizeichef von Palermo und oberste Mafia-Bekämpfer Carlo Alberto Dalla Chiesa. Zudem weiteten die mafiosen Organisationen ihr Operationsfeld aus: unter dem Boss Raffaele Cutolo bildete sich eine Abspaltung der *camorra* in Apulien (*Sacra Corona Unita*).

Daraufhin rief die öffentliche Meinung nach einem härteren Vorgehen gegen die organisierte Kriminalität. Das Parlament in Rom beschloss erstmals ein wirksames Anti-Mafia-Gesetz (*Legge Rognoni-La Torre*). Es führte den neuen Tatbestand der »mafiosen Vereinigung« ein, verschärfte andere, für die Mafia relevante Strafvorschriften und gab den Behörden wirksame Instrumente, um die finanziellen Verhältnisse von Mafia-Verdächtigen zu durchleuchten. Seit 1984 begannen aufgrund dieser Verschärfungen und einer Kronzeugenregelung die ersten *pentiti* (Reumütigen) auszusagen, was weitere Fahndungserfolge ermöglichte und zu einigen spektakulären Großprozessen führte. Dabei half den Ermittlern der »zweite Mafiakrieg«, der 1981/82 zwischen der sizilianisch-amerikanischen Drogenmafia unter dem »Boss beider Welten« Tommaso Buscetta und der traditionelleren, nur in Sizilien operierenden Corleone-Mafia unter Salvatore Riina tobte. Diese verteidigte ihre Pfründen mit zahlreichen Morden gegen die international operierende Konkurrenz. Die unterlegene Fraktion – allen voran Buscetta – kooperierte dann mit der Polizei, um die gegnerische Seite wenigstens auf diese Weise auszuschalten. Dieser fundamentale Bruch mit dem eigenen Ehrenkodex zeigt, dass die Mafia ihre Mittel überspannt hatte, als sie Anfang der Achtziger parallel zu inneren Auseinandersetzungen auch den Staat angegriffen hatte. Im *maxiprocesso* von Palermo 1986/87 wurden 456 Mafiosi angeklagt und Hunderte verurteilt, davon 19 zu lebenslangen Freiheitsstrafen, u.a. zwei als unangreifbar geltende Bosse.

Schließlich entwickelte sich seit 1980 gesellschaftlicher Widerstand gegen die Mafia. Zur »Anti-Mafia-Bewegung« zählen kirchliche Basisgruppen, die endlich die *omertá* durchbrechen wollten, oder Frauengruppen, deren Mitglieder teilweise aus mafiosen Familien stammten und die sich gegen die kriminelle Männerwelt und die eskalierende Gewalt auflehnten. Auch Teile der mafia-freundlichen Parteien beteiligten sich. Sehr wichtig war, dass die Kirche nun gegen die kriminellen Geheimbünde Stellung bezog. An die Spitze stellten sich die Jesuiten sowie der Erzbischof von Palermo, Salvatore Pappalardo, und der Bischof von Acerra in Kampanien, Antonio Riboldi, der sogar eine schwarze Liste von *camorristi* aufstellte, denen er feierliche Beerdigungen verweigerte und – symbolisch noch wirksamer! – das Amt des Tauf- oder Firmpaten sowie des Trauzeugen. 1984 reagierte auch die DC-Führung, entließ den Vorstand des sizilianischen Regionalverbandes und präsentierte in Palermo einen nicht kompromittierten Kandidaten, den Rechtsprofessor Leoluca Orlando als Bürgermeister. Nach seiner Wahl arbeitete Orlando mit der Anti-Mafia-Bewegung zusammen und leitete eine Wende in der Geschichte Palermos und ganz Siziliens ein. Sein Konzept war zweigleisig: kulturelle und politische Projekte zur Vermittlung demokratischer Werte und soziale Hilfsmaßnahmen. Gegenwind kam vor allem vom PSI, der eng mit der Mafia verflochten war. Auch in der DC stieß Orlando auf Widerstand gegen seine Politik zur Stärkung zivilgesellschaftlicher Strukturen. Zum Bruch kam es, als DC-Chef Ciriaco De Mita, der Orlando gefördert hatte, 1989 durch Arnaldo Forlani abgelöst wurde und Giulio Andreotti, der seine innerparteiliche Basis in Sizilien hatte und über gute Beziehungen zur Mafia verfügte, noch einmal für drei Jahre Ministerpräsident wurde. Wegen der Obstruktion aus Rom trat Orlando 1990 als Bürgermeister zurück, verließ die DC und gründete 1991 zusammen mit dem Sozialwissenschaftler (und Sohn des ermordeten Polizeichefs) Nando Dalla Chiesa aus der Anti-Mafia-Bewegung heraus die Partei *La Rete* (das Netz). Mit ihr errang Orlando 1993 bei der ersten Direktwahl des Bürgermeisters überwältigende 75 %. Bis 2000 behielt er dieses Amt; einer nationalen Karriere stand sein primadonnenhaftes Auftreten im Weg. Bis heute arbeiten verschiedene Gruppen der Anti-Mafia-Bewegung und der *contracamorra*. 2005 berichtete die Presse über Kampagnen in Neapel und Palermo: Einzelhändler bekannten, keine Schutzgelder zu zahlen; die Konsumenten sollten alle Läden ohne solche Erklärung boykottieren.

Seit Ende der achtziger Jahre wurde durch polizeiliche Ermittlungen und Gerichtsurteile das ganze Ausmaß der Aktivitäten der mafiosen Organisationen bewiesen, das zuvor nur aus journalistischen Recherchen bekannt war: ihre politische, wirtschaftliche und institutionelle Einflussnahme nicht nur durch Gewalt und Klientelismus, sondern auch durch enge Zusammenarbeit mit Freimaurerlogen; ihre Verwicklung in den Terrorismus und in Staatsstreichpläne der extremen Rechten; ihr Einfluss auf die Justiz, die vor allem in den Revisionsinstanzen immer wieder zu spektakulären Freisprüchen von Beschuldigten aus dem Bereich der organisierten Kriminalität führte. Berühmt-berüchtigt war vor allem Corrado Carnevale, der als Vorsitzender einer Sektion des Kassationsgerichtshofes (der obersten Revisionsinstanz) zahlreiche Urteile gegen Mafiosi aufhob. Als sich diese Seilschaften ausgerechnet im Falle des *maxiprocesso* als unbrauchbar erwiesen, weil couragierte Juristen erfolgreich die Fäden gezogen hatten, schlug die Mafia 1992 mit einer neuen Mordserie zurück, der u.a. der Vertrauensmann Andreottis in Sizilien, Salvatore Lima, der prominente Mafia-Jäger Giovanni Falcone und sein ehemaliger Stellvertreter Paolo Borsellino zum Opfer fielen. Damit wurden einerseits besonders erfolgreiche Anti-Mafia-Ermittler ermordet, andererseits mit Lima, dem »Vizekönig von Sizilien«, ein Gewährsmann der Mafia dafür bestraft, dass er seine Aufgabe (die Aufhebung der Urteile im *maxiprocesso*) nicht erfüllt hatte.

Die Mordserie von 1992, welche die ungebrochene Macht der *Cosa Nostra* beweisen sollte, erscheint rückblickend eher als verzweifeltes Aufbäumen. Denn 1993 gelang der Polizei aufgrund der langjährigen Ermittlungen Falcones und der Geständnisse zahlreicher *pentiti* der entscheidende Durchbruch. Der im Mafiakrieg von 1981/82 siegreiche, legendäre oberste Boss der sizilianischen *Cosa Nostra*, Salvatore Riina, wurde nach jahrelanger Jagd verhaftet. Erstmals konnten auch die Verbindungen sizilianischer Politiker zur Mafia gerichtsfest nachgewiesen werden. Neben dem ermordeten Abgeordneten (und Ex-Bürgermeister von Palermo) Lima wurden der mehrfache Minister Giovanni Gioia sowie regionale Größen als Mafiosi enttarnt. Schwerer Verdacht, der aber nicht rechtskräftig nachgewiesen werden konnte, fiel auch auf Giulio Andreotti. Mehrere *pentiti* beschuldigten ihn, in mafiose Aktivitäten bis hin zu einem Mordauftrag verwickelt zu sein. Er wurde 2003 zu 24 Jahren Haft verurteilt, in der Berufung aber frei gesprochen und gehört bis heute als Mitglied auf Lebenszeit dem italienischen Senat an. Auch die parlamentarische Anti-Mafia-Kommission legte nach fast dreißig Jahren endlich Ergebnisse vor, so 1993 einen brisanten Bericht über die politischen Beziehungen der Mafia.

Während die achtziger und neunziger Jahre politisch davon geprägt waren, dass Teile der Gesellschaft des Südens und wichtige Institutionen wie die Kirche die traditionellen Bahnen verließen und Stagnation durch gesellschaftliche Selbstorganisation überwanden, wurde die ökonomische Kluft zur Mitte und zum Norden trotz des postindustriellen Booms nicht kleiner. Anfang der neunziger Jahre betrug das Pro-Kopf-Einkommen im Süden 11,9, im übrigen Italien 18,7 Mio. Lire. DieArbeitslosenquote der Jugendlichen lag bei 44 % gegenüber knapp 15 % im Norden und in der Mitte. Im Süden lebten trotz Abwanderung immer noch 36 % der Bevölkerung. Sie trugen aber nur 25 % zum Bruttosozialprodukt bei, zu den Steuereinnahmen nur 18 % und zum Export gar nur 9 %! Von den Kosten für Alters- und Invalidenrenten hingegen fließen fast 40 % in den Süden. Dass der Süden jedoch keineswegs vom Norden finanziell ausgehalten wird, zeigen die Staatsausgaben pro Einwohner: Sie betrugen Anfang der Neunziger im Norden 5,2 Mio. Lire, im Süden hingegen nur 5,0 Mio. Auch von den Subventionen gingen 1989 nur 14 % in den Süden. Trotz dieser Tatsachen setzte sich im Norden zunehmend die Ansicht durch, der Süden sei für seine Unterentwicklung selbst verantwortlich. 1994 sind die Bemühungen, durch parastaatliche Institutionen den Süden an den Entwicklungsstand des Nordens heranzuführen, offiziell eingestellt worden.

Was die kriminellen Organisationen angeht, so muss trotz mancher Erfolge vor zu großem Optimismus gewarnt werden. So sind die Kriminalitätsraten nach wie vor regional sehr unterschiedlich: In den Neunzigern wurden rund 70 % aller Morde in Sizilien, Kalabrien und Kampanien verübt – also in Regionen, in denen Mafia, *'ndrangheta* und *camorra* endemisch sind. Und die renommierte Zeitung *la Repubblica* berichtete 2005, dass in ganz Italien 160.000 Unternehmen (vor allem Einzelhändler und gastronomische Betriebe) Schutzgelder zahlen würden – etwa dreimal so viele wie vor zwanzig Jahren. Die erpressten Summen stellen keinen florierenden Laden vor Probleme – wohl auch deshalb zahlen die meisten ohne Murren. Kleine Läden zahlen 500–1.000 € im Vierteljahr, mittelgroße ca. 3.000 € und große 5.000. Die Regierungszeit Berlusconis bedeutete einen Rückschlag für die Bemühungen, Mafia und Co. zu zerschlagen. *Forza Italia* löste die DC als führende Partei in Sizilien ab. Viele Politiker von FI wie auch der DC-Nachfolgepartei UDC kooperier(t)en mit der Mafia und geben Geheiminformationen der Ermittler im Gegenzug für politische Unterstützung weiter wie einst in der DC. 2001 gewann *Forza Italia* sämtliche Direktmandate auf Sizilien. Unmittelbar nach dem Regierungswechsel im Mai 2006 wurden nach 46 Jahren im Untergrund der Kopf der sizilianischen Mafia, Bernardo Provenzano, und anschließend weitere führende Mafiosi verhaftet.

Ein Indiz für gewachsenes Selbstbewusstsein des Südens ist die aktuelle Imagewerbung der Region Kalabrien, die 2007 ganzseitige Anzeigen schaltete mit der Aussage *terroni? si, siamo calabresi. gli ultimi saranno i primi* (Erdlinge? Ja, wir sind Kalabrier. Die Letzten werden die Ersten sein).

Der Süden Italiens fühlte sich vom Norden bzw. von Rom immer mehr beherrscht als akzeptiert. Aus der Perspektive der Süditaliener zwang der Norden ihnen zuerst den Nationalstaat, dann den Faschismus, seit 1945 den Antifaschismus und die im Referendum von Juni 1946 abgelehnte Republik auf. Da erschienen manchen selbst die mafiosen Organisationen als Formen der Selbstbehauptung. Unter Bezug auf antistaatliche Traditionen gerierten sich kriminelle Organisationen als Hüter einer autochthonen Ordnung und eines spezifischen Ehrbegriffs.

Die Bodenreform und die Modernisierungsprojekte der *CasMez* veränderten den Süden schnell wie nie zuvor. Nettosozialprodukt und Pro-Kopf-Einkommen wuchsen deutlich. Dieser neue Wohlstand basierte aber auf Subventionen und Transferleistungen durch Arbeitsmigranten. Das Wohlstandsgefälle zum Norden nahm kaum ab. Nicht autochthone Ansätze, sondern die Interessen der Mächtigen bestimmten die Entwicklungspolitik für den Süden. Insbesondere die Entstehung der *Lega Nord* und ihre Propaganda zeigten den Unmut im Norden über die andauernd hohen Transferleistungen und verschärften die Spaltung des Landes.

In den achtziger Jahren überspannte die Mafia ihre Möglichkeiten, als sie parallel zu inneren Auseinandersetzungen auch die staatliche Macht frontal angriff. In dieser Krise entwickelte sich eine Anti-Mafia-Bewegung, die den Keim einer Zivilgesellschaft im Süden darstellen könnte. Obwohl diese Initiativen in der Regierungszeit Berlusconis Rückschläge erlitten, dürften sie moderne Staatlichkeit allmählich auch in Süditalien durchsetzen

Kapitel 5
Die Segmentierung der politischen Kultur

Charakteristisch für Politik und Gesellschaft der Ersten Republik ist ihre Segmentierung, das heißt der Zerfall der meisten gesellschaftlichen und kulturellen Sphären in scharf gegeneinander abgegrenzte politische Lager. Neben dem katholischen, von der *Democrazia Cristiana* beherrschten Lager gab es in allen Bereichen ein laizistisches, in dem der PCI dominierte.

1. Die Entwicklung der *Democrazia Cristiana* zur Staatspartei

Die Gründer der *Democrazia Cristiana* kamen aus dem katholischen Antifaschismus, und zwar im Wesentlichen aus drei Organisationen, dem 1925 untergegangenen *Partito Popolare Italiano,* darunter der spätere Parteichef Alcide De Gasperi, aus dem katholischen Studentenverband FUCI und aus einer Mailänder kirchennahen Widerstandsgruppe, die sich in Anlehnung an die papsttreuen *guelfi* (Welfen) des Mittelalters neoguelfisch nannte. 1943, nach Beginn der *resistenza*, kamen katholische Partisanen hinzu.

Die konspirative Parteigründung wird zwar auf den Oktober 1942 datiert. Aber die DC trat zu diesem Zeitpunkt keineswegs mit einem Programm und klaren Forderungen an die Öffentlichkeit.A In ihren wenigen Verlautbarungen, meistens Artikel De Gasperis unter dem Pseudonym *demofilo* (Volksfreund) im *Osservatore Romano*, stellte sich die entstehende Partei hinter die für die Jahre 1943 bis 1947 prägende Idee der antifaschistischen Einheit »aller Italiener«. In ihren ersten dezidiert programmatischen Äußerungen erschien die DC (genau wie die CDU) als kapitalismuskritisch und im Sinne der christlichen Soziallehre sozialreformerisch. Man verstand sich als klassenübergreifende Partei – in Abgrenzung zu den Klassenkampfparolen der Sozialisten und Kommunisten. Mit der Selbstbezeichnung »christlich« setzte sich die DC vom liberalen Modell der Demokratie ab und übernahm für ihr Emblem den mittelalterlichen Kreuzschild mit dem lateinischen Wort *Libertas* auf dem Querbalken vom PPI. Mit ihrer widersprüchlichen Programmatik und Symbolik präsentierte sich die DC als Partei, die allen etwas anbot. Sie trat damit in explizite Konkurrenz zu den Kommunisten, die ebenfalls eine Volkspartei werden und allen etwas bieten wollten. Bei aller Unklarheit des Programms, besonders in der Wirtschaftspolitik, versuchte die DC vor allem mit einer katholischen Familienideologie Wähler zu gewinnen, insbesondere die erstmals wahlberechtigten Frauen. Der Faschismus habe die Familie ruiniert und profaniert. In bezeichnender Rhetorik verkündete Generalsekretär Guido Gonella auf dem ersten Parteitag im April 1946: »Eine unsichtbare und stille Atombombe hat die Familieneinheit zerstört. Wo die Familie noch nicht ganz zerstört ist, trifft sie sich allenfalls vor dem Radio, jenem betäubenden und verdummenden Fenster zur Welt.« Die Familie müsse nicht nur durch staatliche Maßnahmen, sondern durch jeden einzelnen Bürger – »und die anwesenden Frauen werden das besser verstehen als die Männer« – wiederhergestellt werden. Anders als der Staat sei die Familie von Gott selbst geschaffen worden und müsse deshalb die Basis des Staates bilden. Familienbindungen (nicht nur die Ehe!) seien unauflöslich. Leitlinie in Erziehungsfragen und allen Konflikten könne einzig die katholische Lehre sein. Auch die Gesellschaft sollte wie eine Familie und nach denselben Werten strukturiert sein. In der Familienideologie der DC lag eine tiefe Ambivalenz, da die Partei sowohl Italien modernisieren als auch traditionelle Werte und Strukturen bewahren wollte.

Bei allen Wahlen seit 1945 standen sich zwei große Lager gegenüber – das christdemokratische mit etwa einem Drittel der Stimmen und die sozialistisch-kommunistische Volksfront mit etwa 40 %. Die übrigen Parteien blieben klein und konnten nur im Bündnis mit einem der beiden großen Blöcke politischen Einfluss gewinnen. Nach dem Bruch der antifaschistischen Einheit wurde die Parlamentswahl vom April 1948 in allen politischen Lagern innerhalb wie außerhalb des Landes als Richtungsentscheidung angesehen: weiter im Schlepptau der USA und des Vatikans oder unabhängig oder unter dem Einfluss Stalins? De Gasperi setzte eindeutig auf Antikommunismus und die Unterstützung durch die USA und den Vatikanstaat. Allein im ersten Quartal 1948 erhielt Italien von den USA 176 Mio. Dollar »Übergangshilfe«. US-Botschafter James Dunn war unermüdlich unterwegs, um Schiffe mit Hilfslieferungen von Italo-Amerikanern zu begrüßen, Brücken oder Straßen zu eröffnen, die mit US-Geldern repariert worden waren. Dabei machte er unverhohlen Wahlkampf für die DC und erklärte, die Unterstützung werde eingestellt, falls die Volksfront an die Regierung komme. Die Westmächte spielten auch die nationalistische Karte, indem sie kurz vor den Wahlen versprachen, Triest an Italien zurückzugeben. Parallel zur Wahlkampfhilfe für die DC entwickelten die USA Pläne, nach einem Sieg der Linken militärisch zu intervenieren.

Eine entscheidende Rolle spielten im Wahlkampf 18.000 Bürgerkomitees mit rund 300.000 Aktivisten, die im ganzen Land von *Azione Cattolica* zur Unterstützung der DC gegründet wurden, als ein Wahlsieg von PSI und PCI wahrscheinlich erschien. An der Spitze der Komitees standen meist Kleriker. Sie betrieben eine haltlose Dämonisierung des Kommunismus. Eine ihrer griffigen Parolen, die sich insbesondere an Sympathisantinnen der Linken mit katholischem Hintergrund richtete, lautete: »In der Wahlkabine kann Gott Dich sehen, Stalin aber nicht!« Mit dem flächendeckenden Netzwerk von Kirche und *Azione Cattolica* hatte die DC einen entscheidenden Vorsprung vor Kommunisten und Sozialisten, die nach dem Faschismus erst wieder Vorfeldorganisationen aufbauen mussten. Auch die meisten Geistlichen leisteten Wahlhilfe für die DC.

De Gasperi erzielte mit seiner antikommunistischen Konfrontationsstrategie und einer Unterstützung von außen, die an Manipulation grenzte, den höchsten Sieg, den die DC je errang: 48,5 % der Stimmen bedeuteten eine deutliche absolute Mehrheit in beiden Kammern. Nach diesem überwältigenden Erfolg geriet De Gasperi jedoch unter den Druck des Vatikans und der katholischen Fundamentalisten innerhalb der Partei, seine Mehrheit zu einer Klerikalisierung der Republik zu nutzen. Er reagierte darauf mit dem geschickten Schachzug, die Koalition mit den kleinen Mittelparteien fortzusetzen. In verschiedenen Konflikten schied jedoch eine nach der anderen aus der Regierung aus, bis die *Democrazia Cristiana* 1953 allein regierte. Ein Grund für die schmaler werdende parlamentarische Basis der Regierung lag in der sinkenden Popularität der DC, die sich 1950/51 zeigte, als sie bei Kommunalwahlen landesweit nur noch auf 35 % kam. Vor allem im Süden gewannen die Parteien der extremen Rechten (Monarchisten und Faschisten) deutlich hinzu und errangen in Städten wie Neapel, Bari oder Foggia die Mehrheit. De Gasperi, der die Instabilität der parlamentarischen Mehrheiten als entscheidende Ursache für das Scheitern des Liberalen Italien ansah, verfiel in dieser Situation auf eine simple, aber verfassungsrechtlich äußerst problematische Lösung. Gegen heftigste Proteste der Linken in Parlament und Öffentlichkeit, aber auch seiner eigenen Koalitionspartner und von Teilen seiner Partei brachte er mit der absoluten Mehrheit der DC ein Gesetz durch, das bereits für die nächsten, 1953 stattfindenden Wahlen galt: eine Partei oder Listenverbindung, die mehr als 50 % der Stimmen gewann, sollte eine Zweidrittelmehrheit im Parlament bekommen. Wenn eine Listenverbindung der DC mit ihren Koalitionspartnern mehr als 50 % der Stimmen erhielte, schien durch dieses Wahlgesetz eine absolute Mehrheit der DC auf lange Zeit gesichert. Allerdings erinnerte das Gesetz, das die Opposition sofort als *legge truffa* (Betrugsgesetz) denunzierte, allzu deutlich an Mussolinis *legge acerbo*, die 1923 einer Partei, die mehr als 25 % der Stimmen erhielt, eine Zweidrittelmehrheit garantierte.

Im Wahlkampf 1953, der unter den Bedingungen der *legge truffa* geführt wurde, engagierten sich erneut die USA und der Vatikan für die DC und ihre Verbündeten (PLI, PRI, PSDI), die eine Listenverbindung eingingen. Ob nun wegen der Proteste gegen das Wahlgesetz, die bis ins Regierungslager reichten, oder wegen der Halbherzigkeit der christdemokratischen Reformpolitik: jedenfalls büßte das Wahlbündnis ein Fünftel seiner Wähler ein und verfehlte mit 49,9 % denkbar knapp die absolute Mehrheit (und damit die parlamentarische Zweidrittelmehrheit). Wahlsieger waren die beiden Parteien der extremen Rechten, die zusammen 9 % hinzugewannen. Auch die Linke, die wieder getrennt antrat, gewann 4 % hinzu (s. Tab. 1). Dieser knappe, von Zufälligkeiten bestimmte Ausgang führte zum Rücktritt De Gasperis. Die *legge truffa* wurde aufgehoben. De Gasperis Nachfolger regierten kaum jemals länger als ein Jahr, und bis 1963 entweder als Minderheitsregierung oder mit PSDI bzw. PRI. Die DC kam nie mehr auch nur in die Nähe der absoluten Mehrheit. Seit 1953 gab es die für die Erste Republik spezifische Konstallation, dass die DC zwar in allen Regierungen dominierte, sie aber auch nie alleine den politischen Kurs bestimmen konnte, sondern immer auf kleine Partner Rücksicht nehmen musste.

In ihrer Wahlpropaganda und im Parteiprogramm mischte die DC katholische Soziallehre mit wirtschaftsliberalem Gedankengut, und mit ihrem klassenübergreifenden Anspruch verband sie (wie jede Volkspartei) Positionen, die nur schwer vereinbar waren. Ideologisch löste die Partei diesen Widerspruch durch Formelkompromisse und geschicktes Marketing (in der Wahlkampagne 1987 hieß die Parole z.B. *Forza Italia!*). Praktisch integrierte die DC ihre inneren Widersprüche durch innerparteiliche Fraktionsbildung. Die DC war weder eine ideologisch kohärente Programm- noch eine demokratisch organisierte Mitgliederpartei. Den politischen Kurs bestimmte stets der Parteiapparat, der allerdings aus miteinander konkurrierenden *political machines* der Regionalorganisationen und Parteiströmungen (*correnti*) bestand. Jeder bedeutende Christdemokrat der Ersten Republik war nicht nur fest in einer *corrente*, sondern auch in einer Region verwurzelt, in der er seine Klientel hatte, die er versorgen musste: Mariano Rumor in Venetien, Amintore Fanfani in der Toskana, Arnaldo Forlani in den Marken, Aldo Moro in Apulien, Antonio Gava in Neapel usw.

Die Vermittlung dieser zahlreichen unterschiedlichen Interessen war nur durch eine starke, taktisch geschickt, aber letztlich autoritär regierende Parteiführung möglich. Deshalb zeichnete sich die DC immer durch einen Mangel an innerparteilicher Demokratie aus. Ein weiteres Strukturmerkmal der DC war, dass sie nach De Gasperi keinen allseits anerkannten Führer mehr hatte. Vielmehr wurde sie (wie die meisten italienischen Parteien) geprägt vom Zusammenspiel und von Intrigen der *correnti*, deren Führer auf lokaler, regionaler wie nationaler Ebene Posten und Kompromisse unter Ausschluss der Parteibasis aushandelten. Entscheidend war dabei vor allem die Zahl der Mitglieder, die jede *corrente* hinter sich brachte – vornehmlich durch Klientelismus, aber auch durch Fälschung von Unterlagen. Politische Argumente und inhaltliche Debatten hatten nur eine untergeordnete Bedeutung. Die *Democrazia Cristiana* war weder eine hierarchisch von oben nach unten noch eine demokratisch gesteuerte Organisation, sondern eine Art Parteienbündnis, das vor allem durch seine gemeinsamen Wahlerfolge und die sich daraus ergebende Möglichkeit der Partizipation an Macht und Pfründen zusammenhielt. Jede Strömung hatte ihre eigenen Publikationen, Organisationsstrukturen, regionalen Hochburgen und Finanzmittel. Entsprechend verfolgte jede *corrente* partikulare Interessen, vor allem beanspruchte sie Kabinetts- und andere wichtige administrative Posten. Häufig stimmten die Anhänger einzelner *correnti* im Kabinett oder im Parlament gegen die eigene Regierung und lösten so die regelmäßigen Regierungskrisen aus. Die Zersplitterung der stärksten Partei in *correnti* verhinderte auch, dass trotz der eindeutigen Vorherrschaft der DC eine landesweite kulturelle Hegemonie des politischen Katholizismus oder ein überregionales katholisches Sozialmilieu entstand.

Trotz ihrer Heterogenität, dem Fehlen charismatischer Führer und eines geschlossenes politischen Milieus war die *Democrazia Cristiana* fest in der Gesellschaft verankert. Zunächst einmal war sie eine sehr mitgliederstarke Partei. Dies war vor allem ein Verdienst von De Gasperis Nachfolger Fanfani, der überzeugt war, dass die Partei sich zu eng an die Kirche angelehnt habe. Er forcierte deshalb den Ausbau der Parteistrukturen. Der erste Schritt war eine erfolgreiche Mitgliederwerbung – die DC hatte immerhin die meisten Pfründen zu vergeben: 1955 hatte die Partei bereits mehr als 1,3 Mio. Mitglieder, fast so viele wie der traditionell besser organisierte PCI. Die DC hielt diesen Mitgliederstand während der fünfziger Jahre und konnte in den Sechzigern die Kommunisten sogar überrunden. 1973 erreichte sie mit fast 1,9 Mio. das Maximum ihrer Mitgliederzahl. Darunter waren allerdings viele Karteileichen. Die Erfolge bei der Mitgliederwerbung erzielte die DC vor allem im unterprivilegierten Süden, wo ca. 60 % der eingeschriebenen Mitglieder lebten und wo ältere Klientelstrukturen durch Parteiklientelismus abgelöst wurden.

Neben der Mitgliederwerbung baute die DC gemeinsam mit den sie unterstützenden kirchlichen Verbänden ein differenziertes Organisationennetz auf. Es überspannte vor allem das ländliche und südliche Italien, wo die Linksparteien weniger gut verankert waren. Die wichtigsten DC-Vorfeldorganisationen waren der Bauernverband *Coldiretti* und der Genossenschaftsverband *Federconsorzi*. *Coldiretti* (die Abkürzung steht für *Confederazione Nazionale Coltivatori Diretti*) war 1944 von Paolo Bonomi gegründet und jahrzehntelang von ihm geleitet worden. Seit den ersten Wahlsiegen der DC wurde *Coldiretti* im Schlepptau der Partei zum wichtigsten Bauernverband, und Bonomi war neben ENI-Chef Enrico Mattei in den 1950ern einer der einflussreichsten Männer im Italien, obwohl beide nie einer Regierung angehörten. Bonomi beherrschte die Regeln des Klientelismus perfekt: er kontrollierte Abgeordnete und Zeitungen. 1954 waren 1,6 Mio. Bauernfamilien in ca. 10.000 Ortsverbänden organisiert. 1949 übernahm Bonomi auch den Vorsitz von *Federconsorzi* (*Federazione Italiana dei Consorzi Agrari*), dem 1892 entstandenen Dachverband der Agrargenossenschaften. Coldiretti bekam damit Einfluss auf die Verteilung der aus dem Marshallplan finanzierten Futter- und Düngemittel, auf die Vergabe von günstigen Agrarkrediten zum Ankauf von Maschinen, auf die Versorgung der Bauern mit Dünger und Saatgut, auf ihre Altersversorgung und die Kontrolle über den seit dem Faschismus verstaatlichten Getreidemarkt. Ein Bauer, der sich mit diesen christdemokratisch kontrollierten Organisationen anlegte, bekam – zumindest in den Regionen, in denen sie dominierten (im Nordosten, im Süden und auf den Inseln) – in der Regel auch ökonomische Probleme. Parallel zum Zusammenbruch der Ersten Republik geriet *Federconsorzi* in finanzielle Schwierigkeiten und wurde 1991 unter kommissarische Verwaltung gestellt. Nicht nur das ländliche Italien durchzog die DC mit Vorfeldorganisationen. Im industriell-gewerblichen Bereich waren Freizeitorganisationen für Arbeiter (ACLI) und die Gewerkschaft CISL vor allem in den Staatsbetrieben verankert.

Auch in der DC existierte ein tiefer Nord-Süd-Gegensatz. Im Norden war sie eine Massen-, im Süden eine Honoratiorenpartei. Die Hochburgen der DC im Norden lagen im »Weißen Viereck« Venetiens (Verona-Vicenza-Treviso-Padua), wo die DC, deren Parteifarbe weiß ist, und ihre Vorfeldorganisationen eine anderswo unerreichte Organisationsdichte besaßen. Im Süden waren die Regionen Molise, Abruzzen, Basilikata und Apulien die DC-Hochburgen. Im Norden stützte sich die Partei auf ein differenziertes Vereinswesen und in ihren Hochburgen auf ein katholisches Sozialmilieu. Im Süden wurde sie weniger ideologisch, sondern durch ökonomische Interessen und Klientelstrukturen zusammen gehalten. Sie war also stärker politisch-pragmatisch und weniger weltanschaulich ausgerichtet.

Entgegen ihrer ursprünglich föderalistischen Programmatik wurden die Christdemokraten zu Befürwortern der zentralistischen Staatsorganisation, da sie es ihnen erlaubte, von ihrer römischen Machtposition aus schnell die Kontrolle über die unterschiedlichen staatlichen Ebenen und Institutionen zu gewinnen. In Verbindung mit Traditionen des liberalen und des faschistischen Italien entwickelte sich unter 40-jähriger christdemokratischer Herrschaft eine spezifische Bürokratie, die in hohem Maße an der politischen Stagnation und der Segmentierung der politischen Kultur beteiligt war. Bereits vor dem Faschismus war der stark expandierende Staatsapparat eine Brutstätte des Klientelismus. Von 50.000 Beschäftigten (1860) wuchs der Staatsapparat bis 1910 auf 377.000. Unter dem Faschismus setzte sich das Wachstum der Bürokratie durch zahlreiche neue Behörden und durch die Verbeamtung der Primarschullehrer fort. 1941 gab es 1,2 Mio. Beschäftigte im öffentlichen Dienst und heute fast 5 Mio. (21,4 % aller Beschäftigten; vgl. Tab. 3). Weil im Norden die Industrialisierung voranschritt, strebte der gut ausgebildete Nachwuchs dort zunehmend in die besser bezahlten Führungspositionen in der Wirtschaft. Diese Möglichkeiten fehlten im Süden weitgehend, so dass die entsprechenden Nachwuchskräfte dort in sichere, wenn auch schlecht bezahlte Beamtenpositionen strebten und der Staatsapparat deshalb immer »südlicher« wurde.

Viele staatliche Kompetenzen wurden an parastaatliche Administrationen abgetreten. Bereits seit der Jahrhundertwende und verstärkt im Faschismus waren parallele Bürokratien und Agenturen geschaffen worden, die nicht in die normale staatliche Hierarchie eingebunden waren. Dieser ganze halb- oder parastaatliche Bereich wird im Italienischen *sottogoverno* genannt, was wörtlich »Unter-Regierung« bedeutet, aber im übertragenen Sinne »Misswirtschaft«. Alle diese Institutionen wachten eifersüchtig über ihre Kompetenzen und Einflusssphären.

Im Faschismus wurden 260 *enti pubblici* (öffentliche Agenturen) neu gegründet – von der riesigen Industrieholding IRI (s. S. 74f.) über die Sozialversicherungsträg er bis hin zu kleinen Spezialagenturen. Die meisten dieser Agenturen des *sottogoverno* blieben bis in die neunziger Jahre bestehen. Die Christdemokraten bauten sie zur Versorgung ihrer Klientel aus, und führende Politiker versuchten, ihre politische wie auch ökonomische Macht zu stärken oder zu sichern, indem sie auf leitende Positionen in den parastaatlichen Institutionen wechselten. Die parastaatlichen Institutionen entwickelten ein immer stärkeres Eigenleben; einige wurden zu »unkontrollierbaren Monstern« (Paul Ginsborg). Eine effiziente Kontrolle war nicht mehr möglich und vielfach auch nicht intendiert. Das Parlament wurde entmachtet, indem ihm die Kontrolle über die parastaatlichen Institutionen entzogen wurde.

2. Gespaltene Gewerkschaften

Noch während des Krieges gründeten die italienischen Gewerkschaften einen gemeinsamen Dachverband *Confederazione Generale Italiana del Lavoro* (CGIL). Diese überparteiliche Zusammenarbeit hielt aber nicht viel länger als die Regierungskoalition der »antifaschistischen Einheit«. Kurz nach der Niederlage der Volksfront und dem Durchbruch der DC zur Dauerregierungspartei, im Juli 1948, verübte ein faschistischer Student ein Attentat auf PCI-Chef Palmiro Togliatti und verletzte ihn schwer. Ohne Aufruf durch Partei oder Gewerkschaftsführung kam es überall im Lande in den Hochburgen der Volksfront zu spontanen Arbeitsniederlegungen und Kundgebungen, die in dem Anschlag eine Verschwörung der Christdemokraten und der Amerikaner gegen die verbliebenen Bastionen des Antifaschismus und teilweise gar den Vorboten eines neuen Faschismus sahen. Alle Frustrationen auf Seiten der politischen Linken drohten sich gewaltsam zu entladen. Manchen schien gar eine Revolution möglich. Die Exekutive der CGIL rief zum Generalstreik auf. Die Proteste endeten mit 16 Toten, mehr als 200 Verletzten, 92.000 Festnahmen durch Polizei und Paramilitärs sowie später 70.000 Gerichtsverfahren gegen linke Aktivisten. Angesichts der Militanz der Proteste distanzierten sich die Christdemokraten in der CGIL-Führung von dem Streikaufruf, der mit dem überparteilichen Charakter des Dachverbandes nicht vereinbar sei. Der Konflikt vom Sommer 1948 war nur der letzte Anstoß für die Abkehr der gemäßigten, auf Kooperation mit der Regierung setzenden Kräfte von der Idee eines einheitlichen Gewerkschaftsverbandes. Bereits seit 1944 und verstärkt seit dem Bruch der antifaschistischen Regierungskoalition hatten der Vatikan, die US-Geheimdienste und der antikommunistische US-Gewerkschaftsdachverband AFL bei liberalen, sozialdemokratischen und christlich-demokratischen Gewerkschaftsführern für die Bildung eines eigenen Verbandes geworben. Hauptstreitpunkt war der politische Generalstreik, also die Frage, ob gewerkschaftliche Kampfmittel auch für politische Ziele eingesetzt werden dürfen.

Freie Wahlen nach dem Verhältniswahlrecht innerhalb der CGIL hatten den Kommunisten Ende 1947 56 % beschert, den mit ihnen verbündeten Sozialisten 23 %, den Christdemokraten aber nur 13 %. Entsprechend verfügten die seinerzeit in der Volksfront zusammengeschlossenen Kräfte in der Exekutive der CGIL über eine Zweidrittelmehrheit. Anfang August 1948 traten die elf christdemokratischen Mitglieder der Gewerkschaftsexekutive aus und gründeten eine *Libera CGIL*. Die Vertreter der sozialdemokratischen und republikanischen Minderheit, die nur 4 % der Mitglieder repräsentierten, schlossen sich dieser Abspaltung zunächst nicht an, ließen sich aber auf einer USA-Reise 1949 nicht zuletzt durch finanzielle Argumente umstimmen. Die meisten sozialdemokratischen und republikanischen Gewerkschafter traten Anfang 1950 in die christdemokratische *Libera CGIL* über, unter der Bedingung, dass diese ihren Namen änderte, ihre Überkonfessionalität betonte und das politische Streikrecht anerkannte. So entstand der zweite große Dachverband CISL (*Confederazione Italiana Sindacati dei Lavoratori* – Vereinigung der Arbeitergewerkschaften), der der DC nahe stand.

Parallel dazu war eine weitere sozialdemokratische Gruppe aus der CGIL ausgeschlossen worden. Daraus entstand ein dritter Dachverband UIL (*Unione Italiana del Lavoro*). Die CGIL ist jedoch bis heute die bei weitem stärkste Organisation. Beide Abspaltungen erreichten unter Industriearbeitern nie einen hohen Organisationsgrad. Anders war es bei Angestellten im öffentlichen Dienst und in der Privatwirtschaft, also den besser ausgebildeten, zur Mittelschicht gehörenden abhängig Beschäftigten. Die CISL orientierte sich an US-Gewerkschaften. Sie war sozialpartnerschaftlich ausgerichtet und strebte keine Flächentarife an, sondern Verträge auf Betriebsebene. Setzte die CGIL auf die sozialistische Revolution, so war in den anderen Verbänden der Glaube an eine Humanisierung der Arbeitswelt vorherrschend. Die mehrfache Spaltung schwächte die Gewerkschaften. Die Folge waren niedrige Löhne, die die Konkurrenzfähigkeit der Industrie verbesserten und zu den Ursachen des Wirtschaftswunders gehörten.

Bezogen auf das eigentliche Ziel, das DC, USA und Kirche verfolgten – die Schwächung oder gar Ausschaltung des kommunistischen Einflusses auf die Gewerkschaftsbewegung, war die Spaltung der CGIL ein Fehlschlag. Antikommunisten blieben immer eine Minderheit in der Arbeiterbewegung. Es entstand nicht die in den Nachkriegsplanungen vorgesehene, durch Konsum befriedete Mittelstandsgesellschaft. Vielmehr war die italienische Gesellschaft der fünfziger/sechziger Jahre über den fortbestehenden Nord-Süd-Gegensatz hinaus politisch-sozial tief gespalten in einen Mittelschichtskosmos, der von der DC beherrscht und von katholischen und kapitalistischen Werten geprägt war, und eine überwiegend systemoppositionelle Arbeiterklasse, die politisch, kulturell und mental dem PCI folgte.

Mit ihrer betriebsorientierten Strategie (*aziendalismo*) hatte die CISL in den fünfziger Jahren gute Erfolge. Dies führte zu einem allmählichen Mitgliederzuwachs bei gleichzeitigem Schwund der CGIL-Gewerkschaften. Die Krise der CGIL kulminierte bei den Wahlen zur »Betriebskommission« bei FIAT 1955. Zwar war der Anteil der CGIL während der alljährlichen Wahlen kontinuierlich gesunken (1952: 69 %; 1954: 62 %). Aber 1955 kam es zu einem sensationellen Einbruch: die CGIL erhielt nur mehr 36 % der Stimmen, die CISL 41 % und die sozialliberale UIL 23 %. Auf dem CGIL-Kongress 1956 wurde intensive Selbstkritik geübt. Man gelobte eine »Rückkehr in die Fabrik« und eine Demokratisierung der inneren Strukturen. Als neue Instanz wurden wie bei der CISL betriebliche Basisgruppen im Gewerkschaftsstatut verankert. Neben der Krise der Gewerkschaftsarbeit waren die Entstalinisierung und die allmählich zunehmende Distanz des PCI, der die CGIL steuerte, zu Moskau die Hauptgründe, warum sich die CGIL mehr als zehn Jahre nach ihrer Gründung darauf besann, ihrer demokratischen Rhetorik auch in der eigenen Praxis zu folgen. Ende der Fünfziger geriet auch die gemäßigte Strategie der christdemokratischen CISL in eine Krise, da ihre Erfolge mager blieben. Die Arbeiter erhielten trotz boomender Wirtschaft nach wie vor nur einen geringen Teil vom Kuchen. Die Folge waren wachsende soziale Spannungen und seit 1959 eine deutlich höhere Streikbereitschaft.

Angesichts der Erfolglosigkeit beider Strategien – der betriebsorientierten der CISL wie der zentralistischen der CGIL – kam es in den sechziger Jahren bei gemeinsamen Arbeitskämpfen zu einer Annäherung der Einzelgewerkschaften. Besonders spektakulär war die Tarifrunde 1962 in der Metallindustrie. Sie lässt sich exemplarisch bei FIAT beobachten. Die zuvor üblichen Disziplinierungsinstrumente wie Entlassung oder Strafversetzung von Gewerkschaftern, Bespitzelung und Unterstützung wirtschaftsfriedlicher Arbeiterorganisationen griffen nicht mehr und wurden im Zeichen der nun in Rom amtierenden Mitte-Links-Regierung nicht mehr so konsequent eingesetzt. Ende Juni 1962 befanden sich 60.000 FIAT-Arbeiter im Streik. Anfang Juli kam es zu massiven Auseinandersetzungen zwischen den Anhängern wirtschaftsfriedlicher Organisationen und den CGIL- und CISL-Aktivisten sowie zwischen diesen und der Polizei. Die Werksleitung reagierte mit massiven Aussperrungen. Im Oktober begannen endlich Tarifverhandlungen, die erst im Februar 1963 nach einem Generalstreik, den erstmals alle drei Dachverbände unterstützten, abgeschlossen wurden. Die Gewerkschaften erzielten mit ihrem fast einjährigen Kampf spektakuläre Erfolge. Sie erhielten ein Mitspracherecht bei der Festsetzung der Akkorde, der Arbeitsrhythmen, der Einteilung in Lohngruppen und der Verteilung von Leistungsprämien. Vor allem aber setzten sie nach langen Jahren der Stagnation Lohnerhöhungen von durchschnittlich 20 % durch, in den unteren Lohngruppen sogar mehr als 30 %. Diese Erfolge führten zu Masseneintritten in die Gewerkschaften, vor allem in die zur CGIL gehörenden. Mit den Streiks des Jahres 1962/63 prägten sich neue Strukturen in der Arbeitswelt aus, die zum Ende des Wirtschaftswunders beitrugen: hohe Streikbereitschaft vor allem in den Großbetrieben des Nordens, Kapitalflucht, Lohnerhöhungen weit über dem Produktivitätszuwachs sowie schließlich wachsender staatlicher Einfluss auf die Wirtschaft. Die große Streikwelle im »heißen Herbst« 1968 und eine Linkswendung der UIL verstärkten die Annäherung zwischen den drei großen Dachverbänden. Sie schlossen 1972 das Aktionsbündnis *Federazione Unitaria*, dessen größter Erfolg eine Neuregelung der *scala mobile* war. Diese automatische Anpassung der Löhne an die Inflationsrate war in der Zeit der antifaschistischen Einheit zunächst in der Industrie eingeführt und nach Streiks 1947 auf die Landwirtschaft ausgeweitet worden. 1975 wurde vereinbart, dass alle Lohn- und Gehaltsgruppen denselben Betrag erhielten, so dass es zu einer Nivellierung der Einkommensunterschiede kam – und zwar je höher die Inflation war, umso schneller.

Zu den Charakteristika der Arbeitskämpfe in Italien, die sich grundsätzlich von stärker konsensorientierten Gesellschaften wie etwa der Bundesrepublik unterscheiden, gehört der Verzicht aller drei Gewerkschaftsverbände ebenso wie der Einzelgewerkschaften auf die Einrichtung von Streikkassen, die das finanzielle Risiko ihrer Mitglieder in Arbeitskämpfen mindern. Erstaunlicherweise senkte die fehlende Absicherung nicht die Streikbereitschaft, sondern verlieh den Streiks eine existentielle Dimension, wodurch sie militanter geführt wurden. Offenbar konnten Streikende auf familiäre Ressourcen zurückgreifen (einmal mehr erweist sich Familiarismus als Strukturmerkmal der Ersten Republik). Hinzu kommt, dass das Prozedere bei Arbeitskämpfen und das Streikrecht nie gesetzlich geregelt wurden, weil die CGIL aufgrund ihres revolutionären Selbstverständnisses Regelungen, die sie an bestimmte Abläufe der Eskalation gebunden hätten, immer abgelehnt hat. Eine problematische Parallele zu den regionalen Unterschieden in der Wirtschaftsentwicklung liegt auf Gewerkschaftsebene darin, dass die Arbeitskämpfe meist in den Großbetrieben des Nordens, vor allem bei FIAT, ausgetragen wurden. Die dort durchgesetzten Lohnsteigerungen waren für die marode Industrie des Südens meist zu hoch und damit kontraproduktiv, und die ausgehandelten Arbeitsbedingungen passten oft nicht zu den Verhältnissen in kleineren und mittleren Betrieben.

Der britische Politologe Hugh Compston hat einen *Union Participation Index* entwickelt, der angeben soll, welchen Einfluss die Gewerkschaften in den Jahren 1970 bis 1993 auf wirtschaftspolitische Entscheidungen hatten. Unter verschiedenen westeuropäischen Industrieländern lag er in Italien mit Abstand am höchsten. Es lassen sich zwei Phasen unterscheiden: eine konflikthafte bis 1975 und eine kooperative von 1976 bis zum Ende der Ersten Republik. In der ersten Phase überwanden die Gewerkschaften ihre Spaltung durch erfolgreiche Arbeitskämpfe seit Mitte der sechziger Jahre und insbesondere seit dem legendären Herbst 1968. In der zweiten Phase war die Partizipation der Gewerkschaften an der Regierungspolitik institutionalisiert. Von 1975 bis 1980 ließen sich die Regierungen systematisch von den Gewerkschaften bei wirtschafts- und sozialpolitischen Vorhaben beraten. Damit erreichten sie den Höhepunkt ihres politischen Einflusses, unternehmerfreundliche Beobachter meinten einen »Pansydikalismus« zu erkennen – nichts gehe in Italien gegen die Gewerkschaften.

Unter den drei Verbänden blieb die CGIL bis in die neunziger Jahre hinein mit mehr als fünf Millionen Mitgliedern mit Abstand der größte. Aber davon waren etwa 50 % Rentner; die übrigen hauptsächlich Industriearbeiter. Die CISL brachte es auf gut drei, die UIL auf knapp zwei Millionen Mitglieder. Diese Zahlen zeigen zugleich den Bedeutungsverlust der organisierten Arbeiter im Übergang zur postindustriellen Wirtschaft. Denn in den siebziger Jahren hatte es noch mehr als zwölf Millionen Gewerkschaftsmitglieder gegeben. Mit der Niederlage der Gewerkschaften im großen FIAT-Streik von 1980 begann der Niedergang der Gewerkschaftsmacht (s. S. 184). Zunächst wurden zwar weiter in regelmäßigen Treffen des Industriellenverbandes *Confederazione Generale dell'Industria Italiana* (*Confindustria)*, der *Federazione Unitaria* und der Regierung (vergleichbar mit der Konzertierten Aktion in der BRD) politische Absprachen getroffen. Aber die Gewerkschaften waren nun in der Defensive: die *scala mobile* wurde aufgeweicht und 1992 gegen Zugeständnisse in der Steuerpolitik und bei der Preiskontrolle abgeschafft. In einer Serie von Referenden im Juni 1995 wurde die Stellung der Gewerkschaften, insbesondere der drei großen Dachverbände CGIL, CISL und UIL, empfindlich geschwächt: bei einer Beteiligung von ca. 57 % votierten deutliche Mehrheiten gegen den automatischen Abzug des Gewerkschaftsbeitrags vom Lohn und schwächten die Vertretungsrechte der drei großen Verbände auf betrieblicher Ebene und im öffentlichen Dienst erheblich. Der zweiten Regierung Berlusconi seit 2001 gelang schließlich auch die Spaltung der *Federazione Unitaria*. Während CISL und UIL zur Kooperation mit den Rechtsregierungen bereit waren, ging die CGIL in Fundamentalopposition.

Eine Zersplitterung und damit erneut abnehmender Einfluss der italienischen Gewerkschaftsbewegung sind unverkennbar. Allerdings steht das Land damit nicht allein unter den postindustriellen Gesellschaften, auch wenn sich hier allgemeine Tendenzen besonders deutlich zeigen: Mitgliederschwund und zunehmende Überalterung schwächen die Gewerkschaften ebenso wie der Übergang von der Industrie- zur Dienstleistungsgesellschaft. Durch die Tendenz zur Auflösung von Großbetrieben in kleine und mittlere Firmen, deren Bedeutung in Italien ohnehin traditionell groß ist, gewannen spontaneistische Basisorganisationen (*Comitati di base*; abgekürzt *Cobas*) sowie kleine, ständische Verbände, die nur hoch qualifizierte Spezialisten organisieren, erheblichen Einfluss. Sie stellen sich bewusst außerhalb der großen Verbände, lehnen Regeln für ihre Arbeitskämpfe ab und können mit diesen »wilden Streiks« teilweise große Einkommenszuwächse für ihre Mitglieder erzielen. Daneben gewannen autonome Gewerkschaften wie die vor allem im öffentlichen Dienst verankerte CISAL und die neofaschistische CISNAL (seit 1997 *Unione Generale del Lavoro*) an Bedeutung.

3. Die kommunistische Subgesellschaft

Der große Gegenspieler der *Democrazia Cristiana* war während der ganzen Ersten Republik der *Partito Comunista Italiano.* Obwohl die bei weitem erfolgreichste kommunistische Partei in einem NATO-Land, gelang dem PCI nie der jahrzehntelang angestrebte *sorpasso* – das Überholen der DC in der Wählergunst bei einer Parlamentswahl. Was die inneren Strukturen angeht, war der PCI nicht nur der Gegenspieler, sondern auch ein organisatorisches Gegenmodell zur DC, was entsprechend auch in der PCI-Propaganda herausgestellt (und vielfach moralisierend überzeichnet) wurde. Im Vergleich zur heterogenen DC mit ihren wenig transparenten und wenig demokratischen inneren Strukturen war der PCI monolithisch und hierarchisch durchorganisiert, und die Mitglieder hatten satzungsmäßige demokratische Mitwirkungsrechte. Im Gegensatz zur kirchennahen *Democrazia Cristiana* hielt der PCI die antiklerikale Tradition hoch. Schließlich war er als einzige italienische Partei klar programmatisch ausgerichtet. Auch die regionalen Unterschiede waren weitaus geringer als in der DC. Außerdem gab es zumindest offiziell innerhalb des PCI keine *correnti.* De facto existierten allerdings auch hier organisierte und konfligierende Fraktionen.

Auf den Herauswurf aus der Regierung im Mai 1947 reagierte der PCI unter Togliatti mit charakteristischer Zurückhaltung. Die Parteiführung hoffte, De Gasperi werde bald einsehen, dass der Bruch des antifaschistischen Bündnisses ein schwerer Fehler sei. So verdankte De Gasperi den Kommunisten, dass die Nationalversammlung im Juni 1947 den Friedensvertrag annahm, den die Regierungsparteien teilweise ablehnten. Der PCI setzte vor allem auf Mitglieder- und Wählerzuwachs und das mit großem Erfolg: mit fast 2,2 Mio. Mitgliedern war der PCI Mitte der fünfziger Jahre die mit Abstand größte und aufgrund straffer Organisation schlagkräftigste Partei in Italien. Mit Mehrheiten bei Wahlen und kultureller Hegemonie in der Gesellschaft wollte der PCI eine allmähliche soziale Revolution bewirken. Später gestanden führende Kommunisten ein, dass sie mit ihrer Taktik seit 1945 einem allzu schlichten Fortschrittsglauben aufgesessen waren. »Wir hatten den Eindruck, dass der Wind in unsere Richtung wehe und alles, was wir heute nicht erreichen konnten, uns morgen zufliegen werde«, meinte etwa Fausto Gullo. Die Linke verzichtete sogar auf ihre stärkste Waffe: Streiks und andere betriebliche Kampfformen. Viele Linke warfen der KP-Führung vor, eine nach der Massenmobilisierung Ende April 1945 mögliche Revolution verraten zu haben. Diese hätte gegen die massive britische und US-Truppenpräsenz wohl keine Chance gehabt. Außerdem hatte die PCI-Führung bei ihrer konsensorientierten Strategie vor Augen, dass die Versuche, nach dem Ersten Weltkrieg mit Streiks und militanten Aktionen eine Revolution auszulösen, in die Katastrophe des Faschismus geführt hatten.

Ausgerechnet in dieser Zeit taktischer Zurückhaltung wurde der PCI bei der Gründung der Kominform im Sommer 1947 aus Moskau von den »Bruderparteien« massiv wegen seines kompromissbereiten Kurses kritisiert und damit auf eine orthodoxe Linie gebracht. Alle kommunistischen Parteien sollten einen rigiden Oppositionskurs einschlagen, um einen von den imperialistischen Staaten geplanten neuen Krieg gegen Russland zu verhindern. Unabhängig von der Frage, ob De Gasperi bereit gewesen wäre, das antifaschistische Bündnis wiederherzustellen, und ob die Amerikaner ihn gelassen hätten, war damit die Zeit der antifaschistischen Koalitionen vorbei. Für den PCI als ganzen bedeutete der Übergang in die Opposition eher eine Befreiung. Die Kader mussten nicht länger Proteste in der Bevölkerung gegen die Regierung und die schlechte wirtschaftliche Lage abwiegeln. So kam es im Herbst 1947 zu einer Serie sozialer Konflikte mit Streiks, Plünderungen und Landbesetzungen. Auch die Landarbeiter konnten die automatische Anpassung ihrer Löhne an die Preisentwicklung durchsetzen.

Letztlich setzte sich Togliatti mit seiner vorsichtigen Oppositionsstrategie durch, die mehr auf Wahlerfolge als auf die Schaffung einer revolutionären Situation zielte. Im Wahlkampf konnte die zur »Demokratischen Volksfront« vereinigte Linke jedoch der massiven Einflussnahme der USA und des Vatikans wenig entgegensetzen. Zwar hatten die Kundgebungen der Volksfront den größten Zulauf, aber – wie einer der führenden Kommunisten später feststellte: sie hatten nur die Mehrheit der politisch Aktiven, nicht aber die Mehrheit der Bevölkerung hinter sich. Mit 31 % verlor die Volksfront deutlich im Vergleich zu den Einzelergebnissen der drei beteiligten Parteien (PCI, PSI, PdA) von 1946. Der Einbruch ging vor allem zu Lasten des PSI, der statt 115 nur noch 41 Abgeordnete ins Parlament entsandte.

Selbst nach dem Anschlag auf Togliatti im Juli 1948 setzte die PCI-Führung nicht auf Zuspitzung und Revolution. Die Voraussetzungen dafür waren auch allenfalls im Norden gegeben. Aufstandsversuche hätten also bestenfalls zu einer Vertiefung der Spaltung des Landes geführt und wären von den im ganzen Land stationierten Amerikanern sicher mit Härte beantwortet worden. Togliatti war realistisch genug, an dem Wahlergebnis von 1948 abzulesen, dass die Linke die politisch-kulturelle Hegemonie in Italien noch nicht erlangt hatte, die aber nach dem von Antonio Gramsci entwickelten und in der PCI-Führung akzeptierten Modell die notwendige Voraussetzung für eine Revolution war. Um diese Hegemonie zu gewinnen, legte der PCI immer mehr Gewicht auf Initiativen im Kulturbereich. So gewann die Partei zunehmend Anhänger unter Künstlern und Intellektuellen. Sie wurden aufgefordert, »mit den Volksmassen« zu kommunizieren und sich für ihre Sorgen zu interessieren. Ein weiteres, sehr erfolgreiches Propagandainstrument wurden die *Feste dell'Unità*, volkstümliche Kulturfeste auf regionaler und am ersten

Wochenende im November jeweils auf nationaler Ebene, bei denen für die Partei und insbesondere ihr Zentralorgan *L'Unità* geworben werden sollte.

Parallel zur stärker kulturellen Orientierung versuchte die PCI-Führung weiter, sich von der Bevormundung durch Moskau zu befreien. Einen willkommenen Anlass bot der 20. Parteitag der KPdSU (1956), auf dem Chruschtschow die Verbrechen Stalins offenlegte. Die Kritik Chruschtschows an Stalin hielt die PCI-Führung für unzureichend. Aber die Abkehr der KPdSU vom Revolutionsexport erleichterte die Bemühungen des PCI um einen eigenständigen Weg zum Kommunismus. Als im November 1956 die sowjetische Armee in Ungarn eine nationalkommunistische Revolution niederschlug, kam es zu einer weiteren Auseinanderentwicklung von PCI und PSI. Während die italienischen Kommunisten trotz massiver Proteste an der Basis den Einmarsch in Ungarn rechtfertigten, sah der PSI sich in der Einschätzung bestätigt, dass das sowjetische Modell *zwangsläufig* zu Deformationen führen müsse und als Weg zum Sozialismus gescheitert sei. Aus Protest gegen die moskautreue Führung verließen aber auch zahlreiche Mitglieder, vor allem Intellektuelle, den PCI. In dieser Situation fand im Dezember 1956 der 8. Parteitag statt – einer der wichtigsten in der Parteigeschichte. Die PCI-Führung hatte das Ausmaß des Unmuts an der Basis, unter Funktionären und vor allem unter den für ihre Strategie immer besonders wichtigen parteinahen Intellektuellen erkannt und distanzierte sich nun deutlich vom sowjetischen Einmarsch in Ungarn. Zu den Fehlern, die beim Export des Sozialismus in Osteuropa gemacht worden seien, so erklärte das ZK nun, zähle vor allem die unterwürfige Nachahmung des sowjetischen Modells. Die Partei verfolgte nun offiziell einen »italienischen Weg zum Sozialismus«. Der PCI löste sich damit auch aus seiner charakteristischen *doppiezza* (Doppelzüngigkeit), dass er offiziell ausschließlich auf demokratischem Wege an die Macht gelangen und durch strukturelle Reformen den Kapitalismus überwinden wollte, andererseits jedoch insbesondere unter den Industriearbeitern und im CGIL starke revolutionäre Strömungen aufwies. Anders als die meisten kommunistischen Parteien betonte der PCI nun auch, dass Sozialismus Freiheit, insbesondere Meinungsfreiheit bedeute. Dieses Prinzip sollte auch innerparteilich gelten: es sollten offene (allerdings »konsensorientierte«) Debatten geführt und nicht von oben herab entschieden werden. Der PCI forderte nun vornehmlich »Strukturreformen« innerhalb der bestehenden Verfassungsordnung wie die Nationalisierung von Monopolbetrieben, eine umfassende Agrarreform und eine »demokratische Planung« der Wirtschaft oder staatliche Investitionslenkung. Die letzten Fragen, im Parteijargon »Probleme des revolutionären Sprungs«, wurden ausgeklammert.

Nach Togliattis Tod 1964 gelangten die schweren Vorwürfe an die Öffentlichkeit, die er in seinem politischen Testament gegen die UdSSR erhoben hatte. Sie belegt seine starken Vorbehalte gegen den sowjetischen Weg zum Sozialismus. Nachfolger Togliattis wurde dessen langjähriger Stellvertreter und Rivale Luigi Longo (1900–

1980). Während seiner Zeit als Generalsekretär wurden oppositionelle Stimmen wieder vermehrt gemaßregelt. Auch der Konflikt zwischen dem prosowjetischen und dem prochinesischen Flügel im PCI eskalierte. So wurde unter anderen 1969 eine maoistische Intellektuellengruppe um Vittorio Foa, Luigi Pintor und Rossana Rossanda, die die Zeitschrift *Il Manifesto* herausgab, ausgeschlossen, weil sie sich als *corrente* organisieren wollte. Trotz solcher Tendenzen zur Gleichschaltung des PCI zeigte die Partei ihre relative Unabhängigkeit von Moskau, als sie den Einmarsch der Truppen des Warschauer Paktes in die Tschechoslowakei im Jahre 1968 verurteilte.

Zugleich jedoch war der Zerfall des kommunistischen Milieus unübersehbar und unaufhaltsam: hatte die Partei zu Beginn der fünfziger Jahre noch weit über zwei Millionen Mitglieder gehabt und das Verhältnis zwischen Wählern und Mitgliedern bei 2:1 gelegen, so ging diese Relation, die die Bindungskraft zwischen einer Partei und ihren Wählern anzeigt, bis 1976 auf 1:7 zurück, was einerseits dem kontinuierlichen Anstieg der PCI-Wähler, zugleich aber dem ebenso kontinuierlichen Rückgang der Mitgliederzahl geschuldet war. Hinzu kam eine folgenreiche Verschiebung in der sozialen Zusammensetzung der Mitglieder. Während die Partei im kulturell-intellektuellen Milieu Mitglieder hinzugewann, schrumpfte ihre Basis in der Arbeiterklasse deutlich: bereits 1965 waren nur noch 6 % der Industriearbeiter im PCI organisiert; die kommunistische Arbeiter-Subkultur verschwand. Die neu erschlossenen Wählerschichten hatten eine wesentlich geringere Bindung an die Partei als diejenigen, die verloren gingen; sie waren politisch heterogener und vor allem waren die neuen, gebildeten Mitglieder kaum noch bereit, sich der Parteidisziplin zu unterwerfen.

Deshalb ließ sich der autoritäre Kurs Longos »nach ’68« nicht mehr durchhalten. 1972 wurde Longos Stellvertreter Enrico Berlinguer (1922–1984) neuer Generalsekretär. Er stammte aus einer alten sardischen Adelsfamilie, aus der seit dem 19. Jahrhundert einige bekannte Oppositionspolitiker kamen. Sein Großvater war ein Freund Garibaldis und Mazzinis, sein Vater saß 1946 für den PSI in der Nationalversammlung und war später Senator. Die Familie Berlinguer war zudem mit führenden sardischen Christdemokraten wie den Segni oder Cossiga eng verwandt, seine Frau eine praktizierende Katholikin. Don Enrico Berlinguer war also, obwohl er seit 1948 der PCI-Direktion und seit 1966 dem Politbüro angehörte, kein typischer KP-Funktionär. Er war auch der erste Generalsekretär der Partei, der nicht russisch sprach. Der Putsch gegen den frei gewählten sozialistischen Präsidenten Chiles, Salvador Allende, im September 1973 führte unter Berlinguer zu einer grundsätzlichen Änderung der PCI-Strategie. Allende, so Berlinguer, habe es versäumt, sich mit den gemäßigten patriotischen und katholischen Kräften seines Landes zu verständigen. Da es in Italien ähnliche Bedingungen wie in Chile gebe, sei eine vergleichbare Reaktion von Militärs und Rechtsextremen zu befürchten, sofern ein Linksbündnis die parlamentarische Mehrheit erringen würde. Daraus leitete Berlinguer die Notwendigkeit eines »neuen historischen Kompromisses« (*compromesso storico*) mit den Christdemokraten und der Kirche ab. Damit knüpfte Berlinguer ausdrücklich an die Kompromisspolitik Togliattis von 1946/47 an, um »eine breite klerikal-faschistische Front zu verhindern und demgegenüber die gesellschaftlichen und politischen Kräfte des Zentrums auf konsequent demokratische Positionen zu führen«.

Die Mitgliederstruktur des PCI wandelte sich in den siebziger Jahren rasch weiter: die Partei gewann einerseits 900.000 neue Mitglieder, vor allem »Achtundsechziger«, hauptsächlich aus den Mittelschichten und verlor andererseits 700.000 durch Tod, aber auch durch Austritte der proletarisch-gewerkschaftlichen Basis. Mit mehr als 1,5 Mio. Mitgliedern blieb der PCI die größte Partei Italiens, geriet aber in eine tiefe Krise. Als Teil des antifaschistischen »Verfassungsbogens« (*arco costituzionale*) eroberte der PCI eine Vielzahl von Machtbastionen – von zahlreichen Kommunen über die Regionen bis zur Fernsehanstalt RAI, auch wenn er nie in einer Regierung der Ersten Republik vertreten war. Ende der Siebziger begann der unaufhaltsame Niedergang des PCI (s. u.).

4. Die kleineren Parteien

Neben den beiden großen Parteien der Ersten Republik – DC und PCI – spielten die Sozialisten des *Partito Socialista Italiano* immer die dritte Geige. Die formelle Kooperation des PCI mit dem PSI in der »Demokratischen Volksfront« endete bereits kurz nach ihrer Wahlniederlage vom April 1948. Beide Parteien arbeiteten aber zunächst weiter eng zusammen und koordinierten ihre Opposition gegen die DC-Regierungen. Es handelte sich aber mehr um ein Defensivbündnis als um eine handlungsfähige sozialistische Alternative. Tiefe politische und theoretische Differenzen und unterschiedliche Traditionen trennten PCI und PSI. Bei den Wahlen von 1953 erhielt der PSI, der 1946 noch vor den Kommunisten gelegen hatte, nur mehr halb so viele Stimmen wie der PCI. Daraufhin setzte sich im PSI die Auffassung immer weiter durch, dass von der engen Kooperation der Linksparteien vornehmlich der größere und besser organisierte Partner profitierte. Immer mehr Sozialisten plädierten deshalb für eine stärkere Abgrenzung von den Kommunisten. Auf dem PSI-Parteitag 1955 wurde gar der Dialog mit der *Democrazia Cristiana* zum strategischen Ziel der Sozialisten erklärt. Auch im PSI, der wegen seiner Zusammenarbeit mit dem PCI 1948 aus der Sozialistischen Internationale ausgeschlossen worden war, lösten die Enthüllungen Chruschtschows über den Stalinismus eine Krise aus. Die gemäßigte Strömung, die für eine Wiedervereinigung mit dem PSDI eintrat, gewann an Einfluß; im Sommer 1956 kündigten die Parteisekretäre Pietro Nenni und Giuseppe Saragat den Zusammenschluss innerhalb der nächsten zehn Jahre an. Damit begann der Weg des PSI ins Regierungslager, der unter der Formel *centro-sinistra* (linke Mitte) zunächst zu enger Zusammenarbeit mit der Regierung führte und 1963 zur Regierungsbeteiligung. Diese Wende des PSI löste große Erwartungen, aber auch Besorgnisse aus.

Wie die DC war auch der PSI in *correnti* gespalten. Seit dem Regierungseintritt der Partei kamen zu den ideologischen Differenzen der *correnti* klientelistische Interessenkämpfe hinzu. Im Rahmen seiner fast kontinuierlichen Regierungsbeteiligung von 1963 bis 1974 und seit 1980 durchlief der PSI einen typisch italienischen Transformationsprozess, bei dem das sozialistische Programm weitgehend auf der Strecke blieb, die Klientelbeziehungen hingegen immer dominanter wurden. Die achtziger Jahre waren unter Bettino Craxi erneut eine große Zeit des PSI, die aber mit dem Zusammenbruch der Ersten Republik endete.

Drei kleine laizistische Parteien waren die Koalitionspartner der DC in »zentristischen« Regierungen, aber auch seit 1962 an vielen *centro-sinistra*-Regierungen beteiligt: Der rechts von den Christdemokraten zu verortende *Partito Liberale Italiano* war eine Honoratiorengründung der Jahre 1943/44. Seine ideologische Galionsfigur war Benedetto Croce. Mit seiner wirtschaftsliberalen, antisozialistischen und elitären Programmatik deckte der PLI den rechten Rand des antifaschistischen Spektrums ab und blieb eine schlecht organisierte Programmpartei. Als Gegner jeder Regierungsbeteiligung der Linken war der PLI zwischen 1950 und 1981 nur selten an Regierungen beteiligt. 1963 erzielte er mit seiner antisozialistischen Opposition einen spektakulären Wahlsieg (7 %), der aber eine Eintagsfliege blieb. Der traditionsreiche *Partito Repubblicano Italiano* bildete vor 1914 mit einem radikal demokratischen Programm die äußerste politische Linke. Nach 1945 profitierte der PRI vom Niedergang der Aktionspartei, deren linksliberaler Flügel unter Ugo La Malfa zu den Republikanern kam (während die Parteimehrheit in den PSI ging), und von der Rechtswendung des PLI, dessen linker Flügel ebenfalls zum PRI stieß. In den fünfziger Jahren trat der PRI für eine umfassende Modernisierung, die Westbindung und europäische Integration Italiens ein. Von den drei kleinen laizistischen Parteien war der PRI am wenigsten in klientelistische Strukturen eingebunden. Er galt deshalb neben dem PCI als die »sauberste« Partei der Ersten Republik. Als der PRI-Vorsitzende Giovanni Spadolini 1981 Ministerpräsident wurde, erzielte die Partei ihre größten Wahlerfolge (1983: 5,1 %). Der rechte Flügel des PSI unter Giuseppe Saragat spaltete sich als *Partito Socialista dei Lavoratori Italiani* 1947 ab, weil er den Volksfrontkurs der Parteiführung nicht billigte. 1952 benannte sich die strikt antikommunistische Partei, die erhebliche finanzielle und politische Unterstützung von der US-Regierung und den US-Gewerkschaften erhielt, in *Partito Socialista Democratico Italiano* um. Aber sie konnte ihren Anspruch, eine sozialdemokratische Volkspartei nach deutschem oder skandinavischem Vorbild zu werden, nie einlösen. Die Wiedervereinigung mit dem PSI 1966 unter dem Namen *Partito Socialista Unificato* wurde nach einer schweren Wahlniederlage 1968 revidiert. Anschließend wurde der PSDI als Dauer-Regierungspartei zu einem reinen

Mehrheitsbeschaffer der DC und zu einem Teil des christdemokratischen Klientel- und Korruptionssystems.

Was für das DC-Milieu *Azione Cattolica* war – eine kulturell-gesellige Vorfeldorganisation, war für das gesamte linke und laizistische Milieu (also die Anhänger von PCI, PSI, PSDI und PRI) die 1957 gegründete *Associazione Ricreativa Culturale Italiana* (Verband für Erholung und Kultur; seit 1994 *Arci – Nuova Associazione;* seit 2006 *Associazione ARCI*) mit 1989 1,3 und 2004 1,1 Mio. Mitgliedern in rund 6.000 Basisorganisationen. Die *Arci* wollte Arbeitern kulturelle Angebote machen und sie durch Sport, Freizeitgestaltung, Tourismus usw. fördern und bilden. Nach und nach kam es zu einer Diversifizierung: so entstanden eigene *Arci* für Hobbyfischer und -jäger, für Jugendliche, Frauen, für Homosexuelle (*Arci Gay*), Feinschmecker (*Arci Gola*) oder Verbraucherschutz (*Movimento Consumatori*); auch die renommierte Umweltschutzorganisation *Lega per l'Ambiente* gehört zum *Arci*-Netzwerk. Die politisch-kulturelle Bedeutung der *Arci* liegt in der Integration der gesamten Linken, in der Regel zwar unter Führung des PCI, aber eben über das eigentliche Parteimilieu hinausreichend. Ihre Stärke und Handlungsfähigkeit zeigte die *Arci* etwa in der erfolgreichen Kampagne für die Ehescheidung (1973).

Anders als in Deutschland waren in Italien neofaschistische Parteien nie verboten. Vielmehr war der *Movimento Sociale Italiano* (Italienische soziale Bewegung) während der gesamten Ersten Republik mit 5 bis 8 % im Parlament vertreten. Parteiname und Abkürzung nahmen Bezug auf die *Repubblica Sociale Italiana*, die Republik von Saló. Der MSI verortete sich damit als neofaschistisch und bezog sich insbesondere positiv auf den Bewegungsfaschismus der Jahre 1918–1922 und den von den Nationalsozialisten gestützten Radikalfaschismus der letzten Kriegsjahre. Die Faustformel der MSI-Ideologie lautete *Non rinnegare e non restaurare* (Nicht abschwören, nicht wiederherstellen!) und besagte, dass man realpolitisch die bestehenden Machtverhältnisse akzeptierte, aber die faschistischen Werte und Ideale weiter propagieren wollte, um langfristig kulturelle Hegemonie zu gewinnen und dann ein neues faschistisches System zu etablieren. Zunächst zusammen mit den Monarchisten, nach deren Niedergang alleine, aber mit entsprechend mehr Sitzen bildete der MSI die äußerste parlamentarische Rechte. In den fünfziger Jahren gelang es dem MSI, mit den konservativen und klerikalen Kräften innerhalb der DC gute Beziehungen aufzubauen. MSI und DC regierten viele Städte und Gemeinden (vor allem im Süden) gemeinsam, und der MSI tolerierte verschiedene DC-Minderheitsregierungen. Erst seit der Öffnung der DC nach links unter Aldo Moro Anfang der sechziger Jahre entstand der seitdem immer wieder beschworene *arco costituzionale*: der MSI wurde aus dem Spektrum regierungsfähiger Partein ausgegrenzt, zumal der von 1969 bis 1987 amtierende Parteiführer Giorgio Almirante ein Altfaschist und seit 1938 Redakteur der antisemitischen Zeitschrift *La Difesa della Razza* (Die Verteidigung der Rasse) war.

Neben diesen sieben Parteien, die in allen Parlamenten der Ersten Republik vertreten waren, gewannen viele kleinere Parteien immer wieder einige Sitze. Dazu gehören einerseits Vertreter regionalistischer Interessen und nationaler Minderheiten wie die Südtiroler Volkspartei, der *Partito Sardo d'Azione*, die Union Valdôtaine aus dem Aostatal, *Lista per Trieste*, *Liga Veneta* oder *Lega Lombarda*, andererseits seit 1968 linksradikale Splitterparteien sowie die linksliberale Bürgerrechtsbewegung *Partito Radicale*.

5. Das Prinzip der *lottizzazione*

Das postfaschistische Italien war geprägt durch die starke Stellung, die die Verfassung dem Parlament, besonders bei der Regierungsbildung, einräumte. Zugleich erschwerte das Verhältniswahlrecht ohne Sperrklausel, das eine Vielzahl von Parteien ins Parlament brachte, die Mehrheitsbildung. Verschärfend kam hinzu, dass in Italien die politische Willensbildung durch Parteien keine Tradition hatte. Im Liberalen Italien war die wichtigste Funktion eines Abgeordneten der *raccordo al centro*, das hieß: Beziehungen zwischen Wahlkreis und Hauptstadt herzustellen. Man wählte ihn weniger wegen seines politischen Programms, sondern als Vertreter lokaler Interessen und maß seinen Erfolg daran, was er für seine Wähler erreichte – letztlich also, wie viel Geld er in seinen Wahlkreis lenkte. Es gab deshalb bis in die Erste Republik hinein keine politisch handlungsfähigen Parlamentsfraktionen, sondern diese zerfielen jeweils in mehrere Strömungen und Regionalgruppen. Deshalb kam es regelmäßig zu Regierungskrisen, auch bei sicheren Koalitionsmehrheiten. Nicht die Parteienzersplitterung war der wesentliche Destabilisierungsfaktor, sondern die mangelnde Kohärenz der Fraktionen, vor allem der allzeit größten und wichtigsten, der DC.

Vor dem Hintergrund des sehr stabilen Lokalismus und des ausgeprägten Familiarismus blieb auch in der Republik das Verhältnis zwischen Abgeordneten und Wählern stärker klientelistisch als von modernen Formen der Interessenvertretung und der Konfliktaustragung geprägt. Das galt in höherem Maße bei DC, PSI, PSDI und PLI, wo auch innerhalb der Fraktionen Klientelen existierten, während PCI oder PRI stärker von modernen Formen geprägt waren. Die Stärke des Klientelismus in Italien basiert im Wesentlichen auf zwei Faktoren: auf der Knappheit der zu verteilenden Pfründen (Arbeitsplätze, staatliche Konzessionen, Aufträge, Ehrungen usw.) und auf mangelnder Verfahrensgerechtigkeit und fehlender Transparenz bürokratischer Entscheidungen. Wo staatliche Institutionen nur schlecht und vor allem ungerecht funktionieren, ist der Einzelne auf einen Patron angewiesen, um seine Interessen durchzusetzen. Hinzu kommt, dass das Wahlsystem durch die Präferenzstimmen Politikern mit einer großen Klientel bessere Chancen bot.

Die meisten Wähler hatten seit 1946 für Parteien gestimmt, die in das Vorkriegsitalien politisch nicht integriert gewesen waren. Dies ist ein grundlegender Unterschied etwa zu Deutschland, wo über das Dritte Reich und den Zweiten Weltkrieg hinweg eine weitaus höhere Konstanz der Anhängerschaft der großen politischen Lager festzustellen ist, die von der Wahlforschung mit der Existenz relativ stabiler »sozialmoralischer Milieus« (Rainer Lepsius) erklärt wird. Nur vor dem Hintergrund der soziokulturellen Homogenität der Milieus können homogene Programmparteien mit einer geschlossenen Anhängerschaft entstehen, die um des gemeinsamen Zieles willen eigene (lokale) Interessen auch einmal zurückstellt. Dass die Parteien der Ersten italienischen Republik – mit Ausnahme des PCI und einiger kleinerer Parteien – keine Anhängerschaft entwickelten, die geschlossen ein Programm vertrat, verweist auf die territoriale Zerklüftung, die die Entstehung landesweiter Sozialmilieus verhinderte. Die meisten Parteien zerfielen in *correnti*, die in bestimmten Fragen beispielsweise aufgrund gemeinsamer regionaler Herkunft Strömungen in anderen Fraktionen näher standen als anderen Strömungen in der eigenen Fraktion. In diesem polyzentrischen System wurden nach jeder Verschiebung der Machtbalance zwischen den Parteien und *correnti* die wichtigen Posten im Staat wie auch Führungspositionen innerhalb der Parteien neu verteilt.

Der italienische Ausdruck für diese Pfründenwirtschaft heißt *lottizzazione* (Parzellierung). Gemeint ist damit die Verteilung von Posten in den staatlichen und parastaatlichen Verwaltungen nicht nach Fähigkeit oder Leistung, sondern nach Parteien- bzw. Strömungsproporz. Der *lottizzazione* unterworfen waren alle Stellen vom Minister und Staatssekretär bis hinunter zu den unteren Ebenen der Ministerialbürokratie und der allgemeinen Verwaltung sowie Führungsposten bei den staatlichen Banken und öffentlichen Unternehmen, bei den staatlichen Fernsehanstalten, im Gesundheitswesen, in Bildungseinrichtungen, in den Sozialversicherungen – teilweise sogar in den Gewerkschaften. Das System der Verteilung von lukrativen *poltroni* (Sesseln) reicht bis hinunter auf die lokale Ebene. So standen die meisten an der Mailänder *Scala* engagierten Sänger dem PSI nahe, der die Mailänder Kommunalpolitik lange dominierte. Für die öffentliche Meinung war die *lottizzazione* der gravierendste Ausdruck der *partitocrazia* oder sogar *correntocrazia*, also Parteien- oder Strömungsherrschaft. Mit der Zeit bildete sich ein förmliches Verfahren zur *lottizzazione* heraus, das nach seinem Erfinder als *manuale Cencelli* bezeichnet wird. Dieses Handbuch aus dem Jahre 1968 gab an, wie nach dem Stimmenanteil der Parteien und dem Gewicht einzelner Parteiströmungen Posten vergeben werden mussten.

Die Verteilung von Regierungs- und Verwaltungsposten nach dem *manuale Cencelli* war eine extrem ausgefeilte Form eines allgemeinen Charakteristikums der italienischen politischen Kultur: eine Segmentierung, die sich auch im Kulturbereich und in der Wissenschaftslandschaft spiegelt. Hier waren es weniger die einzelnen Strömungen und Parteien, sondern drei große politisch-moralische Lager – das kommunistisch-sozialistische, das liberal-laizistische und das katholisch-konservative – die eigene wissenschaftlich-politische Schulen, kulturell-intellektuelle Szenen, jeweils mit den zugehörigen Institutionen ausbildeten. Der britische Historiker Martin Clarke hat dies für die Geschichtsschreibung beschrieben: sie sei immer politisch engagiert, aber deshalb entweder hagiographisch oder denunziatorisch. Clarke charakterisierte die meisten Werke als »opernhaft«. Sie würden – aus ihrer jeweiligen Perspektive – die Geschichte schreiben als Auseinandersetzung zwischen Gut und Böse, als Melodrama mit Schurken und Rachefeldzügen. Clarke unterscheidet in der Geschichtsschreibung fünf Schulen: eine liberale in der Tradition Benedetto Croces, eine kommunistische, eine katholische, eine radikal-demokratische und eine neofaschistische. Jede hat ihre Fachzeitschriften, Forschungsinstitute und Lehrstühle; die Kommunikation zwischen den verschiedenen Lagern ist hingegen unterentwickelt. Die segmentierte politische Kultur hat auch das Bild der *resistenza* beeinflusst: es war geprägt von kanonischen Darstellungen aus der unmittelbaren Nachkriegszeit, die die kommunistische (Luigi Longo), die christdemokratische (Raffaele Cadorna) und die radikal-demokratische Erinnerung (Leo Valiani) repräsentieren.

Eine kritische Reflexion der faschistischen Epoche fiel dabei weitgehend unter den Tisch: es gab in den neunziger Jahren zwar mehr als ein Dutzend wissenschaftlicher Institute zur Erforschung der *resistenza*, aber keines zur Beschäftigung mit dem Faschismus. Die Ritualisierung der *resistenza*, die den unterschiedlichen Deutungen gemein war, und »die scheuklappenartige Einengung der Kriegserinnerung auf die angeblich allumfassende Anstrengung zur Selbstbefrei-ung« (Lutz Klinkhammer) waren mit einer Verdrängung der Mitverantwortung am Zweiten Weltkrieg und der italienischen Kriegsverbrechen verbunden. Erst allmählich entstand eine Erinnerungskultur, die die *italienischen* Ursachen für die Verbrechen des faschistischen Regimes wahrnimmt, die bis dahin weitgehend als von den Nazis oktroyiert und der italienischen Mentalität wesensfremd angesehen wurden. So gedachte die Gemeinde Marzabotto jahrzehntelang der Opfer eines von Deutschen verübten Massakers sowie der beim faschistischen Überfall auf Griechenland gefallenen Soldaten in *einer* Gedenkfeier.

Dieser – insbesondere aus deutscher Perspektive – unreflektierte Umgang mit der faschistischen Vergangenheit hat sich seit dem Zusammenbruch der Ersten Republik, und seitdem die Nachfolgepartei des neofaschistischen MSI (*Alleanza Nazionale*) an den verschiedenen Berlusconi-Regierungen führend beteiligt war, zu einem *revival* faschistischer Insignien und zu einem verharmlosenden bis verherrlichenden Umgang mit der Mussolini-Zeit gesteigert. Der Vergleich mit dem Stalinismus und dem Nationalsozialismus diente dazu, die Verbrechen des Faschismus zu bagatellisieren. Der Geburtsort des *duce* – Predappio in der Provinz Forlí – ist eine Wallfahrtsort für Mussolini-Fans geworden. In der Subkultur der *tifosi* spielen faschistische Insignien als Erkennugszeichen und Provokation eine große Rolle. Und die steinernen Hinterlassenschaften des Regimes erfreuen sich andauernder Beliebtheit, während man Erinnerungsorte für die Opfer suchen muss.

Die Fragmentierung der Staatsmacht, die aus dem Politikverständnis resultiert, dem zufolge ein Politiker in erster Linie die Interessen seiner Klientel vertreten soll, und die durch die Auslagerung staatlicher Funktionen in parastaatliche Institutionen verstärkt wurde, wurde seit 1948 unter der Herrschaft der DC weiter vorangetrieben und geradezu zum Herrschaftsprinzip. Die ihrerseits in Strömungen und Regionalverbände fragmentierte Staatspartei benutzte die Pfründenvergabe immer als Kitt, um die unterschiedlichen Interessen in ihren Reihen zusammenzuhalten und weitete deshalb das Prinzip der *lottizzazione* auf alle staatlichen und parastaatlichen Institutionen aus. Zweckrationale Stellenbesetzungen und Entscheidungen spielten in Politik und Verwaltung eine geringere Rolle als Proporzdenken und Formelkompromisse, die niemandem weh tun sollten. Die Konsequenzen waren Blockade, Untätigkeit und vielfach Inkompetenz.

Auch die Gewerkschaften waren im Zuge des Zerfalls der »antifaschistischen Einheit« in drei große politische Blöcke zersplittert; Entsprechendes gilt für Wissenschaft, Kunst und Kulturszene. Auf allen Ebenen war die Erste Republik durch ein Nebeneinander verschiedener politisch-kultureller Lager geprägt, die kaum miteinander kommunizierten. Die größte und wichtigste Konkurrenz zur dominanten katholischen Mittelschichtsgesellschaft der DC und ihrer Juniorpartner bildete der PCI als Partei und das linke, laizistische Milieu als Subgesellschaft. Da sie jedoch prinzipiell von der Regierungsübernahme auf nationaler Ebene ausgeschlossen blieben, kam es nie zu einem Wechsel der großen Lager, sondern zu einer zunehmenden Erstarrung in der Segmentierung.

Kapitel 6
Außenpolitik: Vom »Lumpenimperialismus« zum Stützpfeiler der europäischen Einigung

Seit der Nationalstaatsgründung hatte Italien eine vom sprichwörtlichen *sacro egoismo* (heiligen Egoismus) geprägte Außenpolitik betrieben. Rivalitäten und Gegensätze zwischen den übrigen Mächten wurden ausgenutzt, um im Konzert der Großmächte mitspielen zu können, obwohl dies die militärischen, ökonomischen und politischen Möglichkeiten des Landes überforderte. Zuletzt hat sich Benito Mussolini mit seinem Bemühen um eine unabhängige Machtpolitik trotz immer stärkerer Abhängigkeit vom NS-Reich in diese Tradition gestellt. In der Linken kursierte für diese Großmachtpolitik auf tönernen Füßen Lenins Begriff »Lumpenimperialismus«, weil Italien imperialistische Ziele nur mit Hilfe und teilweise auf Kosten stärkerer Mächte verfolgen konnte.

Seit 1945 brachen die italienischen Außenminister mit dieser Tradition. Es begann eine Phase zuvor nicht gekannter Berechenbarkeit. Neben dem Generationswechsel am Beginn der Ersten Republik trug die Abschaffung der Monarchie zur Kehrtwende bei, da die Könige immer großen Einfluss auf die Außenpolitik hatten. Nach der Übergangsphase der Allparteienregierungen beendete die Regierung 1948 das außenpolitische Lavieren. Die Entscheidung für den Westen wurde belohnt: trotz seiner Mitverantwortung für den Zweiten Weltkrieg gehörte Italien zu den Gründungsmitgliedern der NATO und der EWG. Die ökonomische und politische Unterstützung durch den Westen erleichterte den Abschied von Großmachtträumen erheblich. Auch wenn oft von einer Übermacht des Parlaments im Verfassungssystem der Ersten Republik die Rede ist: in der Außenpolitik war es kaum präsent, obwohl beide Kammern nach Art. 89 Mitspracherechte haben. Obwohl die Außenpolitik seit 1945 insgesamt durch Realismus bestimmt war, schimmerte doch gelegentlich das außenpolitische Ziel früherer Zeiten durch: der Wunsch nach Gleichrangigkeit mit Frankreich und Großbritannien, insbesondere im Mittelmeerraum. Im Folgenden können nur einige zentrale Aspekte behandelt werden: das Verhältnis zum wichtigsten Verbündeten USA, Italiens Rolle bei der europäischen Einigung, sein Engagement im Mittelmeerraum, den Rom als seine Einflusssphäre begriff, und in der arabischen Welt.

Andere interessante Aspekte werden nur am Rande behandelt: insbesondere die recht gut erforschten deutsch-italienischen Beziehungen. Dass ein weiterer Gesichtspunkt, nämlich Entwicklungshilfe für die Länder des Südens, nicht diskutiert wird, hat strukturelle Ursachen und markiert eine Differenz zwischen den politischen Kulturen Italiens und der Bundesrepublik. Obwohl es auch in Italien seit »1968« eine breite Solidaritätsbewegung mit der Dritten Welt gegeben hat, obwohl gerade auch Linkskatholiken in der DC sich in dieser Richtung engagierten und obwohl die lateinamerikanische Befreiungstheologie auf große Sympathie stieß, hat keine Regierung je die Entwicklungszusammenarbeit besonders gefördert oder auch nur rhetorisch in den Vordergrund geschoben. Vielmehr wurde die Hilfe für die Dritte Welt hauptsächlich von der katholischen Kirche organisiert. Die Regierungen sahen die Hilfe für Dritte Welt-Länder fast ausschließlich unter Außenhandelsgesichtspunkten. Italien unterscheidet sich hierin auch von anderen ehemaligen Kolonialmächten wie Großbritannien und Frankreich, in deren Außenpolitik die Entwicklungszusammenarbeit eine wichtige Rolle spielt.

1. US-Einflüsse: Marshallplan, Little Italy und Hollywood

Seit dem Zweiten Weltkrieg waren die USA immer der wichtigste außenpolitische Partner Italiens. Anders als etwa Deutschland oder Frankreich hat Italien nie eine besonders enge Beziehung zu einem seiner Nachbarländer entwickelt. Was die *special relationship* zu den USA angeht, ist Italien bis in die Gegenwart hinein am ehesten Großbritannien vergleichbar, nur dass Italien bei weitem nicht dessen weltpolitisches Gewicht und militärisches Potenzial hat. Italiens Bedeutung für die USA resultierte vor allem aus seiner geographischen Lage direkt an der europäischen West-Ost-Grenze. Zwei weitere wesentliche Gründe für das außergewöhnliche Engagement der USA liegen in der als Bedrohung empfundenen Stärke der Kommunistischen Partei und in der Bedeutung der wohl organisierten Italo-Amerikaner als Wählergruppe. Präsident Harry Truman, der die Weichen für das Nachkriegsengagement der USA stellte, verdankte 1948 seine Wiederwahl einer Kampagne führender Italo-Amerikaner, die im Gegenzug erwarteten, dass Truman ihre ökonomischen und politischen Interessen vertrat.

Für keine US-Regierung war eine kommunistische Regierungsbeteiligung oder gar die Machtübernahme durch den PCI akzeptabel. Kommunistische Minister in einem NATO-Staat erschienen vor allem wegen des Zugangs zu geheimen Planungen und Dokumenten als Bedrohung der Sicherheit der USA. Entsprechend vermieden US-Vertreter jeden offiziellen Kontakt mit KP-Funktionären und verweigerten ihnen die Einreise in die USA. Im Vergleich zur Bundesrepublik und zu Österreich, den anderen Verlierern des Zweiten Weltkriegs, galt Italien als Sorgenkind, dessen politische Verhältnisse trotz massiver Wirtschaftshilfe und trotz eines rasanten ökonomischen Aufschwungs instabil blieben. Weil Washington meinte, durch eine Stabilisierung des Landes eine kommunistische Regierungsbeteiligung zu verhindern, erhielt Italien nicht nur vielfältige ökonomische, militärische und politische Unterstützung. Die USA mischten sich auch so stark in die Innenpolitik ein wie in keinem anderen europäischen Land.

Die massive Unterstützung für die *Democrazia Cristiana* und ihre Verbündeten im Richtungsstreit mit den Linksparteien erreichte einen ersten Höhepunkt während des Wahlkampfes im Frühjahr 1948. Die USA halfen damals auf allen Ebenen: Sie lieferten z.B. Waffen für die Polizei – um kein Aufsehen zu erregen und weil die Hafenarbeiter als links galten – mit der Eisenbahn aus Deutschland. Sie schenkten der Regierung in Rom mehr als dreißig Schiffe und stellten Tausende Filmrollen zur Verfügung – sowohl Propagandafilme über das westliche politische System und den Marshallplan als auch Hollywood-Streifen. »Ninotschka« – eine Satire von Ernst Lubitsch und Billy Wilder über das Leben in der UdSSR mit Greta Garbo in der Titelrolle – sahen im April 1948, in der Endphase des Parlamentswahlkampfes, ca. fünf Millionen Italiener *pro Woche*. Prominente Italo-Amerikaner kamen ins Land, um für den American Way of Life zu werben und vor dem Kommunismus zu warnen. Besonders wirksam war eine Kampagne der New Yorker Zeitung *Il progresso italo-americano*, die ihre Leser aufforderte, ihren Verwandten einen bereits ausformulierten Brief zu schicken, dessen Tenor lautete: ein kommunistischer Wahlsieg wäre eine schlimmere Katastrophe als der verlorene Krieg. Unmittelbar vor dem Wahltag lancierte dieselbe Zeitung eine entsprechende Telegrammaktion. Nachdem sich die DC im Herbst 1947 in einem Stimmungstief befunden hatte, waren die Aktionen der US-Administration und italo-amerikanischer Organisationen entscheidend für den überwältigenden Erfolg Alcide De Gasperis.

Die Beziehungen zwischen den USA und Italien waren jedoch keineswegs so einseitig, wie es auf den ersten Blick zu erwarten ist. Führende DC-Politiker versuchten, die US-Administrationen zu beeinflussen und für ihre jeweiligen Interessen innerhalb des römischen Machtpokers zu instrumentalisieren. So warnten Anfang der fünfziger Jahre italienische Politiker die Eisenhower-Administration mehrfach vor einem Dialog mit der UdSSR: Ost-West-Entspannung werde das italienische politische System destabilisieren, weil die Hemmungen bürgerlicher und katholischer Wähler sänken, ihre Stimmen dem PCI zu geben. Oder konservative Politiker in Rom erfanden 1962 eine US-Rüstungsinitiative für Italien, um Koalitionsverhandlungen zwischen der DC und dem pazifistischen PSI zu hintertreiben.

Das Verhältnis Roms zu den USA ist geprägt von einer Mischung aus Gehorsam und Eigenständigkeit. Das zeigte sich bereits an den Reaktionen auf den Marshallplan. Unmittelbar nach seiner Verkündung durch den US-Außenminister im Juni 1947 griff Rom das *European Recovery Program* begeistert auf. Außenminister Carlo Sforza (PRI) versuchte, sein Land an die Spitze der europäischen Empfängerländer zu setzen, um – wie er in seinen Memoiren schreibt – »unsere Stellung unter den Nationen Europas wieder zu gewinnen«. US-Emissäre berichteten von unrealistischen Erwartungen und attestierten der römischen Regierung eine »Einkaufslisten-Mentalität«. Denn die italienische Regierung weigerte sich, die politischen Implikationen des Marshallplans zu akzeptieren. Denn auch wenn die Truman-Administration behauptete, die Hilfe richte sich gegen keine Ideologie, sondern allein gegen Hunger, Armut, Verzweiflung und Chaos, ging es doch keineswegs nur um den Wiederaufbau. Die USA betrieben mit ihrer Wirtschaftshilfe zugleich antikommunistische Blockbildung in West- und Mitteleuropa. In Italien gab es aber nicht nur auf der Linken, sondern auch in der DC (selbst bei De Gasperi) erheblichen Widerstand gegen eine Einbindung in den Westen. Denn auch die katholische Soziallehre war in der Nachkriegszeit überwiegend pazifistisch und neutralistisch ausgerichtet. Bei der Überwindung der Widerstände gegen die Westbindung spielte die Weihnachtsansprache Pius' XII. 1948 eine wichtige Rolle. Denn er unterschied christlichen Pazifismus von »passiver Indifferenz« und erklärte, die Völker seien verpflichtet, einander gegen Aggression zu schützen.

Nicht nur hinsichtlich der politischen Implikationen, sondern auch über die ökonomische Ausrichtung gab es Streit zwischen der Regierung in Rom und den US-Emissären. Die Grundidee des Marshallplans war es, dass die USA neben Krediten auch Waren, insbesondere Lebensmittel und Rohstoffe, zur Verfügung stellten. Aus den dafür erzielten Erlösen sollten Fonds in der Landeswährung gebildet werden, die die nationalen Regierungen für Entwicklungsprojekte einsetzen sollten. Über die Verwendung dieser Gelder gab es permanent Streit zwischen Rom und den US-Beratern. Da die Devisenreserven Italiens durch den Krieg und die Misswirtschaft Mussolinis völlig verbraucht waren, wollte der monetaristische Finanzminister Luigi Einaudi (PLI) die eingehenden Gelder zur Bildung einer neuen Devisenreserve einbehalten, während die US-Berater stärker keynesianisch geprägt waren. Erst nachdem Einaudi im Mai 1948 ins Präsidentenamt befördert worden war, kam die Regierung den US-Forderungen nach, die Marshallplan-Gelder vornehmlich in Branchen zu lenken, die für den einheimischen Markt produzierten, die Wirtschaft also über den privaten Konsum anzukurbeln. Zwar ist die US-Hilfe in der unmittelbaren Nachkriegszeit bisher nicht systematisch untersucht worden, aber so viel scheint klar: Geld floss seit 1949 nicht nur wieder in die Devisenreserven der *Banca d'Italia*, sondern – neben vielen wirtschaftlich sinnvollen Projekten – wurde auch einiges in den Parteiapparat der DC umgeleitet. Aus Aufzeichnungen des italo-amerikanischen Kongressabgeordneten Victor L. Anfuso geht hervor, dass auch die Entstehung der *correnti* durch zweckentfremdete US-Hilfe gefördert wurde. Mit Billigung aus Washington wurden Hilfsgüter von der DC weiterverkauft. Um die so »verdienten« Gelder gab es erbitterten Streit zwischen verschiedenen *correnti*. Letztlich wurde damit die Absicht der USA konterkariert, eine schlagkräftige und geschlossene, das liberale und katholische Lager integrierende Regierungspartei zu schaffen.

Italien erhielt nicht nur mit 1,6 Mrd. Dollar nach Großbritannien und Frankreich die dritthöchste Marshallplan-Hilfe. Im April 1949 gehörte das erst vier Jahre zuvor besiegte Land auch zu den Gründungsmitgliedern der NATO. Dies bedeutete eine Revision des erst 1947 von den NATO-Gründern USA, Großbritannien und Frankreich diktierten Friedensvertrages. Denn dieser enthielt

Rüstungsbeschränkungen, die Italien auf absehbare Zeit zu einem militärisch unbedeutenden Land machten. Gegen den Beitritt zur westlichen Verteidigungsgemeinschaft gab es erheblichen Widerstand in der Regierung, der Öffentlichkeit und den Eliten Italiens. Aber die weltpolitische Situation hatte sich gegenüber 1947 grundsätzlich verändert: Italien war von einem besiegten und politisch bedeutungslosen Land zu einem Staat in strategischer Lage an der Grenze zwischen den Einflusssphären der Supermächte geworden. Aus einer Randlage war es dank des Kalten Krieges in eine Schlüsselrolle in Europa und im Mittelmeerraum gerückt. Italien war der einzige NATO-Gründerstaat, der sich entlang der Ost-West-Grenze erstreckte, die Europa für die nächsten vierzig Jahre spaltete. Seit Jugoslawiens Bruch mit der UdSSR war diese Frontstaatenrolle abgemildert. Aber im Zuge der Entwicklung von Mittel- und Langstreckenraketen blieb die strategische Bedeutung der Apenninhalbinsel als »größter Flugzeugträger der NATO« erhalten.

Auf einer DC-Konferenz im November 1948 gab es eine denkwürdige Debatte um die Westbindung. De Gasperi bekannte in typisch realpolitischer Rhetorik, er sei »unter Schmerzen« zu der Erkenntnis gelangt, dass das militärisch schwache Italien des Schutzes durch die NATO bedürfe. Seine innerparteilichen Gegner vom Gewerkschaftsflügel, aber auch aus dem Unternehmerverband *Confindustria* und in den kleineren Linksparteien (PRI mit Außenminister Sforza und PSDI) strebten eine europäische Föderation an, die im Ost-West-Konflikt neutral bleiben sollte. Für diese »Neutralisten« resultierte der Kalte Krieg mehr aus der Rivalität der Supermächte als aus einem politisch-kulturellen Wertegegensatz. Sie fürchteten außerdem, ein NATO-Beitritt werde PCI und PSI nützen, die nach der Niederlage der Volksfront von 1948 in der Defensive waren. Dass in der Parlamentsabstimmung im April 1949 schließlich nur drei Christdemokraten gegen den NATO-Beitritt stimmten, war der Parteinahme Pius' XII. zu verdanken, einer massiven Werbekampagne mit US-Unterstützung sowie einer Teilrevision des Friedensvertrags von 1947 in der Triestfrage und bei den Rüstungsbeschränkungen. Letztlich ging auch De Gasperis Kalkül auf, dass die Polarisierung um den NATO-Beitritt auf der Linken zur Trennung des eher westlich orientierten PSI und bürgerlicher Sympathisanten vom PCI führte und langfristig sogar zur Abnabelung des PCI von der Kominform beitrug.

Die auf der Linken verhasste Repräsentantin der antikommunistischen US-Einflussnahme in Italien war in den fünfziger Jahren die Botschafterin Clare Boothe Luce, eine Schriftstellerin und Kongressabgeordnete, die den italienischstämmigen Medientycoon Henry Luce, den Verleger so wichtiger Zeitschriften wie *TIME*, *Life* und *Fortune*, geheiratet hatte. Luce war in doppelter Hinsicht eine Überzeugungstäterin beim Kampf gegen atheistische und linke Ideen. Kurz vor ihrer Betrauung mit dem Botschafterposten war sie zum Katholizismus konvertiert und außerdem eine glühende Antikommunistin. Als *hardliner* eignete sich Luce auch als Projektionsfläche für antiamerikanische Verschwörungstheorien. Vielfach ist ihr amateurhaftes, plumpes Vorgehen angeprangert worden. Aber die Grundlinien der US-Politik bestimmte der *National Security Council* (NSC). Am Wichtigsten für die Italienpolitik war ein NSC-Beschluss aus den frühen Fünfzigern, der mehrfach modifiziert, aber erst 1978 revidiert wurde. Darin heißt es, »mit allen realisierbaren Maßnahmen« müsse verhindert werden, dass Italien unter die Herrschaft von PCI oder des »derzeitigen PSI« gelange, aber ebenso dass die Neofaschisten an die Macht kämen. »Alle politischen Möglichkeiten« sowie wirtschaftliche und militärische Hilfe wollten die USA einsetzen, um die Regierung in Rom zu bewegen, die organisatorische und finanzielle Basis sowie den politischen Einfluss des PCI zu unterminieren. Gleichzeitig sollten alle Organisationen, insbesondere Gewerkschaften gefördert werden, die den Kommunismus entschieden bekämpften. Luce war in erster Linie das ausführende Organ, auch wenn sie einen besonders scharfen Ton anschlug und entsprechend heftigen Antiamerikanismus auslöste. Zugleich jedoch vertrat sie italienische Angelegenheiten auf höchster Ebene in Washington. Sie hatte direkten Zugang zu Präsident Dwight D. Eisenhower und beste Beziehungen zu wichtigen Männern in seiner Administration. Über ihren Ehemann konnte sie die öffentliche Meinung für Probleme und Interessen Italiens sensibilisieren.

Italien gehörte in Europa zu den Profiteuren des Kalten Krieges. Seine strategisch bedeutende Grenzlage verlieh ihm überproportionales Gewicht im internationalen Gefüge. War das Land einerseits ein Tummelplatz westlicher Einmischungen, so trugen doch andererseits der Westen und vor allem die USA maßgeblich dazu bei, nach Jahrzehnten der Instabilität in Italien einen enormen ökonomischen Aufschwung in Gang zu setzen und eine liberale Demokratie zu installieren – wenn auch nicht immer mit lupenreinen Methoden. Am wenigsten erfolgreich waren die USA bei ihren teilweise hysterisch anmutenden Versuchen, die Kommunisten zu bekämpfen. Sie vergrößerten das aus der *resistenza* abgeleitete Ansehen des PCI, der einen durchaus nationalistisch konnotierten Eigensinn verkörperte und eine rebellische Grundhaltung gegen alle Herrschenden (sowohl im Lande als auch im Weltmaßstab) einnahm. Den USA gelang es nicht, den »antifaschistischen Konsens« nachhaltig zu durchbrechen, dass der PCI zum *arco costituzionale*, also zu den staatstragenden Kräften, gehöre.

Viel wirksamer als alle Subversionsversuche war der kulturelle Einfluss der USA (s. S. 54 ff.). Dieser war äußerst vielschichtig und ist kaum präzise zu bestimmen. Am greifbarsten und anschaulichsten ist der Einfluss, den amerikanische Kultur und Mentalität durch Filme ausübte, die die USA zum Inbegriff von Wohlstand, aufregend-modernem Leben und attraktiver Jugendlichkeit werden ließen. Insbesondere DC-Politiker suchten die Nähe zu Hollywoodstars und ließen sich gerne mit ihnen fotografieren. Ein berühmtes Wahlplakat der DC zeigt Tyrone Power und die Parole »Auch Hollywoodstars sind gegen den Kommunismus«. Der Starkult trieb die antiamerikanische Linke in die Defensive.

2. Zwischen Eigensinn und US-Gefolgschaft

Der frühere US-Sicherheitsberater und Außenminister Henry Kissinger hat in seinen Memoiren geschrieben, bei jedem Besuch in Italien habe er den Eindruck gehabt, das Wichtigste sei die Ankunft auf dem Flugplatz und die Berichterstattung darüber in den internationalen Medien gewesen: Diese zeigte, dass die USA Italien wichtig nahmen und produzierte den fotografischen Beweis, dass die italienischen Staatsmänner von den Amerikanern konsultiert würden. Hingegen hätten die Diskussionen hinter geschlossenen Türen die italienischen Politiker wenig interessiert. Damit bediente Kissinger ein verbreitetes Klischee: den italienischen Regierungen gehe es immer primär um Prestige und um das sprichwörtliche *fare bella figura* (gut dastehen). Aber neuere Studien zur internationalen Politik betonen Italiens Eigenständigkeit und die Verfolgung spezifischer Interessen im Rahmen der NATO und beim Aufbau des Vereinten Europas.

Dank der Unterstützung durch den Westen und durch geschicktes Taktieren des liberalen Außenministers Gaetano Martini ließen sich 1954/55 zwei Fragen lösen, die der italienischen Diplomatie im Wege standen: Im Oktober 1954 wurde der Triest-Konflikt durch die Teilung des im Pariser Friedensvertrag geschaffenen Freistaates gelöst: die Stadt wurde Italien zugesprochen, das Umland ging an Jugoslawien. Damit wurden der Dauerkonflikt über die gemeinsame Verwaltung und ein europäischer Krisenherd – immer wieder kam es zu blutig niedergeschlagenen Protesten – aus der Welt geschafft. Und im Dezember 1955 ließ die UdSSR den UNO-Beitritt Italiens zu: seit 1949 hatten die Westmächte die Aufnahme beantragt, waren aber immer am sowjetischen Veto gescheitert.

Das Schlagwort, unter dem sich seit den fünfziger Jahren eine eigenständigere Außenpolitik entwickelte, hieß »Neoatlantizismus«. Politiker vom linken DC-Flügel propagierten diese Neuorientierung, allen voran der damals wichtigste DC-Politiker Amintore Fanfani, der mehrfach Ministerpräsident und Außenminister war, sowie Staatspräsident Giovanni Gronchi (1955–1962) und der Chef der staatlichen Ölholding ENI Enrico Mattei. Der Begriff »Neoatlantizismus« wurde 1957 von Giuseppe Pella, der gleichfalls mehrfach Außenminister war, geprägt und offiziell zur Leitlinie der Regierungspolitik erklärt. »Neoatlantizismus« bedeutete eine Erweiterung des NATO-Atlantizismus um eine eigenständige Mittelmeerpolitik sowie um das Streben nach größeren Handlungsspielräumen – allerdings immer im Rahmen der NATO. Die Neoatlantiker strebten eine privilegierte Partnerschaft zwischen Washington und Rom an, wie sie die beiden angelsächsischen Großmächte verband, und damit eine Anerkennung des wachsenden ökonomischen Gewichts Italiens. Darüber hinaus sollte Italien frei sein, Wirtschaftsbeziehungen mit den kommunistischen Großmächten UdSSR und China zu knüpfen. In diesen Bemühungen um mehr Einfluss und Handlungsfreiheit war einerseits die Konkurrenz zur Bundesrepublik unübersehbar, andererseits der Druck, der von der permanenten Polemik der Opposition gegen das servile Verhältnis der Regierung zu Washington ausging.

Die stärkere Betonung der eigenen Interessen führte zu einer Annäherung zwischen dem linken DC-Flügel und dem PSI, der, anders als der von US-Geldern abhängige PSDI eine nationalistischere Außenpolitik verlangte. Der Neoatlantizismus bereitete also auch den Weg für das Mitte-Links-Bündnis, das seit 1962 den PSI in Regierungskoalition einband. Die Neoatlantiker pochten auf die Ausführung des sonst wenig beachteten Artikels 2 des NATO-Vertrages, der besagte, dass die NATO auch ökonomisch zusammenarbeiten solle. Denn eine positive wirtschaftliche Entwicklung verringere die »kommunistische Gefahr« im Innern: linke Parteien, Gewerkschaften und unzufriedene Unterschichten. Für ein Land, das sich von der Sowjetunion kaum bedroht fühlte und höhere Militärausgaben scheute, lag es nahe, den ökonomischen Aspekt der NATO zu betonen.

Die Eisenhower-Administration argwöhnte, der Neoatlantizismus könne sich mit Forderungen nach Neutralität zwischen den Blöcken verbinden und so zu einem Kristallisationspunkt für Bestrebungen werden, die auch in anderen NATO-Staaten einflussreiche Befürworter hatten und ein Vereintes Europa neben den Supermächten etablieren wollten. Als etwa PSI-Chef Pietro Nenni 1957 mit dem Labour-Politiker Aneurin Bevan eine Kampagne für ein blockfreies Europa lancierte, sorgte dies in Washington für erhebliche Unruhe. Die US-Administration erkannte aber auch an, dass der Neoatlantizismus dazu beitrug, dass in den USA die Konflikte im Nahen Osten und im Mittelmeerraum stärker wahrgenommen wurden und dass er die nicht-militärischen Bindungen zwischen den europäischen NATO-Staaten stärkte. Aus dieser ambivalenten Bewertung heraus neigten die USA dazu, gemäßigten Neoatlantikern wie Fanfani und Außenminister Martino (PLI) den Rücken zu stärken. Radikalen widersprachen sie entschieden – so etwa Gronchi, Mattei oder auch dem populären Bürgermeister von Florenz Giorgio La Pira (DC). La Pira plädierte für »demokratische Diplomatie«, also für direkte Kontakte zwischen Bürgern und Institutionen in Ländern beiderseits des Eisernen Vorhangs und wurde einer der wichtigsten Initiatoren der pazifistischen Bewegung in Italien.

Der Erfolg der Neoatlantiker lässt sich in der Alessandro Brogi geprägten Formel zusammenfassen, dass Italien sich von einem Klienten der USA zu einem Partner entwickelte, der allerdings sich seiner Unterlegenheit und seiner Verpflichtung zur Loyalität in Grundsatzfragen immer bewusst geblieben ist. Einem weiter gehenden Erfolg der außenpolitischen Ambitionen Italiens während des Kalten Krieges und einem wachsenden internationalen Einfluss standen die Schwächen des diplomatischen Apparates im Wege, das fehlende Charisma der Außenminister sowie die Instabilität der Regierungen, die zu häufig auf innenpolitische Entwicklungen Rücksicht nehmen mussten. Hier zeigt sich auch die partielle Berechtigung der Süffisanz in der eingangs zitierten Kissinger-Bemerkung: Italien wollte zwar aus

Prestigegründen bei allen Organisationen im Mittelmeerraum, im Nahen und Mittleren Osten dabei sein und in alle Initiativen des Westens einbezogen werden, versagte aber nach Ansicht des State Department immer, wenn es darum ging, diese Initiativen inhaltlich zu bestimmen. Die Regierung in Rom tanzte außenpolitisch häufig auf zu vielen Hochzeiten und war darum unfähig, klar Position zu beziehen, weil sie überall beliebt sein und sich nie *gegen* eine Seite stellen wollte. Dies galt insbesondere im Nahostkonflikt: Trotz sehr guter und lange gewachsener Kontakte zu allen Konfliktparteien spielten italienische Diplomaten nie eine Rolle wie etwa die Vertreter Großbritanniens oder Frankreichs.

Konkret ging es bei der neuen, eigenständigeren Außenpolitik vor allem um die Zusammenarbeit mit verschiedenen arabischen Nationalismen und mit blockfreien Staaten in Afrika und Asien. Italien plädierte immer wieder dafür, der UdSSR, die die neuen Nationalstaaten heftig umwarb, mit Kooperationsangeboten des Westens entgegenzutreten. Zugleich wollte die Regierung in Rom ein Bindeglied zwischen dem Westen und den vom Kolonialismus befreiten Nationen sein. Das erste Objekt solcher Bemühungen war das Ägypten Nassers, das 1956 wegen der Verstaatlichung des Suezkanals Krieg gegen Italiens NATO-Partner Großbritannien und Frankreich führte. Fanfani und Martino versuchten mit wenig Erfolg zu vermitteln. Anschließend versuchte Italien, enge Beziehungen mit den in Syrien, Jordanien und dem Irak während der sechziger Jahre erstarkenden Baath-Parteien aufzubauen, seit 1969 dann mit dem charismatischen Putschisten Gaddafi in Italiens früherer Kolonie Libyen. Der Versuch einer engen Zusammenarbeit mit den neuen, antiwestlich orientierten arabischen Nationalstaaten entsprang nicht zuletzt einem ökonomischen Kalkül: Italien als Land ohne nennenswerte Rohstoffvorkommen war für seinen wirtschaftlichen Erfolg in hohem Maße von Ölimporten abhängig. Unmittelbar nach der Beilegung des Suezkonfliktes konnte Italien den Lohn seiner Politik kassieren. Die staatliche Energieagentur ENI unter dem radikalen Neoatlantiker Mattei übernahm 20 % der ägyptischen Ölfördergesellschaft. Im September 1957 gelang der ENI ein weiterer spektakulärer Vertragsabschluss – diesmal mit der staatlichen iranischen Ölgesellschaft. Beide Male hatte die ENI das Kartell der großen Konzerne aus den USA, Großbritannien, Frankreich und den Niederlanden ausgestochen. Spätestens mit diesen Deals wurde ENI-Chef Mattei zu einer Schlüsselfigur im Nachkriegsitalien. Mit seinem Reichtum und seinen guten internationalen Beziehungen versuchte er, innen- wie außenpolitisch eigene Akzente zu setzen, obwohl er nie ein Regierungsamt innehatte. Mattei ging es um eine Minderung des US-Einflusses, langfristig sogar um eine neutrale Stellung des Landes außerhalb der NATO.

Bei dem verstärkten Engagement Italiens im Nahen Osten spielte auch die Konkurrenz zur Bundesrepublik eine Rolle: das Außenministerium fürchtete, dass Westdeutschland Italien den Rang als drittwichtigstes Land in Westeuropa (nach Großbritannien und Frankreich) ablaufen könne, zumal auch Bonn sich in der arabischen Welt engagierte. Aber Rom griff in zu viele Konflikte gleichzeitig ein und überspannte damit seine Möglichkeiten.

3. Pionier der europäischen Einigung

Ende der fünfziger Jahre war der Versuch der Neoatlantiker, durch Initiativen im Nahen Osten und eine privilegierte Partnerschaft zu den USA mehr internationalen Einfluss für Italien zu gewinnen, gescheitert. Als kurzfristig weniger spektakulär, aber langfristig wesentlich erfolgreicher erwies sich die Arbeit an der Einigung Europas, die seit De Gasperi eines der zentralen Felder der italienischen Außenpolitik gewesen ist. Anders als der NATO-Beitritt, den er rein realpolitisch begründet hatte, war De Gasperi sein Einsatz für die europäische Einigung eine Herzensangelegenheit. In Robert Schuman und Konrad Adenauer fand er zwei verlässliche und kongeniale Partner aus den beiden anderen großen Ländern, die mit den Benelux-Staaten die politisch-ökonomische Annäherung nach dem Krieg vorantrieben. De Gasperi, Schuman und Adenauer teilten nicht nur Katholizismus und Konservativismus. Sie kamen auch alle aus europäischen Grenzregionen, in denen der Nationalismus weniger stark entwickelt war und die besonders unter den fast fünfzigjährigen kriegerischen Konflikten des 20. Jahrhunderts in Europa gelitten hatten: De Gasperi aus dem Trentino, Schuman aus Luxemburg und Adenauer aus dem Rheinland. Wohl deshalb zielten alle drei weit über das von den USA durch Marshallplan und NATO initiierte und mittelfristig erwartete Ausmaß einer Erneuerung und Befriedung Europas hinaus. Neben den allgemeinen politischen Zielen einer Aussöhnung Europas und einer gemeinsamen Entwicklung kam bei De Gasperi die Überzeugung hinzu, dass die Probleme des italienischen Südens nur mit Hilfe der nördlichen, ökonomisch potenten Nachbarstaaten zu lösen seien.

Während die wirtschaftliche und dann auch politische Integration Europas fast ein Selbstläufer wurde, war ein anderes gescheitertes Projekt in der Zeit des Kalten Krieges für De Gasperi (wie auch für Adenauer) mit noch mehr Hoffnungen auf langfristige Stabilität und Sicherheit verbunden: die seit 1952 intensiv vorbereitete Europäische Verteidigungsgemeinschaft (EVG). Dieselben sechs Länder, die 1951 die Montanunion und 1957 die EWG gründeten (Italien, Frankreich, die Benelux-Staaten und die Bundesrepublik), wollten innerhalb der NATO integrierte Verteidigungsstreitkräfte unter gemeinsamem Oberbefehl bilden. 1954 scheiterte die EVG bei der entscheidenden Abstimmung in der französischen Nationalversammlung. De Gasperi wie Adenauer empfanden dies als Rückfall in nationalstaatliches Denken, das sie nach der Katastrophe des Zweiten Weltkrieges überwunden glaubten. Es war kein Zufall, dass die beiden Verlierer dieses Krieges in weit höherem Maße bereit waren, staatliche Souveränität zugunsten europäischer Institutionen aufzugeben als Frankreich, das mit eigenen Atomwaffen, dem Ausstieg aus der NATO-

Militärallianz und dem Festhalten an überseeischen Kolonien immer wieder deutlich machte, dass es trotz europäischer Aussöhnung und Integration eine imeperialistische Macht bleiben wollte.

Nach dem Scheitern einer engen politisch-militärischen Kooperation in Westeuropa konzentrierte sich Außenminister Martino in den nächsten Jahren auf die ökonomische Einigung, die nicht zuletzt Zugang zum lukrativen deutschen Markt versprach. Die wichtige Rolle, die Italien auch nach dem Rückzug De Gasperis im europäischen Einigungsprozess spielte, wurde dadurch gewürdigt, dass 1957 die Europäische Wirtschaftsgemeinschaft (EWG) und die Europäische Atomgemeinschaft (EURATOM) in Rom gegründet wurden. Aus ihnen gingen 1967 die Europäischen Gemeinschaften (EG) und 1992 mit dem Vertrag von Maastricht die Europäische Union hervor. Es wäre jedoch ein Irrtum, hinter dem europäischen Engagement der DC-geführten Regierungen ein Programm oder auch nur ein politisches Konzept zu suchen. Europäische Integration bedeutete für ihre Befürworter sehr Verschiedenes: Die Aktivisten des bereits 1943 gegründeten antifaschistischen *Movimento Federalista Europeo* wollten einen Bundesstaat nach dem Vorbild der USA gründen. Ihr charismatischer Kopf war Altiero Spinelli (1907–1986), der auf dem Höhepunkt seiner Karriere von 1970 bis 1976 in der EG-Kommission saß. Hingegen waren die führenden Christdemokraten vornehmlich pragmatisch motiviert: sie wollten in erster Linie mit europäischer Hilfe das eigene Land ökonomisch modernisieren und politisch stabilisieren. Entsprechend war das Europa, das die Römischen Verträge schufen, eines der gemeinsamen Märkte, nicht eines gemeinsamer sozialer Standards oder gar demokratischer Strukturen. Seit den sechziger Jahren begann auch die Linke, zunächst der PSI und seit Mitte der Siebziger auch der PCI, zu hoffen, dass »Europa« Effizienz und Wohlstand über Italien bringen werde. Beide Parteien waren zunächst gegen die europäische Einigung, weil sie Montanunion, EWG und EURATOM allein als kapitalistische Projekte zur Schaffung größerer Märkte begriffen.

Anfangs war die europäische Einigung ebenso wie die NATO der italienischen Bevölkerung nicht besonders populär. Seit den 1960ern war Italien jedoch in Umfragen immer das am stärksten pro-europäische Land innerhalb der EWG bzw. der EG. Die einfachste Erklärung für diesen Umschwung lautet: Nichts ist erfolgreicher als der Erfolg! Immerhin konnte Italien von der EWG-Gründung bis 1968 das Volumen seines Handels innerhalb der Wirtschaftsgemeinschaft versechsfachen, sein Bruttosozialprodukt stieg in derselben Zeit um 75 % (beides in konstanten Preisen). Die 1961/62 verwirklichte Freizügigkeit innerhalb der EWG nützte den italienischen Migranten in EWG-Ländern, die nun ihre Familien nachholen konnten. Die Europabegeisterung resultierte auch daraus, dass viele Italiener ihren Staat als schwach, instabil und ineffizient empfanden und den Regierungen in Rom ein diffuses Misstrauen entgegenbrachten. Da lag es nahe, Stärke, Führungskraft, Prosperität und Effizienz von Brüssel und der EWG zu erhoffen.

Wie bereits 1954 bei der EVG-Gründung standen die beiden Weltkriegsverlierer Italien und Deutschland, die nun exportorientierte Ökonomien waren, als Befürworter der europäischen Einigung gegen die absteigende Großmacht Frankreich, als Großbritannien 1961 die EWG-Mitgliedschaft beantragte. Italien befürwortete wie Deutschland den Beitritt, weil er den Zugang zum wichtigen britischen Markt erleichterte. Darüber hinaus entwickelte Ministerpräsident Fanfani bei einem Staatsbesuch des britischen Premiers im Februar 1963 den Plan einer engen britisch-italienischen Kooperation innerhalb der EWG als Gegengewicht zur deutsch-französischen »Achse«. Als der Beitritt am französischen Veto scheiterte und es zu einer Krise innerhalb der Gemeinschaft kam, formulierte ein Grundsatzpapier des Ministeriums die Hauptziele der italienischen Außenpolitik. Sie bedeuteten am Beginn der *centro-sinistra*-Regierungen eine Weiterentwicklung des Neoatlantizismus: Einerseits sollte die europäische Einigung eine militärische Komponente erhalten. Andererseits wurde die enge Bindung des geeinten Europa an die USA betont, womit sich Rom erneut gegen Paris stellte. Italien war nicht allein aus historischen Gründen – der engen Bindungen des Liberalen Italien an London – immer der stärkste Befürworter des Beitritts Großbritanniens, sondern auch weil es in den Briten einen Partner zur Vergrößerung des eigenen Einflusses sah.

4. Von den introvertierten Sechzigern zur Neuen Außenpolitik

In der Zeit des *centro-sinistra* (1962–1974) und der folgenden DC-Minderheitsregierungen (1974–80), also in der Phase der Entspannung zwischen den Supermächten vom Ende der Kubakrise bis zum NATO-Doppelbeschluss, gingen von Italien außenpolitisch wenige Impulse aus. In fast allen wichtigen Fragen folgte Rom Washington. Der Einfluss der Neoatlantiker schwand, teils weil sich ihre Ideen als unrealistisch erwiesen und ihre Exponenten abtraten (1962 stürzte Mattei mit dem Flugzeug ab, und Gronchis Amtszeit endete), teils weil die Bedeutung Italiens als Frontstaat durch die Entspannungspolitik abnahm. Der britische Italienhistoriker John L. Harper nennt die Jahre 1963–1979 eine Phase der »Introversion«, der Dominanz innerer Probleme von den Aufbrüchen der sechziger Jahre bis zu den »bleiernen Jahren« des Terrorismus. Die führenden Außenpolitiker jener Zeit waren die Christdemokraten Mariano Rumor und Aldo Moro, denn die DC bestand auf der Kontrolle über die Außenpolitik, und (außer 1968/69) durfte der PSI nie den Außenminister stellen. Oft zähneknirschend trugen die Sozialisten eine Politik mit, die Italien wegen seiner Gefolgschaft den USA gegenüber den Ruf eintrug, das Bulgarien der NATO zu sein.

Zwar bewegte sich FIAT-Präsident Gianni Agnelli, der zum bekanntesten Gesicht des italienischen Privatkapitalismus wurde, auf neoatlantischen Pfaden, als er 1966 einen Vertrag über den Bau einer Autofabrik (Lada) in der in Togliattigrad umbenannten Stadt Stawropol an der Wolga unterzeichnete und als er Mitte der siebziger Jahre 10 % der FIAT-Aktien an Gaddafis Libyen verkaufte. Aber weder US-Regierung noch CIA sahen in ihm einen zweiten Mattei: Einerseits waren die Zeiten inzwischen weniger hysterisch; auch die wirtschaftlichen und politischen Beziehungen der USA zur Sowjetunion hatten sich infolge der Entspannungspolitik deutlich erweitert. Andererseits war Agnelli hinlänglich als pro-amerikanisch bekannt, und so bestanden keine ernsthaften Zweifel, dass er mit jenen Geschäften nicht Politik, sondern Profite machen wollte.

Nach dem Ölpreisschock 1973/74 verschärften sich die ökonomischen Probleme so sehr, dass Italien auf Hilfe der USA und der Bundesrepublik angewiesen war, um die Lira zu stabilisieren und das Haushaltdefizit zu begrenzen. Dies schwächte seine Stellung in der internationalen Politik weiter – ebenso wie Befürchtungen, dass zur Stabilisierung des Landes der von der PCI-Führung vorgeschlagene »historische Kompromiss«, also die Zusammenarbeit von DC und PCI, unumgänglich sein könnte. Eine kommunistische Regierungsbeteiligung in einem NATO-Land löste in Washington und Brüssel immer noch Alarmsirenen aus. Als nach der Ermordung Moros durch die Roten Brigaden der PCI im Mai 1978 tatsächlich in die Regierungsmehrheit einbezogen wurde, belegten die westlichen Mächte Italien mit einer Art Quarantäne und schlossen sie von wichtigen Entscheidungsprozessen im wieder zugespitzten Ost-West-Konflikt aus. Denn sie fürchteten, geheime Informationen könnten über den PCI in die Sowjetunion gelangen. So wurde Italien etwa im Januar 1979 vom Gipfeltreffen in Guadaloupe ausgeschlossen, wo der Westen die Aufstellung von Pershing II-Raketen als Gegengewicht zu den in Osteuropa stationierten SS 20 beschloss. Die Versuche, die inneren Blockaden zu überwinden, marginalisierten Italien also international.

Gleichwohl äußerte sich US-Präsident Jimmy Carter 1975/76 mit Blick auf die italo-amerikanischen Wähler häufig zur italienischen Politik und insbesondere zum Wandel des PCI. Obwohl er schließlich zum gewohnten Antikommunismus zurückkehrte, lobte Carter den Wandel des PCI und erregte damit in Italien großes Aufsehen, schien sich doch eine Öffnung der westlichen Supermacht anzukündigen. Dass Italien für die Außenpolitik der Carter-Administration ein wichtiges Feld sein sollte, zeigte die Nominierung von Richard N. Gardner zum Botschafter in Rom: Gardner war ein liberaler Professor für internationales Recht an der New Yorker Columbia-Universität, der dank der Ehe mit einer Italienerin die Sprache fließend beherrschte, ein enger Freund des Sicherheitsberaters Zbigniew Brzezinski und einer der wichtigsten außenpolitischen Berater des Präsidenten. Allein die Benennung eines so prominenten und liberalen Mannes als Nachfolger von John Volpe, der so reaktionär war, dass er als Staatsstreich-Botschafter bezeichnet worden war, sorgte für Begeisterung von der politischen Linken bis in die Mitte hinein. Sie sahen Gardner als Symbol dafür, dass die USA nicht intervenieren würden, falls der PCI in die Regierung eingebunden würde. Letztlich jedoch scheute die Carter-Administration vor einem Bruch mit der jahrzehntelangen US-Politik zurück. Mit einigen Modifikationen folgte auch sie der Linie, die bereits die Kennan-Doktrin vorgegeben hatte: die größte Gefahr für den Westen liege nicht in sowjetischem Expansionismus, sondern in Instabilität und Wirtschaftskrisen in Europa, die zu Umstürzen führen und antiamerikanische Regierungen an die Macht bringen könnten. Der PCI war kein denkbarer Partner, sondern ein Gegner, den man für die eigenen Ziele – die Stabilisierung des politischen Systems – zu instrumentalisieren versuchte.

Präsidiale Instruktion für US-Botschafter Richard Gardner, März 1977

Unsere Haltung den italienischen Kommunisten gegenüber wird in ganz Europa genau beobachtet, besonders in Frankreich und Spanien, wo die kommunistischen Parteien mit Erfolg das moderate Image ihrer italienischen Genossen kopiert haben. [...] Unsere Politik sollte darauf abzielen, das demokratische System in Italien und seine Rolle im westlichen Bündnissystem zu erhalten. Wir müssen dieses Ziel verfolgen, ohne den Anschein zu erwecken, wir würden uns in die italienische Innenpolitik einmischen, aber auch ohne so zu wirken, als würden wir ein Arrangement mit den Kommunisten befürworten oder als seien uns Italiens politische Entscheidungen egal. [...]

Die US-Politik [...] sollte sich an folgenden Grundsätzen orientieren:

1. Die USA messen Italien große Bedeutung bei und werden alles unternehmen, unsere traditionell engen Beziehungen zu stärken.
2. Wir werden uns nicht in innere italienische Angelegenheiten einmischen, indem wir den Italienern diktieren, wie sie wählen sollen, politische Entwicklungen in Italien manipulieren oder indem wir italienische Parteien oder Politiker finanzieren.
3. Wir bevorzugen es, wenn unsere Freunde und Verbündeten von Parteien regiert werden, die ausgeprägt demokratische Traditionen, Werte und Strukturen haben. Deshalb fragen wir uns natürlich, ob kommunistische Parteien, die diese Traditionen, Werte und Strukturen nicht teilen, willig und fähig sind, mit uns und anderen Mitgliedern der westlichen Gemeinschaft in grundlegenden politischen, wirtschaftlich und Sicherheitsfragen zu kooperieren. Wir wünschen uns konstruktive Zusammenarbeit mit jeder italienischen Regierung, die wirklich unabhängig von äußerer Bevormundung ist, die die Menschenrechte respektiert und die sich als konstruktiver Partner in den europäischen und atlantischen Gemeinschaften erweist.

Quelle: Leo J. Wollemborg: Stars, stripes and Italian tricolor, New York 1990, S. 232 ff.

Das Memorandum vom März 1977 markiert die liberalste Haltung, die je eine US-Regierung zur Frage kommunistischer Regierungsbeteiligung eingenommen hat. Äußerungen von Botschafter Gardner im Sinne des Memorandums wurden in der Presse als Zustimmung der USA zum »historischen Kompromiss« gewertet. Fanfani, der prominenteste Befürworter des historischen Kompromisses in der *Democrazia Cristiana*, plante gar eine Reise nach Washington, um offiziell das Plazet des großen Bruders einzuholen. Als PCI-Chef Enrico Berlinguer wegen der katastrophalen Wirtschaftslage den Rücktritt von Ministerpräsident Andreotti und die Bildung einer Regierung der »nationalen Solidarität« forderte, erklärte das *State Department* am 12. Januar 1978 nach einer Sitzung des NSC mit Botschafter Gardner: Die USA seien gegen »die Beteiligung von Kommunisten an westeuropäischen Regierungen. [...] Die USA und Italien verbinden grundlegende demokratische Werte und gemeinsame Interessen, und wir glauben nicht, dass die Kommunisten diese Werte teilen.« Diese klare Ansage zeigte Wirkung: Anfang 1978 gelang es der DC in enger Abstimmung mit dem US-Botschafter, den PCI in mehreren Parlamentsresolutionen festzulegen, dass die NATO- und EU-Mitgliedschaft langfristig den Rahmen für die Außenpolitik bilden. Zwar beteiligte sich der PCI an den Protesten gegen die NATO-Nachrüstung, aber die Grundlinien der Außenpolitik trug er nun mit und beschränkte sich auf systemimmanente Kritik. Die Kommunisten schluckten die Kröten, ohne an der Regierung beteiligt zu sein (zum Vergleich: bei den deutschen GRÜNEN stand der NATO-Austritt bis in die neunziger Jahre hinein im Programm).

Die Phase der Introversion und außenpolitischen Zurückhaltung endete nach der Ermordung Moros, die den Weg frei machte für seinen Dauerrivalen Andreotti, und dem parallelen Aufstieg Bettino Craxi in das Zentrum der Macht. Beide verband neben der Ablehnung des historischen Kompromisses ein ausgeprägtes außenpolitisches Interesse, und sie setzten wieder auf einen eigenständigeren Kurs Roms. Andreotti (Jg. 1919) war ein Protegé De Gasperis und als Chef der rechten DC-*corrente* »*Primavera*« (Frühling) ein expliziter Gegner der Neoatlantiker vom linken Parteiflügel wie auch der Öffnung nach links. Seit seiner Zeit als Verteidigungsminister (1959–1966) hatte er beste Beziehungen in die USA, vor allem auch zu Militärs, weshalb er auch immer wieder im Mittelpunkt von Putschgerüchten und Verschwörungstheorien stand. Ohne sich zum Neoatlantizismus zu bekennen, knüpften Craxi und Andreotti an dessen strategische Überlegungen an: Erstens müsse Bindung an die USA nicht Unterwürfigkeit bedeuten. Zweitens: die Interessensphäre Italiens liege im Mittelmeerraum, in Nordafrika und als ölabhängiges Land besonders im Nahen Osten.

Seit 1979 gewann Italien durch verschiedene Initiativen Andreottis und Craxis international wieder an Bedeutung und Ansehen. Dabei profitierten sie von dem Umstand, dass Italien als Stationierungsland von Mittelstreckenraketen im Rahmen der NATO-Nachrüstung noch einmal zum Frontstaat im Ost-West-Konflikt wurde, was bereits im Kalten Krieg seine Bedeutung vergrößert hatte. Deshalb gehörte Italien 1979 trotz wirtschaftlicher Instabilität und galoppierender Inflation zu den Gründern des Europäischen Währungssystems. Ziel dieser wirtschafts- und finanzpolitischen Kooperation innerhalb der EG war eine stabile Währungszone ohne größere Wechselkursschwankungen, um dadurch die europäische Wirtschaft zu fördern.

Während seiner EG-Präsidentschaft konnte sich Italien im ersten Halbjahr 1980 weiter profilieren und verschiedene Erfolge verbuchen. Der folgenreichste war die Lösung des erbitterten Haushaltsstreits mit Großbritannien, den die Regierung in Rom durch einen Kompromiss befriedete – den bis heute umstrittenen Beitragsrabatt für Großbritannien. In der »Erklärung von Venedig« erkannte die EG die PLO als legitime Vertretung des palästinensischen Volkes an. Gleichzeitig engagierte sich Rom weiter im Mittelmeerraum und im Nahostkonflikt: Zunächst garantierte Italien im September 1980 offiziell die Neutralität des Commonwealth-Mitgliedes Malta, das bis 1964 britische Kolonie gewesen war, sich aber unter der Regierung des Sozialisten Dom Mintoff zunehmend von der Vorherrschaft Londons befreite. Im August 1982 sicherten 500 Bersaglieri im Rahmen einer multinationalen Friedenstruppe den Abzug der PLO aus Beirut nach dem Einmarsch Israels. Nach dem abrupten Rückzug der USA aus dem Libanon (1984) wurde die Truppe auf 2.000 Mann aufgestockt. Solche Auslandseinsätze erhöhten auch innenpolitisch die Bedeutung der Armee und zogen Forderungen nach besserer Ausrüstung nach sich. Das inzwischen ökonomisch stabilisierte Land modernisierte seine Truppen parallel zur Aufstellung der NATO-Mittelstreckenraketen Anfang der achtziger Jahre für Einsätze im Mittelmeerraum durch den Kauf von Tornado-Bombern in den USA und den Bau des Flugzeugträgers *Garibaldi*.

In der Regierungszeit des Sozialisten Craxi (1983–1987) erreichte die eigensinnige, immer wieder als »neu« apostrophierte Außenpolitik ihren Höhepunkt. Obwohl Craxi, sein Außenminister Andreotti und Verteidigungsminister Giovanni Spadolini (PRI) es nie zum Bruch kommen ließen, führte ihre Außenpolitik zu erheblichen Differenzen mit den USA und Israel. Erstens stellten Craxi und seine Mitstreiter bereits geschlossene Vereinbarungen in Frage. So schlugen sie im Mai 1984 vor, die Stationierung der Mittelstreckenraketen auszusetzen, um den Abrüstungsverhandlungen mit dem Warschauer Pakt Schwung zu geben. Zweitens gefiel sich Craxi in der Rolle des Tabubrechers, der sich nicht scheute, an die imperialen Ambitionen der liberalen und der faschistischen Zeit anzuknüpfen. Er bezeichnete den Mittelmeerraum immer wieder als italienische Einflusssphäre und bestritt, dass aufgrund der faschistischen Vergangenheit irgendwelche außenpolitischen Restriktionen gälten. Craxi sah sich in der Nachfolge Garibaldis wie auch des Begründers des italienischen Kolonialreichs, Francesco Crispi. Craxi profilierte sich als Beschützer und Förderer Tunesiens und der ehemaligen Kolonien Libyen und Somalia, wo Rom das Regime Siad Barres mit viel Geld stützte. Aber letztlich scheute die Regierung Craxi vor tiefen Konflikten mit den westlichen Verbündeten zurück und versuchte, deren vitale Interessen nicht zu verletzen. Immer wenn es ernsthaften Widerstand gab, zog sich Rom zurück und betonte, man habe nur Diskussionen anstoßen, Denkblockaden überwinden wollen.

Ein spektakulärer Höhepunkt der Neuen Außenpolitik Craxis und Andreottis begann, als am 7. Oktober 1985 ein Kommando der »Palästinensischen Befreiungsfront« das Kreuzfahrtschiff *Achille Lauro* kaperte. Außenminister Andreotti suchte nach einer Verhandlungslösung, in deren Rahmen den Entführern ermöglicht werden sollte, nach Syrien zu entkommen. Aber die USA widersetzten sich. Als die Entführer daraufhin einen jüdischen, körperbehinderten Amerikaner ermordeten, schaltete sich die PLO ein und bewegte die Terroristen zur Aufgabe. Am nächsten Tag wurden sie in einem ägyptischen Flugzeug in Begleitung des PLF-Chefs Abu Abbas nach Tunis geflogen, um dort der PLO überstellt zu werden. Amerikanische Bomber erzwangen ihre Landung auf der NATO-Basis Sigonella (Sizilien), und es kam zu einer dramatischen Konfrontation zwischen italienischen und US-Truppen. Das zur Landung gezwungene Flugzeug war von *Caribinieri* umstellt, die ihrerseits von amerikanischen Soldaten eingekreist waren, um die Auslieferung der Terroristen durchzusetzen. Schließlich handelte das italienische Außenministerium aus, dass die ägyptische Maschine nach Rom weiterfliegen durfte. Dort ließen die Behörden Abu Abbas, der die Entführung geplant hatte, in ein jugoslawisches Flugzeug steigen, während die vier Täter von der *Achille Lauro* festgenommen und zu langjähriger Haft verurteilt wurden. Craxi und Andreotti rechtfertigten ihre Handlungsweise einerseits mit der Rücksicht auf Ägypten, andererseits mit einer Verletzung der italienischen Souveränität durch die US-Aktion. Vor dem Parlament verglich Craxi dann gar Arafat mit Mazzini und die PLO mit dem nationalrevolutionären Flügel im *risorgimento*. Die *Achille Lauro*-Affäre zeigte einmal mehr die begrenzte Handlungsfreiheit Roms, aber auch die Grenzen der Zustimmung für die Politik der proarabischen und antiamerikanischen Nadelstiche innerhalb der politischen Klasse. Denn Spadolini trat unter Protest gegen die Politik Craxis und Andreottis und deren ideologische Begründung zurück, und der Austritt des PRI aus der Koalition führte zum Sturz der ersten Regierung Craxi.

Ein Jahr später wurde aufgrund des internationalen Drucks auch Abu Abbas in Italien zu lebenslänglich Zuchthaus verurteilt – allerdings in Abwesenheit. Dieser Prozess fand schon vor dem Hintergrund einer Abkühlung des italienisch-palästinensischen Verhältnisses statt. Denn an Weihnachten 1985 verübten Palästinenser einen Anschlag auf den Flughafen von Rom mit 16 Todesopfern und mehr als 70 Verletzten. Die diplomatische Vermittlung im Nahostkonflikt erlitt ebenso Schiffbruch wie die Bemühungen um eine Einflusssphäre rund um das Mittelmeer, als sich der Konflikt zwischen dem Westen und Libyen wegen dessen Unterstützung für Terroristen zuspitzte und das Barre-Regime in Somalia zusammenbrach. Craxi und Andreotti scheiterten mit ihrer Neuen Außenpolitik an der Kompliziertheit der orientalischen und nordafrikanischen Verhältnisse und am zu geringen ökonomischen und politischen Gewicht Italiens – wie ihre Vorgänger von Crispi bis Mussolini.

Erfolgreicher als mit ihren aufwändig inszenierten Versuchen, an »lumpenimperialistische« Traditionen anzuknüpfen, waren Andreotti und Craxi bei der europäischen Einigung, wo sie ohne großes Getöse in bewährten Bahnen fortschritten. Unter italienischer Ratspräsidentschaft wurden Anfang 1985 die Beitrittsverhandlungen mit Spanien und Portugal abgeschlossen und damit der mediterrane Faktor innerhalb der EG erheblich gestärkt. Auf der Basis des Colombo-Genscher-Plans von 1981 erarbeitete ein Ausschuss des Europäischen Parlaments unter Leitung des europäischen Föderalisten und ehemaligen EG-Kommissars Altiero Spinelli einen »Vertrag zur Gründung der Europäischen Union«. Er wurde am 14. Februar 1984 vom Europäischen Parlament verabschiedet und anschließend zur Grundlage der Regierungsberatungen über die Gründung der Europäischen Union. In den folgenden Jahren gehörte Italien immer zu den entschiedensten Befürwortern einer Reform und Weiterentwicklung der EG, die zur Einheitlichen Europäischen Akte (1987) und zur Schaffung des europäischen Binnenmarktes (1993) führten.

Als Andreotti 1989 wieder Regierungschef wurde, wurde der Sozialist Gianni De Michelis Außenminister. Er amtierte zwar nur relativ kurz, dafür aber in der dramatischen Phase des europäischen Umbruchs von 1989/90. Im Gegensatz zur langjährigen Rede vom Mittelmeerraum als italienischer Interessensphäre engagierte sich das Land unter De Michelis sehr schnell in Südosteuropa und schuf dort eine vorübergehende enge Zusammenarbeit der Nachfolgestaaten der Habsburgermonarchie (Italien, Österreich, Ungarn, Tschechoslowakei und Jugoslawien). Durch die Aufspaltung der Tschechoslowakei und vor allem Jugoslawiens war diese »Pentagonale« jedoch nicht von langer Dauer, führte aber immerhin dazu, dass italienische Unternehmen nach den deutschen auf Platz zwei der Investoren in den ehemaligen Ostblockländern standen.

Italien löste sich seit 1945 aus der Tradition einer sprunghaften, opportunistischen Außenpolitik. Es begann eine Phase ungekannten Realismus und internationaler Verlässlichkeit. Wegen der massiven Unterstützung der USA für die christdemokratischen Regierungen waren diese zunächst treue Vasallen der westlichen Supermacht. Auf dem linken DC-Flügel entstand eine neue außenpolitische Ideologie – der »Neoatlantizismus«. Ohne die enge Bindung an die USA in Frage zu stellen, beharrten die Neoatlantiker auf der Vertretung eigener Interessen – vor allem im Mittelmeerraum. Italien wurde von einem Klienten zu einem Partner der USA. Aber die Vermittlungsbemühungen im Rahmen der Entkolonialisierung scheiterten daran, dass Italien in zu viele Konflikte gleichzeitig eingreifen wollte. Zugleich war das Land ein Pionier der europäischen Einigung. Dieses Engagement wurde honoriert, als die Gründungsverträge der EWG in Rom unterzeichnet wurden. In der Zeit der Entspannungspolitik zwischen Kubakrise und NATO-Nachrüstung war Italien vorwiegend von innenpolitischen Problemen und einer schweren Wirtschaftskrise absorbiert und verlor international an Einfluss. Erst in der von Andreotti und Craxi bestimmten Phase nach der Ermordung Moros wurde das Land diplomatisch wieder aktiver. Diese Neue Außenpolitik scheiterte allerdings trotz einiger spektakulärer Erfolge wiederum am mangelnden politischen Gewicht Italiens.

Kapitel 7
Blockierte Aufbrüche: *centro-sinistra, sessantotto* und die Krise der siebziger Jahre

Die abschließenden drei Kapitel behandeln die politische Entwicklung von den späten fünfziger Jahren bis zu den Anfängen der Zweiten Republik im Kontext des gesellschaftlichen und kulturellen Umbruchs, der alle westlichen Demokratien nach dem Ende der unmittelbaren Nachkriegszeit erfasst hat. In den bewegten sechziger und siebziger Jahren sind drei Phasen zu unterscheiden: die frühen Sechziger mit Fortschrittsglauben, Aufbruchstimmung und Reformelan; dessen Blockierung und innere Probleme lösten im Jahrzehnt seit 1968 eine heftige revolutionäre Welle unter Studierenden und Arbeitern aus und kulminierte in massiver politischer Gewalt. Nach diesen Erschütterungen befand sich das Land seit den späten Siebzigern in einer tiefen wirtschaftlichen und politischen Krise, die im Umbruch von 1993/94 kulminierte.

1. *Centro-sinistra:* eine Regierungsformel für die Sechziger

Die Parlamentswahlen vom Mai 1958 brachten nach einem abermals harten Wahlkampf, in den wieder die USA und der Vatikan massiv zugunsten der *Democrazia Cristiana* und ihrer Verbündeten eingriffen, weniger Verschiebungen, als die drei großen Parteien erwartet hatten. Die Abstände zwischen ihnen blieben unverändert. Die Christdemokraten verbesserten sich auf 42 %. Für die Sozialisten zahlte sich die größere Distanz zu den Kommunisten aus. Sie steigerten sich auf gut 14 %. Die Kommunisten hingegen stagnierten bei knapp 23 %. Trotz der dynamischen Entwicklung des Landes zeigten die Wahlen die außerordentliche Stabilität der politischen Lager. Angesichts der Spannungen zwischen den verschiedenen Strömungen innerhalb der DC gab es unter diesen Umständen auch zusammen mit den kleineren Parteien der Mitte keine stabilen Mehrheiten. Der starke Mann in der DC, Ministerpräsidenten und Außenminister Amintore Fanfani, wollte deshalb die Basis der Regierungen erweitern, um von partikularen Interessen in den eigenen Reihen unabhängig zu werden. Dafür kam im Kalten Krieg nur der PSI in Frage. Deshalb plädierte Fanfani für eine Öffnung der Koalition nach links, ohne aber deren antikommunistische Ausrichtung aufzugeben. Er wollte den PSI in die Regierungsarbeit einbeziehen, um dessen Sozialdemokratisierung zu fördern und den PCI weiter zu isolieren.

Doch die Partei war noch nicht reif für Fanfanis Mitte-Links-Option. Im Januar 1959 wurde er als Ministerpräsident gestürzt. Daraufhin trat er auch als DC-Sekretär zurück. Nach diesem Erdbeben bildete sich eine neue zentristische *corrente* unter der Führung von Aldo Moro – die *dorotei*, scherzhaft auch *Morotei* genannt. Auf dem 7. DC-Parteitag 1959 wurde Moro mit Unterstützung der rechten Strömungen mit knapper Mehrheit gegen den Widerstand der Anhänger Fanfanis zum neuen Parteisekretär gewählt. Es handelte sich dabei um eine der heftigsten und bittersten Auseinandersetzungen in der DC, die noch 20 Jahre später, bei der Entführung Moros, Verschwörungstheorien nährte, viele DC-Leute hätten sich aus Rache nicht für ihn eingesetzt. Aldo Moro war 1959 ein 43-jähriger Rechtsprofessor. Mit seinen höflichen und geschliffenen Umgangsformen war er der geborene Vermittler. Hingegen waren schnelle und klare Entscheidungen nicht seine Stärke. Die Parteirechte hatte Moro gewählt, um die von Fanfani angestrebte Öffnung nach links zu verhindern. Moro allerdings war ein zu kluger Kopf, um die Notwendigkeit zu verkennen, dass die DC wegen ihrer Uneinigkeit ihre Koalitionsmöglichkeiten erweitern musste. Er wollte auf die Option des *centro-sinistra*, eine Mitte-Links-Regierung mit den Sozialisten, keineswegs verzichten. Aber Moro verzögerte die Öffnung und Modernisierung der Partei entscheidend.

Als das DC-Establishment 1958/59 Fanfani als den einzigen, der eine entschlossene Reformregierung hätte führen können, desavouierte und entmachtete, wurde die günstigste Gelegenheit verpasst, die schwerfälligen Entscheidungsstrukturen der Ersten Republik und den Klientelismus aufzubrechen. Denn Anfang der sechziger Jahre erreichte der ökonomische Aufschwung seinen Höhepunkt mit hohen Wachstumsraten, steigender Produktivität, annähernder Vollbeschäftigung im Norden und vollen Staatskassen. 1960 verlieh die *Financial Times* der Lira als weltweit stabilster Währung den »Finanz-Oscar«. Auch Reformen, die einiges gekostet hätten, wären in dieser Situation realisierbar gewesen.

Statt einer Reformregierung wurde Anfang 1960 eine Minderheitsregierung unter dem DC-Rechten Fernando Tambroni gebildet, die sich auf Neofaschisten und Monarchisten stützte. Ohne stabile parlamentarische Mehrheit einen scharfen *law-and-order*-Kurs zu fahren – das konnte nicht funktionieren. Moro wollte wohl beweisen, dass eine Rechtsregierung nicht durchsetzbar war. Für mehr als zwei Jahre verhinderte diese Demonstration jedoch Kompromisse mit der gemäßigten Arbeiterbewegung. So wurde für die notwendigen Reformen wertvolle Zeit verspielt. Die Regierung Tambroni erlebte ihr Waterloo im Sommer 1960, als der neofaschistische MSI, der sich als Mehrheitsbeschaffer aufgewertet fühlte, erstmals einen Parteitag ankündigte. Bisher hatte die streng genommen verfassungswidrige Partei auf öffentliche Parteitage verzichtet, um keine Verbotsdiskussion zu provozieren. Jetzt jedoch fühlte sich die MSI-Führung stark genug und wollte sich ausgerechnet in Genua versammeln, einer Hochburg des Antifaschismus, die sich bereits 1948 nach dem Anschlag auf PCI-Chef Togliatti als rebellisch und mobilisierbar erwiesen hatte. Nach Massendemonstrationen kam es am 30. Juni 1960 zu Straßenschlachten, Barrikaden wurden errichtet, und das Befreiungskomitee aus der *resistenza* wurde reaktiviert. Einen Tag später verbot der Präfekt den MSI-Parteitag. Am Abend kam es zu Freudenfesten in ganz Genua. Das Denkmal für die *resistenza* war mit Blumen überhäuft. Nach dieser Niederlage gegen die vereinte Linke meinte Ministerpräsident Tambroni, seine Autorität nur durch noch mehr Härte erhalten zu können. Er gab der Polizei einen Schießbefehl in »Notsituationen«, von dem sie in den nächsten Tagen gegen Demonstranten und Streikende vor allem im Süden Gebrauch machte. Dabei wurden unter anderem in Licata, Catania und Palermo auf Sizilien, aber auch in Reggio Emilia mindestens zehn Personen erschossen und zahlreiche verletzt. Der CGIL rief zum Generalstreik auf und stieß auf breite Resonanz. Nun versuchte die DC-Führung, Tambroni so schnell wie möglich loszuwerden. Am 22. Juli 1960 trat er zurück. Für drei Jahre wurde erneut Fanfani Ministerpräsident.

Mit dem Debakel der Regierung Tambroni hatte sich die Option einer Rechtsregierung als nicht gangbar erwiesen. Es zeigte sich noch deutlicher, was Fanfani bereits 1958 erkannt hatte. Eine stabile Mehrheit konnte die DC nur auf der politischen Linken finden. Die Voraussetzungen waren dafür jedoch viel ungünstiger als 1958: Erstens waren die Kommunikationsfäden der Regierung nach links sehr dünn geworden. Zweitens war der Preis für den innerparteilichen Sieg über die DC-Rechte hoch: Zwar erzielte sie nur noch wenige offene Erfolge, etwa bei der Wahl Antonio Segnis zum Staatspräsidenten 1962. Aber sie operierte nun vielfach verdeckt – von allgemeiner Obstruktion über geheime Putschpläne bis hin zur Beteiligung am »Schwarzen Terror« – und behinderte Reformvorhaben in der nun folgenden *centro-sinistra*-Ära.

1960 bis 1962 kam es zu einer langsamen Annäherung zwischen DC und PSI. Den Anfang machten *centro-sinistra*-Regierungen in wichtigen Städten des Nordens, etwa in Mailand, Genua, Venedig und Florenz. Auch zwei weltpolitische Weichenstellungen verbesserten zu Beginn der 1960er Jahre die Chancen für eine Mitte-Links-Regierung in Rom: die Wahl John F. Kennedys zum US-Präsidenten und die Wahl Angelo Roncallis zum Papst Johannes XXIII. Dass ihre beiden Schutzmächte, die USA und der Vatikan, sich vom strikten Antikommunismus etwas abwandten, blieb nicht ohne Wirkung auf die DC. Auch der PSI blieb von den weltpolitischen Veränderungen nicht unbeeinflusst. Seit der »kopernikanischen Wende«, die der 20. Parteitag der KPdSU (1956) für die linke politische Kultur in Italien bedeutet hatte, hatte sich der PSI aus seiner Nähe zum Kommunismus gelöst – einerseits von der Idee der Revolution und der Diktatur des Proletariats, andererseits von einem negativen Staatsbegriff. Seit der Staat von den führenden PSI-Intellektuellen nicht mehr als »ideeller Gesamtkapitalist«, sondern als neutrale Institution gesehen wurde, war seine politische Eroberung ein sinnvolles Ziel. Beim 34. Parteikongress in Mailand im März 1961 gelang einer pragmatischen Strömung um Parteichef Pietro Nenni der Durchbruch. Eine Mehrheit ließ sich vom linksliberalen US-Präsidenten Kennedy beeindrucken und gab ihre Gegnerschaft gegen die NATO-Mitgliedschaft auf. Der Drang, in die Schaltzentralen des Staates vorzudringen, wuchs spürbar. Dennoch ging der PSI 1961 nicht so weit wie die SPD zwei Jahre zuvor in Bad Godesberg. Der PSI hielt am Marxismus fest, und Nenni sah weiter einen prinzipiellen Gegensatz zwischen »sozialistischer« und »bürgerlicher« Demokratie. Diese müsse ausgenutzt werden, um den Sozialismus durchzusetzen. Diese Rhetorik selbst bei Exponenten der gemäßigten PSI-Mehrheit war wenig geeignet, Ressentiments bei ihren potentiellen Koalitionspartnern und erst recht in den konservativen Teilen der Gesellschaft zu zerstreuen.

Trotz vieler Gegensätze vor allem auf emotionaler und politisch-kultureller Ebene sahen aber immer mehr DC-Politiker ein, dass es fast unabweisbare Argumente für ein Mitte-Links-Bündnis mit dem PSI gab: Erstens schienen eine Reform der staatlichen Institutionen und eine stärkere Wirtschaftsplanung notwendig. Zweitens versprach ein Bündnis mit der 14 %-Partei PSI sowie den kleinen Parteien der linken Mitte (PSDI und PRI) eine so breite parlamentarische Mehrheit, dass die Regierungen nicht mehr von Häuptlingen einzelner *correnti* erpressbar wären. Davon versprachen sich DC-Strategen stabilere politische Verhältnisse. Schließlich sollte eine *centro-sinistra*-Regierung zur Spaltung der Linken und damit zur Isolierung des PCI und zur Schwächung der CGIL-Gewerkschaften beitragen.

Auf dem 8. Parteitag der DC (1961) setzte Aldo Moro in einer berühmten, *neunstündigen* Rede die neue Regierungsformel durch. Viele Delegierte wurden allerdings durch Moro eher eingelullt als überzeugt. Denn Moro war ein Meister unklarer Aussagen. Wie groß die Bedenken gegen die Sozialisten noch waren, zeigt eine Formulierung des führenden Parteirechten Giulio Andreotti, der die Mitte-Links-Option mit der Formulierung unterstützte, beide Parteien sollten eine »keusche Ehe« führen. Auch Teile der Industrie – vor allem Weltfirmen wie FIAT, Olivetti, Pirelli und die staatlich kontrollierten Betriebe – unterstützten die Bildung einer Mitte-Links-Regierung. Sie erhofften sich von einer Regierungsbeteiligung des PSI eine Minderung der seit 1959 erheblich gewachsenen sozialen Spannungen und einen Rückgang der Streiktage. Hingegen waren der wichtigste Industrieverband *Confindustria*, der von der Elektrizitätswirtschaft dominiert wurde, die ihre Verstaatlichung befürchtete, und die von ihm kontrollierte Presse strikt gegen die Öffnung nach links.

Die Mitte-Links-Regierungen, die seit März 1962 zunächst unter Fanfani und vom PSI nur toleriert, dann seit Dezember 1963 unter Moro mit sozialistischen Ministern amtierten, verbanden Reformkräfte höchst unterschiedlicher Art. Der linke Fanfani-Flügel der DC und mehr noch die aus dem *Partito d'Azione* stammenden Köpfe der Republikanischen Partei wie Ugo La Malfa waren davon überzeugt, dass der Kapitalismus immer wieder durch sozialpolitische Reformen korrigiert werden müsse, um soziale Spannungen zu vermeiden, an denen aufgeklärte und langfristig denkende Kapitalisten kein Interesse haben könnten. Hingegen wollten die übrigen DC-Strömungen und auch Moro nur minimale Reformen – und diese auch vornehmlich, um ihre Herrschaft dauerhaft zu sichern.

Reformen durften weder die Einheit der *Democrazia Cristiana* gefährden noch ihre Pfründen und Einflussmöglichkeiten. Im Gegensatz dazu strebten die Parteien der Arbeiterbewegung – und zwar auch der gemäßigte PSI-Flügel – *strukturelle* Reformen an. Sie wollten damit nicht nur – wie die Befürworter *korrektiver* Reformen etwa aus dem PRI – den Kapitalismus zukunftsfähig machen, sondern ihn *überwinden*. Riccardo Lombardi, einer der Vordenker des *centro-sinistra* im PSI, sprach von »revolutionären Reformismus«. Unabhängig von der Realitätstauglichkeit solcher Formeln verdeutlicht sie, wie groß die Gegensätze zwischen den Partnern der Mitte-Links-Regierungen waren. Diese Differenzen ließen ein Gelingen des *centro-sinistra*-Projektes unwahrscheinlich erscheinen, so man es überhaupt als gemeinsames Projekt und nicht nur als faulen Kompromiss begreifen kann.

Die erfolgreichsten *centro-sinistra*-Regierungen waren die beiden ersten, die vom DC-Linken Fanfani geführt wurden und an denen der PSI noch nicht mit Ministern beteiligt war. Ihre wichtigste Reform war die Verstaatlichung der Elektrizitätswirtschaft. Der neue staatliche Energieversorger ENEL legte ein massives Invesititionsprogramm, vor allem für den Süden, auf. Zwei weitere Reformen ging die Regierung Fanfani ebenfalls entschlossen und gegen massive Widerstände an: erstens die Besteuerung des Wertpapierbesitzes und die Veröffentlichung der Namen von Aktionären, was ohne eine parallele Bekämpfung der Steuerhinterziehung allerdings wenig wirksam war. Zweitens erweiterte die Regierung Fanfani die Schulpflicht bis zum 14. Lebensjahr und führte eine einheitliche Mittelschule ein. Viele Lehrer und Teile des Bürgertums sahen darin Gleichmacherei und kritisierten den Bedeutungsverlust des humanistischen Gymnasiums. Der zuständige Minister Luigi Gui – ein Vertreter der Parteirechten, der erst 1968 abgelöst wurde – behinderte außerdem die Reform, wo er konnte. Auch die Präsidentenwahl des Jahres 1962 zeigte, wie massiv die Widerstände innerhalb der DC gegen die Öffnung nach links waren: die neue Koalition wollte den PSDI-Chef Giuseppe Saragat wählen. Fanfani konnte sich jedoch innerhalb seiner Partei nicht durchsetzen, so dass Saragats Gegenkandidat, der DC-Rechte Segni gewählt wurde. Mit der *alternativa di destra*-Mehrheit (DC, Monarchisten und MSI) setzte Segni sich gegen die politische Linke durch. Die Präsidentenwahl zeigte die tiefe Spaltung der DC. Dass ein dezidierter Gegner der Regierung das Präsidentenamt bekleidete, war eine denkbar schlechte Voraussetzung für weitere Reformen.

Seit der Präsidentenwahl Ende 1962 verlangsamte sich das Reformtempo entscheidend. Zur Unentschlossenheit der DC kam die schlechtere Wirtschaftslage hinzu sowie zunehmende soziale Spannungen, die in der DC die Bereitschaft zu entschlossenen Reformen weiter verringerten. So kam die endlich begonnene Regionalisierung des Landes nicht voran, weil einflussreiche Christdemokraten sich quer stellten. Denn in die geplanten Regionalregierungen wäre im »roten Gürtel« der PCI eingezogen. Jede stärkere Wirtschaftsplanung scheiterte am entschiedenen Widerstand der Arbeitgeber, die den Teufel »Sozialismus« an die Wand malten.

Auch eine fertig ausgearbeitete Reform des Städtebaugesetzes (*Legge Sullo*) blieb stecken. Seine Verwirklichung hätte den Kommunen und der Zentralregierung mehr Möglichkeiten gegeben, gegen unkontrollierte, ästhetisch oder sozial bedenkliche Baumaßnahmen einzuschreiten. Das Gesetz sah vor, dass Grund und Boden den Gemeinden gehörten und nur Gebäude Privateigentum sein durften. Gegen diese Regelung, die der Bodenspekulation die Grundlage entzogen hätte, gab es massiven Widerstand der Haus- und Grundbesitzer, der von einer Pressekampagne am Leben gehalten wurde. Da im April 1963 Wahlen ins Haus standen und die DC massive Verluste befürchtete, bezeichnete Moro das Gesetz schließlich als Privatinitiative des Ministers Fiorentino Sullo und distanzierte sich im Namen der Partei davon.

Bei den Wahlen vom 28. April 1963 fiel die *Democrazia Cristiana* dennoch erstmals unter 40 %. Neben dem PLI gewann der PCI am stärksten und erreichte 25 %. Er wurde für seine konsequente Opposition belohnt und profitierte von der Zunahme sozialer Spannungen. Das Ergebnis bedeutete zwar einen Linksruck. Aber die DC war immer noch die mit Abstand stärkste Partei und eine Regierungsbildung ohne den Wahlverlierer nicht möglich. Die einzige mehrheitsfähige Konstellation war wiederum eine Regierung der linken Mitte. Moro und seine *corrente* setzten allerdings durch, dass die Reformpolitik nur in einer möglichst moderaten Art und Weise fortgesetzt werde. Außerdem sollte der PSI nun offiziell in die Regierung eintreten. Im PSI gab es dagegen große Widerstände, so dass die Führung die Entscheidung einem Parteitag überließ. Bis dahin wurde eine Übergangsregierung installiert.

Der 35. PSI-Parteitag im Oktober akzeptierte zwar den Regierungseintritt, erweckte aber mit radikaler Rhetorik unrealistische Erwartungen auf strukturelle Reformen. Dennoch spaltete sich der linke Flügel aus Protest gegen den Regierungseintritt ab und gründete den *Partito Socialista Italiana per l'Unità Proletaria* (Italienische Sozialistische Partei für die proletarische Einheit). Diesen Namen hatten die Sozialisten in den vierziger Jahren geführt, also in der mystifizierten Zeit der *resistenza*. Etwa 30 % der Mitglieder traten über. Besonders schmerzlich war, dass der PSI fast alle organisierten Anhänger in den Großbetrieben und im linken Gewerkschaftsdachverband CGIL verlor. Die erneute Abspaltung warf ein schlechtes Licht auf die Integrations- und Führungskraft des langjährigen PSI-Vorsitzenden Pietro Nenni: 1947 hatte der PSI den antikommunistischen Saragat-Flügel, 1951 weitere Gemäßigte und nun den linken Flügel verloren.

Im Dezember 1963 wurden – nach fünf Jahren Diskussion – endlich PSI-Minister gewählt. Der neue Ministerpräsident hieß Aldo Moro. In seinem Regierungsprogramm setzte er seine fatale Strategie fort, allen etwas zu versprechen: die Einführung von Regionalregierungen, durchgreifende Schulreformen, eine Agrarreform, Maßnahmen zum Abbau des ökonomischen Nord-Süd-Gefälles, eine Reform der Sozialversicherungen, eine Steuerreform, demokratische Stadtplanung und eine Anti-Monopol-Gesetzgebung. Innerhalb der Regierungsparteien gab es jedoch gegen alle Vorhaben große Vorbehalte. Zudem war der PSI als größter Partner der DC durch die (von Moro provozierte) Spaltung erheblich geschwächt. Entsprechend setzte die erste Regierung mit PSI-Beteiligung von ihren vollmundigen Ankündigungen so gut wie nichts um. Moro verwies zur Begründung auf die schlechte Haushaltslage. Durch eine Kreditsperre der Staatsbank wurde der Handlungsspielraum der Regierung weiter eingeengt. Staatsbankgouverneur Guido Carli und Finanzminister Emilio Colombo waren Christdemokraten, so dass die Kreditsperre und weitere deflatorische Maßnahmen, die mit der andauernden Kapitalflucht und der zunehmenden Inflation begründet wurden, als Teil der innerparteilichen Obstruktion angesehen werden müssen. Die Deflationspolitik erhöhte die Arbeitslosigkeit, was den finanziellen Spielraum für Reformen weiter einschränkte. Moro wiederholte in den folgenden sechs Jahren gebetsmühlenartig, vor Reformen müsse die Ökonomie stabilisiert werden.

Nenni, auf den Moros Argumentation in erster Linie zielte, saß in der Falle. Er hatte den PSI um den Preis einer Spaltung auf Regierungskurs gebracht und hätte seine restliche Autorität verloren, wenn er aus der Regierung ausgetreten wäre, ohne *einen* nennenswerten Erfolg erzielt zu haben. So blieben die Sozialisten in der Regierung, obwohl Moro und andere Christdemokraten ihre Vorschläge abwiegelten oder durch Hinhaltetaktik unterliefen. Dies galt für die Reform landwirtschaftlicher Pachtverträge, für die Einführung von Regionalregierungen wie auch für ein weiteres Städtebaugesetz. Zwar war die wirtschaftliche Lage der Vorwand, aber entscheidend für das Scheitern aller Reformvorhaben war der Widerstand einflussreicher Lobbyisten der Bauindustrie, des Finanzkapitals und der christdemokratischen Bauernverbände.

Nach dem Sturz der ersten Regierung Moro im Sommer 1964 zeigte sich das problematische Amtsverständnis Antonio Segnis. Während die Parteien über eine neue Regierung verhandelten, bestellte der Präsident der Republik den Oberbefehlshaber der *Carabinieri*, General Giovanni De Lorenzo, ein. Dieser Schritt erregte großes Aufsehen, da die Linke einen Putsch befürchtete. Erst 1969 wurde ein parlamentarischer Untersuchungsausschuss eingesetzt, um diese Affäre aufzuklären. Es konnte zwar nie bewiesen werden, dass der Präsident konkrete Putschpläne hegte. Aber die Linke fühlte sich bestätigt, weil herauskam, dass De Lorenzo bereits Anfang 1964 den sogenannten Solo-Plan ausgearbeitet hatte, der auffällige Ähnlichkeiten mit dem »Prometheus«-Plan der Obristen aufwies, die 1967 in Griechenland putschten. Parallel zu den Verhaftungen führender Kommunisten, Sozialisten und Gewerkschaftsfunktionäre sollten Fernseh- und Radiostationen, Telefon- und Telegrafenbüros besetzt werden. Alle diese Operationen sollten die *Carabinieri* alleine, ohne Unterstützung der Polizei oder Armee durchführen. Der Untersuchungsausschuss von 1969 konnte sich nicht darüber einigen, welchen Charakter diese Pläne hatten: Die Mehrheit war der Ansicht, dass sie nur zur Abwehr eines Linksputsches ausgearbeitet wurden. Nur eine Minderheit sah den

Solo-Plan als Versuch, im Falle eines weiteren Machtzuwachses der Linken das parlamentarisch-demokratische System aufzuheben.

Jedenfalls zeigte die demonstrative Einbestellung des Generals De Lorenzo am 15. Juli 1964, dass Präsident Segni der Mitte-Links-Regierungen ebenso überdrüssig war wie der umständlichen parlamentarischen Regierungsbildung. Sein Vorbild war Charles de Gaulle, der als Präsident der Fünften Republik umfassende Exekutivgewalt besaß. Aber Segni hatte keineswegs das Format und das politische Renommée des französischen Generals. Seine Unterredung mit De Lorenzo hatte nur eine unmittelbare Wirkung: der PSI kehrte ohne nennenswerte Zugeständnisse in die Regierung zurück. Nenni begründete dies mit Staatsräson: Scheitere die Regierungsbildung, so drohe ein Putsch. Vielleicht hätte der PSI sich darauf verlassen sollen, dass ein Militärputsch sich ebenso wenig gegen die gut organisierte Arbeiterbewegung hätte durchsetzen können wie die Rechtsregierung von 1960. Die PSI-Führung von 1964 glaubte aber, das Risiko eines Putsches ernst nehmen zu müssen, und hielt den bedingungslosen Wiedereintritt in die Regierung für das kleinere Übel. Mit dieser Argumentation saß sie erst recht in der Falle Moros, der es erneut bei der Ankündigung von Reformen bewenden ließ. Je mehr der PSI seinen Frieden mit dem von der DC beherrschten System der Ersten Republik machte, desto schwerer erkennbar wurden die politischen Unterschiede zum PSDI. Beide Parteien vereinigten sich 1966 unter dem Namen PSU, nachdem sie gemeinsam in einer erbitterten, 21 Wahlgänge dauernden Auseinandersetzung den PSDI-Chef Saragat als 5. Präsidenten der Republik durchgesetzt hatten. Segni hatte im Sommer 1964, kurz nach dem ominösen Treffen mit General De Lorenzo, einen Schlaganfall erlitten und konnte sein Amt nicht weiterführen.

Mit dem Abtritt Segnis war ein wesentlicher Störfaktor für das Projekt einer Modernisierung und Demokratisierung Italiens eliminiert. Dennoch kam es auch unter Saragat nicht voran. Die Regierungen erwiesen sich als unfähig, die offensichtlichen politischen und ökonomischen Probleme zu lösen. Die wenigen Reformen, die die *centro-sinistra*-Kabinette durchsetzten, erwiesen sich als zu halbherzig: Zwar wurde die Elektrizitätswirtschaft verstaatlicht, die gezahlten Entschädigungen schufen jedoch eine Gruppe skrupelloser Finanzmagnaten, die durch Kapitalflucht und eine obstruktive Investitionspolitik die Regierungspolitik konterkarierten. Die Steuer auf Aktienbesitz war bereits 1964 verwässert worden und trug außerdem ebenfalls zur Kapitalflucht bei. Zur Stadtplanung und Eindämmung der Bau- und Bodenspekulation war ein kaum wirksames Gesetz verabschiedet worden, dessen Inkrafttreten sich zudem verzögerte, so dass die Spekulation 1966 ihren Höhe-punkt erreichte. Die Schulpflicht bis zum 14. Lebensjahr wurde zwar durchgesetzt. Aber die antiquierten Lehrpläne und -methoden sowie die autoritären Struk-turen an den weiterführenden Schulen und den Universitäten wurden kaum angekratzt. Von Wirtschaftsplanung war ebensowenig die Rede wie von einer Steuerreform, einer Reform der Bürokratie, einer kostenlosen Gesundheitsversorgung, einer Agrarreform oder der Entmachtung des DC-nahen Bauernverbandes *Federconsorzi*.

Nach einem vielversprechenden Beginn scheiterten die Reformbemühungen der *centro-sinistra*-Regierungen an knapperen Finanzen, am Widerspruch gut organisierter Interessengruppen und vor allem an Gegenkräften innerhalb des Regierungslagers. Es gelang deshalb nicht, die hohen Steuereinnahmen und die optimistische Stimmung der Wirtschaftswunderjahre zu einer stärkeren Integration der Gesellschaft zu nutzen, wie etwa in der Bundesrepublik durch Lastenausgleich, Dynamisierung der Rente, Vermögensbildung etc. Der Historiker Silvio Lanaro hat die Jahre von 1964 bis 1968, die in anderen westeuropäischen Ländern eine Reformphase und auch in Italien eine Zeit tiefen gesellschaftlichen Wandels waren, »eine Periode steriler Unbeweglichkeit und eine verantwortungslos vergeudete Zeit« genannt, in der eine Demokratisierung der Gesellschaft und die Durchsetzung des Vorrangs allgemeiner Interessen vor partikularen versäumt worden ist. Die Segmentierung der politischen Kultur wurde nicht überwunden. Das große Kapital identifizierte sich immer weniger mit dem politischen System und quittierte alle Versuche, ihre Profite teilweise in die Staatskassen zu lenken, mit Kapitalflucht und Steuerhinterziehung. Die Bürger reagierten auf die politische Blockade mit Rückzug ins Private. Der Zeithistoriker Guido Crainz sieht im Fehlen politischer Führung die Hauptursache dafür, dass sich die Krise seit 1964 kontinuierlich verschärfte. Dadurch dass der PCI dauerhaft aus der Regierung herausgehalten wurde, konnten entschiedene Reformen nicht durch gesetzt werden, obwohl es für sie durchaus parlamentarische Mehrheiten aus den Linksparteien und den linken DC-Strömungen gegeben hätte. Das wichtigste Reformhindernis blieb die DC, in der die Konservativen immer die Oberhand behielten.

Auch in den, nach der konjunkturellen Delle des Jahres 1964 wieder prosperierenden Unternehmen nahm die Frustration zu. Die Formen der Konfliktaustragung wurden härter: Arbeitgeber hielten sich nicht an vereinbarte Zugeständnisse und ließen engagierte Gewerkschafter bis in ihr Privatleben hinein verfolgen. Im Gegensatz zum relativen Vertrauen, das in der Bundesrepublik durch Mitbestimmung und sozialpartnerschaftliche Initiativen und Rhetorik entstand, herrschte in den Großbetrieben Italiens tiefes Misstrauen. Die über Jahre angestaute Frustration ist ein wesentlicher Grund für die heftigen Ausbrüche des Jahres 1968 und für die Sympathien, auf die militante Gruppen bei ihren Anschlägen auf Kapitalisten und Manager anfangs stießen.

2. *Sessantotto*: Studenten- und Arbeiterbewegung

Die italienische Studentenbewegung hat eine lange Vorgeschichte, die – anders als in Deutschland – eng verwoben war mit dem Mythos der *resistenza* und – stärker als in Deutschland – Berührungen mit den in den Auseinandersetzungen in den Betrieben aufwies: Bereits auf den Demonstrationen während der Tambroni-Krise von 1960 waren aufmerksamen Beobachtern neben den Blaumännern die »Jungs mit den gestreiften T-Shirts« – Gymnasiasten und Studenten – aufgefallen. Ähnliches war 1962 bei dreitägigen Unruhen in Turin zu beobachten, als sich sowohl Studenten als auch subproletarische Migranten aus dem Süden streikenden FIAT-Arbeitern anschlossen und bei Straßenschlachten, Barrikadenbau und Plünderungen mitmachten. Klasssische Protestformen der Arbeiterbewegung mischten sich hier mit archaischen Formen der Bauernrevolten des Südens. Diese Tradition ging auch in die Vorstellungen italienischer Linksradikaler vom revolutionären Subjekt ein: Sie betonten den voluntaristischen Aspekt jedes Umsturzes, die subjektiven und individuellen Entscheidungen vieler einzelner. Sie verstanden unter »Klassenkampf« militante Ausbrüche *aller* Unterdrückten und »Marginalisierten« – nicht allein der Arbeiterklasse, sondern auch subproletarischer Schichten, verarmter Handwerker und der Intellektuellen, insbesondere der Studenten. Und sie setzten nicht so sehr auf eine wohlorganisierte Partei der Arbeiterklasse, sondern auf spontane Bewegungen und Proteste und auf den gemeinsamen Kampf der Studierenden und der Arbeiter. Außerdem gingen sie davon aus, dass eine Revolution sich eher *gegen* die Führer der Arbeiterparteien und Gewerkschaften richten werde, als unter deren Führung Erfolg zu haben. Angesichts ihrer Erfahrungen mit dem PCI war ihnen der bremsende Effekt eines großen Apparats stärker bewusst als den Achtundsechzigern in anderen Ländern.

Den Gymnasiasten und Studierenden hatten die Mitte-Links-Regierungen besonders viel versprochen: Ausbau und demokratische Reformen der Schulen und Universitäten. Eine Öffnung des antiquierten, für bildungsferne Schichten kaum durchlässigen Schulsystems scheiterte jedoch an der Kultusbürokratie unter Minister Gui und am Widerstand vieler Lehrer. Zugleich gingen die gesellschaftlichen Umbrüche nicht an den Gymnasien vorbei, wovon etwa eine sehr lebendige Szene von Schülerzeitungen zeugt. Sie sorgten für verschiedene, in ganz Italien debattierte Skandale, die zeigen, wie gering die Toleranz innerhalb der Schulen war: Die Mailänder Schülerzeitung *la zanzara* (die Mücke) protestierte wie zahllose andere in Westeuropa gegen den Vietnamkrieg und veröffentlichte eine Umfrage unter Schülern zur Sexualität. Daraus wurde eine Staatsaffäre mit Schulverweisen, staatsanwaltlichen Ermittlungen und landesweiten Debatten.

Die Zustände an den Universitäten waren katastrophal, die Strukturen archaisch: die letzte Reform hatte *vor* dem Faschismus stattgefunden. Nun wurden immer mehr Studierende in die bereits überfüllten Universitäten geschickt, ohne diese auszubauen, geschweige denn zu reformieren: 1967 gab es mehr als 500.000 Studierende, doppelt so viele wie 1961. Die Hochschulen waren total überfüllt: in den Universitäten von Rom, Neapel oder Bari studierten 60.000, 50.000 bzw. 30.000, obwohl sie alle nur für 5.000 ausgelegt waren. Die Lehre ignorierte aktuelle Themen oder die Interessen der Studierenden: Probleme der Dritten Welt etwa spielten in der Politikwissenschaft ebensowenig eine Rolle wie das 19. und 20. Jahrhundert im Geschichtsstudium. Die Betreuungsrelationen waren katastrophal: auf einen Professor kamen in vielen Fächern mehr als 100 Studierende. Die einzige Unterrichtsform waren Vorlesungen. Die Professoren hatten ein Lehrdeputat von nur 52 Stunden im Jahr. Wenn sie diese abgeleistet hatten, gingen sie anderen, lukrativeren Beschäftigungen nach: als Rechtsanwälte, Ärzte oder Politiker. Die einzigen Prüfung waren mündliche Examina, für die ganze Bücher auswendig gelernt werden mussten und die als äußerst willkürlich galten, mit Durchfallquoten um 50 %. Schließlich gab es staatliche Förderung, so dass viele neben ihrem Studium arbeiteten. Auch daraus speiste sich die Parole vom gemeinsamen Kampf der Studenten und Arbeiter.

Zur Vorgeschichte der Studentenbewegung gehörte – anders als in Deutschland oder Frankreich – die Auseinandersetzung mit organisierten Faschisten. Zur ersten Universitätsbesetzung kam es bereits 1966 in Rom – als Reaktion auf die Ermordung eines sozialistischen Studenten durch *Avanguardia Nazionale* unter der Führung von Stefano Delle Chiaie, eine der zentralen Figuren im Schwarzen Terrorismus (s. S. 163 ff.). Wegen ihrer Konflikte mit faschistischen Schlägertrupps fühlten sich linke Studentengruppen als Erben der *resistenza*. Daraus resultierte eine spezifische Militanz und militärische Organisationsweise, aber auch ein Konkurrenzverhältnis zwischen der Neuen Linken und den *resistenza*-Traditionalisten des PCI. In den theoretischen Organen der Neuen Linken, allen voran in den 1960 bis 1965 erschienenen *Quaderni Rossi* um Raniero Panzieri, Mario Tronti und Toni Negri wurden die Spezifika des italienischen Linksradikalismus zuerst entwickelt: die Betonung des subjektiven Faktors und eine weite Definition des revolutionären Subjekts. Die Theoretiker des *operaismo* (»Arbeiterismus«) erklärten die un- oder angelernten, gewerkschaftlich nicht organisierten und oft aus dem Süden zugewanderten »Massenarbeiter« zum wichtigsten Träger der Revolution. Damit orientierte sich die Neue Linke in Italien grundsätzlich anders als ihre Genossen etwa in Frankreich, wo die Aufmerksamkeit vor allem den technisch qualifizierten Arbeitern galt. Den Arbeiterparteien PSU und PCI wurde von der Neuen Linken ihre Unwilligkeit bzw. Unfähigkeit zur Revolution vorgehalten, die historisch hergeleitet wurde: mit den »versäumten Gelegenheiten« nach dem Ersten Weltkrieg, der *resistenza* und der *centro-sinistra*-Regierungen. Die Linke hatte sich nach Ansicht von *Quaderni Rossi* immer zu kompromissbereit verhalten, sich von ihren Gegnern einschüchtern oder über den Tisch ziehen lassen. Seit dem Scheitern der Reformbemühungen 1964 schossen linke Magazine in allen Regionen des Landes wie die Pilze aus dem Boden, und der PCI verlor zusehends die Kontrolle über die radikale Linke.

Wie in anderen Ländern entstand die Studentenbewegung nicht aus den objektiven Problemen an den Hochschulen, die bereits seit langem unübersehbar waren, sondern weil sich neue Deutungsmuster unter den Studierenden durchsetzten. Erst als sie sich als Teil eines gesamtgesellschaftlichen Umbruchs begriffen, gar als Teil eines weltweiten, antiimperialistischen Befreiungskampfes, gewannen sie politische Relevanz und wurden zum Auslöser einer Legitimationskrise.

1967 wurden die studentischen Proteste radikaler. Eine wichtige Ursache dafür war eine Anweisung von Innenminister Emilio Taviani (DC) an die Präfekten, bei Universitätsbesetzungen nicht erst auf Wunsch des Rektors einzugreifen, sondern immer polizeilich zu räumen. Die Studenten forderten nun statt Mitbestimmung zunehmend Selbstbestimmung (*autogestione*), und sie versuchten, durch autonome Seminare einer *universitá critica* die Defizite des Lehrangebots auszugleichen. *Autogestione* wurde zu einem Schlüsselwort des italienischen Linksradikalismus bis 1978. Zum mythischen Datum wurde der 1. März 1968, die »Schlacht von Valle Giulia«, als die nach einer Besetzung von *Carabinieri* geräumte Architekturfakultät der Universität Rom zurückerobert wurde. Dieser Sieg gegen die *Carabinieri* verstärkte die militärische Orientierung der Studentenbewegung. Ihr Höhepunkt lag somit vor der französischen mit ihrem legendären »Mai 68«. Im Schatten der Pariser Ereignisse flaute die Bewegung bereits wieder deutlich ab, und es begann eine Phase sektiererischer Organisationsbemühungen. Bereits im Herbst 1968 spaltete sich die organisierte Studentenbewegung in drei Richtungen: erstens Marxisten-Leninisten, die eine an China orientierte Partei gründen wollten; zweitens *operaisti:* undogmatische Kommunisten, die auf das Bündnis von Studenten und Arbeitern setzten und Organisationen wie *Lotta Continua* (Der Kampf geht weiter) oder *Potere Operaio* (Arbeitermacht) gründeten, sowie drittens *movimentisti*: spontaneistisch-anarchistische Antiautoritäre, die sich gegen die Organisationsform »Partei« aussprachen und allein auf Massenbewegungen setzten. Sie plädierten für die Weiterarbeit innerhalb der Universitäten, während die anderen beiden Strömungen den Schwerpunkt auf die Agitation der Arbeiterklasse und der »Marginalisierten« setzten. Zunächst hatten die *movimentisti*, deren Organisation sich *potere studentesco* (Studentenmacht) nannte, den größten Einfluss, da sie die pragmatischste Strategie verfolgten und innerhalb der Universität arbeiteten, weil sie Studenten als autonome revolutionäre Schicht ansahen. Die übrigen Richtungen bestritten den Universitäten jede Bedeutung im Klassenkampf und propagierten den »Auszug aus der Universität«. Dadurch brachten hunderte revolutionärer Aktivisten die Ideen und Erfahrungen der Studentenbewegung in die Betriebe, in Stadtteilorganisationen und Bürgerinitiativen.

Zentren der Bewegung waren einerseits katholische Universitäten, allen voran die neu gegründete sozialwissenschaftliche Universität Trient und die katholische Universität Mailand, die eigentlich DC- und Regierungsnachwuchs ausbilden und rekrutieren sollten. Dass die katholischen Universitäten zu Hochburgen der Opposition wurden, hing mit der durch Johannes XXIII. ausgelösten Bewegung innerhalb des Katholizismus zusammen. Die lateinamerikanische »Befreiungstheologie« stieß auf große Sympathie bei katholischen Intellektuellen und löste rege Debatten über eine Verbindung von Katholizismus und Kommunismus aus. Andererseits waren die Universitäten in den Städten des Nordens mit einer starken Arbeiterbewegung, in Mailand, Venedig, Turin, Pisa und Padua, aber auch in Rom, Hochburgen der 68er. Der Süden blieb von der Studentenbewegung ebenso wie 25 Jahre zuvor von der *resistenza* weitgehend unberührt.

Anders als im französischen oder deutschen Sprachgebrauch meint *gli anni '68* die historische Phase von 1968 bis 1978, die geprägt war von starken revolutionären Bewegungen bis hin zu terroristischen Gruppen. Eine außerparlamentarische Opposition entstand, deren Rückhalt in der Gesellschaft größer war als in anderen europäischen Ländern. In ihr verbanden sich autonome Arbeiter-, Schüler- und Studentenbewegungen mit linkskatholischen Gruppen. Von der Studentenbewegung lernten sie, dass man im öffentlichen Raum, außerhalb der etablierten Organisationen Politik machen konnte. Die Aktionseinheit zwischen revolutionären Studenten und Arbeitern war in Italien mehr als eine Parole. Im Vergleich zu Frankreich vollzog sich die Annäherung zwischen Arbeitern und Studenten langsamer, aber zugleich nachhaltiger und politisch erfolgreicher. Als im März 1968 die Gewerkschaften zu einem Generalstreik für eine immer wieder verschleppte Rentenreform aufriefen, beteiligten sich bereits Studenten an Streikposten. Ausgehend von Turin kam es zu sogenannten »Studenten- und Arbeitervollversammlungen«, die in den folgenden Jahren vielfach die Initiative bei der Organisation von Demonstrationen und Streiks übernahmen. In Mailand entstand 1968 das erste *Comitato unitario di base* (Einheitsbasiskomitee), das studentische Formen direkter Demokratie auf die Betriebe übertrug und bald die gewerkschaftlichen Betriebszellen ablöste. Nach universitärem Vorbild wurden in vielen Betrieben Räte aus jederzeit abwählbaren Delegierten gebildet. Die Beispiele zeigen, dass sich die Studenten *direkt* an die Arbeiter wandten und nicht primär an deren Organisationen. Hierbei spielte auch eine Rolle, dass die Gewerkschaften gespalten und im Vergleich zu Deutschland institutionell schwach verankert waren.

Die neuen Organisationsformen und die allgemeine gesellschaftliche Dynamik der *anni del '68* veränderten die Machtverhältnisse in den Betrieben. Mit drei Millionen Streikstunden setzten die Arbeiter 1969/70 durchschnittliche Lohnerhöhungen von mehr als 18 % sowie die 40-Stunden-Woche durch. Die Italiener glichen damit ihr Lohnniveau dem deutschen an, während sie zuvor das Niedriglohnland innerhalb der EWG gewesen waren. Diesen massiven Lohnerhöhungen standen allerdings keine entsprechenden Produktivitätszuwächse gegenüber, so dass sie die ökonomischen Probleme verschärften. Die Arbeiter konnten 1970 auch eine Institutionalisierung ihrer Vertretungen in den Betrieben durchsetzen: ein »Arbeiterstatut« sicherte die gewerkschaftliche und politische Handlungsfreiheit im Betrieb, u.a. gewährte es das Recht, sich jederzeit während der Arbeitszeit zu versammeln, erkannte alle Arbeitervertretungen an und brachte einen weitgehenden Kündigungsschutz. Aufgrund dieser Erfolge stieg die Attraktivität der Gewerkschaften steil an: CGIL und CISL zusammen hatten 1968 4,1 Mio. Mitglieder, 1972 5,4 und 1975 bereits 6,7 Mio. Zudem lösten sich die Gewerkschaftsverbände allmählich aus der Vormundschaft der Parteien.

3. Schwarzer Terror

Vor dem aus der Radikalisierung der 68er entstandenen Linksterrorismus gab es in Italien Anschläge rechtsextremer oder »schwarzer« Terroristen. Der Übergang vieler Gruppen der extremen Linken zu politischer Gewalt und Terrorismus ließ sich so als Wiederaufnahme des Widerstands gegen den Faschismus rechtfertigen. PCI-Chef Luigi Longo sprach 1969 von der Notwendigkeit einer neuen *resistenza.*

90 % der rechtsterroristischen Anschläge erfolgten »verdeckt«, d.h. es gab kein Bekennerschreiben. Die Opferzahlen bei den Anschlägen schwarzer Terroristen lagen zudem weit höher als bei den linken Attentaten, die sich in der Regel gegen Einzelne richteten. Zwischen 1969 und 1984 kamen bei 524 »schwarzen« Terroranschlägen 199 Menschen um. Im selben Zeitraum verübten Linksextremisten 2.187 Anschläge, davon 273 mit Personenschäden, denen 145 Menschen zum Opfer fielen. 1969 bis 1973 gingen 95 % aller politischen Gewaltaktionen von der Rechten aus, 1974 noch 85 % und 1975 78 %. Danach dominierte der Linksterrorismus, aber auch die Rechte blieb militant. Die Zahlen verdeutlichen einerseits das Ausmaß des Terrorismus in den »bleiernen Jahren«, als Anschläge fast alltäglich waren. Andererseits verfolgten die Terroristen unterschiedliche Ziele. Während Linksterroristen vornehmlich Sachen und einzelne »Feinde« attackierten, fielen der insgesamt geringeren Zahl rechter Attentate mehr Menschen zum Opfer. Darunter waren mehrere Massaker mit einer Vielzahl von Toten. Wegen des Ausmaßes der terroristischen Bedrohung und wegen der Schwierigkeiten der Behörden bei der Ergreifung der Täter ranken sich vielfältige Verschwörungstheorien um den Terrorismus: dass ein Superhirn alle Gruppen (rechte wie linke) steuere, dass es Verbindungen zu Geheimdiensten und zur Mafia gebe. Solche Verwicklungen konnten nur in wenigen Fällen bewiesen werden.

Der erste Anschlag einer rechtsextremen Terrorgruppe fand am 25. April 1969, dem Nationalfeiertag, der an die Befreiung vom Faschismus erinnert, in Mailand statt: bei zwei Bombenexplosionen auf einem Bahnhof und einem Messegelände gab es 19 Verletzte. Ihr erstes Massaker verübten die schwarzen Terroristen dann am 12. Dezember 1969, wiederum in Mailand. Bei einer Bombenexplosion in einer Bank an der Piazza Fontana starben 16 Menschen, und es gab viele Verletzte, zumeist Bauern aus dem Umland. Am selben Tag explodierten zwei Bomben ähnlicher Machart in Rom und verletzten 18 Menschen. Da es – wie beim *terrorismo nero* üblich – kein Bekennerschreiben gab, nahm die Polizei zunächst an, hinter den Anschlägen ständen Anarchisten. Bei Vernehmungen kam es zum tödlichen

Sturz eines Verdächtigen aus dem Zimmer des ihn vernehmenden Kommissars Luigi Calabresi. Die Linke ging von einem Justizmord aus, so auch Nobelpreisträger Dario Fo in seinem viel gespielten Stück »Zufälliger Tod eines Anarchisten«. Der mutmaßliche Täter Calabresi fiel 1972 einem Anschlag zum Opfer. 1988 wurde aufgrund von Aussagen eines früheren Genossen der charismatische Kopf von *Lotta continua,* Adriano Sofri, wegen Mordes an Calabresi angeklagt und 1997 aufgrund äußerst fragwürdiger Beweise zu 22 Jahren Haft verurteilt. Viele Jahre später konnte bewiesen werden, dass die Mailänder Attentate von 1969 gemeinsam von Angehörigen des militärischen Geheimdienstes SID und zwei Faschisten aus Venetien, Franco Freda und Giovanni Giannettini, verübt worden waren. Freda hatte seit 1963 öffentlich dargelegt, wie die Republik durch Terror zu erschüttern sei, zuletzt 1969 in einer programmatischen Schrift »Desintegration des Systems«. In der Nachfolge des faschistischen Ideologen Julius Evola plädierte er für die Beschleunigung der inneren Zerfallsprozesse der modernen Gesellschaft durch individuellen Terror. Sein Ziel war eine lagerübergreifende Zusammenarbeit von Links- und Rechtsextremisten zur Zerstörung des »bürgerlichen Systems«.

Im Wesentlichen führten drei vielfach miteinander verwobene Organisationen die schwarzen Terroranschläge aus: Die älteste war *Ordine Nuovo* (Neue Ordnung) – ursprünglich der extremistische Flügel des MSI, der die Partei 1954 wegen ihres parlamentarischen Kurses verlassen hatte. Ideologisch am elitären, nicht rassistischen Faschismus eines Julius Evola orientiert, hielt sich ON eher im Hintergrund rechtsterroristischer Aktivitäten. Einer ihrer Gründer, Pino Rauti, kehrte 1969 mit einem Teil der Aktivisten in den MSI zurück, als dieser mit der Wahl Giorgio Almirantes zum Generalsekretär wieder weiter nach rechts rückte. Rauti stand seitdem an der Spitze des extremistischen Parteiflügels und wurde 1991 sogar Generalsekretär des MSI. ON hingegen wurde 1973 verboten. Die zweite rechtsterroristische Organisation war die bereits erwähnte, 1962 von Stefano Delle Chiaie gegründete *Avanguardia Nazionale* (Nationale Avantgarde). Sie war zunächst ein Schlägertrupp nach dem Vorbild der *squadre*, die in der Entstehungsphase des Faschismus linke Aktivisten terrorisiert hatten. Nach einem Griechenlandbesuch (auf Einladung der dortigen Junta) entwickelte Delle Chiaie 1967 eine eigenwillige »nazi-maoistische« Ideologie, zu der die Infiltration der politischen Linken gehörte sowie die Durchführung von Anschlägen, um die Linke zu diskreditieren. Schließlich gründete der »Schwarze Fürst« Junio Borghese 1968 die *Fronte nazionale*. Borghese hatte bereits in der Republik von Salò eine Spezialeinheit zur Verfolgung von Partisanen geleitet. Auf sein Konto gingen mehr als 800 Morde und die Plünderung ganzer Ortschaften. 1949 wurde er jedoch aus der Haft entlassen. Finanziert durch nicht näher bekannte Unternehmer und mit engsten Kontakten zu Mafia und *'Ndrangheta* engagierte sich *Fronte nazionale* zunächst im Aufstand von Reggio Calabria (s.u.). Im Dezember 1970 drang Borghese mit FN-Aktivisten ins Innenministerium ein und beschlagnahmte dort Waffen. Den geplanten Putsch brachen Borghese und sein designierter Innenminister Delle Chiaie aus ungeklärten Gründen ab, als bereits mehr als tausend Rechtsextremisten in Latium, Ligurien, Umbrien und Venetien in Marsch gesetzt worden waren. Der Putschversuch wurde erst im März 1971 öffentlich bekannt. Da hatten sich Borghese und Delle Chiaie längst nach Spanien abgesetzt, wo das Franco-Regime Borghese bis zu seinem Tod (1974) vor Verfolgung schützte, während Delle Chiaie sein Unwesen in Lateinamerika, in Chile unter Augusto Pinochet, in Argentinien und Bolivien fortsetzte. In den Achtzigern wurden alle Ermittlungen zum »Borghese-Putsch« eingestellt. Der MSI distanzierte sich regelmäßig von Terror und Putschplänen. Zur Abwehr von Links- *und* Rechtsterrorismus boten die MSI-Führer der DC immer wieder die *alternativa di destra* anstelle der Zusammenarbeit mit dem PSI an.

Während im Norden seit dem »heißen Herbst« 1968 Streiks und gewaltsame Demonstrationen an der Tagesordnung waren, kam es 1969/70 auch im Süden zu massiven Unruhen, an deren Spitze sich die Neofaschisten setzten. Im April 1969 brachen in Battipaglia (Kampanien) nach der Schließung einer Tabakfabrik Unruhen aus. Die Polizei erschoss zwei Demonstranten. 1970 entzündeten sich an Protesten gegen eine Verwaltungsreform bürgerkriegsähnliche Zustände in den Abruzzen und in Kalabrien. Das Heer musste eingreifen. Am schlimmsten eskalierten die Proteste in Reggio Calabria. Das ganze Jahr 1970 hindurch hielten die Unruhen und Generalstreiks an. 5.000 Polizisten mussten sich in ihren Kasernen verschanzen. Mehr als drei Monate lang brach die staatliche Ordnung völlig zusammen. Nur bewaffnete Armee- und *Carabinieri*-Einheiten wagten sich in die Stadt. Verletzte Polizisten mussten evakuiert werden, da sie in den lokalen Krankenhäusern nicht sicher waren. Obwohl alle lokalen Parteien (auch der PCI) den Aufstand unterstützten, waren die wichtigsten Rädelsführer Neofaschisten. Befriedet wurde der Konflikt durch einen in Rom ausgehandelten Kompromiss. Zahlreiche Entwicklungsprojekte wurden Reggio und seinem Umland zugesagt, die aus dem Etat der *Cassa per il Mezzogiorno* finanziert werden sollten, darunter ein riesiges Stahlwerk. Das Wenigste davon wurde eingehalten. Die Stadt behielt auch nach der Wiederherstellung der öffentlichen Ordnung eine der höchsten Kriminalitätsraten. Denn die *'Ndrangheta* profitierte am meisten von dem Aufstand. 1993 soll sie über 3.000 bewaffnete Mitglieder in der Stadt verfügt haben. Mit einer massiven Polizeioffensive wurde seitdem mit einigem Erfolg versucht, das staatliche Gewaltmonopol durchzusetzen.

Neben vielen »kleinen« Anschlägen kam es 1970, 1974, 1980 und 1984 zu mehreren Massakern rechtsextremer Gruppen. Eine Spezialität ihres wahllosen Terrors waren Anschläge auf Züge und Bahnhöfe in der Hauptreisezeit, so im Juli 1970 bei Gioia Tauro (Kalabrien) mit sechs Toten und 109 Verletzten und im August 1974 in einem Tunnel zwischen Bologna und Florenz mit zwölf Toten und fast 100 Verletzten. Andere Anschläge richteten sich gegen linke Veranstaltungen, so im Mai 1974 gegen eine Gewerkschaftskundgebung in Brescia. Es gab acht Tote und mehr als neunzig Verletzte. Gezielte Anschläge waren eher die Ausnahme: im September 1970 starben fünf junge Anarchisten beim Zusammenstoß ihres Kleinwagen mit einem LKW, dessen Fahrer und Beifahrer für den »Schwarzen Fürsten« arbeiteten. Die Getöteten hatten angeblich Beweise dafür, dass das Attentat von Gioia Tauro von Faschisten verübt worden war. Im Laufe des Jahres 1973/74 erzielte die Polizei einige Fahndungserfolge gegen den Schwarzen Terror. Unter anderem wurden der Chef des Geheimdienstes SID Vito Miceli und weitere hohe Offiziere verhaftet, weil sie in Anschläge verwickelt waren. Ein Provinzstaatsanwalt deckte die Existenz einer Organisation namens *Rosa dei Venti* (Windrose) auf, zu der Mitglieder des italienischen Geheimdienstes, der Armee und Geheimdienstleute aus anderen NATO-Staaten gehörten und die an der Planung von Anschlägen beteiligt war. Aber der eifrige Staatsanwalt wurde versetzt, die Ermittlungen bald wieder eingestellt, und nach einiger Zeit legte sich auch die Aufregung in der Öffentlichkeit wieder. Immerhin gab es einige Jahre lang keine spektakulären Anschläge der Rechtsterroristen. Aber ihre Strukturen bestanden fort, und sie schlugen auch wieder zu. Der schlimmste Anschlag galt am 2. August 1980, also wieder zu Ferienbeginn, dem Bahnhof der PCI-Hochburg Bologna mit 85 Toten und rund 200 Verletzten. Als Drahtzieher gilt einmal mehr Stefano Delle Chiaie, der 1988 in Venezuela verhaftet, nach Italien ausgeliefert, aber letztlich von allen Vorwürfen freigesprochen wurde.

Wie dieses Beispiel zeigt, steht der Schreckensbilanz des Schwarzen Terrors ein fast völliges Versagen von Polizei und Justiz bei der Ergreifung und Verurteilung von Verantwortlichen gegenüber. Diese auffällige Ineffizienz will nicht recht passen zur Vielzahl drakonischer Strafen gegen linke Terroristen. Eine skandalöse Abfolge von halbherziger Verfolgung, Freisprüchen mangels Beweisen oder – wenn einmal eine Strafe verhängt wurde – deren Aufhebung in zweiter Instanz belegt die Protektion des Schwarzen Terrors durch einflussreiche Kreise. Der laxe Umgang mit dem Rechtsterrorismus spricht dafür, dass zumindest bis in die Mitte der 1980er Jahre hinein die demokratische Kultur sich nicht in allen staatlichen Institutionen durchgesetzt hatte und dass ein Teil der politischen Elite mit dem Gedanken spielte, die Verfassungsordnung durch einen Militärputsch zu stürzen. Die gemeinsamen Anstrengungen von Regierungsparteien, Militär, Geheimdiensten und Rechtsterroristen, die Angst und gesellschaftliche Spannungen erzeugen wollten, um die Akzeptanz autoritärer Lösungen zu fördern, werden als *strategia della tensione* (Strategie der Spannungen) bezeichnet. In der Endphase der Ersten Republik kam es nicht wieder zu vergleichbaren Aktivitäten. Es scheint, als gäbe es inzwischen keinen nennenswerten Rückhalt mehr für autoritäre Lösungen von Staatskrisen.

4. Neue Bewegungen und die Integration des PCI

Bei allgemeinen Wahlen zeigte sich immer wieder, dass die auf der Straße und in den Großbetrieben des Nordens beeindruckend starke Linke keineswegs die Hegemonie in der Gesellschaft der *anni del '68* erlangt hatte. So war bei den Regionalwahlen von 1971 der MSI vor allem im Süden der große Sieger. Er erzielte durchschnittlich 14 % in Sizilien, in Catania fast 22 % und selbst in Rom mehr als 16 %. Auch bei den Parlamentswahlen von 1972 gehörte der MSI, der 3 % hinzugewann und landesweit auf 9 % kam, zu den Hauptgewinnern. Selbst in ihren Hochburgen in den Industriestädten des Nordens sprach die revolutionäre Agitation nur kleine Minderheiten an. Zwar hielten große Teile der Bevölkerung tiefgreifende Veränderungen für notwendig. Aber die Linksradikalen hatten keine realistischen Konzepte für strukturelle Reformen. Auch die ökonomische Entwicklung seit 1969 verringerte die Chancen für eine revolutionäre Transformation. Denn Großbetriebe wurden vielfach dezentralisiert, um die Macht der Gewerkschaften zu brechen. Zugleich wanderten immer mehr Arbeitskräfte in die Schattenwirtschaft ab. Die Schwarzarbeit schwächte die Position der Arbeiter im Betrieb und in der Gesellschaft. Schließlich spielten langfristige politisch-kulturelle Trends eine Rolle: je urbaner und säkularer Italien wurde, desto weniger attraktiv waren die kollektivistischen Werte der Achtundsechziger wie Gleichheit, kollektive Aktion oder Klassenbewusstsein. Seit dem Wirtschaftswunder nahmen Individualisierung und Konsumorientierung zu. Die Kleinfamilie wurde mehr und mehr zur wichtigsten Basiseinheit der Bedürfniserfüllung und individueller Wünsche. Die Modernisierung Italiens seit den Sechzigern beruhte nicht auf kollektiver Aktion und gemeinschaftlichen Werten, sondern auf den Chancen, die sie den Individuen zur Verbesserung ihres Lebensstandards bot. Dank familiärer Aufstiegsstrategien (Mitarbeit der Frauen, Schwarzarbeit, Überstunden, Sparen usw.) gelang vielen die Verwirklichung ihrer Träume: ein eigenes Haus, gehobene Konsumgüter, insbesondere Vespas, Motorräder oder Autos. Diese massenhafte Erfüllung lang gehegter Wünsche und der im Familienverband erreichte materielle Aufstieg wirkten sozial und politisch integrativ.

Zu den wichtigsten Auswirkungen der 68er Bewegung gehörte eine allgemeine Politisierung, in deren Gefolge fast überall Autorität in Frage gestellt und *autogestione* gefordert wurde. Gegen diesen gesellschaftlichen Wandel konnte sich die nach den Wahlen von 1972 gebildete Mitte-Rechts-Regierung (2. Kabinett Andreotti) nicht lange halten. Bis in die DC hinein wirkte sich der Wertewandel aus. Den tonangebenden *correnti* schienen eine neue Öffnung nach links und ein Entgegenkommen gegenüber den Reformforderungen erforderlich. In gewisser Weise wiederholte sich damit 1973 die Konstellation von 1962/63. Wieder kam eine Reformregierung an die Macht, als die Kassen leer waren und eine deflationäre Politik der Staatsbank und des Internationalen Währungsfonds, von dessen Krediten Italien abhängig war, die Staatsfinanzen belastete und als Argument diente, die angekündigten Reformen aufzuschieben. Denn der Ölpreisschock im Herbst 1973 führte zu einer weltweiten Rezession, die Italien wegen seiner Abhängigkeit von Energieimporten besonders hart traf. Auch eine andere Konstellation, die bereits während der ersten *centro-sinistra*-Regierungen die Linke diszipliniert hatte, wiederholte sich. Die Republik schien durch Putschversuche von rechts und militante Gruppen von links so sehr gefährdet, dass ein Burgfrieden notwendig schien, in dem Streit um Reformen zurückgestellt werden musste.

Durch die starken linksradikalen Bewegungen geriet auch der PCI zunehmend unter Druck. Insbesondere aus der Jugendorganisation liefen ganze Ortsgruppen zu den Linksradikalen über – sie schrumpfte von 1968 bis 1970 von mehr als 200.000 auf 70.000 Mitglieder. Die Parteiführung tat den Radikalismus der Studenten mit Lenin als »Kinderkrankheit« einer neuen Bewegung ab und sah in den Militanten nur aufmüpfige Bürgerkinder. »Ihr habt Gesichter von Vatersöhnchen. Die rechte Art schlägt immer durch. Ihr habt denselben bösen Blick. Ihr seid furchtsam, unsicher, verzweifelt (ausgezeichnet!), aber ihr wisst auch, wie man arrogant, erpresserisch und sicher ist: kleinbürgerliche Vorrechte, Freunde. Als ihr euch gestern in Valle Giulia geprügelt habt mit den Polizisten, hielt ich es mit den Polizisten! Weil die Polizisten Söhne von armen Leuten sind«, schrieb Pier Paolo Pasolini in seiner berühmten Polemik »Der PCI an die Jugend«. Anders als die Linksradikalen gehofft hatten, besann sich der PCI nicht auf seine revolutionären Wurzeln, sondern ging auf Distanz zu den neuen oppositionellen Bewegungen und rückte politisch weiter in die Mitte. Dieser Trend verstärkte sich 1973 durch den Militärputsch in Chile, als Parteisekretär Enrico Berlinguer den *compromesso storico* propagierte, also eine Zusammenarbeit mit den Christdemokraten und der Kirche, um eine »klerikalfaschistische« Kooperation und letztlich ein Ende der demokratischen Republik zu verhindern. Hinter der Strategie des Historischen Kompromisses stand ein verklärendes Bild der DC, das sich auf die gemeinsame *resistenza*-Tradition berief. Gegen alle Erfahrungen mit den DC-geführten Regierungen seit 1948 setzte Berlinguer darauf, mit der DC strukturelle Reformen durchzusetzen und verkannte, dass die Partei mehrheitlich strukturkonservativ und auf Macht- und Pfründensicherung ausgerichtet war.

Im Jahr 1974 zeigten verschiedene spektakuläre Ereignisse die zunehmende Spannung zwischen einer sich schnell verändernden Gesellschaft und den starren und zunehmend korrupten Machtstrukturen. Während die relativ schwachen zivilgesellschaftlichen Strukturen stärker wurden, verlor die politische Klasse rapide an Ansehen. Ein erstes dramatisches Anzeichen dieser Entwicklung, an deren Ende der Untergang der Ersten Republik stand, war der Ausgang des ersten Volksentscheides der Nachkriegszeit. Er wandte sich gegen ein Gesetz, das seit 1970 die Ehescheidung ermöglichte, und war von katholischen Fundamentalisten initiiert worden. Nachdem die DC das Referendum immer wieder herausgezögert hatte, da sie eine Bestätigung des Scheidungsgesetzes befürchtete, musste im Mai 1974 abgestimmt werden. Nur DC und MSI sowie die katholische Kirche waren für die Streichung des Scheidungsgesetzes. Alle übrigen Parteien sprachen sich für die Beibehaltung aus, wobei die PCI-Führung zwischen ihrer antiklerikalen Basis und einer Annäherung an die DC im Sinne des Historischen Kompromisses lavierte. Das katholische Lager präsentierte sein gesamtes ideologisches Arsenal: der Untergang des Abendlandes und der christlichen Familie wurden an die Wand gemalt. Aber anders als in früheren Konflikten erwiesen sich erstaunlich viele Wähler als immun gegen diese Kreuzzugspropaganda. Fast 60 % sprachen sich für das Scheidungsgesetz aus – sogar 30 % der DC-Wähler und mehr als die Hälfte der MSI-Sympathisanten stimmten gegen die Empfehlung ihrer Parteien dafür. Das Referendum war eine der schlimmsten Niederlagen der Staatspartei DC.

Die italienische Frauenbewegung erschien als große Gewinnerin der *anni del '68*. Sie schien einen grundlegenden Wandel der öffentlichen und privaten Moral bewirkt zu haben. Allerdings blieb sie auf eine spezifische Art familienbezogen: schon das Scheidungsreferendum als einer ihrer größten Erfolge weist darauf hin. Die bekannteste Parole, die die Italienerinnen in die internationale feministische Diskussion einbrachten – *affidamento* (Sich-Anvertrauen) – basiert im Gegensatz zur eher familienfeindlichen Frauenbewegung in Frankreich, Deutschland oder den USA auf der Vorstellung einer familiären weiblichen Sphäre, in der sich Mütter und Töchter austauschen und Männer keine Rolle spielen. Die klassische Forderung nach Gleichberechtigung und das Reden von Unterdrückung und Diskriminierung wurden hingegen eher kritisch bewertet. »Das Bild der unterdrückten Frau unterdrückt uns mehr als der leibliche Unterdrücker«, lautete eine provozierende These der Mailänder Vordenkerinnen des Feminismus um die Zeitschrift *Sottosopra* (Drunter und Drüber). Insgesamt war die italienische Frauenbewegung sehr pragmatisch: während etwa in Deutschland lange Debatten über die »richtige« sexuelle Orientierung von Feministinnen geführt wurden, lautete eine weitere Parole in Italien: »Egal, mit wem Du ins Bett gehst, und sei es mit Deinem Hund: entscheidend ist die politische Praxis.« Rückblickend betrachtet waren die italienischen Feministinnen wohl zu pragmatisch. Denn bei der Zahl der Ministerinnen, Parlamentarierinnen oder Frauen in Führungspositionen liegt Italien im europäischen Vergleich weit hinten. Eine Idee wie Quotierung konnte sich nie durchsetzten. Auch im familiären Alltag, bei der Aufteilung der Hausarbeit, bei der Kinderbetreuung haben sich die Geschlechterrollen wenig verändert.

Neben dem Scheidungsreferendum zeigte 1974 ein Eklat auf einem ganz anderen Gebiet ebenfalls, auf welch tönernen Füßen die Republik stand: Das Finanzimperium von Michele Sindona brach zusammen, den die *Times* noch 1973 als den »erfolgreichsten Italiener seit Mussolini« bezeichnet hatte. Es stellte sich heraus, dass er seine Holding aufgrund von Korruption und von Verfilzungen mit führenden DC-Politikern aufgebaut hatte. Sindona war mit den Amerikanern

1943 in Sizilien gelandet und hatte sich zunächst mit der Mafia verbündet. Auch der Vatikan war in seine Spekulationen und illegalen Geschäfte verwickelt. In der DC hatte besonders Andreotti Sindona geschützt. Skandale gehörten in Italien, wo die Verflechtungen zwischen Staat und Wirtschaft besonders eng waren, zum Alltag. Neu war jedoch 1974, dass sich infolge der allgemeinen Politisierung und Linksentwicklung unter den Intellektuellen die Presse als Hüterin der demokratischen Institutionen und korrekten politischen Verhaltens verstand. Magazine wie *L'Espresso* taten sich in diesem und folgenden Skandalen hervor. Zeitweilig bestand bei Optimisten die Hoffnung, dass mutige Enthüllungen zu einer *primavera degli onesti*, zu einem Frühling der aufrechten, nicht korrupten Staatsdiener führen könnten. Je mehr Korruption allerdings enthüllt wurde und je mehr Skandale folgenlos blieben, desto deutlicher zeigte sich, dass die vermeintlich aufklärenden Journalisten vielfach in das Machtspiel der politischen Klasse einbezogen und insbesondere zu einem Spielball der einander befehdenden DC-*correnti* wurden.

Aber 1974/75 schien ein Ende der DC-Herrschaft absehbar. Die Linke eilte von Wahlsieg zu Wahlsieg: im Juni 1975 erzielte der PCI bei Regional- und Kommunalwahlen große Erfolge und kam landesweit auf 33 % (+6,5 %) und damit bis auf 2 % an die lange uneinholbar wirkende *Democrazia Cristiana* heran. Neben dem PCI gewann auch der PSI 1,5 % hinzu und kam landesweit auf 12 %. Linke Mehrheiten aus PCI, PSI und kleinen Linksparteien gab es nicht mehr nur im »roten Gürtel« (Emilia-Romagna, Toskana, Umbrien), sondern auch in der Lombardei, Ligurien und Piemont, dem »industriellen Dreieck« im Nordwesten, außerdem in allen Großstädten außer Bari und Palermo. Deshalb setzte die Linke große Hoffnungen auf die Parlamentswahl von 1976. Der PCI erwartete den *sorpasso* (die DC zu überholen). Allenthalben wurde eine reine Linksregierung, die *alternativa di sinistra,* diskutiert, die besonders der PSI forderte. Denn der Historische Kompromiss hätte ihn als Mehrheitsbeschaffer entbehrlich gemacht. Keine Wahl seit 1948 fand unter politisch so angespannten Bedingungen statt: in Portugal hatte »die Revolution« 1975 gesiegt; das Franco-Regime lag in Agonie. Putschgerüchte und Spekulationen über das Verhalten der USA im Falle eines PCI-Sieges beschäftigten die Öffentlichkeit. Der PCI führte einen polarisierenden Wahlkampf mit der Parole »Wir haben saubere Hände (*mani pulite*). Wer sonst kann das von sich sagen?« Auch die zunehmende Medialisierung der Politik schien eher den Kommunisten zu nützen, deren Chef Berlinguer bei Fernsehauftritten eine bessere Figur machte als die DC-Granden. Die Staatspartei reagierte auf die zunehmende öffentliche Kritik und ihre Imageprobleme, indem sie den Parteisekretär Fanfani durch den für Seriosität und Bescheidenheit stehenden Ex-Partisanenführer Benigno Zaccagnini ersetzte. Dadurch betonte die Parteiführung ihre antifaschistischen und sozialreformerischen Wurzeln. »Zac« sorgte für die Streichung vieler fiktiver Mitglieder, die im Konkurrenzkampf der *correnti* erfunden worden waren – die Mitgliederzahl sank um 30 %. Zum Desaster wurde für die DC allerdings die Öffnung der gesamten

Parteitagsberatungen für Journalisten, die nun über Kungeleien und kleinliche Auseinandersetzungen berichteten. *Il Corriere della Sera* kommentierte »Der Kaiser ist nackt«, diagnostizierte ein »Debakel« und die »Apokalypse« der DC.

Attentate von Neofaschisten und Linksextremisten mit mehreren Toten während des Wahlkampfes trieben die Wähler jedoch zurück zur DC. Die Verschiebungen bei den Parlamentswahlen vom 20. Juni 1976 waren deshalb nicht so groß wie erwartet. Zwar gewannen die Kommunisten erheblich hinzu (34 %), aber die DC blieb stärkste Partei, der PSI stagnierte. Verlierer waren alle kleinen Parteien. Auch die Linksradikalen erzielten trotz einer gemeinsamen Liste nur 1,5 %. Eine Linksregierung war rechnerisch möglich. Allerdings lehnte die PCI-Führung sie ab, da sie politisch zu schwach sein werde. Aber es kam auch nicht zum Historischen Kompromiss. Vielmehr beschloss der PCI, mit allen Parteien des *arco costituzionale* – also ohne MSI, *Partito Radicale* und extreme Linke – eine Minderheitsregierung der DC unter Andreotti durch Stimmenthaltung zu tolerieren.

Für das Bündnis wurde eine Formel gefunden, die schon in der doppelten Negation, aus der sie besteht, auf einen Mangel an politischer Substanz verwies: *non-sfiducia* (Nicht-Misstrauen). Wie gering die Reformbereitschaft in der DC war, zeigte sich schon daran, dass sie mit Andreotti einen rechten Flügelmann an die Spitze der vom PCI tolerierten Minderheitsregierung stellte. Wie immer, wenn Regierungen mit einem Reformprogramm antraten, war die Wirtschaftslage schlecht. Nach zwei Jahren »Nicht-Misstrauen« erzielten DC, PCI, PSI, PSDI und PRI ein Arrangement, eine weitere Minderheitsregierung unter Andreotti nicht mehr nur durch Stimmenthaltung, sondern aktiv im Parlament zu unterstützen. Die Regierungsbildung zum 4. Kabinett Andreotti im März 1978 wurde dann überschattet von der Entführung des DC-Vorsitzenden Aldo Moro. Seine Ermordung bedeutete das Ende der Idee vom Historischen Kompromiss. Der wichtigste Befürworter einer Zusammenarbeit mit dem PCI war beseitigt, und zwei entschiedene Gegner des *compromesso storico* – Andreotti und PSI-Chef Bettino Craxi – erreichten durch die Moro-Entführung den Zenit ihrer Macht.

Der PCI erbrachte 1976 bis 1979 große Vorleistungen, um seine Mäßigung und Regierungsfähigkeit unter Beweis zu stellen, und handelte sich dadurch massive Probleme mit seiner Basis ein. Gemessen an den eigenen Ansprüchen haben die Kommunisten mit ihrer Kooperationsbereitschaft wenig erreicht. Aber wären sie durch Fundamentalopposition erfolgreicher gewesen?

Immerhin setzten die *non-sfiducia*-Regierungen einige bemerkenswerte Reformen durch. Die Initiativen dafür gingen vielfach vom Parlament aus, in dem der PCI (als Kompensation für Ministerposten) mit Pietro Ingrao und seit 1979 der Togliatti-Witwe Nilde Iotti den Vorsitz übernahm.

- Unter der kommunistischen Parlamentspräsidentschaft wurde zunächst einmal die Geschäftsordnung effektiviert: geheime Abstimmungen wurden abgeschafft, bei denen »Heckenschützen« immer wieder Regierungsvorlagen abgelehnt hatten; die Redezeit wurde begrenzt, was der Opposition Obstruktionsmöglichkeiten nahm. Außerdem baute das Parlament bei einer Reihe von Gesetzen eine Erfolgskontrolle ein und überließ nicht mehr allein der Verwaltung die Umsetzung. Ergab die Überprüfung ein negatives Ergebnis, so musste das Gesetz modifiziert werden.

- 1977 erhielten die Regionen Finanzautonomie und die Kontrolle über so wichtige Bereiche wie das Gesundheitswesen und die Raumplanung. Erst mit diesen Bestimmungen gewannen die 1970 installierten Regionen, in denen vielfach die politische Linke regierte, politische Kompetenzen.
- Zahlreiche nutzlose öffentliche Einrichtungen (*Enti pubblici*) aus der Zeit des Faschismus bzw. aus der Zeit der DC-Alleinherrschaft, die allein der Unterbringung der Klientel wichtiger Politiker dienten, wurden aufgelöst. Der PCI und der ihm nahestehende Gewerkschaftsverband CGIL setzten außerdem die Anerkennung der mit demokratischen Parteien verbundenen Polizeigewerkschaften durch, die zuvor von den christdemokratischen Innenministern in ihrer Arbeit behindert worden waren.
- Die vom PCI tolerierten DC-Regierungen reformierten Stadtplanung und Wohnungsversorgung und bremsten den Raubbau an der Landschaft und das unkontrollierte Wachstum der Städte: Anfang 1977 erging eine gesetzliche Regelung des Baurechts, im Sommer 1978 ein Gesetz gegen Mietwucher und ein Zehn-Jahres-Programm für den Wohnungsbau. Das neue Baurecht ging zwar nicht so weit wie die in den frühen sechziger Jahren am Widerstand des DC-Establishments gescheiterte *Legge Sullo*. Immerhin verpflichtete es alle Bauherren, sich an Infrastrukturmaßnahmen der Gemeinden zu beteiligen, und die Gemeinden, Baupläne aufzustellen, die die Interessen der Bewohner berücksichtigten. Aber wieder waren diejenigen, die eine Regelung des Städtebaus verhindern wollten, stärker als die Reformer: Das Verfassungsgericht kassierte einige Bestimmungen, da sie bürgerliche Freiheiten einschränken würden. Vor allem im Süden wurde das Gesetz von Bauindustrie und Behörden vielfach ignoriert.
- Wirksamer war das Gesetz gegen Mietwucher *equo canone* (angemessene Miete). In ihm wurde in Städten mit mehr als 5.000 Einwohnern die jährliche Höchstmiete auf knapp 4 % des Wertes der Wohnung festgelegt. Wie sich leicht nachrechnen lässt, bedeuten knapp 4 % des Wohnungswertes eine niedrige Miete. Mieterhöhungen wurden vom *equo canone* auf 75 % der Inflationsrate begrenzt. Viele Hausbesitzer fanden Vermietungen unter den neuen Bedingungen nicht mehr attraktiv und boten ihre Wohnungen zum Verkauf an, vermieteten sie irregulär oder an Ausländer, für die das Gesetz nicht galt. Auch hier zeigte sich: selbst auf dem Papier wirksame Reformen büßten einen großen Teil ihrer Wirkung ein, weil sie entweder von der Verwaltung nicht durchgesetzt wurden oder in der Gesellschaft auf zu große Widerstände stießen.

- 1978 verabschiedete das Parlament nach langen Querelen und gegen massiven Widerstand der Kirche ein Gesetz, das Abtreibungen legalisierte, wenn ein Arzt und eine Sozialstation die Schwangere beraten hatte. Ärzte und Gesundheitspersonal können aber aus Gewissensgründen Abtreibungen verweigern, so dass es bis heute in vielen Gegenden schwierig ist, legal abzutreiben. Wie im Falle der Ehescheidung versuchten die konservativen und katholischen Gegner des Gesetzes, es durch ein Referendum zu Fall zu bringen, kassierten aber 1981 erneut eine Abfuhr. Anders als von Kritikern prophezeit, geht die Zahl der Schwangerschaftsabbrüche nach einem kurzen Anstieg seit 1982 kontinuierlich zurück.
- Ebenfalls 1978 gelang eine Reform, die von der kritischen Intelligenz in ganz Europa als Durchbruch zu einer humaneren Gesellschaft angesehen wurde: die Schließung aller psychiatrischen Kliniken. Dieses Gesetz war ein Erfolg der vom Triester Psychiater Franco Basaglia initiierten Anti-Psychiatrie-Bewegung. Die Menschenwürde der »Irren« sollte wieder hergestellt, ihnen möglichst viel Selbstbestimmung zurückgegeben werden. Statt in geschlossenen Anstalten sollten sie in ihren Heimatorten versorgt werden. Da die flankierenden Maßnahmen zu diesem gut gemeinten Gesetz ausblieben, bedeutete die Befreiung der Psychiatrie-Insassen faktisch, sie ihren Familien zu überlassen, die damit einmal mehr staatliche Aufaben übernehmen mussten.

Die Parteien des *arco costituzionale* wählten 1978 den Sozialisten Sandro Pertini zum Staatspräsidenten. Er wurde der einzige populäre Staatspräsident der Ersten Republik. Außer in Ferruccio Parris kurzer Regierungszeit 1945/46 rückte mit Pertini das einzige Mal ein führender Mann der *resistenza* in die Staatsspitze auf, der im Faschismus in Haft, im Untergrund und im Exil gewesen war und noch in direktem Kontakt zu legendären Sozialisten wie Filippo Turati und Antonio Gramsci gestanden hatte. Seine humorvoll-uneitle, unabhängige und konsequent demokratische Amtsführung hat viel zu einer vorübergehenden Verbesserung der Legitimität des politischen Systems beigetragen. Zu Pertinis wichtigsten Entscheidungen gehörte, dass er erstmals Politiker, die nicht der DC angehörten, zum Ministerpräsidenten ernannte.

Ende 1978 wurde schließlich als letzte große Reform der Andreotti-Regierungen ein nationales Gesundheitswesen geschaffen. Anstelle vielfältiger und regional sehr unterschiedlicher Gesundheitsorganisationen wurden auf kommunaler Ebene einheitliche *Unità Sanitarie Locali* nach dem Vorbild des britischen *National Health Service* geschaffen. Diese neuen Einheitskrankenkassen verfügten über erhebliche finanzielle Mittel und Macht gegenüber Ärzten und Krankenhäusern. Die *Unità Sanitarie* entpuppten sich aber auf längere Sicht als gigantische Quelle der Verschwendung öffentlicher Mittel, von Misswirtschaft und inkompetenter Verwaltung. Da sie eine Vielzahl neuer Posten schufen, wurden sie zu einem Feld der *lottizazzione*. Da der PCI nun Quasi-Regierungspartei war, wurden erstmals auch seine Leute in diese für Betroffene ebenso lukrative wie für Außenstehende empörende Ämtervergabe einbezogen, worunter seine Reputation, nicht korrupt zu sein, weiter litt.

Die Integration der größten Oppositionspartei in die politische Klasse trug wesentlich zur Entstehung der außerparlamentarischen Bewegung von 1977 bei und stand am Anfang des Niedergangs des PCI, zumal die Tolerierung der Andreotti-Regierungen begleitet war von der Aufdeckung eines neuen Skandals: Der US-Rüstungskonzern Lockheed hatte führende DC-Rechte bestochen. Durch die Zusammenarbeit mit der offensichtlich korrupten *Democrazia Cristiana* verlor der PCI viel von seiner Integrität und Glaubwürdigkeit. Ebenso wie er von 1946 bis 1976 von Wahl zu Wahl hinzugewonnen hatte, verlor er seitdem kontinuierlich Stimmen. Die Folge waren eine Dauerkrise und Abspaltungen, die zum Untergang der erfolgreichsten KP im Westen führten. Der Untergang des PCI lässt sich nicht allein auf die Annäherung an den säkularen Gegner zurückführen. Aber die Koinzidenz mit dem Umschlag von kontinuierlichem Wählerzuwachs zu unaufhaltsamem Niedergang ist frappierend. Der politische Erfolg einer Beteiligung an der Macht war in dem von Daueropposition geprägten kommunistischen Milieu nur um den Preis des Wähler- und Mitgliederverlustes zu haben. So bescherte die Integration in die Regierungsarbeit dem PCI schwere innere Konflikte, politisch-strategische Verwirrung und die Abkehr eines Teils seiner politischen Basis, vor allem in den Großbetrieben und den dort starken CGIL-Gewerkschaften. Bei den Wahlen von 1979 fiel der PCI auf 30 %.

Durch die Annäherung des PCI an die DC war der in Italien ohnehin schwach ausgeprägte Gegensatz zwischen Regierung und parlamentarischer Opposition weiter verwischt worden, und einmal mehr verhinderte dieser spezifische *trasformismo*, dass die strukturellen Probleme des Systems angegangen wurden. Aus der Sicht der PCI-Führung wurden die durch die Zusammenarbeit mit der DC angestrebten Ziele verfehlt: Demokratisierung und sozialstaatliche Reformen sowie die Beendigung von Misswirtschaft, Korruption und Klientelismus. Vielleicht hätte sich der für parlamentarische Demokratien charakteristische Wechsel zwischen zwei politischen Lagern einspielen können, wenn 1976 eine Linksregierung an die Macht gekommen wäre, auch wenn eine solche Regierung auf heftigen Widerstand des Kapitals, der Bürokratie, des Klerus, anderer konservativer Kräfte und der USA gestoßen wäre.

Anfang 1979 kehrte die PCI-Führung zu einer oppositionellen Linie zurück und stellte sich wieder stärker an die Seite der Gewerkschaften. Ende 1979 kündigte Berlinguer sogar an, der PCI strebe künftig eine Linksregierung zusammen mit dem PSI an, der bei verschiedenen Wahlen hinzugewonnen und unter anderem davon profitiert hatte, dass er als einzige größere Partei gegen die harte Linie der Regierung im Fall Moro opponiert hatte. Nur waren die Bedingungen für eine

Linksregierung Ende 1979 alles andere als günstig: Einerseits hatte der PCI seit seiner Wahlniederlage den Nimbus verloren, unaufhaltsam stärker zu werden. Andererseits hatte sich der PSI entscheidend verändert, seit Bettino Craxi 1976 die Parteiführung übernommen hatte: von einer Partei der alten Männer mit starken Bindungen zum PCI hatte er sich in eine dynamische Partei junger Aufsteiger verwandelt, die lieber mit der DC koalierte, als Juniorpartner einer Linksregierung zu werden. Die *alternativa di sinistra* gab es nur 1976 – sie kehrte bis zum Ende der Ersten Republik nicht wieder.

5. Die »bleiernen« Jahre

Das Ausbleiben einer Linksregierung 1976 und die Integration des PCI in die Regierungsarbeit radikalisierten die Neue Linke. Eine neue, militante Bewegung entstand: Unter der Parole *autoriduzione* (eigenmächtige Preisreduzierung) weigerten sich zuerst FIAT-Arbeiter, erhöhte Preise für öffentliche Verkehrsmittel zu zahlen. Dann wurde die Idee der eigenmächtigen Reduzierung von Preisen und Tarifen auch auf Stromrechnungen, Telefon, Mieten ausgeweitet. Schließlich wurde Ladendiebstahl zum politischen Protest stilisiert. Einzelne Gewerkschaften unterstützten diese Bewegung, während der PCI sie ablehnte. Ihre HauptträgerInnen waren Frauen und Jugendliche aus den Hochhaussiedlungen der Vorstädte. Gleichzeitig entstand eine Hausbesetzerbewegung, an der sich neben Studenten und Jugendlichen auch viele Zuwanderer aus dem Süden beteiligten.

Diese spontaneistische Bewegung erreichte ihren Höhepunkt 1977 – deshalb auch *movimento del 77* genannt. Die Aktiven sahen sich selbst als »Marginalisierte« oder auch als »Stadtindianer« auf dem Kriegspfad. Gemeinsam war dieser heterogenen, neuen Bewegung eine diffuse, alltägliche Militanz. Ihr Symbol wurde ausgerechnet eine deutsche Pistole – die Walther P 38. Weil die 77er den leninistischen Zentralismus ablehnten, aber auch weil sie der Polizei die Überwachung und Infiltration erschweren wollten, gab es zahllose kleine Organisationen. Eine Führungsrolle übernahm die bereits 1973 gegründete Organisation *Autonomia operaia* (Arbeiterautonomie) und ihre Wochenzeitung *Rosso*. Ihr intellektueller Kopf war der Politikprofessor Toni Negri von der Universität Padua. Der revolutionäre Existentialismus Negris und anderer Intellektueller hat bei vielen aus der 77er Bewegung dazu beigetragen, dass sie sich gewaltbereiten Gruppen anschlossen und sich vielfach unüberlegt an der *guerriglia diffusa* beteiligten, an spontanen Sabotageaktionen, kleinen bewaffneten Überfällen auf Geschäfte, Unternehmer, unliebsame Politiker, Journalisten, Vertreter der Staatsgewalt und andere »Volksfeinde«. Eine ihrer Aktionsformen hieß *gambizzare* (in die Beine schießen). Dies wurde als legitime, da nicht tödliche Verletzung gerechtfertigt, aber die Betroffenen blieben traumatisierte Krüppel. Der Höhepunkt der 77er Bewegung war ein

Kongress mit ca. 25.000 Teilnehmern in der PCI-Hochburg Bologna, bei dem die französischen Poststrukturalisten Gilles Deleuze und Felix Guattari umjubelte Gastauftritte hatten. Sie waren die intellektuellen Idole des *movimento del 77*, obwohl kaum einer der Aktivisten ihre sperrigen Texte gelesen hatte.

Zwar gab es auch in Deutschland eine 77er (Studenten)Bewegung, die sogar in der italienischen ihr wichtigstes Vorbild sah. Aber im Vergleich zu den Neuen Sozialen Bewegungen der siebziger Jahre in der BRD zeichneten sich die italienischen Linksextremen durch weniger Organisation und größere Militanz aus. Ursächlich dafür waren vor allem ihre weitaus schlechtere materielle Absicherung sowie die Tradition gewalttätiger Auseinandersetzungen mit Faschisten und das Leitbild des Partisanen. In Deutschland beschränkten die Aktiven sich stärker auf verbale, intellektuelle Subversion oder wanderten in staatlich subventionierte Bereiche (alternative Ökonomie, Sozialprojekte) bzw. Freiräume (oppositionelle und neue Medien) ab, so dass terroristische Gruppen marginal blieben. In Italien hingegen waren Ironie, Zynismus und politische Radikalität der 77er-Bewegung in weit höherem Maße aus Verzweiflung und Perspektivlosigkeit heraus geboren. Eine Zahl verdeutlicht dies: 1977 besuchten 47 % der eingeschriebenen Studierenden keine Lehrveranstaltungen. Sie waren faktisch Arbeiter in prekären Beschäftigungsverhältnissen. Relativ viele Militante schlossen sich terroristischen Gruppen an; die Verhafteten und Verurteilten zählen in die Hunderte. Noch mehr flüchteten sich in Drogen; in Italien wurde Heroinsucht erst seit 1977 zu einem ernsten gesellschaftlichen Problem und das Land der Hauptumschlagsplatz für harte Drogen in Europa. Dies war nicht zuletzt ein Indiz für eine bedenkliche Verwahrlosung vieler Jugendlicher und junger Erwachsener. Dieses materielle Elend und die Perspektivlosigkeit sollte man auch im Blick haben, wenn es nun um den Terrorismus geht.

Die Gründer der *Brigate Rosse* (BR) kamen vor allem aus dem kommunistischen Jugendverband in der Emilia-Romagna und den von Renato Curcio und Mara Cagol organisierten Arbeiterkollektiven in Mailänder Großbetrieben. Curcio und Cagol hatten sich an der Universität Trient, einer Hochburg der Studentenbewegung, kennengelernt und schlossen sich einer maoistischen Sekte an. Nach dem Ende ihres Studiums heirateten sie und gingen nach Mailand, um als Berufsrevolutionäre Arbeiter zu agitieren. Alberto Franceschini und weitere BR-Gründer kamen aus einem »Politischen Arbeiter- und Studentenkollektiv« in Bologna. Die meisten stammten aus der Arbeiterklasse und der unteren Mittelschicht, viele hatten familiäre Beziehungen zur *resistenza*. Zwar waren einige von ihnen Studenten, aber alle hatten bereits in jungen Jahren in der Fabrik gearbeitet. 1969 bekam das Kollektiv um Franceschini Kontakt zu Curcio und Cagols Mailänder Gruppe. Aus radikalen Basisgruppen in den Großbetrieben rekrutierten sie den Rest der ersten beiden BR-Generationen. Der wichtigste aus dieser Gruppe war der Techniker Mario Moretti, der die Moro-Entführung organisierte.

Die *Brigate Rosse* begannen unspektakulär: im Oktober 1970 gegründet, um mit militanten Aktionen in betriebliche Konflikte einzugreifen, konzentrierten sie sich bis 1973 ausschließlich auf »bewaffnete Propaganda« in den Großbetrieben von Siemens, Pirelli und FIAT in Mailand und Turin. Sie bemühten sich, die Konflikte in den Betrieben am Kochen zu halten: leitende Angestellte und zu maßvolle Gewerkschaftsführer wurden kurzzeitig entführt, verhört, zu Zugeständnissen gezwungen, ihre Autos wurden angezündet. Die BR radikalisierten Aktionsformen aus dem »heißen Herbst« 1968. Man zog bei Streiks mit Parolen und rhythmischem Krach durch die Abteilungen. Alle Meister oder Vorarbeiter, die man traf, zwang man sich zu betrinken. Die ersten Aktionen der BR sorgten für lokales Aufsehen, zumal es viele ähnliche Aktionsgruppen gab. Das Verhältnis der *brigatisti* zu Waffen war grundsätzlich anders als etwa bei der RAF. Renato Curcio berichtete rückblickend: »Gleich nach dem Massaker auf der Piazza Fontana zirkulierten in der Bewegung einige Pistolen. Wir haben den Waffen zunächst wenig Bedeutung beigemessen [...]. Die Pistolen und vereinzelte Maschinengewehre waren Überbleibsel aus dem Krieg. Partisanen hatten sie aufgehoben und uns in teilweise bewegenden Zeremonien übergeben.« Die Waffen der *resistenza* zu übernehmen, symbolisierte einen politischen Kontinuitätsanspruch und zeugt von einer eher romantischen als funktionalen Betrachtungsweise. Bis 1974 gingen die BR Konfrontationen mit der Polizei aus dem Weg. Während die RAF in ein Palästinenserlager ging, um schießen zu lernen, konnten die meisten frühen BR-Mitglieder schlecht mit Waffen umgehen.

Die Erklärungen der *Brigate Rosse* waren in der Regel floskelhaft und unelegant, in einer drastischen und gewalttätigen, aber zugleich betont anschaulichen Sprache gehalten und mit populären bis populistischen Parolen garniert. Den Opfern der ersten Entführungen, die schnell wieder freigelassen wurden, hängte man Kartons mit belehrenden Slogans um, so etwa bei einem 1972 entführten Siemens-Manager: »Beiß zu und hau ab! Schlag einen von ihnen, um 100 zu erziehen!« Die *Brigate Rosse* orientierten sich am leninistischen Parteiaufbau. Ziel war die Gründung der »Kämpfenden Kommunistischen Partei«. Mario Moretti gab rückblickend zu, dass außer vagen Anleihen bei Lenin, Mao und lateinamerikanischen Revolutionären hinter den Erklärungen der *Brigate Rosse* »nichts war, was einer Strategie ähnlich gewesen wäre.« In ihrer Anfangszeit waren die Roten Brigaden in einem Maße populär, das aus deutscher Sicht kaum vorstellbar ist. Mit ihren Bestrafungen von Vorarbeitern, Managern und Gewerkschaftern, die sich angeblich nicht hinreichend für Arbeiterinteressen einsetzten, stießen sie in den Arbeitervierteln des Nordens, in denen sie auch ihre Schlupfwinkel hatten, auf viel Zustimmung. Am Nationalfeiertag (25. April) wurden 1971 und 1972 in den Mietskasernen Mailänder Arbeiterghettos mehrere hundert gelb-rote *Brigate Rosse*-Fahnen neben den roten der Kommunisten gehisst.

Bis 1974 dehnten die Roten Brigaden ihre Organisation auf die wichtigsten norditalienischen Industriestädte aus. So hatten sie beispielsweise in Mailand drei

Kolonnen – bei Siemens, Alfa-Romeo und Pirelli. Beim Ausbau der Organisation half den BR der Zulauf aus revolutionären Gruppen, die sich wie 1973 *Potere Operaio* und 1976 *Lotta Continua* auflösten. Aufgrund dieser Erfolge kam es im April 1974 zu einer folgenschweren Neuorientierung. Die *Brigate* verließen die ausschließlich betriebsbezogene Ebene der Auseinandersetzung und gingen zum »Angriff auf das Herz des Staates« über – zum Kampf gegen staatliche Institutionen, insbesondere gegen die Justiz wegen der Prozesse gegen *brigatisti* sowie gegen »schwarze« und »weiße« Faschisten – gemeint waren MSI und DC. Die BR wollten so einen faschistischen Putsch provozieren, der die eigene militärische Strategie im Nachhinein rechtfertigte. Im April 1974 wurde der Genueser Staatsanwalt Mario Sossi entführt, um ihn über die Strukturen und angebliche Verschwörungen im Staatsapparat zu verhören und Gefangene freizubekommen. Nach 35 Tagen wurde Sossi ohne Gegenleistung freigelassen. Der »Angriff auf das Herz des Staates« leitete den Untergang der BR ein. Denn nun begann eine systematische Verfolgung. Gesetze wurden verschärft, die Befugnisse der Polizei ausgeweitet. Schnell wurden die wichtigsten Aktivisten festgenommen. Mara Cagol und andere wurden bei ihrer Festnahme erschossen. Nun starben auch in Italien Polizisten, da die BR bewaffneten Auseinandersetzungen nicht mehr aus dem Wege gingen. Die Organisationsstruktur der BR wurde durch die Schaffung einer »Strategischen Leitung« zentralisiert. Obwohl die BR dank ihrer Logistik und ihrer quantitativen Stärke noch spektakuläre Aktionen bis hin zur Moro-Entführung durchführten, nahm ihr politischer Einfluss seit 1975 kontinuierlich ab. Bereits 1975 saß die gesamte erste Generation im Gefängnis, außerdem viele Mitläufer und Sympathisanten. Der politische Niedergang der BR ging wie der der RAF einher mit organisatorischen Meisterleistungen, die fast ausschließlich von Rache und Gefangenenbefreiung motiviert waren und sich von den eigenen politischen Ursprüngen weit entfernten.

Als die BR am 16. März 1978 Aldo Moro entführten, war dieser Parteichef, aber keineswegs der wichtigste Mann in der DC – das war spätestens seit 1976 Giulio Andreotti. Aber Moro hatte sich zum bedeutendsten Fürsprecher der Verständigung mit den Kommunisten entwickelt. Damit war er ein prädestiniertes Opfer für die BR, die trotz aller Kritik am PCI den »Klassenverrat« verhindern wollten, den sie im Historischen Kompromiss sahen. Entsprechend wurde Moro in den BR-Erklärungen nach der Entführung als »Stratege der DC« und »Architekt der Konterrevolution« bezeichnet, und die ganze Inszenierung verwies immer wieder auf die Annäherung zwischen DC und PCI. Moro wurde an dem Tag entführt, als die vierte Regierung Andreotti ihre Arbeit aufnahm – die erste seit 1947, die der PCI offiziell unterstützte. Knapp zwei Monate später deponierten die Entführer den toten Moro in einem Auto, das exakt auf halbem Weg zwischen den Parteizentralen von DC und PCI geparkt war. Die BR stellten nie klare Forderungen, sondern erklärten immer wieder, sie würden Moro vor ein »Volksgericht« stellen. Alle Parteien verlangten Härte und schlossen Verhandlungen aus; am

21. März wurden per Regierungsdekret »Anti-Terror-Gesetze« mit Verschärfungen im Straf- und Strafprozessrecht und beim Meldewesen in Kraft gesetzt. Hingegen forderte Moro in verschiedenen Erklärungen immer deutlicher eine Verhandlungslösung und desavouierte damit die harte Haltung der DC-Führung und seinen Intimfeind Andreotti. Von den großen Parteien verlangte nur der PSI, Verhandlungen über die Freilassung Moros zu beginnen, und wurde darin vom Papst und immer mehr prominenten Intellektuellen unterstützt. Moros Briefe aus dem »Volksgefängnis« verdeutlichen seine wachsende Verzweiflung, dass zu viele seinen Märtyrertod wollten – sei es um einen politischen Rivalen auszuschalten, um mit ungebrochener Härte gegen den Terrorismus vorgehen zu können oder sei es aus Staatsräson. Schließlich rechnete er mit seiner Partei und dem politischen System fast ebenso scharf ab wie die *Brigate Rosse*.

Den Fall Moro umgibt wegen zahlreicher Ungereimtheiten eine Aura des Geheimnisvollen. Verschiedene Autoren haben Theorien aufgestellt, wie die Geheimdienste, die bekannten rechten Verschwörer, die Loge P2, die DC oder die Mafia an der Entführung beteiligt gewesen seien. Das BR-Kommando war demnach nur ein kleines Rädchen in einem großen geheimnisvollen Zusammenspiel. Journalisten haben Jahre recherchiert, um »die Wahrheit« herauszufinden. Mir erscheint eine Erklärung der Affäre ohne mysteriöse Geheimagenten plausibel. Vielen innerhalb der politischen Klasse kam allerdings die Entführung des wichtigsten Befürworters des Historischen Kompromisses in der DC gelegen, und sie fürchteten die Rückkehr eines zum Moralisten geläuterten Aldo Moro.

Die Moro-Entführung war der größte Coup der Roten Brigaden, der ihnen ein Maximum an Aufmerksamkeit in der italienischen wie internationalen Öffentlichkeit verschaffte. Ihre spektakulärste Aktion markiert aber auch den Anfang vom Ende. So ineffizient die Polizei während der Entführung gewirkt hatte, so rasche Erfolge erzielte sie danach. Dies lag einerseits an den neuen Gesetzen, die ihre Möglichkeiten wesentlich erweiterten und die Rechte von Beschuldigten einschränkten. Während vor der Entführung Moros die *germanizzazione*, also die Übernahme deutscher Methoden bei der Bekämpfung revolutionärer Gruppen, überwiegend abgelehnt worden war, so übertrafen die Sondergesetze nach der Ermordung Moros, insbesondere die *Legge Cossiga* von 1979 (1981 in einem Referendum bestätigt), die deutschen Vorbilder bei weitem (in Graffiti wurde »COSSIGA« gerne mit SS-Runen geschrieben). Die Polizei konnte nun ohne richterlichen Haftbefehl Beschuldigte mehrere Wochen lang festhalten, die Höchstdauer der Untersuchungshaft wurde von vier auf acht, 1980 sogar auf zehn Jahre verlängert.

Eine wesentliche Ursache für die Erfolge der Polizei nach der Ermordung Moros lag in der Ernennung des *Carabinieri*-Generals Carlo Alberto Dalla Chiesa zum obersten Terroristenjäger. Dalla Chiesa hatte sich in Palermo einen Namen als Mafiajäger gemacht. Außerdem war ihm 1974 die Verhaftung des historischen

Kerns der Roten Brigaden gelungen. Damals war er noch wegen seiner rechtlich fragwürdigen Methoden kritisiert worden. Nach der Ermordung Moros konnte Dalla Chiesa fast ohne öffentliche oder richterliche Kontrolle eine Spezialbehörde zur Terroristenbekämpfung aufbauen. Noch im Jahr ihrer Errichtung machte sie die BR-Kolonnen in Genua und Turin durch Festnahmen handlungsunfähig. Weitere blutige Anschläge der verbliebenen BR-Kolonnen trugen dazu bei, das politische Klima zu erzeugen, in dem Dalla Chiesa am wirkungsvollsten operieren konnte. Im April 1981 wurde schließlich der für die Entführung Moros verantwortliche Kopf der römischen *brigatisti*, Mario Moretti, verhaftet.

Die Bekämpfung der Roten Brigaden schränkte nicht nur den Rechtsstaat ein, sondern forderte viele Todesopfer. Diese wurden allerdings von der Öffentlichkeit in Kauf genommen, um endlich den Alptraum der Gewalt und der fast wöchentlichen Attentate gegen Politiker, Richter, Journalisten aller Couleur zu beenden. Je mehr die Terroristen in die Defensive gerieten, desto rücksichtsloser wandten sie Gewalt an. Die Willkür, mit der sie ihre Opfer auswählten, verwischte zunehmend die Grenze zum Schwarzen Terror, der jeden treffen konnte.

Am 17. Dezember 1981 gelang den bereits totgesagten Roten Brigaden eine weitere spektakuläre Entführung, die erneut Stoff für Verschwörungstheorien bot. Der stellvertretende Oberbefehlshaber der NATO für Südeuropa, der US-General James Dozier, wurde von einem als Klempnertrupp verkleideten Kommando in einem mitgebrachten Behältnis verschleppt. Die Regierungen in Rom, Washington und anderen Hauptstädten fürchteten, er könne militärische Geheimnisse verraten. Nach sechs Wochen befreite eine nach dem Vorbild der deutschen GSG 9 gebildete Spezialeinheit Dozier aus dem »Volksgefängnis« und nahm seine Bewacher fest. Die ungewöhnliche Präzision der Polizeiaktion ließ sofort Gerüchte aufkommen, es habe sich um eine vom Geheimdienst inszenierte Entführung gehandelt. Überhaupt wurde besonders vom PCI immer wieder behauptet, dass die Roten Brigaden gar nicht auf eigene Rechnung, sondern im Interesse der »herrschenden Klasse« agierten. Sei es, dass sie einen Befürworter des Historischen Kompromisses beseitigten oder dass sie die Legitimation für die Außerkraftsetzung rechtsstaatlicher Normen lieferten. Andererseits grassieren Verschwörungstheorien, dass die Terroristen mit dem traditionellen Entführungs- und Erpressungsbusiness der Mafia, sardischer und anderer Banden eng zusammenarbeiten würden.

Die Entführung des Ciro Cirillo

Selten sind die kaum glaublichen Zusammenhänge italienischer Affären – hier die Kooperation von DC, *Brigate Rosse*, *Camorra*, Geheimdienst und P2, die alle auch als Akteure im Falle Aldo Moro genannt wurden – so gut belegt wie im Fall des neapolitanischen Politikers Ciro Cirillo.

Er war nach dem Erdbeben vom November 1980 in Kampanien als Regionalminister maßgeblich beteiligt an dem gigantischen Betrug, der durch die Umleitung der Wiederaufbaugelder in mafiose und private Taschen verübt wurde. Am 27. April 1981 wurde er von einem BR-Kommando entführt. Anders als im Falle Moro gab es sofort Verhandlungen über seine Freilassung. Diese liefen – vermittelt durch die Spitze des Militärgeheimdienstes *Sismi* – über den im Hochsicherheitsgefängnis von Ascoli Piceno einsitzenden *Camorra*-Boss Raffaele Cutolo, dessen Clan bereits direkt nach der Entführung die BR aufgefordert hatte, Cirillo, der unter ihrem Schutz stand, freizulassen. Schließlich wurde ein Lösegeld von 1,4 Mrd. Lire ausgehandelt, das sich BR und *Camorra* teilen sollten, und Cutolo für seine Vermittlung eine Begnadigung in Aussicht gestellt. Selbstgefällig erklärte er 1989: »Ohne meinen Einfluss gäbe es Dr. Cirillo nicht mehr. Die *Brigate Rosse* konnten sich nicht den Luxus leisten, mir eine Gefälligkeit auszuschlagen.« Am 25. Juli ließen die BR Cirillo frei. Er weigerte sich anschließend mehrere Tage, vor dem ermittelnden Richter auszusagen und beriet sich stattdessen mit seinem Paten, dem DC-Politiker Antonio Gava. Trotz immer stärkerer Beweise bestritten alle Beteiligten die Verhandlungen mit der *Camorra*. Sie ließen Cutolo, der auf Begnadigung hoffte, ein Protokoll schreiben, in dem er unbeteiligte DC-Politiker mit sich in Verbindung brachte. Dieses Dokument spielte man dem PCI-Organ *Unità* zu, das es prompt veröffentlichte. Als sich die Verdächtigten gerichtlich zur Wehr setzten, musste der Chef der *Unità* zurücktreten. Inzwischen war Staatspräsident Pertini misstrauisch geworden und ließ Cutolo in ein anderes Hochsicherheitsgefängnis verlegen. Im Verlaufe der Ermittlungen, die sich über sieben Jahre hinzogen, starben mehrere wichtige Zeugen, teilweise unter dubiosen Umständen. Als der Untersuchungsrichter schließlich den zum Innenminister aufgestiegenen Gava beschuldigte, die Verhandlungen mit Cutolo eingefädelt zu haben, stoppte Ministerpräsident Ciriaco De Mita die Ermittlungen. Der couragierte Richter bekam ein Disziplinarverfahren. Die neapolitanische BR-Kolonne bedankte sich auf ihre Weise für Cutolos Vermittlung: am 15. Juni 1982 erschoss sie den Chef der Bereitschaftspolizei, der sich im Kampf gegen die *Camorra* hervorgetan hatte.

Vgl. Alessandro Silj: Verbrechen, Politik und Demokratie in Italien, Frankfurt/M. 1998, S. 306–313; Richard Brütting (Hg.): Italien-Lexikon, Berlin 1997, S. 186 f.

Zu den Sondergesetzen zur Terrorismusbekämpfung gehörte auch eine Kronzeugenregelung, die spätestens seit dem Scheitern der Dozier-Entführung dazu beitrug, dass Mitglieder der Roten Brigaden reihenweise auspackten. Kronzeugen, die nicht wieder aufhörten ihre ehemaligen Genossen anzuschwärzen, führten in vielen Fällen bei Richtern und Staatsanwälten zu wilden Spekulationen über die organisatorischen Zusammenhänge im Bereich des Terrorismus. So ließ ein Untersuchungsrichter am 7. April 1979 mehr als 100 Leute aus dem Umfeld von *Autonomia Operaia*, festnehmen, darunter viele Unschuldige und manche, die den Terrorismus nur gerechtfertigt hatten. Zu den Verhafteten zählte auch fast der gesamte Lehrkörper des Instituts für Politikwissenschaft an der Universität Padua, zu dem mit Toni Negri der berühmteste Theoretiker der Arbeiterautonomie und der *guerriglia diffusa* gehörte. Negri hatte die Nutzlosigkeit aller reformistischen Versuche, humanere Verhältnisse in Wirtschaft und Gesellschaft zu schaffen, gelehrt, und er hatte sich einer existentialistischen, revolutionären Rhetorik bedient. Aber er hatte nie für individuellen Terror und den »Angriff auf das Herz des Staates« plädiert. Nach Ansicht des Richters aus Padua sollte Negri jedoch der Kopf der Roten Brigaden sein. Seine Lehrtätigkeit in Padua und an der *École Normale Superieure* in Paris sei nur Tarnung. Zwar brach dieses Konstrukt, das auf den Aussagen *eines* Kronzeugen basierte, bald zusammen. Aber Negri wurde gleichwohl beschuldigt, an der Moro-Entführung beteiligt gewesen zu sein, und schließlich wegen Gründung einer subversiven Organisation zu der ungewöhnlich harten Strafe von zwölf Jahren verurteilt. Da Negri bei der Europawahl 1983 auf der Liste des *Partito Radicale* gewählt wurde, kam er vor einer rechtskräftigen Verurteilung frei und konnte sich ins Ausland absetzen. Das terroristische Fußvolk hatte weniger Glück als Prominente und *pentiti*. Ende 1983 saßen fast 1.800 mutmaßliche Terroristen in Haft, darunter 650 angebliche Rotbrigadisten. 2007 verbüßten noch mehr als hundert von ihnen ihre langjährigen Haftstrafen und sind von der Öffentlichkeit weitgehend vergessen. Auch in den »bleiernen Jahren« meldeten nur wenige öffentlich Zweifel an den Ermittlungsmethoden und den juristischen Konstruktionen von Polizei und Justiz an. Insbesondere der PCI plädierte wie die Christdemokraten für eine harte Linie. Auch dass die Anschläge der politischen Rechten, an denen eventuell gar Geheimdienste beteiligt waren, weit weniger konsequent als die Roten Brigaden verfolgt wurden, war kaum ein Thema.

Die 1960er und 1970er Jahre waren für die Erste Republik eine Phase hoffnungsvoller Aufbrüche, einer Stärkung der Zivilgesellschaft und der politischen Entwicklung nach links. Da auch der Vatikan und die USA sich aus der antikommunistischen Erstarrung lösten, waren die Voraussetzungen günstig für eine Überwindung der politischen Segmentierung, bevor diese Strukturen sich verfestigt hatten. Diese Chancen wurden jedoch von der politischen Klasse kaum genutzt. Vielmehr ließ sich seit 1960 der PSI und seit 1973 der PCI in einen Wandlungsprozess (*trasformismo*) einbeziehen, wie er für die politische Kultur in Italien typisch war. Um 1980 waren der PSI voll und der PCI partiell in die Systeme der *lottizzazione*, der Korruption und des Klientelismus integriert. Der Gegensatz zwischen Regierung und Opposition wurde verwischt, was die Entwicklung eines bipolaren politischen Systems verhinderte, in dem der Wechsel zwischen Regierung und Opposition normal ist.

Durch die Erstarrung des politischen Systems und das Fehlen einer Regierungsalternative zur DC wurden die Spannungen zwischen der sich rasch wandelnden Gesellschaft und der politischen Klasse immer deutlicher spürbar. Sie hatten sehr unterschiedliche Ausdrucksformen und entluden sich auf ganz verschiedenen Feldern: von der 68er Studentenbewegung über zahlreiche Streiks und militante Demonstration seit dem »heißen Herbst« 1968, vom Scheidungsreferendum bis zur »Bewegung von 1977«. Die beiden kurzen Reformphasen 1962 bis 1964 und 1976 bis 1979 reichten nicht aus, um die Spannungen zwischen Zivilgesellschaft und politischem System wesentlich abzubauen.

Zusätzlich zu diesen massiven inneren Problemen war das politische System in den sechziger und siebziger Jahren gewissermaßen von außen bedroht: von der extremen Rechten durch Putschpläne und die »Strategie der Spannungen«, seitens des Linksextremismus durch die zahlreichen Anschläge der *Brigate Rosse* und vieler »diffuser« terroristischer Gruppen.

Einer der wichtigsten Intellektuellen der *anni del 68* war Pier Paolo Pasolini. Er wurde im November 1975 ermordet – bis heute ist nicht klar, ob er ein Opfer des Schwarzen Terrors wurde. Denn Pasolini hatte kurz vor seinem Tod behauptet, er kenne die Verantwortlichen für die Blutbäder des Schwarzen Terrorismus. Jedenfalls symbolisiert sein Tod für viele das Ende aller politisch-gesellschaftlichen Aufbruchserwartungen.

Kapitel 8
Scheinblüte und Zusammenbruch der Ersten Republik

Statt des von vielen befürchteten Untergangs im Strudel ökonomischer und politischer Probleme schien sich die Republik in den achtziger Jahren unter der Ägide Andreottis und dann vor allem des PSI-Führers Craxi wie ein Phönix aus der Asche zu erheben. Renommierte Politologen machten aus dieser kurzfristigen Erholung ein Paradigma zur Erklärung der italienischen politischen Kultur: »Demokratie als Lebenskunst« (La Palombara) war so eine Formel, um zu erklären, dass die Erste Republik trotz aller Krisensymptome eine stabile, lebendige und erstaunlich regenerationsfähige Demokratie sei. Bedeutende Sozialwissenschaftler machten sich über die Schwarzmaler lustig, die bei jeder Krise den Untergang prophezeiten. Robert D. Putnam beschrieb in einer großen empirischen Studie das Erstarken der Zivilgesellschaft – allerdings nur im Norden und im »Roten Gürtel«. Diese Analysen wurden in den italienischen Medien breit rezipiert und bestätigten letztlich das Gefühl, dass sich nichts Grundlegendes ändern müsse.

1. P2-Affäre, Krise der DC und Bedeutungsgewinn des PSI

Die letzte Phase der Ersten Republik begann mit der Aufkündigung der Zusammenarbeit mit der Regierung Andreotti durch den PCI Anfang 1979. Die PCI-Führung suchte bereits seit längerem nach einem Weg ohne Gesichtsverlust aus dem Bündnis, das der Partei nur Zugeständnisse abverlangte und sie Wähler kostete, ohne sie dem strategischen Ziel der Regierungsbeteiligung näher zu bringen. Den konkreten Anlass fand man 1979 darin, dass die Regierung die für den Beitritt zum Europäischen Währungsverbund zu hohe Inflationsrate vorwiegend durch Kürzungen im Sozialetat bekämpfen wollte. Auch in der DC brachen über diese Frage heftige Flügelkämpfe aus. Nun wurde spürbar, wie sehr der große Vermittler und Kommunikator Aldo Moro fehlte, der die Partei zusammengehalten hatte. Innerhalb der DC ging es nach dem Ende der vom *arco costituzionale* gestützten Minderheitsregierungen auch um die Frage, ob man eine Rechtsregierung mit dem PLI bilden oder das *centro-sinistra*-Bündnis wieder aufnehmen und damit am Sozialstaatsideal festhalten wollte.

Zunächst setzten sich die Befürworter einer Rechtsregierung und eines wirtschaftsliberalen Kurses durch. Nach einer sechsmonatigen Regierungskrise kam im August 1979 eine Koalition mit dem politisch rechts von der DC stehenden PLI und dem PSDI zustande. Ministerpräsident wurde DC-Rechtsaußen Francesco Cossiga. Wirtschaftsminister Filippo Maria Pandolfi (DC) legte erstmals (!) eine mittelfristige Wirtschafts- und Finanzplanung vor. Der Pandolfi-Plan betrachtete die hohen Lohnkosten als Hauptursache der Wirtschaftsmisere. Dagegen schlug er neoliberale Rezepte vor: Senkung der Staatsausgaben, das Einfrieren der Reallöhne, größere Flexibilität und Mobilität der Arbeiter bei Arbeitslosigkeit und Firmenverlegungen.

Die Gewerkschaften hatten aus einer Position der Stärke heraus seit Mitte der siebziger Jahre wie der PCI eine korporatistische Linie verfolgt. Dank der *scala mobile* und aufgrund ihrer aus erfolgreichen Arbeitskämpfen hervorgegangenen Macht konnten sie (anders als in den meisten kapitalistischen Staaten) trotz Rezession das Reallohnniveau der Arbeiter halten und Massenentlassungen verhindern. Der Preis dafür waren allerdings sinkende Produktivität und immer schlechtere Exportchancen. Einige Jahre konnte die Regierung diese negativen Effekte mit einer hohen Inflationsrate kaschieren. Außerdem war sie der Konfrontation mit den Gewerkschaften aus dem Weg gegangen. Dies änderte sich mit dem Pandolfi-Plan. Auch gesamteuropäisch hatte sich der Wind gegen die Gewerkschaften gedreht. Gegen die neue unkooperative Haltung der Regierung erwiesen sich die seit 1969 ausgebauten, basisdemokratischen und stärker betrieblich orientierten gewerkschaftlichen Organisationsformen, die Fabrikräte und das beratungsintensive demokratische Delegiertensystem, als wenig schlagkräftig. Unter den veränderten politischen Rahmenbedingungen wäre eine Gesamtstrategie der drei Dachverbände erforderlich gewesen, um betriebliche Aktivitäten wirksam zu koordinieren.

Mit dem Rückenwind der neuen Mitte-Rechts-Regierung versuchte der FIAT-Konzern, in dem traditionell die Tarifkonflikte ausgetragen wurden, die Entlassung von 24.000 Arbeitern durchzusetzen. Im September 1980 traten die Gewerkschaften gegen diese Pläne in den Streik und schließlich in den Generalstreik. Trotz erfolgreicher Mobilisierung endete die Auseinandersetzung mit einer Niederlage, von der sich die Gewerkschaften bis heute nicht erholt haben. Am 14. Oktober 1980 kam es in Turin zu einer zumindest in dieser Breite unerwarteten Kundgebung von über 30.000 Vorarbeitern, Meistern, Technikern und Angestellten, die ein Ende des Streiks forderten. Ihre plakative Forderung lautete: »Man kann die Arbeitsplätze nur verteidigen, wenn man arbeitet!« Am folgenden Tag brach die Gewerkschaft den Streik ab und stimmte mehr als 20.000 Entlassungen zu. Nach diesem glanzvollen Sieg witterten die Arbeitgeber Morgenluft und versuchten die *scala mobile* abzuschaffen, die sogar von manchen Gewerkschaftsfunktionären als Motor der Inflation und Hemmschuh für die wirtschaftliche Gesundung angesehen wurde. Nach langen Verhandlungen erreichte Arbeitsminister Vincenzo Scotti (DC) im Januar 1983 einen Kompromiss: die automatische Anpassung der Löhne wurde gebremst.

Der PSI, der sich unter Craxi zu einer wirtschaftsfreundlichen Partei entwickelt hatte, war im April 1980 wieder in die Regierung eingetreten, nachdem die DC die vom PSI misstrauisch beäugte Phase der Kontaktaufnahme mit dem PCI beendet hatte. Ein DC-Kongress im Frühjahr schloss für die Zukunft jede Zusammenarbeit mit dem PCI aus. Mit dem würdevollen Staatspräsidenten Sandro Pertini als Verkörperung der besten republikanischen Traditionen – kultivierte Zivilität und *resistenza*-Mythos – und dem aufstrebenden, noch nicht 50-jährigen Craxi profilierte sich der PSI als dynamische Alternative zu DC und PCI. Zum Aufstieg des PSI trug die Aufdeckung eines weiteren Politskandals entscheidend bei.

1981 stießen engagierte Journalisten und einige furchtlose Staatsanwälte im Zuge der Ermittlungen wegen des Schwarzen Bombenanschlags auf den Bahnhof von Bologna auf eine Geheimorganisation namens P2. Damit die geheimnisvollste und zugleich einflussreichste Gruppe entdeckt, die in der Ersten Republik hinter den Kulissen die Fäden zog. P2, wobei »P« für Propaganda steht, verband sehr alte und sehr moderne Methoden der italienischen Politik. P2 war als Freimaurer-Loge organisiert und knüpfte an die Geheimbünde des frühen 19. Jahrhunderts an. Der Loge P, der geheimsten und exklusivsten Loge des späten 19. Jahrhundert hatten führende Politiker angehört. Auch P2 beeinflusste durch Treffen der Mächtigen jenseits von Parlament und Öffentlichkeit politische Entscheidungen.

Der Großmeister von P2, Licio Gelli, hatte seine Karriere in der Faschistischen Partei begonnen. 1943 war er der SS beigetreten. Nach dem Krieg konnte er plötzlich beweisen, dass er den Partisanen geholfen habe. Vorsichtshalber ging er trotzdem einige Jahre nach Südamerika. Nach seiner Rückkehr wurde er Sekretär eines führenden DC-Abgeordneten, knüpfte Verbindungen zu den italienischen Geheimdiensten, zum CIA und zum Vatikan. Zugleich wurde er der Sekretär eines Freimaurers, der die exklusive Loge »P« wieder aufbauen sollte. Gelli selbst trat bald an die Spitze der reorganisierten Loge, die den Namen P2 bekam. In seinen 1981 aufgedeckten Mitgliederlisten standen 962 Männer – alles Führungskräfte aus Wirtschaft, Politik, Militär und Kultur. Zu den prominentesten Mitgliedern gehörten der PSDI-Vorsitzende Pietro Longo, drei DC-Minister sowie eine Reihe führender PSI-Mitglieder. Ziel von P2 war nicht, selbst an die Macht zu kommen, sondern die Regierung über die Logentreffen zu kontrollieren und ihre Aktivitäten zu steuern. Zugleich stand P2 aber wohl auch hinter der »Strategie der Spannung«, mit der das Klima für einen Staatsstreich erzeugt werden sollte. Da Gelli trotz seines großen Organisationstalents eine uncharismatische Figur war, halten sich bis heute Gerüchte, wonach die Hintermänner von P2 unentdeckt blieben – allen voran Giulio Andreotti gilt auch hier als Strippenzieher. Nachweislich arbeitete P2 eng mit der Mafia zusammen, die sich modernisiert hatte, seitdem es vier sizilianischen Familien gelungen war, das gewinnbringendste illegale Geschäft, den Drogenhandel, unter ihre Kontrolle zu bekommen. Die drei bis vier Billionen Lire, die sie verdient hatten, konnten sie nur günstig und sicher anlegen, wenn sie mit professionellen Finanzmaklern zusammenarbeiteten. So entstanden enge Beziehungen zwischen Mafia und dem in der Loge P2 organisierten Establishment.

P2 entstand nicht zufällig 1968 und arbeitete in den ersten Jahren ihres Wirkens mit den Militärs, Geheimdienstleuten und Rechtsterroristen zusammen, die

Putschpläne schmiedeten. Nach dem aus konservativer Sicht glimpflichen Ausgang der Parlamentswahlen von 1976 änderte P2 ihre Strategie: Statt mit Verschwörern und den Geheimdiensten kooperierte P2 nun mit hohen Verwaltungsbeamten, Managern und der Hochfinanz und nutzte Medien, um die öffentliche Meinung zu manipulieren. Nachweislich stand der *Corriere della Sera*, die auflagenstärkste, seriöse Tageszeitung, in den späten Siebzigern unter dem Einfluss von P2. Der Krisenstab während der Moro-Entführung bestand ausschließlich aus P2-Mitgliedern. Auch wenn die Strategie von P2 seit 1976 ziviler war als zuvor, so war doch die eine wie die andere verfassungswidrig: Die parlamentarische Regierungsbildung sollte ausgehebelt werden. Eine Loge, die im Geheimen agierte, eventuell gar unbekannte Hintermänner hatte, wollte die Politik bestimmen.

Unter den zahlreichen Skandalen der Ersten Republik war dieser der folgenreichste. Zunächst waren die Auswirkungen allerdings gewohnt unspektakulär: Die Loge wurde verboten, einige der beteiligten Richter, Militärs und die Spitzen der Geheimdienste wurden ausgewechselt. Aber die meisten der 962 namentlich bekannten Mitglieder zogen keine Konsequenzen. Von den Ministern, die P2 angehörten, trat nur der Sozialdemokrat Longo zurück. Im PSI wurde nur ein in die Affäre verwickelter Politiker kaltgestellt – Fabrizio Cicchitto, weil er seine Mitgliedschaft *eingestanden* hatte! Dennoch leitete die P2-Affäre das Ende der Ersten Republik ein.

Präsident Sandro Pertini erschien der Öffentlichkeit zunehmend als einzige integre Persönlichkeit in einer korrupten politischen Klasse. Im Juni 1981 beauftragte er zum ersten Mal seit 1946 keinen Christdemokraten, sondern den Republikaner Giovanni Spadolini mit der Regierungsbildung. Damit wurde eine scheinbar unumstößliche Regel durchbrochen und die DC büßte ihren Nimbus als permanent führende Regierungspartei ein. Spadolini, dessen PRI nur über 3 % der Sitze im Abgeordnetenhaus verfügte, schmiedete eine Koalition, die unter dem Namen *pentopartito* (Fünfparteienbündnis) die Regierungsformel für die letzte Phase der Ersten Republik war und mit kurzen Unterbrechungen von Juni 1981 bis April 1991 Bestand hatte. Zum *pentopartito* gehörten außer den *centro-sinistra*-Parteien (DC, PSI, PSDI und PRI) auch der PLI. Die Hinzunahme dieser weit rechts stehenden 2 %-Partei war für die Mehrheitsbildung keineswegs notwendig, sondern allein symbolisch wichtig, damit Spadolini seine Koalition als *neue* Konstellation präsentieren konnte. Die himmelweiten politischen Differenzen zwischen den fünf Parteien wurden immer wieder durch das Vermittlungsgeschick Spadolinis und den starken Mann im Hintergrund, PSI-Chef Craxi, überbrückt. Aber wegen des Vertrauensverlusts der politischen Klasse – führende Männer aller Regierungsparteien wurden als Mitglieder von P2 enttarnt – blieben die beiden Regierungen Spadolini instabil. Zu den wenigen Gemeinsamkeiten der Regierungskoalition gehörte der Kampf gegen die Macht der Gewerkschaften. Entsprechend war ihr nachhaltigster Erfolg das Scotti-Abkommen zur Einschränkung der *scala mobile*.

Im Januar 1983 zog der PSI seine Minister aus der Regierung zurück, um erneut (zum vierten Mal seit 1968) vorgezogene Neuwahlen zu provozieren. Die Christdemokraten, die zu den Wahlen am 26. Juni 1983 mit einem betont konservativen Programm antraten, verloren – nach der P2-Affäre und dem Verlust des Ministerpräsidentenamtes – 5,4 % der Stimmen. Das war der höchste Verlust, den bis dahin eine Partei in der Ersten Republik erleiden musste, und die DC erreichte mit fast 33 % einen historischen Tiefstand in der Wählergunst. Von der Schwäche seines jahrzehntelangen Rivalen konnte der PCI allerdings nicht profitieren; auch die Kommunisten verloren leicht, lagen aber nur noch knapp hinter der DC. Einmal mehr schien damit der *sorpasso* greifbar nah. Bei der Europawahl 1984 wurde dieser historische Erfolg erreicht (PCI: 33,3 %; DC: 33,0 %), war aber wesentlich Ausdruck eines Mitleidsbonus nach dem Tod des weithin anerkannten Parteichefs Enrico Berlinguer.

Sieger der Parlamentswahl von 1983 war jedoch Craxis PSI. Diese Wahl war die erste, bei der die Parteien Wahlwerbespots im Fernsehen einsetzten – 1.645 Minuten in den Programmen der RAI und 1.860 in Privatkanälen. Damit begann im europäischen Vergleich sehr spät auch in Italien die Medialisierung des Wahlkampfes. Gleichwohl blieben bis weit in die neunziger Jahre hinein die traditionellen Wahlkampfformen Kundgebung und Plakat entscheidend. Mit dem PSI-Wahlsieg und der gleichzeitigen Niederlage der DC war der Weg frei für einen neuen Stern am politischen Himmel Italiens: *Benedetto Bettino*, den »gesegnete« Bettino Craxi. Von Jugend an war er im PSI engagiert, als Laizist ersetzte er seinen Taufnamen Benedetto durch die weniger katholisch klingende Koseform Bettino. Nach seinem Studium wurde Craxi Berufspolitiker, 1968 Abgeordneter und 1970 stellvertretender Parteisekretär. Wie alle erfolgreichen Politiker der Ersten Republik verfügte er über eine feste lokale Verankerung mit Klientel und parteiinterner Hausmacht – und zwar in Mailand. Der Wahlspruch Craxis, der als Motto über seiner erstaunlichen politischen Karriere stehen kann, lautete »mit 10 % kann man eine Menge machen«: mit einer *corrente* im Rücken, die nur 10 % der Mitglieder vertrat, wurde er 1976 PSI-Sekretär, mit einer 10 %-Partei 1983 Ministerpräsident. Bereits im Mailänder PSI der sechziger Jahre war eine folgenreiche Freundschaft zu Silvio Berlusconi entstanden, einem erfolgreichen, aber halbseidenen Unternehmer mit PSI-Parteiausweis.

Als der PSI bei der epochalen Wahl von 1976 stagnierte, als der PCI die vom PSI favorisierte Linksregierung ablehnte und stattdessen für den Historischen Kompromiss plädierte, fürchtete die jüngere Generation im Parteivorstand um ihre Karrierechancen und stürzte den Parteichef. Da kein zwingender Nachfolger vorhanden war, meinten die Frondeure, mit Craxi als dem Vertreter der schwächsten *corrente* einen Übergangssekretär zu wählen. Zugleich jedoch galt Craxi als Mann mit dezidiert sozialdemokratischen und antikommunistischen Überzeugungen, wie ihn die Partei benötigen würde, um sich zwischen dem schier unaufhaltsamen PCI (seit dem Krieg hatte er sich von 18,9 auf 34,4 % gesteigert) und der seit Jahrzehnten stabilen DC als eigenständige mittelgroße Kraft zu behaupten. Craxi veränderte die seit 1892 bestehende Partei nachhaltig: die Organisation wurde computerisiert, Marketingberater, Styling- und Werbefachleute erhielten mehr Einfluss als die Parteibasis.

Craxi setzte sich zunächst mit großer Härte und Entschiedenheit parteiintern durch. Er spitzte den Richtungsstreit zwischen »Autonomisten« und »Kommunistenfreunden«, zwischen Unabhängigkeit und Volksfront zu. Zunächst (1976–78) trieb der erklärte Antikommunist Craxi den PCI mit der Forderung nach einer reinen Linksregierung vor sich her, während die PCI-Führung ihre Basis von der Notwendigkeit des Historischen Kompromisses zu überzeugen versuchte. Als schließlich große Teile des PCI eine engere Kooperation mit dem PSI forderten, schwenkte Craxi 1979 um. Nach einem kurzen Machtkampf mit dem kommunistenfreundlichen Flügel setzte sich Craxi 1981 beim Parteikongress von Palermo durch. Bis 1992/93 blieb er der unangefochtene Führer des PSI. Wegen seines autoritären Führungsstils wurde er oft mit einem anderen berühmten PSI-Politiker verglichen – mit Mussolini. Hinter vorgehaltener Hand hieß er »Benito Craxi«, Vertreter der Parteilinken nannten seinen Führungsstil »fuhrerprinzip«.

Bei vielen Intellektuellen war Craxi wegen seines freiheitlichen, antikommunistischen Sozialismus angesehen. Die Hauptzielgruppe des neuen PSI sollten moderne, flexible, aufsteigende Schichten sein. Auf sie stimmte Craxi seine widersprüchliche politische Linie ab, die Wolfgang Merkel als »Koexistenz von sozialdemokratischen Strukturen, sozialistischen Traditionen und neoliberalen Tendenzen« bezeichnet hat. Heraus kam eine »mittelmäßige Mittelpartei« (Norberto Bobbio) voller Lebenslügen, die mit Pathos und Inszenierung kaschiert wurden. Zu den Widersprüchen des PSI gehörte, dass seine Mitglieder und aktiven Funktionäre hauptsächlich aus dem Norden kamen und überwiegend Akademiker waren, er seine Wähler aber vor allem in den traditionellen Mittelschichten und im Kleinbürgertum des Südens fand. Gerade die »Meridionalisierung« der Wählerschaft in der Ära Craxi mit höchsten Zuwächsen in den Hochburgen von Klientelismus, Korruption und Mafia sprach gegen das Selbstbild einer effizienten Partei der leistungswilligen und modernen Mittel- und Führungsschichten. Erst recht erreichte der PSI sein erklärtes Ziel nicht, eine Volkspartei zu werden. Er gelangte nie über 15 % hinaus und ging am Ende der fulminanten Ära Craxi im Affärenstrudel unter.

Craxi und seine Mitstreiter hielten den Organisationstypus der linken Massenpartei mit demokratischen Strukturen und einer lebhaften (und langwierigen) Streit- und Diskussionskultur für historisch überholt. Deshalb wurden lange Debatten über einen geeigneten neuen Parteitypus geführt. Im Windschatten dieser Reformdiskussion installierte Craxi eine Art Feudalsystem, das ganz auf den charismatischen und autokratischen Parteichef ausgerichtet war. Craxis Herrschaftskunst bestand darin, rivalisierende Provinzfürsten gegeneinander auszuspielen und durch

»Brot und Spiele« – Pfründen und wirkungsvolle Spektakel – die Partei zusammenzuhalten. Hierzu trugen nicht nur Hochglanzbroschüren, Craxi-Bücher (bis hin zu den gesammelten Reden seines 22-jährigen Sohnes) und -Filme sowie die grandios inszenierten Parteitage bei, die in ihrer Bühnendekoration wie von der Zahl der teilnehmenden Filmstars, Showgrößen und Prominenz aus der Modebranche mehr an die Oscar-Verleihung als an eine politische Veranstaltung der Linken erinnerten. Die Exponenten des neuen PSI trugen ihren in politischen Ämtern und nicht immer auf legalem Wege erlangten Reichtum hemmungslos zur Schau: Luxushotels, Gelage in den besten Restaurants, teure Autos, Uhren und Designermode.

Über so viel Aufsteigergehabe wurde zunehmend fraglich, wofür der PSI stand. Klar war nur: »Moralisieren« war verpönt, und linke Traditionen galten als nicht mehr zeitgemäß. Hammer und Sichel wurden als Parteisymbol ersetzt durch die sozialdemokratische Faust mit einer Rose. Abgesehen von Reformgerede lässt sich kaum sagen, worin die spezifische, gar sozialistische Zielsetzung des PSI bestanden hätte, der von 1980 bis zum Regierungsantritt des Craxi-Günstlings Berlusconi 1994 (mit einer kurzen Unterbrechung 1987) immer in der Regierung saß und von 1983 bis 1987 den Ministerpräsidenten stellte. Das Programm des PSI unter Craxi war im Kern neoliberal: Verbesserung der Rahmenbedingungen für die Wirtschaft, Bekämpfung der Gewerkschaften und ihrer institutionellen Bastionen, Abbau des Staatsanteils an der Wirtschaft und der Staatsquote am Bruttosozialprodukt. Craxi und der PSI nahmen damit eine Entwicklung in der europäischen Sozialdemokratie vorweg, die die Labour-Party unter Tony Blair, die SPD unter Gerhard Schröder später nachvollzogen. In Italien waren die »Grenzen des Wachstums« früher sichtbar als in anderen europäischen Ländern.

2. Neue Medienlandschaft: freie Radios und Berlusconi

Als die Konzession für die Rundfunk- und Fernsehgesellschaft RAI 1972 auslief, konnte sich die Regierung nicht auf ein neues Mediengesetz einigen. Auf dem Verordnungswege wurde das alte mehrfach verlängert, bis das Parlament im April 1975 ein »RAI-Reformgesetz« verabschiedete. Dieses wurde allerdings bereits 1976 durch das Verfassungsgericht in einem wesentlichen Punkt außer Kraft gesetzt. Die Richter beschränkten das staatliche Monopol auf die *landesweite* Ausstrahlung von Rundfunk und Fernsehen. Im lokalen und regionalen Bereich seien das Grundrecht auf freie Entfaltung der Persönlichkeit und der Gleichheitsgrundsatz höherrangig. Jede/r durfte also künftig Radio- oder TV-Sender betreiben, solange er auf die Ausstrahlung landesweiter Sendungen verzichtete. Dies führte seit 1976 zu einer explosionsartigen Ausweitung kleiner und kleinster Sender, ermöglichte aber auch die Entstehung des Berlusconi-Imperiums.

Das Verfassungsgericht hatte auch den großen Einfluss der Regierung auf Rundfunk und Fernsehen moniert. Deshalb wurde die Aufsicht einem Parlamentsausschuss übertragen und die RAI von einem Regierungsfernsehen zum Objekt der *lottizzazione*. Der PSI bekam die Kontrolle über das neu eingeführte zweite Programm, insbesondere über die Nachrichtenredaktion, während die DC die wichtigsten Positionen im ersten behielt. 1979 wurde der inzwischen in die Regierungsarbeit einbezogene PCI bedacht, als ein drittes Programm geschaffen wurde, das allerdings nur ein Drittel der Italiener empfangen konnte. Dies war eine typisch italienische Lösung für eine weitere Forderung des Verfassungsger ichtsurteils: die RAI müsse überparteilich bleiben. Damit die DC ihren Einfluss auf die meistgesehenen Abendnachrichten von *RAI Uno* nicht aufgeben musste, wurden die beiden anderen größeren Parteien kurzerhand mit je einer eigenen Nachrichtensendung ausstaffiert, so dass die RAI insgesamt als überparteilich gelten konnte. Die *lottizzazione* führte zu einer Aufblähung des Apparates. 1989 beschäftigte die RAI 14.000 Menschen und machte gigantische Verluste. 1993 hatte sie einen Schuldenberg von 1,5 Billionen Lire (damals ca. 1,5 Mrd. DM) angehäuft. Nachdem zuvor verschiedene Sanierungspläne gescheitert waren, nutzte die erste Berlusconi-Regierung die Finanzmisere zu einem rigiden Sparkurs, der die Sendequalität massiv verschlechterte, was Berlusconis Sendern zugute kam.

Nach dem Verfassungsgerichtsurteil von 1976 entstanden rund tausend Sender von der extremen Rechten bis zur extremen Linken, von gesellschaftlichen *pressure groups*, kommerziellen Anbietern, Bastlern. Gerade auf der Linken war die Euphorie groß, mit Radiosendern endlich »die Massen« erreichen oder subversiv wirken zu können. *Radio Alice* aus Bologna, *Radio Radicale* – ein Agitations- und Kampagnensender der Radikalen Partei – *Controradio* aus Florenz und viele dem PCI nahestehende Sender machten auch über Italien hinaus Furore. Mitte der achtziger Jahre war die Zahl der Sendeanlagen auf 4.400 angewachsen, darunter immerhin 700 größere, die für die Werbewirtschaft interessant waren. Hinzu kamen kaum glaubliche mehr als 1.300 TV-Anbieter, also auf je 10.000 Haushalte einer! Damit war Italien das Land mit der bei weitem größten Dichte von Radio- und TV-Sendern weltweit. Die euphorischen Erwartungen auf politische Breitenwirkung durch »freie« oder »demokratische« Sender erfüllten sich jedoch nicht. Vielmehr kam es zu einer hemmungslosen Kommerzialisierung, zu einer Entpolitisierung und einem rasanten Niveauverlust und mit der Zeit auch zu einer Konzentration der Anbieter. Da die Regierung sich bis 1990 nicht auf ein neues Rundfunkgesetz verständigen konnte, waren die Jahre 1976 bis 1990 eine Phase des Wildwuchses ohne staatliche Aufsichts- oder gar Kontrollgremien, in der sich letztlich die Rücksichtslosesten und Kommerziellsten durchsetzten – allen voran Silvio Berlusconi.

Berlusconis Erfolg basiert vor allem auf seinen geschickten und aggressiven Verkaufsstrategien für Werbezeiten. Erstens besaß er sowohl eine Werbefirma

(*Publitalia '80*) als auch TV-Kanäle, denen seine Werbefirma Spots verkaufen konnte. Zweitens gewann er Firmen als Kunden, die bisher überhaupt nicht im Fernsehen warben – zumal in der RAI die Werbezeiten lange Zeit limitiert waren auf etwa zehn Minuten nach der Hauptnachrichtensendung (das legendäre *carosello*). Schließlich unterbot er die Preise der RAI und seiner privaten Konkurrenten systematisch; er verkaufte attraktive und unattraktive Sendepätze im Paket, und er ließ seine Kunden vielfach mit Waren bezahlen, die er wiederum in seinen Baufirmen verbrauchen konnte. Außerdem schuf er für die Werbeinseln ein vorteilhaftes Programmumfeld, schreckte auch vor massivem *product placement* und Schleichwerbung nicht zurück, was die Werbewirtschaft mit weiteren Aufträgen honorierte. Mit solchen Methoden brachte der Bauunternehmer Berlusconi als Branchenfremder den Privatfernsehmarkt bis Mitte der achtziger Jahre fast ganz unter seine Kontrolle. Obwohl er ein gewiefter, vielleicht sogar genialer Unternehmer war, ist sein kometenhafter Aufstieg ohne dubiose Methoden nicht zu erklären. Hierzu gehören finanzielle Mittel, deren Herkunft bis heute ungeklärt ist und die vermutlich kriminellen Milieus entstammten, und auch die Protektion durch den PSI wie durch konservative DC-*correnti*. Nicht zuletzt seine P2-Mitgliedschaft verhalf Berlusconi zu Beziehungen, die er skrupellos ausnutzte.

Beim Erfolg des Privatfernsehens spielt auch die wachsende Unzufriedenheit mit dem politischen System eine Rolle. Die schlechten Einschaltquoten sind *auch* Ausdruck des Überdrusses an der *lottizazzione* und langweiligen Offizialität der RAI und ein weiteres Zeichen der allgemeinen Staatsverdrossenheit und Systemkrise. Dass die RAI versuchte, Berlusconis Sender mit Shows, Serien, Boulevardberichterstattung zu übertrumpfen, anstatt auf die Stärken öffentlich-rechtlicher Anstalten zu setzen: Information, seriöse Unterhaltung und anspruchsvollere Filme, führte zu dem im europäischen Vergleich besonders niedrigen Niveau *aller* italienischen TV-Kanäle.

Die Entwicklung in Italien unterschied sich deutlich von allen europäischen Ländern, wo sich mit Bertelsmann, Murdoch, Maxwell oder Hachette Medienunternehmen (meist große Verlage) auch beim Privatfernsehen durchsetzten. Konkurrenten dieser Art gab es anfangs auch in Italien, vor allem die Verlage Rusconi, bis 1982 Betreiber von *Italia 1*, Mondadori, dem die Zeitung *la Repubblica* und bis 1984 auch die TV-Kette *Retequattro* gehörte. Sie alle konnte Berlusconi durch seine aggressive Werbestrategie und durch Aufkauf ausschalten. Was für ein gigantisches Geschäft Werbung im Italien der 1980er Jahre war, lässt sich daran ablesen, dass Berlusconi binnen weniger Jahre mit einem Vermögen von 11 Mrd. Dollar (2006) zum reichsten Italiener wurde. Mit dem Werbeboom holte Italien eine Entwicklung nach, die in anderen kapitalistischen Ländern bereits fortgeschritten war: 1980 machten in Italien Ausgaben für Werbung nur 0,36 % des Bruttoinlandsproduktes aus (zum Vergleich: in den USA 1,6 %, in der BRD 0,6), 1987 aber bereits mehr als 1 %. David Forgacs hat errechnet, dass in Italien 1984 täglich 1.500 TV-Werbespots gesendet wurden – mehr als in allen übrigen europäischen Ländern *zusammen*!

Die endlosen Querelen um ein neues Rundfunkgesetz (*Legge Mammì)* zeigen, wie brisant das Thema war und wie hemmungslos führende Politiker – insbesondere Andreotti und Craxi – Berlusconi protegierten. Da die Regierung kein neues Gesetz zustande brachte und Berlusconi den gesetzlosen Zustand ausnutzte, kam es 1984 zum ersten, spektakulären Konflikt des Medienmoguls mit der Justiz, die in drei Regionen seine Sender abschaltete, weil sie sich über das Verbot, landesweite Sendungen auszustrahlen, hinwegsetzten. Die Regierung Craxi erlaubte Berlusconi mit Notverordnungen, seine Senderkette weiter zu betreiben. Ein (allerdings nie rechtskräftig gewordenes) Urteil stellte fest, dass Berlusconi für diese Gefälligkeit 20 Mrd. Lire (damals etwa 20 Mio. DM) an Craxi persönlich gezahlt habe.

Erst als das Verfassungsgericht 1988 drohte, selbst ein Rundfunkgesetz zu erlassen, kamen ernsthafte Vorbereitungen in Gang. Aber da hatte Berlusconi sein Medienimperium bereits im rechtsfreien Raum konsolidiert. Nach einem komplizierten Aushandelungsprozess und zwei Regierungswechsel, die wesentlich mit dem Streit über die TV-Gesetzgebung zusammenhingen, brachte Andreotti schließlich die *Legge Mammì* 1990 nur unter Aufbietung aller politischen Mittel (Vertrauensfrage, Regierungsumbildung) und nur mit den Stimmen des MSI durch. Hauptstreitpunkt war, wie eine Kartell- oder Trustbildung im TV-Bereich zu verhindern sei. Komplizierte Bestimmungen sollten dafür sorgen, dass Pressekonzerne (also Berlusconis Konkurrenz) keine landesweiten Fernsehnetze kontrollierten und dass kein Unternehmen mehr als zwei Senderketten besaß. Berlusconis Firma *Fininvest* besaß aber inzwischen drei landesweite Senderketten *Italia 1, Rete 4* und *Canale 5*. Während sich *Canale 5* an eine breite Hörerschaft wandte und ein ähnlich seriöses Image wie RAI I anstrebte, richteten sich die anderen beiden Kanäle an ein jüngeres bzw. weibliches Publikum, das sie vor allem tagsüber durch *soap operas, telenovelas,* Kindercomics und billige Talk- und Game-Shows an sich banden.

Die *Legge Mammì* hätte Berlusconi zwingen müssen, einen seiner drei Kanäle zu verkaufen. Nach einem weiteren Verfassungsgerichtsurteil und einem neuen Mediengesetz der Mitte-Links-Regierung von 1994 hätte Berlusconi einen seiner Fernsehkanäle nur über Satellit ausstrahlen dürfen. Seine Anwälte handelten allerdings eine sehr lange Übergangsfrist bis Ende 2003 aus. Zu diesem Zeitpunkt war der Medienmogul Regierungschef, und seine Koalition verabschiedete 2004 ein neues Gesetz, das Berlusconis drei Senderketten nicht mehr antastete. Außerdem hatte Berlusconi am 11. Juni 1995 bei vier Volksabstimmungen zur Mediengesetzgebung Siege errungen, die es seinen Gegnern erheblich erschwerten, seine Medien(über)macht anzutasten: bei einer Beteiligung von jeweils rund 55 % stimmten deutliche Mehrheiten dafür, dass Berlusconi seine drei Senderketten behalten und zugleich die RAI privatisiert werden durfte. Diesem Ergebnis wenige Monate nach dem Sturz der ersten Berlusconi-Regierung war eine massive Kampagne seiner Sender vorausgegangen. Die starken Männer der ersten Republik und die Wähler der Zweiten haben der *Legge Mammì* und den durch sie eingeführten Kontrollgremien so erfolgreich die Zähne gezogen, dass es seit 1990 das TV-Duopol der RAI einerseits und der drei Berlusconi-Kanäle andererseits gibt, das seit den Referenden von 1995 auch noch demokratisch legitimiert erscheint. 2004 brachte die Regierung Berlusconi ein neues Mediengesetz (*Legge Gasparri*) gegen heftigen Widerstand durch, das das Berlusconi-Imperium bis auf weiteres unantastbar gemacht hat.

3. Die Craxi-Jahre: Konsumismus und große Worte

Bereits 1979 hatte Craxi versucht, Ministerpräsident zu werden, war aber mit diesem Ansinnen gescheitert. Nach den Wahlen von 1983 (s. S. 187) erreichte endlich sein Lebensziel. Die erste Regierung Craxi brach dann alle Nachkriegsrekorde und dauerte fast drei Jahre vom 4. August 1983 bis zum 27. Juni 1986. Ein Geheimnis dieser Stabilität war, dass die wichtigsten Konkurrenten um das Amt des Ministerpräsidenten in der Regierung saßen, z.B. Spadolini als Verteidigungs- und Andreotti als Außenminister, und dass die Christdemokraten nach ihrem katastrophalen Einbruch zahm waren.

Effizienz und *decisionismo* (etwa: Entscheidungsfreude) waren die Parolen, mit denen Craxi sein Regierungsprogramm verkaufte. Er betonte gerne, am wichtigsten sei ihm die Regierbarkeit des Landes. In mancher Hinsicht brach die erste Craxi-Regierung mit politischen Traditionen. Sie war nicht nur langlebig, sondern Craxi polarisierte in ungewöhnlichem Maße zwischen Regierung und Opposition. Vor allem beendete er die Kooperation der Regierungsparteien mit dem PCI und die jahrzehntelange Praxis, die meisten Gesetze ohne Plenardebatte auf der Basis von Art. 72 der Verfassung in den zuständigen Parlamentsausschüssen zu beschließen. Unter *decisionismo* verstand Craxi, dass diejenigen entscheiden sollten, die dazu das Mandat hätten, also die Regierungsparteien – und zwar alleine. Der nominell am weitesten links stehende Ministerpräsident der Nachkriegszeit beendete damit die Tradition der Konsenssuche mit der Opposition und war insofern ein Vorläufer Berlusconis. Den Anlass, seinen neuen konfrontativen Politikstil und zugleich seine Distanz zum PCI und zu den Gewerkschaften unter Beweis zu stellen, bot einmal mehr die bereits abgeschwächte *scala mobile*. Über eine Verordnung, die die automatische Lohnerhöhung weiter einschränkte, kam es zu einer seit den siebziger Jahren nicht gekannten Konfrontation zwischen Regierung und Gewerkschaften. In Fehleinschätzung ihrer Basis initiierten die Gewerkschaften 1985 mit Unterstützung des PCI gegen die Einschränkung der *scala mobile* ein Referendum, das für die Linke eine ähnliche Katastrophe bedeutete wie das

Scheidungsreferendum von 1974 für Kirche und DC. Denn es gab eine unerwartete 54:46 Niederlage, die PCI und Gewerkschaften weiter in die Defensive brachte.

Craxi war ein Mann der großen Worte und Gesten. Neben Effizienz und *decisionismo* gehörten »Modernisierung« und die »Große Reform« des gesamten politischen Systems zu seinen Lieblingsformeln und -projekten. Mit »Modernisierung« war in erster Linie die Aufhebung von gesetzlichen wie ethisch-moralischen Restriktionen für die private Bereicherung und den ungehemmten Konsum gemeint. Die Große (Verfassungs)Reform wurde seit den siebziger Jahren angesichts der unübersehbaren Probleme debattiert. Im April 1983 wurde eine gemeinsame Kommission von Senat und Abgeordnetenhaus eingerichtet (*Commissione Bozzi*), die über eine Verfassungsreform beriet und 1985 einen Bericht vorlegte. Sie machte weitreichende Vorschläge wie eine Sperrklausel nach deutschem Vorbild, die Einführung des Mehrheitswahlrechts oder gar ein Präsidialsystem mit direkter Wahl des Ministerpräsidenten. Aber da alle Parteien nur ihre jeweiligen Interessen im Blick hatten, war kein Kompromiss möglich, bis durch das Referendum vom 18./19. April 1993 zumindest ein neues Wahlrecht erzwungen wurde.

Die Craxi-Jahre können als dritte Reformphase der Ersten Republik – nach den ersten *centro-sinistra*-Jahren 1962 bis 1964 und den Andreotti-Regierungen 1976 bis 1979 – angesehen werden. Im Vergleich zu den großen Ankündigungen fällt die Bilanz erneut mager aus. Einige wichtige Veränderungen wurden gleichwohl verwirklicht. Die wichtigsten waren das neue Konkordat, eine Steuerreform und das erste Naturschutzgesetz: Im Februar 1984 wurde ein neues Konkordat abgeschlossen, um die Lateran-Verträge von 1929 zu ersetzen: Seitdem ist der Katholizismus nicht mehr Staatsreligion, die Teilnahme am katholischen Religionsunterricht freiwillig. Eheschließungen und Scheidungen sind seit 1984 auch ohne kirchliche Mitwirkung möglich. Außerdem muss der Vatikan nun sein Vermögen in Italien versteuern. Damit vollzog Italien wesentliche Schritte der Säkularisierung, die in vergleichbaren westlichen Ländern bereits hundert Jahre zuvor durchgesetzt worden waren. Allerdings blieb der Einfluss der Kirche bis heute erheblich. Auch ein großer Teil des Sozialsystems beruht auf kirchlichen Einrichtungen, ebenso gibt es katholische Bildungseinrichtungen bis hin zu Universitäten und Kliniken.

Finanzminister Bruno Visentini, einem politischen Urgestein aus der *resistenza* und Mitgründer des legendären *Partito d'Azione*, der bereits 1945/46 Staatssekretär gewesen und dann ein erfolgreicher Manager war, gelang im Herbst 1984 eine Steuerreform, die die Staatseinnahmen wesentlich verbesserte: Einzelhändler und Geschäftsinhaber mussten erstmals realistische Steuern zahlen, die Führung von Schwarzkonten wurde erschwert. In einer Zeit wirtschaftlicher Prosperität ließ sich eine solche unpopuläre Reform durchsetzen – allerdings nur mit äußerster Mühe, denn die Visentini-Reform kam nur dank der Stimmenthaltung des PCI durchs Parlament, da zu viele Abgeordnete der Koalition als »Heckenschützen« gegen die Regierungsvorlage stimmten.

Eine dritte relativ erfolgreiche Reform betraf den Landschafts- und Umweltschutz. Wegen der schwachen Staatlichkeit, wegen Korruption und Klientelismus hatten sich bis in die achtziger Jahre hinein keine übergreifende Landschaftsplanung und keine wirksamen Naturschutzgesetze durchsetzen lassen. Insbesondere die touristisch attraktiven Küsten waren systematisch und ohne staatliche Kontrollmöglichkeiten zugebaut worden. Dem versuchte das nach dem zuständigen Staatssekretär benannte Galasso-Gesetz vom September 1985 abzuhelfen. Weite Teile des Landes wurden zu Naturschutzgebieten: alle Meeres- und Seeufer bis 300 m landeinwärts, alle Flussufer in 150 m Breite, die meisten hohen Berge, alle Gletscher, Vulkane, Wälder und Aufforstungsgebiete – auch nach Waldbränden, was der Brandstiftung den ökonomischen Reiz nehmen sollte. Wo der politische Wille und entsprechender Druck von Ökologen vorhanden war, war das Galasso-Gesetz sehr wirksam. In Nord- und Mittelitalien ist z.B. die Zahl der Waldbrände um 90 % zurückgegangen. Wo Profitinteressen und Klientelismus die Politik bestimmten, lief auch dieses Gesetz ins Leere, da der Zentralstaat nicht direkt agieren kann, sondern die Regierung zuständig ist. Bis 1986 hätten alle Regionen eine Landschaftsplanung vorlegen sollen. Nur drei von zwanzig hielten diese Frist ein ...

In den achtziger Jahren wurde der italienische Staat gerne als »Inselgruppe« charakterisiert. Er sei keine homogene Einheit, verschiedene Interessen (Inseln) würden nebeneinander ohne festen Zusammenhalt existieren und miteinander konkurrieren. Craxis enger Mitarbeiter Giuliano Amato (1992/93 und 2000/01 selbst Ministerpräsident und seit 2006 Innenminister) meinte 1988, das politische System sei zentrifugal, weil es kein allgemein anerkanntes Machtzentrum gebe. Es gehe zuviel Zeit und Energie durch Diskussionen und Aushandelungsprozesse verloren. Vor allem die beiden großen Regierungsparteien PSI und DC blockierten sich wechselseitig. Der DC fehlte zudem wegen der erbitterten Kämpfe der *correnti* eine klare politische Linie. Bezeichnenderweise wurden die beiden wichtigsten Reformprojekte der Craxi-Regierungen von Politikern der kleinen PRI durchgesetzt: von Bruno Visentini und Giuseppe Galasso.

Schließlich spielte trotz aller Betonung seiner Sachlichkeit Vetternwirtschaft eine große Rolle im Kabinett Craxi: Spadolini sprach später gar von einer »Kleptokratie« – also von einem Regime der Selbstbereicherung. Insbesondere der PSI war in Korruptionsskandale verwickelt. Wenn man heute liest, wie sich Craxi über Richter äußerte und sie mit Disziplinarverfahren überzog, wenn sie es wagten, ihn oder Parteifreunde der Korruption zu bezichtigen, so wirkt dies wie ein Vorgeschmack auf das Regime seines Protegés Berlusconi. Durch solche selbstherrlichen Tiraden spitzte sich in den Craxi-Jahren der Gegensatz zwischen der *classe politica* und der Justiz als (selbst ernannter) Vertreterin der Zivilgesellschaft zu, der das Ende der Ersten Republik in der viel zitierten »Revolution der Richter« besiegelte.

4. Reorganisation des kommunistischen Milieus

Fehler der PCI-Führung wie das Referendum über die *scala mobile* zeigten, dass die größte Oppositionspartei einerseits keine überzeugende Strategie gegen die Craxi-Regierungen und ihre konfrontative Taktik fand und dass sie andererseits die Zeichen der Zeit nicht erkannte: die defensive Position, in der sich die so erfolgreiche und kampferprobte Arbeiterbewegung seit dem FIAT-Streik von 1980 befand, die erneute Spaltung der Gewerkschaften, der Übergang zu einer postindustriellen Ökonomie, in der es immer weniger Großbetriebe gab, und schließlich die sich wandelnde Ost-West-Konstellation. Trotz aller Kritik war die UdSSR für den PCI doch ein Land mit einer erfolgreichen Revolution und wurde in der Parteipropaganda dem italienischen Staat positiv entgegengesetzt. Dass Michail Gorbatschow, seit 1985 als Generalsekretär der KPdSU, die Leitwerte *glasnost* (Öffentlichkeit) und *perestroika* (Umgestaltung) herausstellte und in Ansätzen auch umsetzte, konnte für die größte und einflussreichste kommunistische Partei des Westens nicht ohne tiefgreifende Folgen bleiben.

Der PCI hatte es versäumt, die Studentenbewegung und die aus dem Süden zugewanderten Arbeiter in seine Bündnistaktik einzubeziehen, obwohl es mit ihnen viele politische Berührungspunkte gab. Aber anders als die Linksradikalen hatte der PCI ein prinzipiell positives Verhältnis zur »antifaschistischen« Staats- und Verfassungsordnung und wurde in die meisten wichtigen Entscheidungen einbezogen. Und im Gegensatz zur Risikobereitschaft der Neuen Linken, die mit dem Feuer spielte, hatte die PCI-Führung große Angst vor möglichen Reaktionen klerikaler, rechtskonservativer und faschistischer Kräfte auf eine Linksregierung oder strukturelle Reformen. Deshalb begegnete die Partei den neuen linken Bewegungen mit Arroganz und schlug sich vielfach gegen sie auf die Seite der Staatsmacht. Aufgrund seiner Identifikation mit dem politischen System ließ sich der PCI immer wieder in die Pflicht nehmen, um einzelne Regierungen oder das System insgesamt zu stabilisieren. Da sich die PCI-Führung gegen die programmatischen Impulse, die von den Linksradikalen ausgingen, abschottete und kritische Stimmen in den achtziger Jahren zwar nicht mehr maßregelte, aber meist ignorierte, schritt die ideologische Erstarrung der Partei voran. Dem PCI gelang es beispielsweise nicht, ökologische Forderungen in seine Programmatik zu integrieren und Ausbeutung und Verschmutzung der Umwelt als wesentliches Charakteristikum des Kapitalismus zu begreifen. In der Ökologie- und Atompolitik lief der PSI dem PCI den Rang ab. Ansonsten schöpften *Partito Radicale* und die 1984/85 gegründeten Grünen (*Verdi*) das ökologisch sensible Potenzial ab, das wie in allen westlichen Gesellschaften vor allem in den jüngeren Generationen erheblich war. Schließlich trug der plötzliche Tod des charismatischen PCI-Chefs Enrico Berlinguer 1984 entscheidend zur Kopflosigkeit der größten Oppositionspartei in der Endphase der Republik bei, da es für ihn in der Parteiführung keinen adäquaten Ersatz gab.

Viele führen die Krise des PCI auf den Zusammenbruch des Ostblocks zurück. Die Erosion der PCI-Basis hatte jedoch bereits 1977 begonnen. Bis 1987 verlor der PCI bereits ein Drittel seiner Wähler und Mitglieder. Die Hauptursache für die Krise der Partei lag in ihrer erneuten Isolation, die mit dem Scheitern des Historischen Kompromisses 1978/79 einsetzte. Drei Faktoren spielten dabei eine Rolle. Erstens fehlte mit Aldo Moro der einflussreichste Befürworter einer Zusammenarbeit in der DC. Zweitens verlor der PCI durch seine Wählerverluste seit 1979 den Nimbus der Unaufhaltsamkeit und politisch-parlamentarisch an Gewicht. Drittens sah sich die PCI-Führung durch die Kritik der Linken innerhalb wie außerhalb der Partei zu einer Radikalisierung genötigt, die allerdings wenig glaubwürdig war, weil der PCI im Parlament weiterhin konstruktiv an der Gesetzgebung mitarbeitete und keine konsequente Oppositionsrolle übernahm. Um nur ein Beispiel zu nennen: 1984 konnte sich Andreotti nur als Außenminister halten, weil der PCI sich der Stimme enthielt, obwohl PCI-Abgeordnete zuvor entscheidend daran beteiligt waren, Andreottis Protektion für den mafiosen und betrügerischen Bankier Michele Sindona nachzuweisen.

Die Jahre zwischen dem Tod Berlinguers 1984 und dem Zusammenbruch des Ostblocksozialismus 1989 waren eine Zeit permanenter innerparteilicher Krisen, begleitet von einer Serie von Wahlniederlagen und Mitgliederschwund. Auf dem Parteitag in Rom im November 1989 versuchte der PCI die schnelle Wende zum Sozialdemokratismus. Die Strategie von Parteichef Achille Occhetto, den PCI in eine »nichtkommunistische Partei der Linken« umzuwandeln, erwies sich insofern als richtig, als sie davon ausging, dass sich das Ende der Blockkonfrontation in Italien (neben Deutschland) am gravierendsten auswirken werde. Auf dem PCI-Kongress im März 1990 in Bologna zeigten sich die innerparteilichen Mehrheitsverhältnisse: 67 % der Delegierten votierten für Occhettos Vorschlag, eine Partei zu bilden, die allen Kräften von linken Katholiken bis hin zu den Grünen offenstehen sollte. Die Diskussion über die Zukunft der Partei war stark emotionalisiert: Ging es für viele doch nicht einfach um den Begriff Kommunismus, sondern um ihre Identität als ehemalige Widerstandskämpfer oder klassenbewusste Arbeiter. Angesichts dieser Grundsatzkonflikte, die außerhalb des kommunistischen Milieus kaum verstanden wurden, wirkte das Angebot Occhettos an andere Parteien, sich am Projekt einer großen, links-demokratischen Sammlungsbewegung zu beteiligen, eher abschreckend – zumal dieses Angebot zu spät kam. Längst hatten sich die sozialen Protestgruppen als eigene Parteien konstituiert.

1991 entstanden zwei Parteien aus der Konkursmasse des PCI: der sozialdemokratische *Partito democratico della sinistra* (PDS) und die radikalere *Rifondazione comunista* (RC). Zu RC stießen Teile von *il Manifesto* um Lucio Magri und Luciana Castellina und Reste linksalternativer Gruppen. Trotz dieser Reorganisation ging der Bedeutungsverlust des kommunistischen Milieus weiter. Bei den Wahlen 1992 erreichten PDS 15,9 % und RC 5,4 %. Das kommunistische Lager hatte also in 16 Jahren 40 % seiner Wähler verloren. Die für italienische Parteien beispiellose Offenheit, mit der der PCI über Vergangenheit und Zukunft gestritten hatte, stieß offenbar viele Wähler ab. Außerdem wurde der PCI nicht mehr als »Partei der sauberen Hände«, wie er sich selbst bezeichnete, wahrgenommen. Die über die Dreistigkeit ihrer politischen Elite empörte Öffentlichkeit sah ihn als Teil des Parteienkartells, das staatliche Ressourcen wie einen Selbstbedienungsladen genutzt hatte, obwohl beim PCI im Vergleich zu PSI oder DC nur wenige Fälle von illegalen Parteispenden und Korruption aufgedeckt wurden.

5. »System CAF«: Machterhalt auf verlorenem Posten

Im April 1987 trat Craxi als Ministerpräsident zurück, zog jedoch weiter aus dem Hintergrund viele Fäden. Es folgte eine Periode kurzlebiger Regierungen. Während der PCI zerfiel, tobte innerhalb der *Democrazia Cristiana* einmal mehr der Kampf der Strömungen. Ciriaco De Mita wurde nach fünf Jahren an der Parteispitze in einer Intrige der alten Führungsriege gestürzt. Er hatte sich um ein Ende der *correntocrazia* bemüht, obwohl er selbst ein »mit allen Wassern gewaschener Flügel-Chef« (Michael Braun) war. Zu seiner Klientel gehörte z.B. der junge Wirtschaftsprofessor Romano Prodi, der 1982 Chef der Staatsholding IRI wurde. Ideologisch hatte De Mita versucht, die DC zu einem als zeitgemäß empfundenen Konservativismus zu bekehren, der nicht länger Geschenke auf Staatskosten verteilte, sondern sich (wie Thatcher und Reagan) zur Deregulierung bekannte.

1988 gelang es Giulio Andreotti, dem wichtigsten Strippenzieher der Ersten Republik, seinen parteiinternem Intimfeind De Mita in das Ministerpräsidentenamt wegzuloben. Mit dem Argument der Arbeitsüberlastung wurde ihm anschließend nahegelegt, die Parteiführung aufzugeben. Im Februar 1989 wurde der Parteirechte Arnaldo Forlani zum Parteisekretär gewählt, der dem DC-Vorstand seit 1954 angehörte und bereits 1969 bis 1973 Parteisekretär gewesen war. Im Mai musste De Mita auch als Ministerpräsident zurücktreten, und Andreotti übernahm einmal mehr dieses Amt. Die Hoffnungen vieler Mitglieder, aber auch im PCI und in der Zivilgesellschaft, auf eine demokratische Erneuerung der DC wurden enttäuscht. Spätestens mit dieser Wende, in der sich gegen den gesamteuropäischen Trend des Jahres 1989 Männer und Strukturen aus der Zeit des Kalten Krieges durchsetzten, war das Schicksal der DC besiegelt, der mit 48 Regierungsjahren ohne Unterbrechung erfolgreichsten Partei der Nachkriegszeit im Westen.

Mit der Rückkehr der alten Strömungshäupter und Politintriganten Forlani und Andreotti kehrte scheinbare Stabilität zurück. Für einige Jahre entstand ein neues Machtzentrum, das als »System CAF« apostrophiert wurde. »CAF« steht für die Initialen der drei starken Männer: Craxi (auch ohne Regierungsamt) – Andreotti – Forlani. Dieses Dreigestirn »vereinigte ein Maximum an Sachverstand über die

Geheimnisse des Machterhalts in Rom mit einem Minimum an programmatischer Gemeinsamkeit« (Friederike Hausmann). Da die beiden Andreotti-Kabinette der Jahre 1989 bis 1992 kein über den Machterhalt und ungehinderten Zugriff auf Posten und Pfründen hinausgehendes politisches Programm hatten, lösten sie keines der drängenden Probleme des Landes. Ihre wichtigsten Beschlüsse betrafen Randphänomene. So wurden einerseits die Drogengesetze drastisch verschärft. Die *drogati* wurden mit demonstrativer Härte bekämpft. Andererseits bekamen 900.000 illegale Ausländer, hauptsächlich aus Nordafrika, ein Aufenthaltsrecht. Diese Entscheidung immerhin markiert eine säkulare Tendenzwende: Italien, das seit Jahrhunderten ein Emigrationsland gewesen war, war wegen seiner wirtschaftlichen Prosperität für Einwanderer attraktiv geworden.

Der öffentliche Unmut über das erneute Ausbleiben der vielfach angekündigten Großen Reform ließ sich in den Zeiten des europäischen Umbruchs nicht mehr so einfach aussitzen oder mit Zuwendungen aus der Staatskasse still stellen, wie in den Jahrzehnten zuvor. In einer Aufsehen erregenden Rede im Abgeordnetenhaus erinnerte 1989 der Nachwuchspolitiker Francesco Rutelli (damals PR; später *Verdi*, seit 2006 Kulturminister) daran, wer 17 Jahre zuvor die Welt regiert hatte: Mao, Nixon, Breschnew, Pompidou … Sie waren 1989 alle längst abgetreten. Nur in der Gerontokratie Italien waren wie 1972 Forlani DC-Sekretär und Andreotti Ministerpräsident! Das »System CAF« wurde von seinen Gegnern – allen voran der 1976 gegründeten Zeitung *La Repubblica*, die zur Stimme der zivilgesellschaftlichen Opposition wurde – regelmäßig als »Regime« bezeichnet, was ebenso Assoziationen an den Faschismus wecken sollte wie das beliebte Wortspiel mit dem Vornamen Craxis (»Bettino«/»Benito«). Da die starken Männer auf Kritik und Polemik empfindlich reagierten, kam es zu erbitterten öffentlichen Debatten über die strukturellen Probleme und die Reformunfähigkeit des Landes und seiner politischen Klasse.

Das CAF-Regime bestätigte alle Befürchtungen: nachdem Andreotti und Forlani parteiintern die Anhänger De Mitas ausgeschaltet und zusammen mit Craxi ihre Leute auf Regierungs- und Verwaltungsposten gesetzt hatten, nahmen sie sich die parastaatlichen Institutionen vor – mit einer auch für Italien außergewöhnlichen Kaltschnäuzigkeit und Unverblümtheit. So verlor Prodi seinen Posten an der IRI-Spitze, kehrte aber 1993, nach dem Ende des »System CAF« und der Umwandlung der IRI in eine Aktiengesellschaft, zurück. Der Chefposten bei der RAI wurde mit Gianni Pasquarelli, einem Gefolgsmann Forlanis besetzt, ähnlich verfuhr man mit der die Redaktionsleitung beim *Telegiornale*, der Hauptnachrichtensendung. An die Spitze der ENI setzte Craxi einen seiner Leute. Die Liste lässt sich fortsetzen über die Börsenaufsicht bis zu wichtigen Posten in den Regionen. Die Fußball-WM 1990 bot eine weitere Gelegenheit, Pfründen zu verteilen. Die Kosten explodierten, aber weniger als die Hälfte der Bauten wurde rechtzeitig fertig. Wegen der politischen Stagnation und der zynischen Machtpolitik des CAF-Regimes trotz wachsenden Problemdrucks verließen die letzten Reformkräfte die Koalition. Im Sommer 1990 reichten die zum linken DC-Flügel gehörenden Minister im Streit um das Mediengesetz (s. S. 192) kollektiv ihren Rücktritt ein. Im April 1991 verließ der PRI die Regierung. Das Ausscheren dieser kleinen Partei, die seit 1962 fast allen Koalitionen angehört hatte und dennoch als integer galt, war ein Zeichen, dass sich die Systemkrise zuspitzte. Außerdem standen wichtige Industrieverbände dem PRI nahe, so dass sein Austritt aus der Regierung als Signal verstanden wurde, dass die ökonomischen Eliten auf Distanz gingen.

Wie groß der Unmut in der Bevölkerung war, zeigte 1991 ein Referendum, das ein jüngeres Mitglied der politischen Klasse, der sardische Christdemokrat Mario Segni (Sohn des früheren Staatspräsidenten) initiiert hatte. Er wollte ursprünglich ein Mehrheitswahlrecht mit Ein-Mann-Wahlkreisen nach britischem Vorbild einführen. Nach einer Intervention des Verfassungsgerichtes blieb nur die Abschaffung der Präferenzstimmen übrig, mit der auf den Wahllisten der Parteien einzelne Kandidaten nach oben gewählt werden konnten. So konnten die Wähler gegen die Parteizentralen ihre Favoriten, z.B. Interessenvertreter, ins Parlament bringen. Alle Regierungsparteien sprachen sich für die Ablehnung, also gegen jede Reform des Wahlrechts aus. Die von den Regierungsparteien kontrollierten Sender der RAI informierten ebensowenig wie Berlusconis TV-Kanäle über das Referendum. Die Rechnung der politischen Klasse, das Wahlrechtsreferendum werde nicht die erforderliche Wahlbeteiligung von 50 % erreichen, ging jedoch nicht auf: bei einer Beteiligung von knapp 63 % stimmten fast 96 % Segnis Reformvorschlag zu – also gut 60 % *aller* Wahlberechtigten.

Allenthalben wurde dieser Ausgang als Blamage für das politische System und insbesondere für das Regime der alten Männer gewertet. »CAF« war mit seiner Strategie des »Weiter so!« gescheitert. Es hatte die Zeichen der Zeit, die 1989/90 auf Umbruch standen, ignoriert. Seit den siebziger Jahren maßen die Demoskopen in Italien ein europaweit einmaliges Maß an Unzufriedenheit mit den demokratischen Institutionen: nur knapp 20 % waren mit dem Funktionieren des politischen Systems zufrieden. Das geringe politische Systemvertrauen war auch der wesentliche Grund für die grassierenden Verschwörungstheorien. Neu war allerdings seit 1989, dass die von Presse und Justiz aufgedeckten Skandale und politischen Zusammenhänge zu einer dauerhaften Abkehr der Bürger von den etablierten Parteien, ihrer beschwichtigenden Rhetorik und ihren Lösungsvorschlägen führten.

Seit 1990 kam es zu einer nicht enden wollenden Serie von Enthüllungen, die das System weiter erschütterten. Um nur die folgenreichste zu nennen: Im Oktober 1990 entdeckte ein Bauarbeiter Moros Aufzeichnungen aus der Zeit seiner Geiselhaft. Alle Welt fragte sich, warum die hinter Gipsplatten versteckten Papiere nicht bereits 1978 bei der Spurensicherung nach Entdeckung der Wohnung gefunden worden waren. Moro hatte während seiner Einführung schwere Vorwürfe gegen seine Parteifreunde Cossiga und Andreotti, die inzwischen Staatspräsident bzw. Ministerpräsident waren, erhoben, weil sie sich nicht genügend für seine Freilassung einsetzten und durch ihre harte Linie seinen Tod in Kauf nähmen. Moros Papiere enthielten außerdem Andeutungen über eine Verwicklung der DC in die »Strategie der Spannung« und über geheime Strukturen innerhalb der NATO zur Bekämpfung kommunistischer Subversion. Diese Enthüllungen und wilde Spekulationen, die sich aus Moros nebulöser Ausdrucksweise ergaben, brachten die ranghöchsten Politiker weiter in die Defensive.

Andreotti und Cossiga traten die Flucht nach vorne an, ohne jedoch die Geheimdienstmachenschaften aufzuklären, indem sie einige Informationen preisgaben, gleichzeitig aber neue Nebelkerzen zündeten und Mystifikationen in die Welt setzten. Andreotti trat Ende Oktober 1990 vor das Parlament und bestätigte die Existenz der Geheimorganisation *gladio* (Schwert). Sie war seit den späten 1950er Jahren mit Unterstützung der CIA im Rahmen der NATO aufgebaut worden, um nach einem kommunistischen Einmarsch einen Guerillakrieg zu führen. An der Spitze von *gladio* standen höhere Offiziere des Militärs und der *Carabinieri*. Brisant waren die Enthüllungen, weil sich Querverbindungen zwischen *gladio* und rechtsextremen Putschversuchen und Terrorakten ergaben. Dass unter den wenigen namentlich bekannten *gladio*-Aktivisten mehrere gesuchte Rechtsterroristen waren, erklärte Andreotti, der als Verteidigungsminister *gladio* mit aufgebaut hatte, mit zufälliger Namensgleichheit …

Während Andreotti mit der vielfach erprobten Strategie, einiges zuzugeben, die entscheidenden Zusammenhänge aber weiter zu verschleiern, letztlich also mit der Arroganz der Mächtigen reagierte, versuchte Cossiga, sich populistisch an die Spitze des wachsenden Unmuts in der Bevölkerung zu setzen. Er attackierte das politische System und seine Exponenten auf rüdeste Art und Weise. Sein Ziel dabei war – wie er immer wieder erklärte – eine große Verfassungsreform mit dem Ziel, eine »zweite Republik«, ein Präsidialsystem wie in den USA einzuführen. Seit Frühjahr 1991 beleidigte Cossiga allabendlich in den Abendnachrichten Politiker fast jeder Couleur mit Ausnahme von Andreotti und Craxi. So nannte er den 1989 abservierten Ciriaco De Mita einen »Lügner und Prahlhans« und »ganz gewöhnlichen Provinzboss«, einen Minister einen »Analphabeten«, einen anderen – Antonio Gava – nicht ohne Grund einen *camorrista*. Cossiga ergoss sein Gift ebenso über Politiker der kleineren Regierungsparteien und der Opposition: den Bürgermeister von Palermo, Leoluca Orlando, nannte er einen »armen Kerl, der auf die schiefe Bahn geraten ist«, den Generalsekretär des PDS Occhetto einen »Zombie mit Schnauzer«. Da Cossiga enge Verbindungen zu den Geheimdiensten hatte, wurden seine Tiraden in der Öffentlichkeit zwar mit Etiketten wie *picconatore* (der Mann mit dem Eispickel) ironisiert. Aber ihr Inhalt wurde ernst genommen und trug zum immer rasanteren Legitimationsverlust der politischen Elite bei.

6. Die herrschenden Parteien werden abgewählt

Wie weit verbreitet der Unmut inzwischen war, zeigte sich nach dem Warnschuss des Referendums vom Sommer 1991, bei den erneut vorgezogenen Wahlen vom 5. April 1992. Es gab für Italien extreme Ausschläge in der Wählergunst. Während die alten Parteien in ihre finale Krise schlitterten, entstanden mehrere Parteien neu, die nicht in das normale europäische Parteienspektrum passen, aber teilweise in der Zweiten Republik eine wichtige Rolle spielten: die separatistische *Lega Nord*, Berlusconis *Forza Italia* und Orlandos *La Rete*.

Im Norden profitierte vom Legitimationsverlust der alten Parteien zuerst die *Lega Nord*. Sie erhielt landesweit 8,8 %, in Norditalien jedoch 17,3 % und in einzelnen Regionen noch weit mehr. Unter Bezugnahme auf Föderalisten des 19. Jahrhunderts wie Carlo Cattaneo und Vincenzo Gioberti propagierte die 1989 entstandene *Lega* die Aufteilung Italiens in drei Republiken: den *padania* genannten Norden, die Mitte um Rom und den Süden. Mit einer Mischung aus Regionalismus und Populismus, mit drastischen und obszönen Parolen sowie volkstümlichen Aktionen protestierte die *Lega* gegen den Zentralismus und die finanzielle Förderung des Südens. Entscheidend für den Erfolg der *Lega* war das Charisma ihres Chefs Umberto Bossi und dass sie sich nicht als Partei, sondern als Bürgerbewegung präsentierte, die die *partitocrazia* (Parteienherrschaft) bekämpfe. Bossi fällte bis zu einem Schlaganfall 2004 alle politischen Entscheidungen der *Lega* bis in die Kommunalpolitik hinein und setzte sie autoritär durch. Die einfachen Mitglieder sind reine Beitragszahler ohne Mitwirkungsmöglichkeiten.

Kurz vor den Wahlen vom 5. April 1992 war ein neuer Korruptionsskandal aufgeflogen, der unter dem Namen *mani pulite* (saubere Hände) zur Verhaftung zahlreicher prominenter Politiker führte. Mailänder Staatsanwälte, vor allem Antonio Di Pietro, der zum Volkshelden wurde und heute selbst Politiker ist, deckten ein umfassendes System von Schmiergeldzahlung zur Erlangung öffentlicher Aufträge auf. Allgemein bekannt war, dass im Süden die Korruption grassierte, dass dort Schutzgelder an Mafia und Camorra gezahlt werden mussten und dass auch Staatsdiener für Genehmigungen und andere Leistungen oft die Hand aufhielten. Im Norden bestätigten solche Informationen und Gerüchte die verbreiteten Vorurteile über den Süden. Aber dass nun Mailand, die dynamische Metropole des Nordens mit ihrer boomenden Wirtschaft, die Basis des Modernisierers Craxi, in aller Welt als *tangentopoli* (Hauptstadt der Schmiergelder) bekannt wurde, dass Weltfirmen wie Olivetti, FIAT oder auch Berlusconis Fininvest regelmäßig die Schmiergelder (*tangenti*) bezahlten, die alle regierenden Parteien verlangten, war für große Teile der Öffentlichkeit ein neuer Schock. Da es sich um eine seit Jahren eingespielte Praxis der Parteienfinanzierung von immensem Umfang handelte, müssen allerdings viele, die jetzt überrascht taten, gewusst haben, dass Unternehmen, die sich um öffentliche Aufträge bewarben zwischen 3 und 15 % der Auftragssumme als Parteispende abführen mussten. Nach einer Schätzung des Politologen Franco Cazzola flossen zwischen 1976 und 1986 umgerechnet rund 55 Mrd. DM illegal an die Parteien. Diese Schmiergeldkultur führte zu skurrilen Episoden, wenn etwa der Generaldirektor der staatlichen Straßenbaugesellschaft bat, ihm die *tangenti* in Plastiktüten zu übergeben, da er nicht wisse, wohin mit all den schwarze Aktenkoffern!

Die in einer Stadt, Region oder in Rom regierenden Parteien teilten sich jeweils die einzelnen Branchen und die eingehenden Gelder nach dem Prinzip der *lottizzazione* auf: so gingen etwa die Schmiergelder aus dem Betrieb der U-Bahn in Mailand zu 50 % an den PSI und zu je 25 % an DC und PCI. Diese gesetzwidrige Parteienfinanzierung wurde dadurch erleichtert, dass Parteien nicht verpflichtet waren, ihre Einnahmen offenzulegen. Auch Parteispenden wurden nicht kontrolliert. Allerdings gab es seit 1974 eine Wahlkampfkostenerstattung, die aber nur eine finanzielle Grundausstattung sein sollte und den glamourösen Stil der Parteien in der Endphase der Ersten Republik nicht gestattet hätte. Die Praxis der Schmiergeldzahlungen war kein Auswuchs, sondern ein zentraler Bestandteil des politischen Systems mindestens seit Ende der 1970er Jahre. Ohne sie konnte der aufwändige politische Betrieb nicht so laufen, wie er sich in den Achtzigern eingespielt hatte. Alle Regierungsparteien außer dem kleinen PRI waren tief in das Bestechungssystem verstrickt. Von Dezember 1992 bis März 1993 mussten neben diversen Partei- und Fraktionsgrößen vier Minister der Regierung Amato (PSI) zurücktreten, die zunächst versucht hatte, die Einstellung der *mani pulite*-Ermittlungen zu dekretieren und nur am Widerstand des neuen Staatspräsidenten Oscar Luigi Scàlfaro gescheitert war. Im April 1993 war die Regierung insgesamt am Ende. Die meisten Beschuldigten hatten sich nicht privat bereichert, sondern die kassierten Gelder an ihre strukturell unterfinanzierten Parteien abgeführt.

Da der PSI und die Stadt Mailand im Mittelpunkt des *mani pulite*-Skandals standen, trug er auch zum Ende der politischen Karriere des schillernden Bettino Craxi bei, der bis 1992 gehofft hatte, Präsident der Republik zu werden und sich seit 1987 politisch zurückgehalten hatte, um präsidiabel zu erscheinen. 1993 trat er als Parteisekretär zurück, setzte sich dann umgehend in sein luxuriöses Ferienhaus am Strand von Hammamet (Tunesien) ab und lebte dort bis zu seinem Tod im Januar 2000 im »Exil«, denn seit 1994 wurde er in verschiedenen Prozessen in Abwesenheit zu 28 Jahren Haft verurteilt. Nur wenige Beteiligte reagierten mit Flucht oder gar Selbstmord auf staatsanwaltliche Ermittlungen oder ihre Verhaftung. Die meisten tauchten kurz unter und setzten ihre Karriere in der Zweiten Republik fort. So etwa Gianni De Michelis, ehemaliger PSI-Außenminister (1989–1992) und Lebemann, der neben mehr als dreißig Freisprüchen in Korruptionsverfahren immerhin auch zu zwei Jahren Haft verurteilt wurde, 2001 aber zusammen mit Craxis Sohn Bobo den *Nuovo PSI* gründete – eine Splitterpartei, die sich Berlusconis Mitte-Rechts-Bündnis anschloss.

Zwar hatte es während der Ersten Republik immer wieder Enthüllungen über eine Kultur der Korruption gegeben, wie sie nun ans Tageslicht kam. Aber das Kartell der Regierungsparteien hatte es immer wieder geschafft, die Enttarnten als schwarze Schafe hinzustellen und zugleich ihr Schweigen zu erkaufen. Außerdem hielt die politische Klasse zusammen, wenn es darum ging, die Ermittlungen der Justiz zu behindern. Anders als etwa in der deutschen politischen Kultur wurden richterliche Anträge auf Aufhebung der Abgeordnetenimmunität im Parlament fast immer abgelehnt. Die überwiegende Mehrheit der Abgeordneten fand, dass sie im selben Boot sitze, und so funktionierte das Prinzip »Eine Hand wäscht die andere« immer wieder. Die Beschuldigten nutzten mit Hilfe geschickter Anwälte alle juristischen Möglichkeiten, um Ermittlungen und Aufklärung zu verhindern: gegen Kritik gingen sie mit Straf- und Zivilklagen vor. Politiker wie Gava oder Craxi, die es selbst mit rechtlichen Vorschriften nicht genau nahmen, entpuppten sich als »wahre Prozesshanseln« (Braun). Außerdem wurden die ermittelnden Staatsanwälte bedroht, mit Disziplinarverfahren überzogen, suspendiert oder ihrerseits mafioser Verstrickungen bezichtigt. Die Regierung versuchte sogar, die von der Verfassung stark bewehrte Unabhängigkeit der Justiz zu schwächen. In der Ersten Republik entwickelte sich bereits das Verhaltensmuster von Politikern bei Korruptions- und anderen Vorwürfen, das in der Zweiten von Berlusconi perfektioniert wurde.

Parallel zu den *mani pulite*-Ermittlungen und -Enthüllungen begannen auch wieder Destabilisierungsversuche durch Rechtsterroristen, die Mafia und andere, unbekannte Akteure, vor allem auf Sizilien. Im März 1992 wurde der Andreotti-Vertraute und sizilianische DC-Europaabgeordnete Salvatore Lima ermordet, im Mai der erfolgreiche Mafiajäger Giovanni Falcone, im Juli der Untersuchungsrichter Paolo Borsellino. Die Ermordung Falcones wirkte als heilsamer Schock auf die Parteien, die im April bei der Wahl eines neuen Präsidenten ihre verantwortungslosen Spielchen fortsetzten, als sei nichts geschehen. In zehn Tagen wurde Wahlgang an Wahlgang gereiht, ein Kandidat nach dem anderen »verbrannte«, ohne dass eine Einigung absehbar war. Als Falcone und seine Begleiter ermordet wurden, kamen die Abgeordneten zur Vernunft und wählten den DC-Außenseiter Scàlfaro zum neuen Präsidenten der Republik.

Während des Jahres 1993 verschwanden die fünf Parteien, die die Erste Republik bestimmt hatten, von der politischen Bühne: die DC, die offiziell am 26. Juli 1993 aufgelöst wurde, zerfiel in verfeindete Kleinparteien (die linkskatholische PPI, die konservativen CDU und CCD), die sich seitdem mehrfach neu gespalten und zusammengeschlossen haben. Die schnelle Auflösung der erfolgreichsten und mächtigsten Partei des Westens zeigt, dass nicht gemeinsame Ziele, sondern anfangs gemeinsame Gegner, die politische Linke, und dann mehr und mehr allein die Verteilung von Macht und Pfründen die DC zusammengehalten hatte. Auch PSDI, PLI und PRI verschwanden völlig. Der PSI stürzte auf 2 % ab. Der schnelle

Zusammenbruch der Regierungsparteien lag buchstäblich daran, dass die nun ausbleibenden *tangenti* in den Parteietat fest eingeplant waren. Die über zehn Jahre triumphale und glamouröse Erfolgspartei PSI hatte auf einmal 200 Mrd. Lire Schulden und konnte ihre Angestellten und Funktionäre nicht mehr bezahlen.

Zahlreiche führende Politiker wurden seit 1993 wegen Korruption verhaftet und angeklagt. Auch die Zusammenarbeit von Politikern mit den kriminellen Organisationen des Südens wurde nun konsequenter verfolgt. In den zehn Jahren scheinbaren Wohllebens und eines verantwortungslosen Durchwurstelns der politischen Klasse, in denen Craxi und dann »CAF« regierten, hatten vor allem in Sizilien, Kalabrien und Kampanien Mafia & Co. einen neuen Aufschwung genommen. Heroin wurde rund um Palermo im großen Stil produziert. Die Jahresgewinne aus diesen Geschäften werden auf mindestens 600 Mio. Dollar geschätzt. Sie wurden in Bauten oder in den Tourismus investiert und damit in legale Geldanlagen verwandelt. Etwas vereinfachend kann man sagen, dass die Schmiergeldermittlungen im Norden vorwiegend PSI-Politiker betrafen, die mafiosen Verflechtungen im Süden hingegen vorwiegend Christdemokraten. Als im Januar 1993 Salvatore Riina, der »Boss der Bosse« auf Sizilien verhaftet wurde und verschiedene Mafiosi – ähnlich wie zuvor die Linksterroristen – »reumütig« mit den Staatsanwälten zusammenarbeiteten, kamen immer mehr Verbindungen zwischen der Staatspartei und dem Untergrund ans Tageslicht. Sie betrafen auch Giulio Andreotti, der sich dafür eingesetzt haben soll, dass die Mafia nicht konsequent verfolgt wurde. Allerdings konnten diese Anschuldigungen bis heute nicht rechtskräftig bewiesen werden, auch weil Andreottis wichtigster Verbindungsmann Lima 1992 ermordet wurde, so dass man ihn nicht mehr als Zeugen befragen konnte.

Die letzte Phase der ersten Republik von 1979 bis 1993 war einerseits gekennzeichnet durch ein wachsendes, nicht zuletzt auch durch ökonomische Erfolge genährtes Selbstbewusstsein der Italiener. Aus der Parianation war eines der sieben wichtigsten Industrieländer geworden; aus einem Auswanderungs- ein Einwanderungsland. An die Stelle eines starken Veränderungsbedürfnisses wie in den sechziger und frühen siebziger Jahren und der daraus resultierenden Frustration über die Reformunfähigkeit der politischen Klasse war ein hohes Maß an Selbstzufriedenheit getreten, das Politiker wie Craxi und Andreotti perfekt repräsentierten. Die zunehmende Zufriedenheit erwies sich jedoch als Teil der großen Illusion, die durch geschickte Propaganda verbreitet wurde, um die Gesellschaft in wohlgefälliger Selbstgewissheit zu halten. Auch die in der Bevölkerung verbreitete, pragmatische Mentalität, sich durchzulavieren und die Krisenzeichen zu verdrängen, half diese Illusion zu erhalten.

Dass es nach der Scheinblüte der 1980er Jahre doch noch zum oft vorhergesagten Zusammenbruch der Republik kam, hatte sehr unterschiedliche

Ursachen: weltpolitische Veränderungen (der Umbruch von 1989/90) und ökonomische Gründe (die geplante Wirtschafts- und Währungsunion erzwang den Abbau der Staatsverschuldung und verstellte den Ausweg der regelmäßig Lira-Abwertung) spielten ebenso eine Rolle wie der Legitimationsverlust des herrschenden Parteienkartells, die Identitätskrise des PCI und die unerschrockenen Ermittlungen einiger Richter und Staatsanwälte.

Kapitel 9
Die Anfänge einer Zweiten Republik

Blickt man auf den Umbruch von 1993 zurück, so verbietet der Vergleich mit den Regimewechseln in Osteuropa seit 1989 den Begriff »Revolution«. Denn es sind keine anderen sozialen Schichten oder Eliten an die Macht gekommen. Auch die Verfassung und das ökonomische System wurden nicht tiefgreifend verändert. Aber immerhin wurde auf plebiszitärem Wege ein neues Wahlrecht eingeführt, und 1992 bis 1994 verloren die Parteien, die die erste Republik bestimmt hatten, in zuvor nicht gekannter Weise Stimmen. Neue Anti-Parteien entstanden. Die alten Parteien, die mit Wählerwanderungen, wie sie in Italien nie da gewesen waren, in anderen Ländern aber normal sind, nicht umgehen konnten – vor allem die Staatspartei *Democrazia Cristiana* – reagierten mit Selbstauflösung. Die von der Delegitimierung des Parteiensystems weniger betroffenen PCI und MSI lösten sich zwar nicht auf, versuchten aber durch neue Programme, Namen und Symbole zu zeigen, dass an ihnen der Umbruch nicht spurlos vorüber gegangen sei. Schon die vollständige Veränderung der Parteienlandschaft rechtfertigt es, von einer Zweiten Republik zu sprechen. Weitere grundlegende Veränderungen kamen hinzu. Die Wirtschafts- und Währungsunion mit ihren Maastricht-Kriterien zur Einführung des Euro erforderten eine radikale Haushaltssanierung sowie eine weitgehende Privatisierung der staatlichen Wirtschaftsunternehmen. Außerdem ermöglichte der Zerfall des Machtkartells die in der Verfassung vorgesehene Dezentralisierung und Föderalisierung von Staat und Verwaltung. Beide Strukturreformen wurden im Wesentlichen von den Linksregierungen der Jahre 1996 bis 2001 umgesetzt.

1. Dimensionen und Grenzen des Umbruchs

Am 18./19. April 1993 stimmten die Italiener über mehrere Referenden ab. Bei einer Wahlbeteiligung von mehr als 70 % artikulierten die Bürger mit sensationellen Mehrheiten zwischen 80 und 90 % ihren Unmut über das politische System, das als abgehoben, korrupt und ineffizient empfunden wurde: per Volksentscheid wurden die Ministerien für Landwirtschaft, für Tourismus sowie für die staatlichen Beteiligungen an Wirtschaftsunternehmen aufgelöst, die alle als Horte des Klientelismus und der *lottizazzione* galten; die erst 1974 eingeführte staatliche Parteienfinanzierung wurde abgeschafft und für den Senat das Mehrheitswahlrecht eingeführt. Diese Änderung des Wahlrechts wie auch der deutliche Unmut der Bürger über die politischen Verhältnisse lassen den 18. April 1993 als paradigmatisches Ende der Ersten Republik erscheinen, zumal es ein symbolträchtiges

Datum ist. Denn am 18. April 1948 hatte die *Democrazia Cristiana* mit massiver Unterstützung der USA und der katholischen Kirche den Wahlsieg errungen, mit dem ihre Dominanz begonnen hatte. Erst 1989 hatte Generalsekretär Arnaldo Forlani den 18. April zum Parteifeiertag erklärt – und nun ging die DC-Herrschaft genau 45 Jahre nach ihrem Beginn unter.

Nach den Volksabstimmungen vom 18./19. April 1993 trat die letzte, von Giuliano Amato (PSI) geführte *centro-sinistra*-Regierung zurück. Da alle Parteien, die seit 1948 die Regierungen getragen hatten, ihr Ansehen verloren hatten, kam dem Staatspräsidenten in den Jahren des Übergangs von der Ersten zur Zweiten Republik große Bedeutung zu. Oscar Luigi Scàlfaro bewährte sich als kluger, politisch kreativer Wahrer der Verfassung und entwickelte sich zum »katholischen Pertini« – also zum zweiten populären Präsidenten der Republik. Scàlfaro nahm die Ablehnung der *partitocrazia* durch die Wähler ernst und ernannte erstmals seit 1945 einen parteilosen Ministerpräsidenten – den (allerdings DC-nahen) Chef der Staatsbank Carlo Azeglio Ciampi. Seiner Regierung gehörten Vertreter von sechs Parteien (DC, PSI, PSDI, PLI sowie erstmals PDS und Grüne) sowie parteilose Experten an. Dass damit am 29. April 1993 erstmals Vertreter des gerade erst in PDS umbenannten PCI in die Regierung eintraten, ist ein weiteres Argument dafür, das Ende der Ersten Republik auf April 1993 zu datieren, auch wenn die PDS-Minister ebenso wie Francesco Rutelli (Grüne) nach wenigen Tagen zurücktraten, weil das Parlament weitere Ermittlungen gegen den Ex-Ministerpräsidenten Craxi verhinderte. Dieser parlamentarische Sieg der alten Kräfte und die Rücktritte der linken Minister gaben Ciampi die Möglichkeit, weitere »Techniker« in seine Regierung aufzunehmen, die in der Folge sehr effizient arbeitete. Ihre wichtigste Leistung war der Beginn der Privatisierung der zahllosen Staatsbeteiligungen, die eine notwendige Voraussetzung für Inflationsbekämpfung und Haushaltssanierung war. Außerdem organisierte die Regierung Ciampi neue Wahlsysteme für alle politischen Ebenen. Da es in Italien keine Revolution gegeben hatte, mussten alle diese Strukturreformen von dem noch in der Ersten Republik gewählten Parlament beschlossen werden.

So war das neue nationale Wahlrecht statt einer radikalen Reform ein Kompromiss im Stil der Ersten Republik, der zu vieles miteinander verband: 75 % der Abgeordneten und Senatoren wurden künftig in Einpersonenwahlkreisen mit relativer Mehrheit (wie in Großbritannien) gewählt – eine Stichwahl nach französischem Vorbild, die der PDS favorisierte, fand keine Mehrheit. Die restlichen Sitze wurden aber weiterhin nach dem Verhältniswahlrecht auf regionaler Ebene und mit einer 4 %-Hürde verteilt, wobei die auf siegreiche Wahlkreiskandidaten entfallenen Stimmen nicht erneut berücksichtigt wurden. Sein erklärtes Ziel, die Parteienzersplitterung zu überwinden, hat das Wahlgesetz vom August 1993 klar verfehlt. Aber aus den Bündnissen, die in der zersplitterten Parteienlandschaft geschlossen werden mussten, um möglichst viele Direktmandate zu erringen, entstanden immerhin zwei Parteienblöcke, die aber aus zahlreichen, teilweise kleinsten Parteien bestehen.

1993 bis 1995 wurden außerdem vier weitere neue Wahlsysteme für Kommunen unter und über 15.000 Einwohnern, für die Provinzen und die Regionen beschlossen. Im Gegensatz zur nationalen Ebene wurde für die übrigen Wahlen ein meist zweistufiges Mehrheitswahlrecht eingeführt, bei dem sich im zweiten Wahlgang jeweils die beiden Sieger des ersten gegenüberstehen. Bereits vor dem 18. April 1993 hatte das Parlament die Direktwahl der Bürgermeister beschlossen. Diese Neuerungen haben viel stärker als auf der nationalen Ebene zu einer Neustrukturierung der kommunalen, provinziellen und regionalen Politik geführt – zu stabilen Parteienbündnissen und einer verstärkten Personalisierung. Die ersten Direktwahlen der Bürgermeister und die Kommunalwahlen vom Herbst 1993 bestätigten den dramatischen Legitimationsverlust der politischen Klasse. Der MSI als außerhalb des *arco costituzionale* stehende Partei erzielte in breiten Rechtsbündnissen mit populistischen Parolen eine Reihe sensationeller Ergebnisse. Der junge und gemäßigte MSI-Vorsitzende Gianfranco Fini erzielte in Rom bei der Stichwahl fast 47 %, unterlag aber dem 39-jährigen Grünen Francesco Rutelli; Alessandra Mussolini, eine Enkelin des *Duce*, kam in Neapel auf 43 %. In zwölf kleineren Städten, darunter die Provinzhauptstädte Latina (Latium) und Caltanissetta (Sizilien) setzte das vom MSI initiierte Wahlbündnis *Alleanza Nazionale* sich durch. Insgesamt jedoch siegte bei den Bürgermeisterwahlen die Linke, die daraus beste Chancen für die nächsten Parlamentswahlen ableitete. Zur Katastrophe wurden die Bürgermeisterwahlen für die DC, die nur noch zwei von 100 Städten eroberte.

In den Referendumskampagnen vom Juni 1991 bis zum April 1993 entstand ein breites Mitte-Links-Bündnis von linken DC-Strömungen über die Grünen und *La Rete* bis zu den Nachfolgeparteien des PCI, das unter wechselnden Namen (zuletzt als *Ulivo*) bis heute zusammenarbeitet. Dass es auf der politischen Linken anders als auf der Rechten, die sich seit 1993 völlig neu strukturierte, bisher nicht zum viel diskutierten Zusammenschluss zu einer »Demokratischen Partei« kam, hat mehrere Gründe. Die einzige Partei innerhalb des Mitte-Links-Bündnisses, die in ganz Italien gut organisiert war, der PCI/PDS, war mit internen Querelen und Spaltungsprozessen beschäftigt. Außerdem fehlte dem PDS eine charismatische Spitzenfigur, die antikommunistische Ressentiments hätte überwinden können. Der einzige Polit-Star, den die Referendumskampagnen hervorgebracht hatten, Mario Segni, trat zwar im März 1993 aus Protest gegen die Vertuschung der kriminellen Verwicklungen Andreottis aus der DC aus. Aber seine neue Bewegung *Popolari* (die Volkstümlichen/Demokraten) gewann nie Massenanhang und war in der Fläche schwach organisiert. Dasselbe galt für die *Verdi* (Grünen) mit ihrem als Bürgermeister von Rom zu nationaler Bedeutung aufsteigenden Star Francesco Rutelli oder für Leoluca Orlandos *La Rete*. Dass weder aus dem PCI/PDS-Milieu noch aus der Referendumsbewegung wirksame Impulse zur Restrukturierung der linken Parteien kamen, bestätigt den Eindruck, dass der Umbruch von 1991 bis 1993 keine politisch-kulturelle Revolution ausgelöst hat. Zwar waren alle Italiener wie befreit, als CAF und die politische Klasse gestürzt waren. Aber es gab kein gesellschaftliches Umdenken und keine Abkehr von korrupten und klientelistischen Verhaltensweisen, die als »normal« galten und von denen allzu viele profitierten. Die seit 1946 herrschenden Parteien, das System der *partitocrazia* und die politische Klasse wurden als Sündenböcke für alle Fehlentwicklungen, die politische Blockade und gesellschaftlich-kulturelle Stagnation verantwortlich gemacht. In der Gesellschaft und in der öffentlichen Meinung (insbesondere im immer unpolitischeren Fernsehen) blieb eine (selbst)kritische Auseinandersetzung mit den tieferen Ursachen der Systemkrise aus. Sie wurde kaum in Verbindung gebracht mit der Alltagskultur, mit Vetternwirtschaft, Bestechlichkeit, Schwarzarbeit oder Steuerhinterziehung. Hier haben auch der PCI/PDS und sein intellektuelles Milieu versagt: obwohl als einzige Partei nur partiell in das Korruptionssystem verwickelt, machte sich die große Oppositionspartei nicht zum Träger einer Kulturrevolution, die sich in der Zeit allgemeiner Erschütterung über die aufgedeckten Skandale und die allgegenwärtige Korruption hätte entwickeln können. So blieb – wie Paul Ginsborg schrieb – *tangentopoli* ein »Zuschauersport«: die Krise wurde nicht »von den Gerichtshöfen und Bildschirmen ins Alltagsleben hineingetragen«.

2. Neue Parteien – neue Politiker?

Die (Nicht)Aufarbeitung des Zusammenbruchs der Ersten Republik zeigte manche Parallele zur (Nicht)Aufarbeitung des *fascismo*: die Bösen, die Korrupten waren die Anderen – jetzt die alte politische Klasse, aber die Italiener insgesamt waren anständige Leute. Man wählte »neue« Parteien, die jedoch die alten klientelistischen und familiaristischen Strukturen nicht antasteten (*Lega Nord, Forza Italia*), sondern sie nur mit neuer Rhetorik verbrämten. Eine gewisse Ausnahme von dieser Beobachtung bildet der Süden, vor allem manche Hochburgen der Mafia in Sizilien. Hier sprang der Impuls von Intellektuellen, Staatsanwälten und Richtern auf die Gesellschaft über. Unter maßgeblicher Beteiligung linker Organisationen und von Teilen des Klerus reflektierten breite Schichten der Bevölkerung über ihren eigenen Anteil am Fortbestand mafios-klientelistischer Strukturen. Frauen, Einzelhändler, Schüler, Studenten organisierten sich gegen die Mafia. Aus ihr heraus gründete Leoluca Orlando, der populäre Bürgermeister von Palermo (s. S. 104 f.), die Anti-Partei *La Rete* (das Netz). Sie kann sowohl regional als auch politisch und organisatorisch als Gegenstück zur *Lega Nord* (S. s. 202) begriffen werden. Aber *La Rete* wollte das moralische Empfinden in der sizilianischen Gesellschaft mobilisieren, demokratische und zivilgesellschaftliche Strukturen stärken sowie der Korruption und dem Einfluss der Mafia entgegentreten. Mit diesem anspruchsvollen Programm erzielte *La Rete* bei den Wahlen von 1992 landesweit nur knapp 2, in Sizilien aber immerhin 10 % der Stimmen. Die Basis von *La Rete* bildeten junge und idealistische Angehörige der Mittelschichten: mehr als die Hälfte der Mitglieder hatte höhere Schulabschlüsse. Ihr größter Triumph war die Oberbürgermeisterwahl in Palermo 1993, die Orlando mit überwältigender Mehrheit gewann. Seit 1994 *Forza Italia* auch im Süden um Stimmen warb, gewann sie mit ihren konsumistischen Versprechungen, die über Berlusconis Fernsehkanäle verbreitet wurden, den Massenanhang, den *La Rete* nie fest an sich binden konnte.

Die Parlamentswahlen Ende März 1994, die ein verfassungsrechtliches Novum waren, da Präsident Scàlfaro sie ohne eine akute Regierungskrise angesetzt hatte, endeten nicht mit dem erwarteten Sieg der politischen Linken, sondern wurden zum Triumph des Medienmoguls Silvio Berlusconi. Das lag an dessen überaus professioneller und erfolgreicher Parteigründung *Forza Italia.* Am 26. Januar 1994 stellte Berlusconi sich in einer rhetorisch perfekten Ansprache auf seinen TV-Kanälen in den Dienst des Landes. Er tue dies allein aus Sorge, dass »die Erben des Kommunismus« die Macht übernehmen würden – also das neue Mitte-Links-Bündnis. Kritiker haben ganz andere Gründe für den Wechsel des erfolgreichen Unternehmers in die Politik benannt: den bevorstehenden Kollaps seines Firmenimperiums und die Behinderung weiterer juristischer Ermittlungen. Marcello Dell'Utri, ein ehemaliger Manager der Berlusconi-Holding Fininvest und führender Mann bei *Forza Italia*, hat diese Motive bestätigt.

Berlusconis Retortenpartei fehlen viele Kennzeichen einer Partei in parlamentarisch-demokratischen Systemen: Programm, demokratische Struktur, allmähliches Wachstum aus sozialen Gruppen oder Bewegungen heraus, finanzielle Autonomie und kollektive Führungsstruktur. Vielleicht hatte sie deswegen durchschlagenden Erfolg. *Forza Italia* (FI) wurde im Lauf von neun Monaten von Angestellten der Berlusconi-Firma *Publitalia '80* höchst professionell aus dem Boden gestampft. *Publitalia* verkauft und produziert bis heute für Berlusconis Fernsehsender Werbespots und Promotion. 1993 stagnierte das Geschäft und Berlusconis Konzern hatte große finanzielle Probleme. Eine neue Partei zu lancieren, die durch möglichst viele Werbespots auf sich aufmerksam machen musste, war ein attraktiver Auftrag für *Publitalia.* Kulturpessimisten unkten, solche Retortenparteien könnten auch in anderen westlichen Staaten reüssieren, übersahen aber die spezifischen Bedingungen, die den Erfolg von *Forza Italia* ermöglichten. Die wichtigsten davon waren das Fehlen eines Parteiengesetzes, der Legitimationsverlust der größten Partei des Landes und die Kontrolle zahlreicher wichtiger Medien durch Berlusconi. Allerdings gab es ein Gesetz von 1957, das Personen, die vom Staat finanziell einträgliche Funktionen übertragen bekommen, das passive Wahlrecht entzieht. Als Inhaber lukrativer TV-Konzessionen hätte Berlusconi deshalb 1994 überhaupt nicht kandidieren dürfen. Die Regierung Ciampi entschied jedoch, jenes Gesetz *nicht* anzuwenden.

Am Anfang der neuen Partei stand *Forza Italia! Associazione per il buon governo* (Vorwärts Italien! Vereinigung für eine gute Regierung), die im Sommer 1993 von Männern aus dem persönlichen Umfeld Berlusconis gegründet wurde. Ebenso wie später die Partei wurde sie hoch professionell organisiert und vermarktet als Interessenvertretung des Mittelstandes, der von der DC zugunsten der Bauern sträflich vernachlässigt worden war. *Forza Italia* wollte die »anständige« schweigende Mehrheit organisieren, die sich für eine neue, »gute« Regierung einsetzte, und das hieß im Kern: keine Revolution der politischen Kultur, kein Antasten der kleinen Privilegien und Korruptionen. Nicht nur der Parteiname erinnerte an den Fußball (*Forza Italia* ist der klassische Anfeuerungsruf für die Nationalmannschaft) und der Initiator der neuen Bewegung war Präsident von *AC Milan*. Auch die mehr als 6.000, in wenigen Monaten aus dem Boden gestampften *Club Forza Italia* mit fast einer Million Mitgliedern ähnelten Fußball-Fanclubs.

Am 18. Januar 1994 gründete Berlusconi zusammen mit politisch drittrangigen Nebenleuten das *Movimento Politico Forza Italia*. Mario Dell'Utri, der Vorstandsvorsitzende von *Publitalia '80* und einer der ältesten Mitarbeiter Berlusconis, organisierte in den nächsten beiden Monaten den triumphalen Wahlsieg. Dell'Utri war lange die graue Eminenz bei *Forza Italia* und zugleich eine schillernde Figur mit dubiosen Mafia- und Halbweltkontakten. 1999 wurde er wegen betrügerischen Konkurses verurteilt, 2004 zu neun Jahren Haft wegen Unterstützung der Mafia, 2007 zu weiteren zwei Jahren wegen Erpressung. Alle Strafen sind noch nicht rechtskräftig, außerdem genießt Dell'Utri als Senator Immunität.

Beitreten konnte man *Forza Italia* seit Februar 1994, indem man die Zeitschrift *TV Sorrisi e canzoni* (TV, Lächeln und Lieder) – ein Berlusconi-Produkt – kaufte, ein darin abgedrucktes Formular ausfüllte und 100.000 Lire zahlte (damals etwa 100 DM). Die auf diese ungewöhnliche Weise geworbenen 5.000 Mitglieder hatten aber weder Einfluss auf das Parteiprogramm noch auf die Kandidatenauswahl, die von einem kleinen Zirkel um Berlusconi und Dell'Utri bei *Publitalia '80* getroffen wurden. Berlusconi setzte bei der Rekrutierung der Abgeordneten und Parteifunktionäre auf dieselben Verfahren, nach denen er auch die Führungskräfte in seinen Unternehmen auswählte. Drei Kriterien waren ausschlaggebend: Jugend, erfolgreiche wirtschaftliche Tätigkeit und »politische Jungfräulichkeit«. Alle Interessenten mussten ein *casting* vor TV-Kameras absolvieren, bevor sie in kleinen Gruppen zum Abendessen in Berlusconis Villa eingeladen wurden. Danach fällte Berlusconi allein die Entscheidung über die Aufstellung als Kandidat oder die Anstellung als Funktionär.

Forza Italia erweckt also nicht einmal den Anschein demokratischer Strukturen. Die neue Partei veranstaltete Anfang Februar 1994, noch bevor irgendwelche Parteimitglieder geworben waren, eine erste, vollständig von einem Berlusconi-Sender übertragene *convention*. Es handelte sich um eine reine Show-Veranstaltung, um Berlusconi nach einer langen »programmatischen« Rede zuzujubeln. Der erste

FI-Nationalkongress fand erst vier Jahre nach der Parteigründung (1998) statt, der zweite hätte 2001 stattfinden müssen, wurde aber satzungswidrig bis 2004 verschoben. FI-Mitglieder – 2003 sollen es 250.000 gewesen sein – heißen *soci* (Gesellschafter). Auch dies signalisiert, dass FI keine normale Partei sein soll. Die *soci* sind nicht identisch mit den Mitgliedern der *Clubs*, die ähnlich wie die ARCI im linken und *Azione Cattolica* im katholischen Milieu flankierende Kultur- und Geselligkeitsvereine sind – ohne Einfluss auf die Politik von *Forza Italia*. Dass FI, wenngleich eine autoritäre Retortenpartei, auf große Resonanz in der Bevölkerung stieß, zeigen nicht nur Wahlergebnisse und Mitgliederzahlen, sondern auch die Struktur der Parteibasis, in der Frauen (mit 41 %) und Selbständige (mit 38 %) stark vertreten sind. Im Gegensatz zum PDS und zu den Gewerkschaften, deren Basis überaltert ist, sind die FI Mitglieder sehr jung, und wie ihr Dauerkoalitionspartner AN spricht *Forza Italia* unpolitische Bevölkerungsschichten an, die in der alten politischen Klasse unterrepräsentiert waren. Die Sozialstruktur der Mitglieder entspricht nach den wenigen vorliegenden Untersuchungen der der FI-Wähler: 1994 waren sie ungewöhnlich jung (40 % unter 35), zu 55 % weiblich, überdurchschnittlich viele waren Unternehmer oder Selbständige und trotz der inhaltsleeren FI-Propaganda überdurchschnittlich gebildet. Die FI-Abgeordneten gehören noch häufiger zur Wirtschaftselite als Mitglieder und Wähler, waren aber wie diese sehr jung. Hingegen liegt der Frauenanteil wie bei allen Parteien unter 10 %.

So professionell wie *Forza Italia* aufgebaut wurde, kann es nicht überraschen, dass ihre Propaganda auf große Zustimmung stieß, da sie auf Umfragen über die Wünsche der Italiener basiert: FI ist wirtschaftsfreundlich und setzt sich besonders für die Förderung mittelständischer Unternehmer ein. FI spricht den Egoismus und Familiarismus an. FI ist betont antikommunistisch – auch nach dem Zerfall des PCI und des Ostblocksozialismus funktionierte dieses Stereotyp. FI ist katholisch, aber nicht klerikal, sie versteht sich als »Laienbewegung«, ist aber nicht laizistisch. FI ist nationalistisch, gegen Multikulturalismus, latent antisüdlich und rassistisch, aber nie annähernd so radikal wie die *Lega*. Mit ihrem Klientelismus und mit ihren mafiosen Verbindungen im Süden trat FI das Erbe der DC an, obwohl es nur wenige prominente Überläufer aus der DC auf nationaler Ebene gab – dafür umso mehr auf lokaler und provinzieller Ebene. Dass man darauf achtete, neue Leute als Kandidaten aufzustellen – noch 2001, als FI das dritte Mal bei Wahlen antrat, waren 60 % der Gewählten Novizen – bedeutete fast eine Revolution für das italienische Parteiensystemystem, in dem Politiker erst nach jahrelanger Bewährung im Parteiapparat, in kommunalen oder Provinzparlamenten für das nationale Parlament kandidieren durften und in dem, wer einmal ein Mandat erlangt hatte, es normalerweise lebenslang behielten.

Seit der Etablierung von *Forza Italia* gibt es in ihr zwei Tendenzen: einerseits die von Dell'Utri organisierte *partito d'affari* (Partei der Geschäftsmänner), die sich aus leitenden Angestellten in Berlusconis Firmenimperium rekrutiert, sich rein opportunistisch an Umfragen orientiert und die Partei einzig auf ihren charismatischen Führer Berlusconi ausrichten will; andererseits eine stärker wertorientierte Strömung, an deren Spitze Claudio Scajola steht, ein von Berlusconi unabhängiger, ehemaliger DC-Politiker der mittleren Ebene (Bürgermeister der Kleinstadt Imperia in Ligurien). Die *Scajolani* wollen die *Publitalia*-Kamarilla entmachten. Statt der charismatischen Führungsstruktur, in der Berlusconi alle parteiinternen Konflikte entscheidet, streben sie formelle Regelungsmechanismen an. Welche dieser beiden *correnti* sich langfristig durchsetzen wird, ist schwer abzuschätzen. Spätestens mit dem Abtritt Berlusconis, mit dem in den nächsten Jahren zu rechnen ist (2006 wurde er siebzig), steht in der auf seine Person zentrierten *Forza Italia* eine Richtungsentscheidung an. Möglicherweise zerfällt sie dann, zumal derzeit, als Oppositionspartei, Machterhalt und Zugang zu Pfründen als Kitt entfallen.

Die zweite bedeutende Neugründung kurz vor den Wahlen am 27./28. März 1994, die wie *Forza Italia* die von der DC im Stich gelassenen Wähler auffangen wollte, war *Alleanza Nazionale* (AN). Geistiger Vater der neuen demokratischen Rechtspartei war der nationalkonservative Politologe Domenico Fisichella, der seit 1992 dafür plädierte, der MSI solle sein »Ghetto« verlassen, das durch den Niedergang der DC entstandene Vakuum im katholisch-konservativ-nationalistischen Spektrum füllen und so zur führenden Kraft auf der politischen Rechten werden. Dabei ging es Fisichella nicht zuletzt darum, die nationale Einheit gegen sezessionistische oder föderalistische Bestrebungen zu bewahren. MSI-Chef Fini übernahm, nachdem er sich in heftigen Kämpfen gegen den radikalen Parteiflügel durchgesetzt hatte, Fisichellas Ideen und nutzte den allgemeinen Umbruch im Parteiensystem geschickt, um den MSI von faschistischen Schlacken zu befreien und aus der ideologischen Sackgasse herauszuführen. In einem Leitartikel des Parteiorgans bekannte sich Fini im Januar 1993 zum Projekt *Alleanza Nazionale* als Wahlbündnis aller nationalistischen Gegner der *partitocrazia*. Vorbild sollte die neogaullistische Sammlungsbewegung RPR sein. Damit setzte Fini sich von seinen rechtsextremen französischen Gesinnungsgenossen um Jean-Marie Le Pen ab, die zur selben Zeit mit Erfolg die rassistische, populistische und autoritäre Karte spielten. Fini bekannte sich glaubhaft zur demokratischen Verfassungsordnung und distanzierte sich zunehmend deutlich vom *fascismo* – bis hin zu einem Israelbesuch im Jahre 2003, bei dem er den Faschismus als »absolut böse« bezeichnet hat. Insofern ist der Wandel vom MSI zur AN nicht nur eine taktische, sondern eine politische Transformation von einer neofaschistischen zu einer nationalkonservativen Partei.

Durch die Sturzgeburt der *Forza Italia* veränderte sich jedoch um die Jahreswende 1993/94 die Situation dramatisch, und Fini musste den Übergang vom MSI zur AN beschleunigen. Im Januar 1994 wurde *Alleanza Nazionale* als offene Liste gebildet, die sich sogleich für die Mitte und den Süden mit *Forza Italia* im *Polo del Buon Governo* (Pol der guten Regierung) verbündete, während AN im Norden alleine antreten musste, da sich *Forza Italia* dort mit der *Lega Nord* zum

Polo delle Libertà (Pol der Freiheiten) zusammengeschlossen hatte. Diese paradoxe Bündniskonstellation verdeutlicht den Opportunismus von FI, die einerseits mit der sezessionistischen *Lega* und andererseits mit der nationalistisch-unitarischen AN koalierte. Obwohl *Alleanza Nazionale* mit FI eine Konkurrenz im rechten Lager erwachsen war, die nicht mit der faschistischen Hypothek belastet war, agierte AN sehr erfolgreich. Mit 13,5 % der Stimmen und sogar 17,3 % der Sitze (nach 1992 5,2 % des MSI) wurde sie zur drittstärksten politischen Kraft und zur zweitstärksten im siegreichen Lager der Rechten: statt mit 34 MSI-Abgeordneten am Rande zu stehen, hatte AN nun mit 109 Abgeordneten und einer entsprechenden Zahl von Senatoren mit dem PDS gleichgezogen. Fini und Fisichella triumphierten: ihre Strategie der Öffnung habe die soziale Basis der nationalistischen Rechten erweitert, ihr politisches Gewicht erheblich gesteigert, die Zahl der Mandate verdreifacht und – was am wichtigsten war – die Partei vom jahrzehntelang stigmatisierten Außenseiter zur Regierungspartei gemacht. Im Vorfeld war auf der politischen Linken sogar ein noch größerer Wahlsieg der *Alleanza* erwartet worden; viele Kommentatoren und Analytiker hatten in ihr den deutlich nach rechts gerückten Nachfolger der DC gesehen und Berlusconis FI unterschätzt. Ins erste Berlusconi-Kabinett, dessen schnelles Scheitern an den Spannungen zwischen den Sezessionisten von der *Lega* und den Unitaristen von AN absehbar war, trat Fini klugerweise nicht ein (während Fisichella Minister wurde). Fini konzentrierte sich auf die Umgründung des MSI in eine neue Partei *Alleanza Nazionale* mit einem gemäßigt nationalistischen Programm. Der radikale Flügel unter Pino Rauti spaltete sich als *Fiamma tricolore* (Grün-weiß-rote Flamme) ab. Durch die Umbenennung blieb (wie bei PCI/PDS/DS) die Organisation intakt, und obwohl viele neue Mitglieder aufgenommen wurden (ihre Zahl hat sich von 1995 bis 2004 auf 250.000 verdoppelt), blieben die wichtigen Gremien von MSI-Kadern beherrscht. Ähnlich wie beim PDS/DS dürfte dies ein wesentlicher Grund dafür sein, dass eine Erweiterung der Wählerbasis über die ersten Erfolge von 1993/94 hinaus nicht gelungen ist. Auch wenn sich die Partei vom Neofaschismus zu einem verfassungskonformen Nationalismus gewandelt hat, verhindern die Kontinuitäten zum MSI größere Einbrüche in christlich-konservative oder liberal-nationalistische Wählerschichten.

Auch auf der Linken sind seit 1991 viele neue Parteien entstanden, aber keine war auch nur annähernd so erfolgreich wie *Forza Italia*, *Alleanza Nazionale* oder (bereits einige Jahre früher) *Lega Nord*. Die wichtigste Linkspartei, der PCI-Nachfolger PDS bzw. seit 1998 *Democratici della Sinistra* (DS), weist trotz der doppelten Umgründung allzu deutliche Kontinuitäten zum PCI auf. Die Funktionäre wurden fast alle im kommunistischen Milieu sozialisiert. Auch die Hochburgen sind dieselben – nur dass sich die Wahlergebnisse seit Anfang der 1970er etwa halbiert haben! Bei den Wahlen von 1994 erzielten PDS und *Rifondazione Comunista* zusammen 26,5 % der Stimmen – also etwa das Ergebnis von 1987 – und konnten damit den seit 1979 anhaltenden Abwärtstrend stoppen. Aber anders als auf der politischen Rechten, wo es zwar auch nicht, wie es die Idee des *Bipolarismo*, der die Zweite Republik prägen sollte, vorsah, zum Zusammenschluss gekommen war, fehlte der PDS neben ihrer Linksabspaltung ein zugkräftiger Bündnispartner auf der linken Mitte. Der völlig zerstrittene linkskatholische PPI war die große Enttäuschung der Wahl von 1994, insbesondere für die PDS-Strategen, die mit einer linkskatholisch/linksliberalen 20 %-Partei gerechnet hatten.

Bei den Wahlen von 1994 standen außer *Lega Nord* und *Verdi* nur Parteien auf dem Stimmzettel, die es in der Ersten Republik nicht gegeben hatte. Es siegte eine Koalition aus Berlusconis *Forza Italia, Lega Nord* und AN – allerdings nur aufgrund des neuen Wahlrechts, das Wahlbündnisse bevorzugte. Mit knapp 43 % der Stimmen erzielten die beiden Mitte-Rechts-Bündnisse *Polo delle Libertà* und *Polo del Buon Governo* 360 von 630 Sitze im Abgeordnetenhaus (57 %). Insgesamt bewirkte das neue Wahlrecht keine deutliche Veränderung der Verhältnisse im Parlament: es gab mindestens ebenso viele kleine und kleinste Fraktionen wie zuvor. Statt der drei großen Fraktionen DC mit 30–40 %, PCI mit 20–30 % und PSI mit gut 10 % gab es nun vier gleich starke, die jeweils über ein Sechstel der Sitze verfügten: AN, FI, PDS und – trotz eines Stimmergebnisses deutlich unter 10 % – *Lega Nord*. Die Regionalpartei profitierte am stärksten von dem verzerrenden System der Sitzvergabe: mit ihrer Dominanz im Norden, wo sie in vielen Wahlkreisen die stärkste Partei war, und dem Verzicht auf Kandidaturen im Süden hatte sie ein optimales Ergebnis eingefahren und stellte mit nur 8,5 % der Stimmen die stärkste Fraktion (117 Abgeordnete).

Keine der neuen Parteien führt das Wort *partito* im Namen – zu verpönt scheint diese Funktionsbezeichnung bei den Wählern. Dies gilt nicht nur auf der politischen Rechten mit *Forza, Lega* und *Alleanza.* Auch die neuen Parteien der Mitte und der Linken vermeiden den Parteibegriff und heißen *Unione, Democratici, Comunisti* oder nach ihren Galionsfiguren (*Patto Segni, Lista Dini, Di Pietro* etc.) oder nach eingängigen Symbolen *Margherita, Rete* (Netz), *Girasole* (Sonnenblume), *Ulivo* (Olivenbaum). Aufgrund dieses Anti-Parteien-Affektes ist die Zahl der Parteimitglieder gegenüber der Ersten Republik deutlich zurückgegangen. Die größte Partei ist heute DS mit rund 550.000 Mitgliedern, während der PCI einst mehrere Millionen organisierte. Dahinter folgen AN und *Forza Italia* mit jeweils rund 250.000 (alles eigene Angaben für 2003 oder 2004). Nicht allein die Parteien der Zweiten Republik leiden unter dem abnehmenden Engagement der Bürger. Auch Gewerkschaften, Verbände und sozial-kulturelle Organisationen haben sinkende Mitgliederzahlen. Neben Politikverdruss spielen weitere Tendenzen eine Rolle, die sich auch in anderen westlichen Länder zeigen: Individualisierung, Familiarismus, das Ende des Industriezeitalters und der großbetrieblichen Unternehmen oder der Zerfall geschlossener Sozialmilieus.

Ihrer abnehmenden Mobilisierungsfähigkeit versuchen die Parteien und führenden Politiker der Zweiten Republik – vor allem auf der politischen Rechten –

mit einem demonstrativen Populismus, mit Stammtischrhetorik und inszenierter Volksnähe zu begegnen. Der Ethnologe Thomas Hauschild spricht von »neuen Grobianen«. Populistische, grobe bis ordinäre Rhetorik war zunächst das Markenzeichen von *Lega*-Chef Umberto Bossi, der sich als Sprecher der schlichten, ehrenhaften Norditaliener ausgab und dessen Reden nicht nur voller rassistischer Ausfälle gegen Süditaliener und Immigranten waren, sondern auch gespickt mit ordinären und obszönen Ausdrücken und Gesten. Berühmt ist die sexuell-aggressive Parole *La Lega ce l'ha duro* (etwa: Die Lega besorgt's Euch/ist allzeit bereit), mit der Bossi seine Reden zu beenden pflegte. Alessandra Mussolini von AN (seit 2003 in der neofaschistischen Splitterpartei *Alternativa Sociale*) trug bei offiziellen Anlass gerne den *corno* – ein großes, rotes Amulett in Form einer Chilischote, das den Penis symbolisiert und im abergläubischen Italien Impotenz verhindern soll. Auch Antonio Di Pietro, der als Staatsanwalt die *mani pulite*-Ermittlungen leitete und dann in die Politik ging, kultiviert seine Volksnähe, indem er eine dialektale, bäuerlich-aggressive Sprache benutzt. Der Hang der neuen Politiker zu einer einfachen Sprache fällt in Italien besonders auf, weil dort der Abstand zwischen Alltags- und akademischer oder politischer Sprache weit größer ist als im Deutschen.

3. Auf dem Weg in den Bipolarismus?

Alarmistisch, teilweise hysterisch fielen nach Berlusconis Wahlsieg die Reaktionen der enttäuschten Linken aus, obwohl sie die Niederlage vor allem ihrer mangelnden Bündnisfähigkeit zuzuschreiben hatte. Unter dem neuen, mit den Linksparteien ausgehandelten, verzerrenden Sitzverteilungsverfahren wäre die Mehrheit im Parlament erreichbar gewesen, wenn die linkskatholischen und laizistischen Linksparteien ein Wahlbündnis geschlossen hätten. So bekam das Mittebündnis *Patto per l'Italia* aus PPI und *Patto Segni* mit knapp 16 % der Stimmen nur gut 7 % der Sitze, das größere Linksbündnis um die PDS hat mit 38 % der Stimmen nur ein gutes Drittel der Sitze errungen. Nach der nicht von den Wählern und auch nicht von Berlusconis Medienmacht allein zu verantwortenden Niederlage waren viele Linksintellektuellen mit wortgewaltigen Warnungen vor einem neuen mediengestützten Faschismus schnell bei der Hand.

Dass die erste Regierung Berlusconi dann nur acht Monate hielt, erweckte den Eindruck, dass die Zweite Republik dieselben Schwächen aufweise wie die erste. Die erste Regierung Berlusconi war die letzte, die die typische Instabilität und Kompromissunfähigkeit der meisten Regierungen der Ersten Republik aufwies. Erst die nachfolgende »Experten-Regierung« unter Lamberto Dini und, nach den Neuwahlen von 1996, die Linksregierungen unter Romano Prodi, Massimo D'Alema und Giuliano Amato brachen mit einigen wesentlichen Strukturen der Ersten Republik und stellten die Weichen für einen partiellen Neuanfang. Verantwortlich für das schnelle Scheitern des mit viel Pomp, großen Worten, aber auch Hoffnungen auf Erneuerung angetretenen Kabinett Berlusconi, das eine ganz neue politische Klasse und Kultur etablieren wollte, waren die gegensätzlichen Ziele von AN und *Lega*: die eine zentralistisch, die andere separatistisch, die eine straffe Kaderpartei, die andere ein schwer berechenbarer Haufen. Mit großer Machtversessenheit, die deutlich machte, dass die neuen Parteien keinen neuen Geist, sondern die gewohnte klientelistische Kultur repräsentierten, verteilten die Wahlsieger alle wichtigen Posten im Parlament unter sich. Die Ernennung von Berlusconis Anwalt Cesare Previti zum Justizminister verweigerte Scàlfaro unter Verweis auf die laufenden Verfahren gegen Berlusconi und seine Unternehmen. Previti wurde daraufhin Verteidigungsminister, Alfredo Biondi – einer der zahlreichen vom PLI zu FI gewechselten Politiker – wurde Justizminister.

Die kurze Amtszeit der ersten Regierung Berlusconi war einerseits geprägt von internen Querelen, vor allem zwischen den Flügelparteien AN und *Lega* über das Ausmaß der Föderalisierung Italiens sowie zwischen der staatsinterventionistischen AN und den wirtschaftsliberalen Koalitionspartnern *Lega* und FI über die Sozialpolitik. Andererseits gab es immer wieder Streit zwischen der Regierung und dem Staatspräsidenten, der sich etwa Berlusconis Versuchen widersetzte, über seine eigenen Senderketten hinaus auch die RAI zu kontrollieren. Da die Regierungsmehrheit mit nur gut 40 % der Wählerstimmen zustande gekommen war, bekam Berlusconi auch immer wieder Gegenwind aus der Gesellschaft zu spüren, vor allem bei Maßnahmen, die weniger auf die versprochene »gute Regierung« abzielten, sondern auf eine Lösung der juristischen und wirtschaftlichen Probleme des Regierungschefs. So versuchte der Justizminister mit einem äußerst umstrittenen Dekret, die Ermittlungen wegen Korruption im Rahmen des *mani pulite*-Skandals zu beenden, scheiterte aber am gesellschaftlichen Widerstand. Die großen Probleme, die die erste Republik hinterlassen hatte (Haushaltsdefizit, Einhaltung der Maastricht-Kriterien, die Staatsbetriebe), wurden hingegen nicht in Angriff genommen. Die Lira verlor erneut dramatisch an Wert. Die ersten Konsolidierungserfolge der Regierung Ciampi waren schnell verpufft. Was die unsolide Haushaltspolitik und die Bedienung diverser Klientelen anging, trat die Regierung Berlusconi I in die Fußstapfen der von DC und PSI geführten Regierungen der achtziger Jahre. Bei den Haushaltsberatungen für 1995 stimmte die *Lega* in bester Tradition der Ersten Republik gegen die eigene Regierung und stürzte sie.

Die destruktive Haltung der *Lega* war Ausdruck einer politischen Umorientierung: nachdem sie einige Zeit relativ konstruktiv als föderalistische Reformpartei gearbeitet hatte, ging sie seit Ende 1994 auf Konfrontationskurs und radikalisierte ihre Forderungen, aber auch ihre Rhetorik. Die Parteiführung inszenierte Unabhängigkeitsfeiern für *Padania*, wie die *Lega*-Aktivisten das von ihnen beanspruchte norditalienische Territorium nennen, und symbolische Widerstandsaktionen. Den Hintergrund für den Strategiewechsel des *Lega*-Führers Bossi, der damit viele gemäßigte Anhänger verprellte, bildete die Konkurrenz mit FI, die dieselben Wählerschichten umwarb. Da Berlusconi – zumal als Ministerpräsident – den staatsmännischen Pol besetzte, schien es Bossi aussichtsreich, den Radikalen zu mimen und vor allem das große Lager der grundsätzlich Unzufriedenen anzusprechen. Bossi und die *Lega* setzten 1995/1996 auf die Abspaltung des Nordens – kurzfristig (bei den Wahlen von 1996) erzielten sie damit Erfolge. Bossis radikale Strategie spekulierte darauf, dass Italien den Anschluss an die europäische Währungsunion verfehlte. Als Reaktion erwartete er im Norden wachsenden Unmut über den Süden, der dem Anschluss an Europa im Wege stehe. Diese Ressentiments wollte Bossi auf die sezessionistischen Mühlen der *Lega* lenken. Da sich diese Erwartung nicht erfüllte, bedeutete die Radikalisierung seit 1994 den Beginn eines kontinuierlichen Bedeutungsverlusts der *Lega*. Bei allen Wahlen seit 2001 lag sie deutlich unter 5 %. In der zweiten und dritten Regierung Berlusconi (2001–2006) war die *Lega* ein handzahmer Juniorpartner, der nur selten durch verbale Ausreißer auffiel.

Nach dem schnellen Sturz der Regierung Berlusconi I leitete ein »unpolitisches« Expertenkabinett unter Berlusconis Finanzminister Lamberto Dini von Januar 1995 bis zum Antritt der ersten Regierung Prodi im Mai 1996 (nach vorgezogenen Neuwahlen) den Übergang zur Zweiten Republik ein. Nach dem Bruch seines Wahl- und Regierungsbündnisses hatte Berlusconi als Wahlsieger von 1994 erwartet, dass er ein neues Kabinett bilden könne. Präsident Scàlfaro argumentierte jedoch in der Logik des *bipolarismo*, dass nach dem Ausscheren der *Lega* keines der beiden großen Lager eine Regierungsmehrheit besitze, weshalb er den allseits anerkannten parteilosen Finanzminister mit der Bildung einer Regierung aus Experten ohne parlamentarisches Mandat beauftragte. Berlusconi zeigte sich als schlechter Verlierer und verfiel in eine Fundamentalopposition, in der er teilweise absurde Positionen vertrat. Dini regierte ein gutes Jahr lang und setzte sogar einige Strukturreformen durch, weil die kleineren gemäßigten Parteien des Berlusconi-Lagers (meistens DC-Relikte) mit der Mitte-Links-Opposition zusammenarbeiteten. Dies wurde vorschnell als Rückfall in die Tradition des *trasformismo* und als Scheitern des *bipolarismo* begriffen. In den drei Legislaturperioden seit 1996 haben sich jedoch die bipolaren Tendenzen gefestigt, wozu nicht zuletzt die Einführung des Mehrheitswahlrechts unterhalb der zentralstaatlichen Ebene beigetragen hat, die in den Städten und Regionen die politische Kultur des Landes nachhaltig verändert hat. Die Regierung Dini konnte auch das internationale Vertrauen in die Lira wiederherstellen, weil sie den hemmungslosen Klientelismus der Regierung Berlusconi beendete und den Haushalt konsolidierte. Ihr wichtigstes Projekt war die als *Riforma Dini* bekannt gewordene, mit den Gewerkschaften ausgehandelte Rentenreform, die für viele Pensionskürzungen, aber auch den Übergang zu einer solideren Finanzierung bedeutete, da die Pensionen nun nicht mehr allein vom letzten Verdienst abhängen, sondern stärker an die zuvor eingezahlten Beiträge gekoppelt wurden.

Während die Linke bei der Wahl von 1994 Berlusconi sträflich unterschätzt hatte und durch ihre Zersplitterung die Möglichkeiten des Wahlrechts nicht genutzt hatte, verhielt sie sich 1996 wesentlich geschickter. Im Februar bildeten PPI und PDS das Bündnis *Ulivo* (Olivenbaum), in das die meisten kleineren Parteien der Mitte einbezogen werden konnten. Zwar blieb RC diesmal außerhalb des Bündnisses. Durch Absprachen gelang es der Linken jedoch 1996, ihre Wählerstimmen optimal in Mandate umzusetzen: Obwohl alle Rechtsparteien bis auf *Forza Italia*, die stagnierte, deutlich zulegten und zusammen gut 52 % der Stimmen bekamen, reichte es für eine parlamentarische Mehrheit des *Ulivo*-Bündnisses unter dem Ex-Christdemokraten Romano Prodi, das allerdings auf die Unterstützung der 35 Abgeordneten von *Rifondazione Comunista* angewiesen war. Dass Stimmen- und Parlamentsmehrheit bei den ersten Wahlen in der Zweiten Republik jeweils gegensätzlich ausfielen, spricht nicht für das neue Wahlrecht. Nicht zuletzt deswegen leidet das politische System auch in der Zweiten Republik unter massiven Legitimationsproblemen. Das zeigen die wachsende Zahl der Nichtwähler und die vielen ungültigen Stimmen (vgl. Tab. 9).

An der ersten Regierung Prodi, die von Mai 1996 bis Oktober 1998 bestand, war erstmals die nach der DC wichtigste Partei der Nachkriegszeit, wenn auch unter ihrem neuen Namen PDS, gleichberechtigt beteiligt. Einerseits bedeuteten die Linksregierungen der Jahre 1996 bis 2001 (und entsprechend die zweite und dritte Regierung Prodi seit 2006) einen Bruch mit der Ersten Republik: die PCI-Nachfolger wurden als regierungsfähiger Partner betrachtet, durch das Verschwinden von DC, PSI und PSDI waren die schlimmsten Horte von Korruption und Klientelismus verschwunden. Andererseits symbolisierten die Linksregierungen mehr als die Berlusconi-Kabinette 1994 und 2001 bis 2006 eine personelle Kontinuität zur Zeit vor 1993. Denn die wichtigsten Minister der Linksregierungen hatten bereits in der Ersten Republik zur politischen Klasse gehört. Zwar wurden gegen die führenden Männer in den Linksregierungen nie Korruptionsvorwürfe laut, aber keineswegs alle Abgeordneten des Linksbündnisses waren und sind integer.

Ein anderes Strukturproblem der Mitte-Links-Koalitionen war ihre extreme politische Bandbreite, die aufs deutsche Parteienspektrum bezogen vom linken Flügel der CDU bis zur Linkspartei reicht. Offenen Dissens zu Regierungsentscheidungen artikulieren innerhalb des Bündnisses vor allem überzeugte Katholiken und der linke Rand, also *Rifondazione Comunista*. Diese Partei hat in ihrem 15-jährigen Bestehen bereits eine wechselvolle, typisch linke Spaltungsgeschichte durchgemacht. Sie war vor allem in ihren Gründungsjahren und ist trotz mancher Klärungen bis heute äußerst heterogen und vereint einerseits Aktivisten aus sozialen Bewegungen (vor allem dem traditionsreichen Pazifismus), andererseits alt gediente Funktionäre sowohl vom linken Flügel des PCI wie des PSI als auch aus maoistischen und trotzkistischen Gruppen der Neuen Linken. 1998 stürzte die erste Regierung Prodi, weil die RC-Fraktion über die Frage gespalten war, ob man den Haushalt für das kommende Jahr passieren lassen solle. Obwohl die Mehrheit der RC einige Zumutungen für die eigene Klientel schluckte, stimmten Parteichef Fausto Bertinotti und andere gegen die eigene Regierung. Am Ende fehlte eine Stimme: Prodi stürzte, und der realpolitische RC-Flügel spaltete sich ab und gründete eine weitere Linkspartei (*Partito dei Comunisti d'Italia*).

Das Ende der Regierung Prodi bedeutete weder das Ende von Prodis Karriere – er wurde 1999 Präsident der EU-Kommission und 2006 erneut Ministerpräsident – noch das Ende der Linksregierungen. Bis zum Ende der Legislaturperiode leiteten DS-Chef D'Alema, ein im PCI sozialisierter Funktionär, zwei Regierungen und der Ex-PSI-Ministerpräsident Giuliano Amato eine. Die vier Regierungen des *Ulivo*-Bündnisses in der Legislaturperiode 1996 bis 2001 waren die ersten reinen Linksregierungen in der italienischen Geschichte. Neben der Regierungsbeteiligung von Kommunisten wurde damit knapp fünfzig Jahre nach dem Bruch der »antifaschistischen Einheit« ein weiteres Tabu gebrochen: die Regierungsbildung ohne die politische Rechte. Diese beiden Tabus mussten gebrochen werden, um den normalen Wechsel zwischen Regierung und Opposition zu ermöglichen, der sich in der Ersten Republik nie hatte einspielen können.

Die Linksregierungen setzten den von der Regierung Dini begonnenen Kurs der Haushaltssanierung, der Privatisierungen und des Abbaus der Staatsausgaben fort, obwohl er den unmittelbaren Interessen der eigenen Wählerschaft vielfach zuwiderlief und obwohl die linke Flügelpartei RC diese Politik immer wieder als »neoliberal« denunzierte. Um einen Anhaltspunkt für das Ausmaß der Restrukturierung zu geben: Bis 1999 nahm der Staat ca. 100 Mrd. Dollar durch Privatisierungen ein. Die Mailänder Börse stieg dank des Umstiegs der Linksregierungen von der Staatsintervention zu liberalen Prinzipien vom 21. auf den 8. Rang weltweit auf. Leitlinien der restriktiven Haushalts- und Sozialpolitik des *Ulivo*-Bündnisses waren die Abkehr von der Tradition des Klientelismus und der unbedingte Wunsch, in der Europäischen Währungsunion zu verbleiben. Das bedeutete, die im Vertrag von Maastricht 1992 festgelegten Kriterien einzuhalten, um am 1. Januar 1999 bei der Einführung des Euro als gesetzliches Zahlungsmittel und Anfang 2002 als Bargeld dabei zu sein. Für die prestigebewussten Italiener vor allem in den wirtschaftlich erfolgreichen Regionen des Nordens und der Mitte hätte ein Ausschluss aus der Währungsunion einen empfindlichen Rückschlag mit kaum absehbaren politisch-psychologischen Folgen bedeutet. Die Sorge, aus der Reihe der wirtschaftlich führenden Industrieländer heraus zu fallen, und die von den *Ulivo*-Regierungen geschickt geschürten Ängste vor der Rückkehr Berlusconis mit seiner chaotischen Rechtskoalition waren so wirksam, dass die rigorose, aber letztlich erfolgreiche Sparpolitik auf wenig gesellschaftlichen Widerstand stieß und vor allem die meisten Gewerkschaften stillhielten.

Jenseits ihrer haushalts- und finanzpolitischen Erfolge fällt die Bilanz der vier Linksregierungen gemischt aus. Reformprojekte wie die Föderalisierung, die

Verfassungs- und Justizreform blieben in den Anfängen stecken. Das ambitionierteste Vorhaben der Linksregierung war eine föderalistische Verfassungsreform. Unmittelbar nach Beginn der 13. Legislaturperiode beschlossen die Mehrheitsparteien 1994 die Einrichtung einer neuen *Commissione bicamerale* (Kommission beider Kammern), wie sie bereits mehrfach zur Verfassungsreform eingesetzt worden war. Während die Regierungsparteien die bestehende Verfassung gründlich reformieren wollten, verlangte die Opposition eine verfassungsgebende Versammlung. Darüber wie eine ganz neue Verfassung aussehen sollte, waren sich die Rechtsparteien allerdings uneinig: AN und FI bevorzugten ein semipräsidentielles System nach französischem Vorbild, während die *Lega* Italien in einen Staatenbund, allenfalls einen lockeren Bundesstaat verwandeln wollte. Anfangs verfolgte die Opposition eine rein destruktive Haltung: die *bicamerale* und die Linksregierung sollten scheitern, um möglichst bald Wahlen zu einer verfassungsgebenden Versammlung zu erzwingen. Da Berlusconi jedoch wegen der finanziellen Probleme seines Medienimperiums auf ein Entgegenkommen der Regierungsparteien angewiesen war, ließ sich die Boykottfront der Opposition schnell auflösen. Seit Ende 1996 arbeitete die Opposition konstruktiv in der Verfassungsreformkommission mit. Sie wollte bis zum 30. Juni den zweiten Teil der Verfassung überarbeiten, in dem es um die Staats- und Regierungsform, das Wahlrecht und das Verhältnis der beiden Kammern zueinander ging. In 185 Sitzungen entwickelte die Reformkommission weit reichende Vorschläge: Direktwahl des Staatspräsidenten; Auflösung des *bicameralismo perfetto*: das Abgeordnetenhaus sollte allein für Gesetzgebung und Kontrolle der Regierung verantwortlich sein, der Senat nur noch für die Wahl der obersten Richter und Verwaltungsbeamten sowie für Streitigkeiten zwischen regionalen und lokalen Körperschaften; Stärkung der Regierung gegenüber dem Parlament; höhere Quoren für Referenden; Aufwertung der Regionen und Subsidiaritätsprinzip im Verhältnis der verschiedenen Verwaltungsebenen.

Dieses umfassendste Reformprojekt scheiterte jedoch an der Weigerung Berlusconis, die gemeinsam vereinbarten Reformen auch zu verabschieden. Insbesondere der Kommissionsvorsitzende D'Alema und seine Partei setzten sich bis an den Rand dessen, was der DS-Basis zuzumuten war, für einen Kompromiss mit Berlusconi ein, dem es jedoch letztlich nicht um eine große institutionelle Reform ging, sondern um Einschnitte in die Unabhängigkeit der Justiz. Aus durchsichtigen Gründen setze er sich vor allem für die Abschaffung der Tatbestände »illegale Parteienfinanzierung« und »Bilanzfälschung« ein sowie für die Amnestierung aller *tangentopoli*-Beschuldigten. Offiziell lehnte FI die Verfassungsreform ab, weil dem künftig direkt gewählten Präsidenten zu wenige Rechte zugestanden würden. Das Scheitern der jahrzehntelang diskutierten Großen Reform kann aber nicht allein dem Parlament und speziell *Forza Italia* angelastet werden. Mindestens ebenso wichtig war der zu geringe gesellschaftliche Druck. Die große Krisenstimmung der frühen Neunziger war 1996 wieder von der Fähigkeit, sich zu arrangieren, abgelöst worden. Vom Zusammenbruch des Parteiensystems war keine politisch-kulturelle Erneuerung ausgegangen. Die Bürger begriffen die Krise als eine der Institutionen und nicht der Gesellschaft. Sie wollten weder ihr eigenes Verhalten ändern noch sich für eine Reform der Institutionen engagieren.

Parallel zur Verfassungsreform und im Schatten der öffentlichen Debatten über diese führte die Regierung eine tief greifende Verwaltungsreform durch, für die vor allem Franco Bassanini (PDS) verantwortlich war. Soweit es ohne Verfassungsänderungen möglich war, sollten politisches System und Verwaltung dezentralisiert, die Regionen also aufgewertet werden. Zugleich gab die einst allmächtige Zentralregierung Kompetenzen an europäische Institutionen ab. Die Bürokratie wurde reorganisiert, »schlanker« und funktionaler aufgestellt. Innerhalb der Regierung wurde der Ministerpräsident aufgewertet. Über seine neuen Koordinationsfunktionen erhielt er sogar durch die Hintertür eine Art Richtlinienkompetenz nach deutschem Vorbild. Die Zahl der Ministerien wurde auf zwölf begrenzt – eine Regelung, die bereits mehrfach durchbrochen wurde. Die zweite Regierung Prodi hat mehr als 100 Minister, Vizeminister und Staatssekretäre. Bezeichnenderweise wurde die Bassanini-Reform durch zwei Dekrete, also verfassungsrechtlich bedenklich ohne das Parlament, durchgesetzt.

Trotz ihrer Erfolge entfremdete sich die *Ulivo*-Koalition immer stärker von ihren Wählern. Beginnend mit den Europawahlen 1999 wurde *Forza Italia* zur stärksten Partei. Im April 2000 kassierte die Regierung bei Regionalwahlen weitere empfindliche Niederlagen. Daraufhin trat D'Alema zurück. Dieselbe Koalition bildete eine neue Regierung unter Führung des inzwischen parteilosen Giuliano Amato, die bis zum Ende der Legislaturperiode hielt. Amato war 2000 der große Hoffnungsträger als Vorsitzender und Spitzenkandidat einer neuen sozialdemokratischen Volkspartei, die das Erbe der DS antreten und die kleineren Linksparteien integrieren sollte. Amato, der bereits ein Vordenker der gescheiterten Großen Reform unter Craxi war, gelang noch eine Verfassungsreform, weil er sich auf wenige Punkte konzentrierte: auf die Regionalisierung und auf die subsidiäre Machtverteilung zwischen Rom, den Regionen, Provinzen und Kommunen. Gegen heftigen Widerstand des Berlusconi-Lagers wurde die Verfassungsreform am 7. Oktober 2001 in einem Referendum bestätigt.

Ein halbes Jahr zuvor jedoch, im Mai 2001, war das *Ulivo*-Bündnis abgewählt worden. Trotz eines Stimmengewinns um fünf Prozentpunkte unterlag es Berlusconis *Casa delle Libertà* (Haus der Freiheiten). Nimmt man die Liste des *mani pulite*-Ermittlers Di Pietro hinzu, die sich nicht in das Mitte-Links-Bündnis integrieren ließ, aber gegen Berlusconi war, so lagen die nach dem Mehrheitswahlrecht abgegebenen Stimmen sogar über denen für die Rechte. Bei den nach dem Verhältniswahlrecht abgegebenen Stimmen aber lag *Casa delle Libertà* klar in Führung.

4. Was ist anders in der Zweiten Republik?

Zu Beginn des neuen Jahrtausends prosperierte Italien wirtschaftlich. Es steht damit für einen der erfolgreichsten Entwicklungspfade der Nachkriegszeit in Europa. Dem *Human Development Index* (2005) zufolge, der die Lebensqualität messen soll, steht Italien weltweit auf Platz 18 und damit zwei Plätze *vor* Deutschland, während die Reihenfolge bis Mitte der achtziger Jahre umgekehrt war. Die Lebenserwartung ist anderthalb Jahre höher als in Deutschland, ebenso der Anteil der Bildungsausgaben am Bruttosozialprodukt. Die Anzahl der Handys pro 1.000 Einwohner liegt gar 40 % höher als in Deutschland. Andererseits herrschen weiterhin chaotische Verhältnisse an den meisten Universitäten, die überfüllt, bürokratisch und schlecht ausgestattet sind. Die Einkommensverteilung ist deutlich ungleicher als nördlich der Alpen; und obwohl die Arbeitslosenquote niedriger als in Deutschland liegt, gehören die Raten der Frauen- und Jugendarbeitslosigkeit zu den höchsten in Europa. Der Anteil der Frauen in politischen Führungspositionen ist einer der niedrigsten im Westen.

Zwar hat die Zweite Republik keine neue Verfassung bekommen. Die kleine Verfassungsreform von 2001 hat lediglich einige, wenn auch wichtige Akzente neu gesetzt – die wichtigste Neuerung betrifft die Dezentralisierung. Welche langfristigen Folgen die ehrgeizige Verwaltungsreform von 1999 haben wird, bleibt abzuwarten. Viele weitere Strukturreformen stehen noch aus. Insofern wird der Umbruchsprozess sicher noch einige Jahre andauern, die Strukturen der Zweiten Republik sind noch im Fluss.

Der Umbruch von 1993 hat Italien ein völlig verändertes Parteiensystem beschert und – zumindest auf der politischen Rechten – neues, stark verjüngtes politisches Personal. Zwar gibt es kein klar strukturiertes »bipolares« Parteiensystem nach britischem (oder zumindest deutschem) Vorbild, wie es vielen Reformern in Italien vorschwebte. Aber immerhin funktioniert der Wechsel zwischen Regierung und Opposition seit 1994. Seit 1996 blieben die jeweils siegreichen Wahlbündnisse zudem eine ganze Legislaturperiode an der Macht. 2001 und 2006 trat jeweils ein Parteienbündnis mit der Intention an, die Regierung abzulösen und war damit erfolgreich. Parteien, die sich dem bipolaren Gegensatz zu entziehen versuchten, erlitten Schiffbruch. Aber die Zahl der kleinen Parteien ist nicht zurückgegangen. Denn innerhalb der großen Parteienbündnisse wird die Idee des Bipolarismus – die Entstehung zweier großer Parteien – durch die »Proportionalisierung des Mehrheitswahlrechts«, die Aufteilung der Wahlkreise zwischen den einzelnen Bündnispartnern je nach ihrer Stärke und lokalen Verankerung, unterlaufen. Die große Bandbreite der beiden Parteienbündnisse erschwert zudem die Formulierung gemeinsamer Positionen; zu viel Energie fließt in interne Aushandlungs- und Einigungsprozesse.

»Transformistische« Tendenzen, die nach Ansicht vieler Analytiker ein immerwährendes Charakteristikum der italienischen Politik sind, haben sich zumindest deutlich abgeschwächt. Zwar gibt es unter den führenden Politikern einige Wendehälse, die sich immer bei den Siegern befinden: Clemente Mastella, seit 2006 Justizminister, saß auch im ersten Berlusconi Kabinett, oder Domenico Fisichella, der Erfinder der *Alleanza Nazionale*, verließ diese nach mehr als zehn Jahren in der AN-Führung Ende 2005, weil sie einer föderalistischen Verfassungsänderung zugestimmt hatte. 2006 wurde er auf der Liste der *Margherita* erneut in den Senat gewählt. Eine Verwischung des Gegensatzes zwischen Regierung und Opposition, die der klassische *trasformismo* seit dem 19. Jahrhundert immer wieder bewirkt hatte, ist in der Zweiten Republik bisher nicht zu beobachten. Vielmehr hat sich ein konfrontativer Stil entwickelt, in dem der Gegner vielfach wie ein Feind behandelt und sein Regierungsantritt als nationale Katastrophe begriffen wird. Parlamentscebatten enden oft in Tumulten; der Umgangston ist grob und häufig unflätig. Beschlüsse des Parlaments werden auch nach der Entscheidung vom gegnerischen Lager oft nicht akzeptiert.

Wie bereits in der Ersten gibt es auch in der Zweiten Republik keine starken Wählerwanderungen. Die regelmäßigen Regierungswechsel seit 1996 beruhten allein auf dem unterschiedlichen Erfolg der Wahlbündnisse, mit ihren Wählerstimmen möglichst viele Mandate zu erzielen, sowie auf der unterschiedlichen Geschlossenheit der beiden großen Lager. Während die Parteienbündnisse seit mehr als zehn Jahren jeweils eine Legislaturperiode lang gehalten haben, sind die Regierungen nicht wesentlich dauerhafter geworden als in der Ersten Republik. Zwar hat die Regierung Berlusconi II mit einer Amtszeit von fast vier Jahren (11.6.2001–23.4.2005) den Rekord des Kabinetts Craxi I aus den Jahren 1983–86 gebrochen. Im Durchschnitt jedoch haben die bisher neun Regierungen der Zweiten Republik mit anderthalb Jahren nicht wesentlich länger gehalten als die 48 Regierungen der Ersten.

Bereits in den achtziger Jahren hat der Präsident der Republik als politisch-moralische Autorität deutlich an Gewicht gewonnen; Scàlfaro in der Umbruchzeit und zuletzt Ciampi als Gegengewicht zu Berlusconi haben den Nimbus des Präsidenten als unabhängige Instanz gestärkt. Mit Ciampi, dessen Amtszeit im Mai 2006 endete, trat der letzte wichtige Politiker ab, dessen politische Autorität noch in der *resistenza* wurzelte und der aus dem längst vergessenen *Partito d'Azione* kam. Sein Nachfolger wurde der langjährige PCI-Funktionär Giorgio Napoletano.

Der Soziologe Mauro Calise nennt das gegenwärtige System eine *partitocrazia senza partiti* (Parteienherrschaft ohne Parteien). Während in der Ersten Republik noch ein kollegialer Apparat, teilweise gar die Mitglieder über den Kurs der Parteien bestimmt hätten, sei seit 1993 eine starke Tendenz zur Personalisierung zu beobachten. Die Parteien seien heute weitgehend zu persönlichen Instrumenten ihrer jeweiligen Führer geworden. Nachdem Personalisierung in der Politik nach 1945 unter dem Eindruck der charismatischen Führerherrschaft Mussolinis verpönt war, kehrte sie mit der Abschwächung des antifaschistischen Konsenses seit den Craxi-Jahren zurück.

Tabelle 9: Ergebnisse der Wahlen zur Abgeordnetenkammer 1994–2006

	Lega Nord	AN	Forza Italia	CCD UDC[1]	Regio-nalparteien	PPI	Segni Dini[2]	LaRete Di Pietro[3]	Pannella	Verdi	AD	PSI	PDS DS	Com. d'Ital.	Rif. Com.	Sonst.	Abgeordn. insg.	Nicht-Wähler/ ungültig
27./28.3.1994																		
Stimmen (%)	8,4	**13,5**	**21,0**[4]		0,8	**11,1**	4,7	1,9	3,5	2,7	1,2	2,2	**20,4**	–	6,1	2,5		**13,0**/7,2
Sitze (N=)	117	109	101	33	5	33	13	6	6	11	18	14	109	–	39	16	630	
(%)	**18,6**	**17,3**	**21,3**		0,8	5,2	2,1	1,0	1,0	1,8	2,9	2,2	**17,3**		6,2			
Polo delle Libertà[5]**+Polo del Buon Governo**[6] **360**							Patto per l'Italia[7] 46				**Progressisti**[8] **213**				Sonstige 11			
21.4.1996																		
Stimmen (%)	**10,1**	**15,7**	**20,6**	5,8	6,8[9]		4,3	–	1,9	2,5	–	–	**21,1**	–	8,6	2,7		**17,1**/7,9
Sitze (N=)	59	93	123	30	6[10]	67	24	–	–	21	–	–	172	–	35	–	630	
(%)	9,3	**14,8**	**19,5**	4,8	1,0	**10,6**	3,8			3,3			**27,3**		5,5			
Lega 59	**Polo per le Libertà**[11] **247**					**Ulivo**[12] **289**							Progressisti[13] 35					
13.5.2001						Margherita												
Stimmen (%)	3,9	**12,0**	**29,4**	3,2	0,5	**14,5**		3,9	2,2	2,2[14]	2,4[15]	1,0[16]	**16,6**	1,7	5,0	1,6		**18,6**/7,4
Sitze (N=)	30	99	196	40	3	85		1	–	16	–	3	136	10	11	–	630	
Casa delle Libertà[17] **368**							**Ulivo**[18] **250**						Sonstige 12					
9./10.4.2006[19]				Sonst. Rechte		SVP	UdEur PPI		Rosa[20]		Sonst. Linke		Ulivo[21]					
Stimmen (%)	4,6	**12,3**	**23,7**	6,8	1,6	0,5	1,4	2,3	2,6	2,1	1,5	0,7	**31,3**	2,3	5,8	0,4		**16,4**[22]/?
Sitze (N=)	26	**71**	**137**	39	–	4	10	16	18	15	–	4	**220**	16	41	–	617	
Casa delle Libertà/Berlusconi 277 (44,9 % der Sitze / 49,7 % der Stimmen)							**L'Unione/Prodi 340 (55,1 % der Sitze / 49,8 % der Stimmen)**											

fett: Parteien, die mehr als 10 % der Stimmen gewannen, und Fraktionen, die mehr als 10 % der Sitze hatten.
Quellen: s. S. 34)

1 1994: CCD 27 Sitze sowie Unione di Centro (4) und Polo Liberal-Democratico (2); 1996: CCD-CDU; 2001–2006: UDC, die 2001 als Zusammenschluss von CCD, CDU und einer weiteren Liste entstand.

2 1994: Patto per la Rinascita Nazionale (Patto Segni); 1996: Lista Dini (2001 in »Margherita« aufgegangen).

3 1994: La Rete; 2001 und 2006: Lista Di Pietro/Italia dei Valori

4 Gemeinsame Liste von Forza Italia, CCD, Unione di Centro und Polo Liberal-Democratico.

5 Bündnis aus Forza Italia, Lega und kleineren Parteien der Rechten; kandidierte nur in den Regionen des Nordens und der Mitte, in denen die Lega kandidierte. Dort trat AN mit eigenen Listen auf.

6 Bündnis aus Forza Italia, AN und kleineren Parteien der Rechten; kandidierte nur in den Regionen des Südens und der Mitte, in denen die Lega nicht kandidierte.

7 Bündnis aus PPI und Patto Segni, unterstützt von der nicht mehr kandidierenden PRI.

8 Bündnis aus DS, RC, PSI, AD, Verdi, La Rete und Movimento Cristiano-Sociale (Abspaltung von PPI).

9 Wahlbündnis »Popolari per Prodi« aus PPI, SVP, PRI, UD und Lista Prodi.

10 SVP: 3, Democrazia e libertà: 1, Pour la Valée d'Aoste: 1 (alle zu Ulivo); Lega d'Azione Meridionale: 1 (zu Polo per le Libertà)

11 Wahlbündnis aus Forza Italia, AN und CCD-CDU.

12 Wahlbündnis aus PDS, Popolari, Verdi und Lista Dini.

13 Wahlbündnis aus RC und unabhängigen Linken.

14 Unter dem Namen Girasole (Sonnenblume) Bündnis aus Verdi und Socialisti Democratici Italiani.

15 Democrazia Europea.

16 2001: Nuovo PSI, 2006: Democrazia Cristiana/Nuovo PSI; gehörten jeweils zum rechten Parteienbündnis »Casa delle Libertà« .

17 Wahlbündnis aus Forza Italia, AN, Lega Nord, Unione Democristiana e di Centro (vorher CCD), PRI, Nuovo PSI und kleineren Parteien.

18 Wahlbündnis aus PDS, Margherita, Verdi und Comunisti Italiani.

19 Neues Wahlgesetz vom Dezember 2005; Rückkehr zum Verhältniswahlrecht – allerdings mit Sperrklauseln: 2 % für Parteien, die einer Listenverbindung angehören, 4 % für alle anderen sowie 10 % für Listenverbindungen. Die Listenverbindung, die die relative Mehrheit der Stimmen erzielt, bekommt die ihr zustehenden Sitze auf 340 (von 617) aufgestockt.

20 La Rosa nel Pugno. Laici – Socialisti – Liberali – Radicali. Eine Liste, die sich als Nachfolgerin des traditionsreichen italienischen Radikalismus (PRI/PdA/PR, Teile des PSI) versteht und auf der u.a. Emma Bonino und Marco Pannella (fürs Europaparlament) kandidierten.

21 Zusammenschluss von DS, Margherita und MRE, einer Nachfolgepartei des PRI.

22 Unter Berücksichtigung der erstmals wahlberechtigten Auslandsitaliener, von denen sich 61 % nicht an der Wahl beteiligten, erhöht sich der Nichtwähleranteil auf 18,6 %.

Die wichtigste und vermutlich zukunftsträchtigste Veränderung liegt in der Föderalisierung. Allmählich entsteht in Italien, das wider alle Traditionen seit dem späten 19. Jahrhundert zentralistisch strukturiert war, eine lebendige »föderale Kultur« (Alexander Grasse). Auf regionaler und auch lokaler Ebene entsteht eine neue politische Kultur, die die traditionellen Lagergrenzen und das Prinzip der *lottizzazione* zu überwinden scheint. Eine wichtige Rolle spielt neben der Aufwertung der Regionen durch die Verfassungsreform Amatos die Tatsache, dass auf lokaler und regionaler Ebene nicht das schizophrene Wahlrecht gilt, das in Rom für so schwierige Verhältnisse sorgt. Der neue Politikstil, der hoffentlich auch auf die zentralstaatliche Ebene ausgreifen wird, ist von Pragmatismus, Kompromissfähigkeit und einer stärkeren Einbeziehung der Zivilgesellschaft geprägt. Hingegen scheint die politische Klasse in Rom ihre Lektion noch nicht gelernt zu haben und agiert weiterhin abgehoben von den Debatten und politischen Bedürfnissen der überwiegenden Mehrheit der ItalienerInnen. Eine weitere Stärkung der Zivilgesellschaft in Italien ist das beste Mittel dagegen, dass die nach wie vor sehr verbreitete Sehnsucht nach einem autoritären Führer bei den kommenden Wahlen zu einem erneuten Sieg Berlusconis oder einer ähnlichen Figur führt.

Abkürzungen

ACI	Azione Cattolica Italiana
AD	Alleanza Democratica
AFL	American Federation of Labor
AN	Alleanza Nazionale
Arci	Associazione Ricreativa Culturale Italiana
BR	Brigate Rosse
CAF	Craxi – Andreotti – Forlani
CasMez	Cassa per il Mezzogiorno
CCD	Centro Cristiano Democratici
CENSIS	Centro Studi Inv estimenti Sociali
CGIL	Confederazione Generale Italiana del Lavoro
CIA	Central Intelligence Agency
CISL	Confederazione Italiana Sindacati dei Lavoratori
CLN	Comitati di Liberazione Nazionale
Coldiretti	Confederazione Nazionale Coltivatori Diretti
Confindustria	Confederazione Generale dell'Industria Italiana
DC	Democrazia Cristiana
DIGOS	Dipartimento Investigativo dei Gruppi Operazioni Speciali
DS	Democratici di Sinistra
ENI	Ente Nazionale Idrocarburi
ENIT	Ente Nazionale Italiana per il Turismo
FI	Forza Italia
IRI	Istituto per la Ricostruzione Industriale
ISTAT	Istituto Nazionale di Statistica
MSI	Movimento Sociale Italiano
NEC	Nordest e Centro
PCI	Partito Comunista Italiano
PdA	Partito d'Azione
P2	Propaganda Due
PDS	Partito Democratico di Sinistra
PLI	Partito Liberale Italiano
PNM	Partito Nazionale Monarchico
PPI	Partito Popolare Italiana
PR	Partito Radicale
PRI	Partito Repubblicano Italiano
PS	Polizia di Stato

PSI	Partito Socialista Italiano
PSDI	Partito Socialista Democratico
PSU	Partito Socialista Unificato
RAI-TV	Radio Audizioni Italia/Televisione Italiana
RC	Rifondazione Comunista
RSI	Repubblica Sociale Italiana
SID	Servizio Informazioni Difesa
SISDE	Servizio per le Informazioni e la Sicurezza Democratica
Sismi	Servizio per le Informazioni e la Militare
SVP	Südtiroler Volkspartei
UDC	Unione dei Democratici e di Centro
U.D.Eur.	Unione Democratici per l'Europa
UIL	Unionc Italiana del Lavoro

Kommentiertes Literaturverzeichnis

1. Bibliographien und Grundlagen der Geschichtsschreibung

Die laufende wissenschaftliche Literatur lässt sich leicht erschließen über die vom Deutschen Historischen Institut in Rom und der »Arbeitsgemeinschaft für die neueste Geschichte Italiens« (www.ifs.tu-darmstadt.de/ag-italien) herausgegebenen »Bibliographischen Informationen« (Darmstadt; ISSN 1121-1938) sowie das Jahrbuch der »Società Italiana per lo Studio della Storia Contemporanea« (http://www.sissco.it/) mit jeweils eine Seite langen Rezensionen (fast) der gesamten Buchproduktion zur Zeitgeschichte.

Bull, Martin J., Contemporary Italy: A Research Guide, Westport, Ct. 1996. Das Buch besteht aus einem ausführlichen, systematisch geordneten Literaturbericht (57 S.) und einer nach derselben Systematik geordneten Bibliographie ca. 800 englisch- und italienischsprachiger Bücher zur Zeitgeschichte Italiens, die jeweils knapp charakterisiert werden; leider keine Verweise auf Aufsätze.

Coppa, Frank J., Modern Italian History. An annotated Bibliography, New York 1990. Für ältere Literatur hilfreich; enthält zur Zeit seit 1945 gut 100 knapp und kompetent vorgestellte Titel, hauptsächlich aus dem englischen und italienischen Sprachraum.

Klinkhammer, Lutz, Novecento statt Storia contemporanea? Überlegungen zur italienischen Zeitgeschichte, in: Alexander Nützenadel/Wolfgang Schieder (Hg.), Zeitgeschichte als Problem. Nationale Traditionen und Perspektiven der Forschung in Europa, Göttingen 2004, S. 107–127.

Morris, Jonathan, Italian Journals. A User's Guide, in: *Contemporary European History* 1 (1992), S. 89–97. Charakterisiert werden die wissenschaftlichen Zeitschriften zur Neueren Geschichte Italiens. Der Autor konstatiert eine deutliche Qualitätsverbesserung, seit die Geschichtsschreibung nicht mehr in abgeschottete katholische, liberale oder kommunistische Schulen aufgespalten ist.

2. Allgemeine Überblicksdarstellungen, Handbücher, Lexika

Altgeld, Wolfgang (Hg.), Kleine italienische Geschichte, Stuttgart 2002. Preiswerte und aktuellere Alternative zu Procaccis Klassiker. Der Reclam-Band behandelt die italienische Geschichte seit dem Mittelalter. Bewährte Autoren (für die Moderne Wolfgang Altgeld und Rudolf Lill) schreiben das, was sie auch schon an anderen Orten geschrieben haben; fast ausschließlich politische Geschichte.

Brütting, Richard (Hg.), Italien-Lexikon, Berlin 1997. Unverzichtbares, noch dazu erschwingliches Nachschlagewerk für alle, die sich mit dem modernen Italien beschäftigen; enthält auf mehr als 1.000 Seiten eine Fülle wertvoller Informationen, darunter viele Statistiken; durch deutsches und italienisches Sachregister sowie Personenregister vorzüglich erschlossen; leider auch voller Flüchtigkeitsfehler und mit großen thematischen Lücken (Außenpolitik, Militär, Sport kommen kaum vor).

Foot, John, Modern Italy, London 2003. Knappe strukturelle, auf historische Narration weitgehend verzichtende Analyse des modernen Italien von der Gründung des Nationalstaates bis zur zweiten Regierung Berlusconi; mit mehreren Karten, vielen Tabellen, guten Registern; als Einstieg sehr zu empfehlen.

Mack Smith, Denis, Modern Italy: a political history, New Haven 1997. Das Beste zur Geschichte Italiens seit dem 19. Jahrhundert, vom führenden angelsächsischen Italienspezialisten; reicht bis in die neunziger Jahre.

Procacci, Giuliano, Geschichte Italiens und der Italiener, München 1983. Prägnante, unterhaltsam geschriebene, dennoch stringent argumentierende Gesamtdarstellung vom Mittelalter bis heute; immer noch die beste auf deutsch verfügbare Überblicksdarstellung.

Rusconi, Gian Enrico, Deutschland – Italien, Italien – Deutschland. Geschichte einer schwierigen Beziehung von Bismarck zu Berlusconi, Paderborn 2006. Eine anregende Parallelführung der deutschen und italienischen Nationalgeschichte seit Mitte des 19. Jahrhunderts durch einen der führenden italienischen Soziologen; zwei unterschiedliche Wege von Machtstaaten zu Zivilgesellschaften.

3. Neuere Gesamtdarstellungen und allgemeine Aspekte

Barbagallo, Francesco (Koord.), Storia dell'Italia repubblicana, 5 Bände. Turin 1994–1997. Repräsentative Gesamtdarstellung der führenden (liberalen) Historiker; ausladend, ausgewogen, aber das Umfassendste, was derzeit für italienisch Lesende zu haben ist.

Braun, Michael, Italiens politische Zukunft, Frankfurt/M. 1994. Dieses vorzügliche, leider vergriffene Taschenbuch (mit einem irreführenden Titel) des taz-Italienkorrespondenten argumentiert vom Ende der Ersten Republik her und zeigt in einem prägnanten historisch-politologischen Rückblick deren strukturelle Schwächen und politische Fehlentwicklungen auf.

Cheles, Luciano/Lucio Sponza, The art of persuasion. Political communication in Italy from 1945 to the 1990s, Manchester 2001. Forscher aus verschiedenen Fachdisziplinen betreten in diesem lohnenden, reich illustrierten Sammelband Neuland und bieten kulturalistische Analysen der politischen Entwicklung. Behandelt werden u.a. politische Rituale (David Kertzer), Plakate (Luciano Cheles), Fernsehwerbung (Isabella Pezzini), Sprache (Patrick McCarthy) usw.

Fritzsche, Peter, Die politische Kultur Italiens, Frankfurt/M. 1987. Revision der klassischen US-Studien von Almond/Verba und Banfield durch eine sensible Adaptation des theoretischen Ansatzes an die spezifischen italienischen Verhältnisse. Die Grundthese, dass die politische Kultur Italiens trotz aller Krisensymptome sehr stabil sei, ist durch den Umbruch von 1993 weitgehend falsifiziert.

Galli, Giorgio, Staatsgeschäfte: Affären, Skandale, Verschwörungen. Das unterirdische Italien 1943–1990, Hamburg 1994. Eine Chronik der Skandale, garniert mit Verschwörungstheorien; ohne durchgehende These oder Fragestellung (fragwürdige Parallelen zu Großbritannien im 18. Jahrhundert helfen nicht weiter) – so schwirrt dem Leser der Kopf ob zahlloser Namen und Geschichten.

Ginsborg, Paul, A History of contemporary Italy. Society and politics 1943–1988, London 2003. Konziser, preiswerter Überblick vom besten angelsächsischen Kenner der Nachkriegsgeschichte; voller Fakten, Thesen und engagierter Wertungen.

Hausmann, Friederike, Kleine Geschichte Italiens seit 1943 bis zur Ära nach Berlusconi, Berlin 2006. Bisher das beste Buch auf Deutsch zur italienischen Zeitgeschichte. Gut geschrieben und voller klarer Urteile wird die Erste Republik mit Schwerpunkt auf der Zeit seit 1968 behandelt, die »rivoluzione all'Italiana« 1992–2006 ist relativ knapp angehängt.

Kreile, Michael, Die Republik Italien 1946–1996, in: Geschichte und Gesellschaft 26 (2000), S. 255–284. Ein profunder Literaturbericht mit Schwerpunkt auf den Besonderheiten des demokratischen Systems in Italien, den Parteien der Ersten Republik und der Transformation der neunziger Jahre.

Lanaro, Silvio, Storia dell'Italia repubblicana. L'economia, la politica, la cultura, la società dal dopoguerra agli anni 90, Venedig 2001[2]. Eine eigenwillige Geschichte der Ersten Republik. In den zwei Hauptkapiteln geht es primär um die unmittelbare Nachkriegszeit und die sechziger Jahre; der Rest wird nur knapp geschildert. Da das Buch seit 1992 nicht überarbeitet wurde, ist es eine Erfolgs- und Normalisierungsgeschichte. Sehr nützlich ist der mehr als 100 Seiten lange, chronologische Anhang von Luca Pes.

La Palombara, Joseph, Die Italiener oder Demokratie als Lebenskunst, München 1992. Weitschweifige Ausführungen mit der Hauptthese, die italienische Demokratie blühe und gedeihe. La Palombara sieht viele strukturelle Probleme, findet aber für alles eine beschwichtigende Erklärung. Obwohl in den Achtzigern geschrieben, kommen weder der P2-Skandal noch Gelli oder Sindona vor.

McCarthy, Patrick (Hg.), Italy since 1945, Oxford 2000. Vorzüglicher Sammelband mit Aufsätzen britischer Italienhistoriker; enthält u.a. eine der raren Überblicksdarstellungen zur Außenpolitik (von John L. Harper), eine Zusammenfassung von Vera Zamagni zur ökonomischen Entwicklung.

Mignone, Mario B., Italy today: at the Crossroads of the New Millenium, New York 1998. Lohnendes, weil sozial-, kultur- und mentalitätsgeschichtlich ausgerichtetes, landeskundliches US-Textbook, das teilweise mehr politisches Pamphlet als abgewogene wissenschaftliche Darstellung ist; seit 1997 nicht aktualisiert; viele Aspekte werden nur bis in die achtziger Jahre hinein untersucht.

Rusconi, Gian Enrico/Hans Woller (Hg.), Parallele Geschichte? Italien und Deutschland 1945–2000, Berlin 2006. Deutsche und italienische Historiker behandeln zentrale Aspekte der Geschichte beider Länder seit 1945 – leider meistens nur für ein Land. Die wenigen vergleichenden Beiträge (etwa von Pombeni über die unmittelbare Nachkriegszeit) lohnen sich dafür umso mehr.

Sassoon, Donald, Contemporary Italy: Economy, Society and Politics since 1945, London 1997. Klar strukturierter, gut lesbarer Überblick in den drei angeführten Dimensionen. Zu Grunde liegt eine erste Auflage von 1986, die nicht grundlegend überarbeitet, sondern für die zweite Auflage nur fortgeschrieben wurde, so dass die Fragestellungen nicht den Umbruch von 1993 reflektieren.

Silj, Alessandro, Verbrechen, Politik und Demokratie in Italien, Frankfurt/M. 1998. Eine lesenswerte politische Geschichte der Ersten Republik mit Schwerpunkt auf den Verbrechen. Über die Mafia, die Geheimorganisation Gladio, politischen Extremismus, Terrorismus oder politische Affären und Skandale (Gelli, Sindona, Calvi) erfährt man alles Wichtige. Der Einfluss der USA wird bisweilen überzeichnet. Die »Normalität« der politischen Kultur kommt dagegen zu kurz.

Trautmann, Günter/Hartmut Ullrich, Das politische System Italiens, in: Wolfgang Ismayr (Hg.), Die politischen Systeme Westeuropas, Opladen 2003[3], S. 553–607. Knappe, aber vorzügliche Analyse aus der Perspektive der Zweiten Republik. Insbesondere der verfassungs- und institutionengeschichtliche Überblick ist lohnend; enthält außerdem Wahlergebnisse, Listen der Regierungen usw.

4. *Resistenza*/Auseinandersetzung mit dem Faschismus

Die italienische *resistenza*-Forschung ist schier unüberschaubar. Es gibt ca. 50 Institutionen und ebenso viele Zeitschriften, die sich – meist mit einem regionalen Fokus – der Erforschung des Widerstandes widmen, häufig allerdings auch der Tradierung seiner Mythen.

Amendola, Giorgio, Der Antifaschismus in Italien. Ein Interview von Piero Melograni. Mit einem Nachwort von Jens Petersen, Stuttgart 1977. Bei seinem Erscheinen galt dieses Interview als Sensation, weil ein hoher PCI-Funktionär und Parteiintellektueller relativ offen über die *resistenza* sprach; aus heutiger Sicht voller kommunistischer Legenden und nur oberflächlich selbstkritisch.

Baldissara, Luca, Auf dem Weg zu einer bipolaren Geschichtsschreibung? Der öffentliche Gebrauch der Resistenza in einer geschichtslosen Gegenwart, in: *Quellen und Forschungen aus italienischen Archiven und Bibliotheken* 82 (2002), S. 590–637. Über den veränderten Blick auf die Gründungsmythen seit dem Ende der Ersten Republik.

Focardi, Filippo, La questione della punizione dei criminali di guerra in Italia dopo il fine del secondo conflitto mondiale, in: *Quellen und Forschungen aus italienischen Bibliotheken und Archiven* 80 (2000), S. 543–624. Focardi behandelt in seinem langen, quellengestützten Aufsatz ein Tabuthema: weil die Nachkriegsregierungen italienische Kriegsverbrecher nicht ausliefern wollten, legten sie auch keinen Wert auf die Verfolgung deutscher Kriegsverbrechen in Italien. Kein einziger italienischer Kriegsverbrecher je verurteilt.

Klinkhammer, Lutz, Die italienische Gesellschaft zwischen Widerstand und Kollaboration; in: *Neue Politische Literatur* 39 (1994), S. 390–412. Kenntnisreiche Sammelrezension zu den Jahren 1943 bis 1945.

Pavone, Claudio, Una guerra civile. Saggio storico sulla moralità nella Resistenza, Turin 1991. Wohl das in Italien am meisten diskutierte Buch über die *resistenza*. Erstmals wurden die Jahre 1943 bis 1945 von einem in der *resistenza* aktiven Historiker als Bürgerkrieg bezeichnet (was bis dahin nur Neofaschisten taten). Insgesamt jedoch ist das 800 Seiten-Buch weniger eine detaillierte historische Darstellung als ein sorgsames moralisches Räsonnement über Menschen im Krieg.

Petersen, Jens, Der Ort der Resistenza in Geschichte und Gegenwart Italiens, in: *Quellen und Forschungen aus italienischen Archiven und Bibliotheken* 72 (1992), S. 550–571. Ausgehend von Pavones »Una guerra civile« reflektiert Petersen über Blindstellen in der wissenschaftlichen und Erinnerungsliteratur.

Woller, Hans, Die Abrechnung mit dem Faschismus in Italien 1943 bis 1948, München 1996. Standardwerk über die Säuberungen nach dem Ende des Faschismus.

Zapponi, Niccolò, Fascism in Italian Historography, 1986–1993: A Fading National Identity, in: *Journal of Contemporary History* 29 (1994), S. 547–568. Sehr informativer, thesenreicher Überblick über die Literatur zum Faschismus in den letzten Jahren vor dem Zusammenbruch der Ersten Republik und ihre Rezeption in der interessierten Öffentlichkeit.

5. Nachkriegsordnung/Fünfziger und sechziger Jahre

Beyme, Klaus v., Das politische System Italiens. Stuttgart 1970. Bis heute lohnend ist die ausführliche Analyse der Verfassung.

Crainz, Guido, Storia del miracolo Italiano. Culture, identità, trasformazioni fra anni cinquanta e sessanta, Rom 1996 (Paperback 2005). Detaillierte Geschichte der Zeit des Wirtschaftswunders von etwa 1955 bis 1965, die die fundamentale Umgestaltung von Wirtschaft und Gesellschaft sowie das Scheitern der Reformansätze des centro-sinistra mit kulturgeschichtlich inspirierter Fragestellung untersucht.

Di Nolfo, Ennio, Von Mussolini zu De Gasperi. Italien zwischen Angst und Hoffnung 1943–1953, Paderborn 1993. Mehr literarisch als wissenschaftlich gehaltenes Werk, aber einzige Darstellung des Übergangs vom Mussolini-Regime zum DC-Staat. Während die Kapitel über die Jahre bis 1945 latent apologetisch dem Faschismus gegenüber wirken, enthält die Darstellung des Wiederaufbaus eine Fülle interessanter Beobachtungen und Thesen.

Ritterspach, Theo, Die italienische Verfassung – nach vierzig Jahren, in: Jahrbuch des öffentlichen Rechts der Gegenwart 37 (1988), S. 63–85. Problemorientierter Überblick mit der Schlusspointe, »in den nächsten Jahren« sei mit einer Reform nicht zu rechnen.

6. »1968«/Neue Linke/Terrorismus

Balestrini, Nanni/Primo Moroni, Die goldene Horde. Arbeiterautonomie, Jugendrevolte und bewaffneter Kampf in Italien. Göttingen 1994. Die einzige umfassende Dokumentation der linksradikalen Bewegungen seit den sechziger Jahren auf deutsch; eine Quellenedition mit kurzen (parteilichen) Ein- und Überleitungen; Texte von Feltrinelli, Negri, Eco, Liedtexten, Flugblättern usw.

De Giuseppe, Massimo/Giorgio Vecchio, Die Friedensbewegung in Italien, in: Benjamin Ziemann (Hg.), Peace Movements in Western Europe, Japan and the USA since 1945. Bochum 2004, S. 131–157. Überblick mit zahlreichen Literaturhinweisen.

Della Porta, Donatella, Il terrorismo della sinistra, Bologna 1990. Das Standardwerk zum italienischen Linksterrorismus, unter soziologischen und sozialpsychologischen Fragestellungen werden in erster Linie *Brigate Rosse, Prima Linea, Formazioni comuniste combattenti* analysiert. Dieselbe Autorin hat ihre Ergebnisse auf Englisch präsentiert und vergleichend fortgesetzt in »Social movements, political violence, and the state: a comparative analysis of Italy and Germany« (Cambridge 1995).

Jansen, Christian, Brigate Rosse und Rote Armee Fraktion: ProtagonistInnen, Propaganda und Praxis des Terrorismus der frühen siebziger Jahre, in: Oliver v. Mengersen u.a. (Hg.), Personen – Soziale Bewegungen – Parteien. Heidelberg 2004, S. 483–500. Ausführlichere Herleitung der in Kap. 7 präsentierten Analyse.

Kellmann, Klaus, Der Staat lässt morden. Politik und Terrorismus – heimliche Verbündete, Berlin 1999. Von den auf deutsch vorliegenden Büchern zum Fall Moro die elaborierteste Verschwörungstheorie; sehr gut geschrieben, auch als romanhafte Deutung der Ereignisse lesenswert, wenn man den Einschätzungen nicht folgen mag.

Kurz, Jan, Die Universität auf der Piazza: Entstehung und Zerfall der Studentenbewegung in Italien 1966–1968, Köln 2001. Sehr detailreiche Dissertation, in der unter fein ziselierten Differenzierungen die großen Linien verschwimmen.

Lumley, Robert, States of emergency: cultures of revolt in Italy from 1968 to 1978, London 1990. Gründliche britische Dissertation von 1983 über *Sessantotto* und die Folgen. Der »Heiße Herbst« 1968 der Arbeiter wird ausführlich behandelt, Brigate Rosse, 77er Bewegung und Feminismus nur gestreift. Bemerkenswert und innovativ ist die Einbeziehung von Bildquellen: ein eigenes Kapitel erzählt »The Story in Pictures«.

Meade, Robert C., Red Brigades. The Story of Italian Terrorism, London 1990. Solide, klar strukturierte und breit angelegte Geschichte des Terrorismus in Italien seit 1968.

Pasolini, Pier Paolo, Freibeuterschriften. Die Zerstörung der Kultur des Einzelnen durch die Konsumgesellschaft, Berlin 2006 (Neuauflage). Typische Texte eines Kulturpessimisten, radikalen Außenseiters und bedeutenden Intellektuellen der siebziger Jahre.

Passerini, Luisa, Autobiography of a generation: Italy 1968, Hanover, N.H. 1996. Vielfach gebrochene, methodisch innovative historisch-literarische Studie über die Studentenbewegung in Turin aus der Sicht einer Aktivistin. Drei Ebenen werden ineinander verwoben: die Psychoanalyse der Autorin, die durch sie hervorgerufenen Erinnerungen und Interviews mit damaligen GenossInnen.

Scuola di Barbiana, Die Schülerschule. Brief an eine Lehrerin, Berlin 1970. Deutsche, erweiterte Ausgabe von *Lettera a una professoressa* (1967) – einer der Klassiker der Antipädagogik und ein Dokument der antiquierten Methoden und Unterrichtsinhalte in den italienischen Schulen der sechziger Jahre.

Seifert, Stefan, Lotta armata. Bewaffneter Kampf in Italien. Die Geschichte der Roten Brigaden. Berlin 1991. Solide, bisweilen unkritische Darstellung, aus dem unmittelbaren Miterleben der Ereignisse geschrieben.

Tolomelli, Marica, »Repressiv getrennt« oder »organisch verbündet«: Studenten und Arbeiter 1968 in der Bundesrepublik Deutschland und in Italien, Opladen 2001. Die Bielefelder Dissertation verschränkt vorbildlich die Entwicklungen in beiden Ländern, die sich besonders für einen Vergleich eignen, weil in Deutschland das angestrebte Bündnis der Studenten mit den Arbeitern *nicht* zustande kam, während in Italien sich die Bewegungen an den Universitäten und wilde Streiks wechselseitig verstärkten. Tolomelli erklärt das mit besserer Kommunikation zwischen den Führern beider Bewegungen und mit der Eigendynamik der Ereignisse.

7. Von den siebziger Jahren bis zum Ende der Ersten Republik

Crainz, Guido, Il paese mancato. Dal miracolo economico agli anni ottanta, Rom 2005². Die Fortsetzung von Crainz' Darstellung der fünfziger/sechziger Jahre greift nach dem Ende der Ersten Republik noch einmal weit zurück und revidiert sein erstes Buch teilweise durch einen sehr kritischen Blick auf die politische Entwicklung des »verfehlten Landes«. Auf breiter Auswertung publizistischer Quellen basierende Geschichte von Staat und Gesellschaft 1963 bis 1980. Für diese Zeit die kundigste, übersetzenswerte Darstellung.

Ginsborg, Paul, Italy and Its Discontents. Family, Civil Society, State 1980–2001, London 2003². Fortsetzung des Standardwerks des in der Bürgerbewegung gegen Berlusconi engagierten britisch-florentiner Historikers. Die These, dass der Familiarismus der Schlüssel zum Verständnis der italienischen politischen Kultur sei, wird weiter exponiert.

Koff, Sondra Z. and Stephen B., Italy: from the First to the Second Republic, London 2000 Populärwissenschaftliche Verbindung aus politischer Geschichte einerseits und Rechts- und Institutionengeschichte andererseits. Die Autoren sind zwei emeritierte US-Professoren. Dies prägt den Stil: kurze Kapitel, an deren Ende jeweils eine thesenhafte Zusammenfassung steht. Besonders gelungen ist die Darstellung der unterschiedlichen Verwaltungsebenen Kommune, Provinz, Region, Staat und Europäische Union.

Roques, Valeska v., Die Stunde der Leoparden: Italien im Umbruch, Frankfurt/M. 1996². Spannend geschriebene Reportagen und Analysen der damaligen Italien-Korrespondentin des SPIEGEL. Sie beschäftigen sich mit 1992 bis 1994 (und teilweise bis heute) aktuellen Fragen wie dem verblassenden *resistenza*-Mythos, Berlusconi, der *Lega Nord*, der Mafia, *Mani pulite* etc.

8. Die Anfänge der Zweiten Republik

Einen guten Einstieg in die Probleme Italiens unter Berlusconi bietet Heft 35–36/2004 der Zeitschrift *Aus Politik und Zeitgeschichte* (zu bestellen unter www.bpb.de/Publikationen/apuz).

Ginsborg, Paul, Berlusconi. Politisches Modell der Zukunft oder italienischer Sonderweg, Berlin 2005.

Grasse, Alexander, Im Süden viel Neues. Italienische Staats- und Verfassungsreformen am Scheideweg zwischen Modernisierung und Gefährdung der Demokratie, Stuttgart 2004.

Newell, James, Parties and Democracy in Italy, Aldershot 2000. Solide Analyse des Zusammenbruchs des italienischen Parteiensystems und der Entstehung des neuen.

Rill, Bernd, Italien im Aufbruch: eine Zwischenbilanz, München 2003. Die Autoren sind teilweise Berlusconianer, teilweise Oppositionelle. Die Beiträge changieren zwischen lohnenden Analysen (insb. der neuen Parteien) und politischer Polemik; Beiträge bei zwei Tagungen der Akademie für Politik und Zeitgeschehen der CSU. Die 200seitige Broschüre kann von der Web-Site der Hanns-Seidel-Stiftung kostenlos heruntergeladen werden.

Waldmann, Marcus, Das Parteiensystem Italiens. Vom Untergang der DC zur zweiten Regierung Berlusconis, Berlin 2004. Etwas schmalbrüstige Dissertation, die nicht immer hält, was die anspruchsvollen Überschriften versprechen (man beachte den Unterschied zwischen Titel und Untertitel), aber einen Überblick von 1991 bis 2001 liefert.

9. Ökonomie

Cardini, Antonio (Hg.), Il miracolo economico italiano (1958–1963), Bologna 2006. Knappe, anregende Aufsätze aus wirtschafts-, kultur- und sozialgeschichtlicher Perspektive zum rapiden Übergang Italiens von der Agrar- zur Industriegesellschaft.

Fraenkel, Gioacchino, Die italienische Wirtschaftspolitik zwischen Politik und Wirtschaft, Berlin 1991.

Gohr, Antonia, Maastricht als Herausforderung und Chance – Die Auswirkungen der europäischen Integration auf den italienischen Wohlfahrtsstaat. Bremen 2001 http://www.zes.uni-bremen.de/ D_ZES/Arbeitspapiere/AP-01–08.pr.

Paloscia, Franco, Il turismo nell'economia italiana dall' unità d'Italia a oggi, Rom 2004. Stark ereignisgeschichtliche Überblicksdarstellung zu einem wichtigen, aber in der Forschung noch kaum wahrgenommenen Thema. Anders als der Titel vermuten lässt, greift das Buch thematisch weit über die ökonomischen Aspekte des Tourismus hinaus.

Petri, Rolf, Von der Autarkie zum Wirtschaftswunder: Wirtschaftspolitik und industrieller Wandel in Italien 1935–1963, Tübingen 2001. Solide deutsche Dissertation.

Zamagni, Vera, The Economic History of Italy: 1860–1990, Oxford 1993. Die Synthese einer lebenslangen Beschäftigung mit der Wirtschaftsgeschichte Italiens von der weltweit führenden Spezialistin; gut lesbar – die Nachkriegszeit wird nur knapp behandelt.

10. Außenpolitik, Militär

Brissa, Enrico, Die italienischen Streitkräfte und ihr internationales Engagement, Frankfurt/M. 2005. Die in erster Linie politikwissenschaftlich und rechtlich interessierte Untersuchung behandelt vor allem Auslandseinsätze, gibt aber auch einen historischen Überblick über Wehrverfassung und Verteidigungspolitik. Einzige Studie auf Deutsch über das italienische Militär.

Helmes, Markus, Der Pariser Friedensvertrag für Italien von 1947: Entstehung, Bestimmungen, Auswirkungen, in: *Zeitgeschichte* 25 (1998), S. 5–35. Präzise, knappe Darstellung und Analyse.

Journal of Cold War Studies 4 (2002), Nr. 3: Special Issue: Italy and the Cold War. Enthält vier Beiträge von Alessandro Brogi (The Eisenhower Administration and Italy's »Neo-Atlanticist« Agenda), Leopoldo Nuti (The US, Italy, and the Opening to the Left,

1953–1963), Olav Njølstad (The Carter Administration and Italy) und Stephen Grundle (Hollywood Glamour and Mass Consumption in Potswar Italy).

Miller, James Edward, Roughhouse Diplomacy. The United States confronts Italian Communism, 1945–1958, in: *Storia delle Relazioni Internazionali* 5 (1989), S. 279–311. Miller ist einer der besten Kenner der Beziehungen zwischen den USA und Italien in der Kriegs- und Nachkriegszeit; hier der knappe Abriss des wichtigsten Teilaspekts.

Steininger, Rolf, Die Südtirolfrage 1946–1993. Vom Gruber-De Gasperi-Abkommen zur Beilegung eines europäischen Minderheitenkonflikts, in: *Geschichte in Wissenschaft und Unterricht* 45 (1994), S. 3–23. Guter Überblick von einem der führenden Südtirol-Spezialisten mit weiterführenden Literaturhinweisen.

Vedovato, Giuseppe, Italienische Außenpolitik. Grundzüge, Entwicklungen, Analysen, Bonn 1984. Überblickdarstellung des Nestors der Außenpolitik-Forschung und langjährigen DC-Politikers über die Zeit von 1848 bis 1980 mit Schwerpunkt auf der Nachkriegszeit; sehr subjektiv (nationalistisch; unkritisch gegenüber dem Faschismus; latent antiamerikanisch).

Wollemborg, Leo J., Stars, stripes and Italian tricolor. The United States and Italy, 1946–1989, New York 1990. Solange es keine wissenschaftliche Darstellung zu den Beziehungen zwischen Italien und den USA seit den sechziger Jahren gibt, ist dieses aus den Artikeln eines Journalisten kompilierte Buch hilfreich. Wollemborg hat 40 Jahre lang den USA (u.a. in der *Washington Post*, im *Wall Street Journal* und in *New Republic*) Italien und umgekehrt den Italienern (in *Il Tempo*, *Il Messaggero* u.a.) die USA erklärt.

Woller, Hans (Hg.), Italien und die Großmächte: 1943–1949 München 1988. Vornehmlich italienische Historiker behandeln die Beziehungen Italiens zu den vier Hauptalliierten des Zweiten Weltkriegs sowie zum Vatikan, außerdem den Aufstieg De Gasperis.

11. Parteien und Parlamentarismus

Allgemeine Aspekte und kleinere Parteien

Feldbauer, Gerhard, Von Mussolini bis Fini: die extreme Rechte in Italien, Berlin 1996. Der langjährige Italien-Korrespondent des *Neuen Deutschland* hat eine zusammenfassende Geschichte des Faschismus und Neofaschismus vorgelegt, die deren Bedeutung allerdings überzeichnet.

Fix, Elisabeth, Italiens Parteiensystem im Wandel. Von der Ersten zur Zweiten Republik, Frankfurt/M. 1999 Diese gut geschriebene politikwissenschaftliche Dissertation gibt nach einer theoretischen Einführung einen Überblick über das politische System der Ersten Republik und die Rolle der Parteien (vor allem DC und PSI) in ihm. Im zweiten Teil werden *Lega Nord*, *La Rete* und *Forza Italia* exemplarisch analysiert.

Gohr, Antonia, Die Lega Nord – eine Herausforderung für Italien: zwischen Föderalismus und Separatismus, Frankfurt/M. 2001.

Ullrich, Hartmut, Servitù und Grandezza. Zu Wirken und Rolle der liberaldemokratischen Parteien in der italienischen Republik, in: *Zeitschrift für Parlamentsfragen* 18 (1987), S. 536–555. Die einzige Darstellung auf Deutsch zu PLI und PRI; etwas chaotisch strukturiert, aber vom besten Kenner der italienischen bürgerlichen Parteien in Deutschland.

Ullrich, Hartmut (Hg.), Verfassungsgebung, partitocrazia und Verfassungswandel in Italien vom Ende des II. Weltkrieges bis heute. Frankfurt/M. 2001. Vorträge bei einer deutsch-italienischen Tagung zum 50. Jahrestag des Inkrafttretens der italienischen Verfassung (1998); wichtig vor allem die Einleitung des Herausgebers.

Wetzel, Juliane, Antisemitismus und Rechtsextremismus in Italien, in: *Jahrbuch für Antisemitismusforschung* 4 (1995), S. 148–165. Knapper, solider Überblick.

Democrazia Cristiana

Allum, Percy, »From Two into One«: The Faces of the Italian Christian Democratic Party, in: *Party Politics* 3 (1997), S. 23–52. Der Aufsatz arbeitet anhand von Hochburgen (Vicenza und Neapel) die Unterschiede zwischen der *Democrazia Cristiana* im Norden und im Süden heraus – mit dem Ergebnis, dass überall »political machines« die DC beherrschten. Im Süden seien sie eher klientelistisch, im Norden funktional strukturiert.

Campanini, Giorgio, Aldo Moro, Paris 1988. Die einzige wissenschaftliche Biographie über Aldo Moro, einen der wichtigsten Politiker der Ersten Republik, liegt nur auf französisch vor. Sie fällt sehr knapp aus und die Hälfte des nur 200seitigen Buches füllen Moro-Texte.

Giovagnoli, Alessandro, Il partito italiano. La Democrazia Cristiana dal 1942 al 1994, Rom 1996. Erste, knappe Gesamtdarstellung der Parteigeschichte bis zu ihrer Auflösung; mehr als 40 Seiten Bibliographie; Parteigeschichte im Kontext der inneren und internationalen politischen Entwicklung; strukturelle Fragen werden allerdings kaum gestellt.

Leonardi, Robert/Douglas A. Wertman, Italian Christian Democracy. The Politics of Dominance, Houndmills 1989. In dieser kompakten Analyse stehen strukturelle Fragen nach der Wählerbasis, dem Verhältnis der verschiedenen Parteiströmungen, den Techniken des Machterwerbs und -erhalts im Vordergrund.

Lill, Rudolf/Stephan Wegener, Die Democrazia Cristiana Italiens (DC) und die Südtiroler Volkspartei (SVP), in: Hans-Joachim Veen (Hg.), Christlich-demokratische und konservative Parteien in Westeuropa, Bd. 3, Paderborn 1991, S. 15–203. Sehr informativer, umfassender Überblick, der die komplizierten Parteistrukturen verständlich macht; einzige ausführliche Darstellung auf deutsch; mit interessantem statistischem Anhang; enthält auch eine gute Überblicksdarstellung zur italienischen Außenpolitik.

Malgeri, Francesco (Hg.), Storia della Democrazia Cristiana, 5 Bände, Rom 1987–1989. In Bd. 5 mehr als 100 Seiten Bibliographie; im Hausverlag der DC erschienen; quellennah, ereignisgeschichtlich und noch ohne Anhang des nahen Endes geschrieben.

Arbeiterbewegung und linke Parteien

Berlinguer, Enrico u.a., Der historische Kompromiss. Berlin 1976. Programmatischer Text zur Strategie des PCI unter Berlinguer; Schlüsseltext des Eurokommunismus.

Chiarante, Giuseppe, Da Togliatti a D'Alema. La tradizione dei comunisti italiani e le origini del PDS, Rom 1996. Knappe, wohlfeile Überblicksdarstellung eines parteinahen Historikers, die aber nie heroisiert oder in unkritische Parteigeschichte verfällt.

Compston, Hugh, Union Participation in Economic Policy Making in France, Italy, Germany and Britain, 1970–1993, in: *West European Politics* 18 (1995), 314–339. Anregender Vergleich des Gewerkschaftseinflusses auf die Regierung in verschiedenen Ländern mithilfe eines *Union Participation Index*.

Kreile, Michael, Gewerkschaften und Arbeitsbeziehungen in Italien (1968–1982), Frankfurt/M. 1985. Standardwerk – aus der Perspektive starker Gewerkschaften geschrieben.

Lange, Peter u.a., Mobilization, Social Movements and Party Recruitments: The Italian Communist Party since the 1960s, in: *British Journal of Political Science* 20 (1990), S. 15–42.

Merkel, Wolfgang, Die Sozialistische Partei Italiens. Zwischen Oppositionssozialismus und Staatspartei, Bochum 1985. Dies auf dem Höhepunkt des Einflusses des PSI unter Craxi konzipierte Dissertation analysiert vor allem die Entideologisierung und pragmatische Neuerfindung der Partei zwischen 1976 und 1984; viele Thesen seit 1993 falsifiziert.

12. Regionen/Regionalisierung

Allum, Peter A., Politics and society in post-war Naples, Cambridge 1973. Eine vorbildliche sozialgeschichtliche Regionalstudie mit einigen sehr instruktiven, kultur- und mentalitätsgeschichtlichen Kapiteln.

Banfield, Edward C., The Moral Basis of Backward Society, Chicago 1965[5]. Eine auf Feldforschungen in der Basilicata basierende einflussreiche ethnologische Studie, die versucht, die Rückständigkeit des italienischen Südens mit dem dortigen Familialismus (»amoral familism«) zu erklären, der solidarisches kollektives Handeln verhindere.

Grasse, Alexander, Italiens langer Weg in den Regionalstaat, Opladen 2000.

Lill, Rudolf, Südtirol in der Zeit des Nationalismus, Konstanz 2002. Die beste Überblicksdarstellung; gelungene Konzeption, denn die Entwicklung Südtirols ist nur vor dem Hintergrund von Aufstieg und der europäischen Nationalismen zu verstehen.

Putnam, Robert D. u.a., Making Democracy work. Civic traditions in modern Italy, Princeton 1993. Ein US-Wissenschaftlerteam führte Anfang der neunziger Jahre Interviews in sechs Regionen (Lombardei, Venezien, Emilia-Romagna, Latium, Apulien und Basilikata) durch zur Zufriedenheit der Bevölkerung mit den zwanzig Jahre zuvor eingeführten Regionalregierungen. Im Norden fanden die Forscher Bürger, im Süden Untertanen; das soziale Kapital, das die Voraussetzung funktionierender Zivilgesellschaften ist, gebe es nur im Norden und im »roten Gürtel«.

Wörsdörfer, Rolf, Krisenherd Adria 1915–1955. Konstruktion des Nationalen im italienisch-jugoslawischen Grenzraum, Paderborn 2004. Methodisch beispielhafte, transnational und epochenübergreifend angelegte Studie zur instabilsten Region Italiens in der ersten Hälfte des 20. Jahrhunderts.

13. Mafia, Camorra, Ndrangheta, P2 usw.

Kienzle, Birgit/Maria-Teresa Galluzzo, Frauen gegen die Mafia. Das Gesetz des Schweigens brechen, Reinbek 1992. Zehn Porträts von Frauen aus der Anti-Mafia-Bewegung, die zeigen, dass im Norden die Ermittlungen der Justiz gegen organisiertes Verbrechen selbstkritische Reflexionen über Konventionen und Verhaltensweisen auslösten.

Lupo, Salvatore, Die Geschichte der Mafia, Düsseldorf 2002. Empfehlenswerte Überblicksdarstellung eines mutigen sizilianischen Historikers, gut lesbar, dennoch wissenschaftlich fundiert.

Petersen, Jens, Geschichte und Gegenwart der Mafia als Problem der Forschung, in: *Quellen und Forschungen aus italienischen Archiven und Bibliotheken* 74 (1994), S. 605–645. Sehr guter Literaturbericht zur neueren Mafiaforschung.

Schneider, Jane C. und Peter (Hg.), Reversible Destiny. Mafia, Antimafia, and the Struggle for Palermo, Berkeley 2003. Eine Zeitgeschichte Siziliens mit Fokus auf Palermo und dem Kampf gegen die Mafia unter Leoluca Orlando. Die paradoxe und vielschichtige politische Kultur der Insel wird in postmoderner, kaleidoskopartiger Weise dargestellt; amerikanisch-optimistische Perspektive, dass Sizilien sich aus den Fesseln der Tradition und der Mafia befreit habe.

14. Kultur/Medien/Sport

Baldazzi, Gianfranco, La canzone italiana del Novecento. Da Piedigrotta al Festival di Sanremo, dal caffè-condert all'opera rock, una storia della società italiana attraverso le sue canzoni più belle e i loro grandi interpreti: da Enrico Caruso a Eros Ramazzotti, Rom 1997². Wie der ausführliche Untertitel besagt: eine umfassende und liebevoll illustrierte Geschichte der italienischen Gesellschaft im Spiegel ihrer populären Musik und von deren Interpreten von Caruso über Milva, Jannacci, Guccini, Dalla bis zu Conte und Nannini. Wegen des großen Erfolgs italienischer Popmusik in Deutschland hätte dieses Standardwerk eine Übersetzung verdient.

Barański, Zygmunt G./Robert Lumley (Hg.), Culture and Conflict in Postwar Italy, London 1990. Teilweise lohnender Sammelband britischer Italienspezialisten mit Schwerpunkt auf der TV-Landschaft der Achtziger; enthält außerdem von Ginsborg eine thesenhafte Zusammenfassung zur politischen Geschichte, eine Analyse der PCI-Kultur durch Forgacs, des Kinos durch Gundle.

Cornelißen, Christoph u.a. (Hg.), Erinnerungskulturen. Deutschland, Italien und Japan seit 1945, Frankfurt/M. 2003.

Foot, John, Calcio. A History of Italian Football, London 2006. Die Fußball-WM und die unverkennbare Verquickung von Fußball, Wirtschaft und Politik in Italien haben mehrere Bücher angeregt, in denen die Geschichte des Calcio nicht streng wissenschaftlich, aber sehr informativ analysiert wird. Foot geht systematisch vor und beschreibt Spezifika von Verschwörungstheorien über korrupte Schiedsrichter (jüngst bestätigt), über den Catenaccio (»Schweizer Erfindung«), die politische Verortung der wichtigsten Vereine.

Forgacs, David, Italian Culture in the industrial era 1880–1980: cultural industries, politics and the public. Manchester 1990. Der führende Spezialist für dieses Thema bietet eine umfassende, klassische Kulturgeschichte mit Schwerpunkt auf der Massenkultur und Sympathien für die oppositionellen Ansätze.

Kollektiv A/traverso, Alice ist der Teufel. Praxis einer subversiven Kommunikation. Radio Alice (Bologna), Berlin 1977. Mit Faksimiles von Collagen und Flugblättern skurriles Dokument des *Movimento di 77* und der aus ihm entstehenden Freie-Radio-Bewegung;

in den späten Siebzigern, als Italien das Traumland der westeuropäischen Linken war; damals ein Kultbuch, wie das Vorwort von Felix Guattari und das Erscheinen in der Reihe »Internationale Marxistische Diskussion« des Merve-Verlags belegen.

Marchesini, Daniele, L'Italia del Giro d'Italia, Bologna 2003². Sportgeschichte als Kulturgeschichte.

Moliterno, Gino (Hg.), Encyclopedia of Contemporary Italian Culture. London 2003². Ein vorzügliches Lexikon mit Einträgen, die Fachleute aus Europa und den USA, verfasst haben zu Personen, Stilrichtungen, Kulturinstitutionen vor dem Hintergrund eines sehr weiten Kulturbegriffs – von »HIV/AIDS« über »housing policy«, »sexism in language« bis »tourism«.

Schmidt-Bergmann, Hansgeorg (Hg.), Zwischen Kontinuität und Rekonstruktion: Kulturtransfer zwischen Deutschland und Italien nach 1945, Tübingen 1998. Enthält außer zwei interessanten Beiträgen zum neorealistischen Film hauptsächlich literaturwissenschaftliche und geistesgeschichtliche Beiträge.

Schönau, Birgit, Calcio. Die Italiener und ihr Fußball, Köln 2005. Berlusconi und die WM 2006 schufen einen Markt für Bücher, in denen Fußball nicht mehr nur als Opium fürs Volk, sondern als kultureller Ausdruck einer Gesellschaft und ihrer politischen Kultur interpretiert wird. Mit Sympathie für die Tifosi und Verachtung für die Korruption und Kommerzialisierung plaudert die SZ-Korrespondentin über, Mäzene, berühmte Spieler, den Catenaccio (»vom Österreicher Rappan erfunden«) usw.

Tranfaglia, Nicola, Presse und politisches System in Italien nach 1945, in: *Quellen und Forschungen aus italienischen Archiven und Bibliotheken* 68 (1988), S. 484–508. Sehr guter Überblick über die Geschichte der italienischen Presse, aber auch des Rundfunk- und Fernsehsystems.

15. Religion/Kirche

Carroll, Michael P., Veiled Threats: The Logic of Popular Catholicism in Italy, Baltimore 1996.

Mulazzi Giammanco, Rosanna: The Communist-Catholic Dialogue in Italy, New York 1989.

Jan Ross, Johannes Paul II. Der Jahrhundertpapst, Reinbek 2005. Engagierte, spannende und voller Empathie geschriebene Papst-Biographie eines ZEIT-Redakteurs (»ein Jungenbuch«, taz).

Personenregister

Abu Abbas (Mohammed Zaidan) 146
Adenauer, Konrad 139
Agnelli, Familie 51, 77, 141 f.
Allende, Salvador 122
Almirante, Giorgio 125, 163
Amato, Giuliano 84, 195, 203, 208, 217, 221, 223, 228
Andreotti, Giulio 13, 57, 62, 97, 105f., 144–148, 152, 166, 169 f., 172 f., 177 f., 182 f., 185, 192–194, 197–199, 201, 204f., 209
Anfuso, Victor L. 133
Antonioni, Michelangelo 57
Arafat, Jassir 146
Arlacchi, Pino 97
Armani, Giorgio 85, 87f.

Badoglio, Pietro 16
Bagnasco, Arnaldo 81
Balestrini, Nanni 98, 235
Banfield, Edward 92 f., 232, 241
Bano, Al 60
Barre, Siad 145f.
Bartali, Gino 62f.
Basaglia, Franco 172
Bassanini, Franco 223
Battisti, Lucio 61
Benetton, Luciano und Geschwister 85–87
Bennato, Eduardo und Eugenio 61
Berlinguer, Enrico 122f., 144, 167, 169, 173, 187, 196f., 240
Berlusconi, Silvio 9, 14, 30–32, 37, 52, 62, 77, 85, 107, 118, 128, 187, 189–193, 195, 200, 202–204, 211–223, 225, 228, 232 f., 237 f., 243
Bernabei, Ettore 53
Bertinotti, Fausto 221
Bertolucci, Bernardo 57
Bevan, Aneurin 137
Biondi, Alfredo 218
Blair, Tony 189
Bobbio, Norberto 188
Bonomi, Paolo 112
Borghese, Junio 163 f.
Borsellino, Paolo 105, 204
Bossi, Umberto 202, 217–219
Braun, Michael 198, 204, 232
Briatore, Flavio 86
Brogi, Alessandro 137, 238
Brzezinski, Zbigniew 142
Burgalassi, Silvano 43
Buscetta, Tommaso 104

Cadorna, Raffaele 128
Cagol, Mara (Margherita) 175, 177
Calabresi, Luigi 163
Calise, Mauro 225
Carli, Guido 155
Carnevale, Corrado 105
Carter, Jimmy 142 f.
Castellina, Luciana 197
Cattaneo, Carlo 202
Cavour, Camillo Benso di 91
Cazzola, Franco 203
Celentano, Adriano 60f.
Cencelli, Massimiliano 127
Cerruti, Nino 85
Cicchitto, Fabrizio 186
Cirillo, Ciro 180
Christian, Linda 54
Chruschtschow, Nikita 121, 123
Ciampi, Carlo Azeglio 208, 211, 218, 225
Clarke, Martin 30, 128,
Colombo, Emilio 147, 155
Compagna, Francesco 95
Conte, Paolo 60 f., 242
Corbino, Epicarmio 68
Coppi, Fausto 62f.

Cossiga, Francesco 122, 178, 183, 201
Crainz, Guido 157, 235, 237
Craxi, Bettino 14, 124, 144–148, 170, 174, 182 f., 192–196, 198 f., 201–205, 208, 223, 225, 241
Craxi, Bobo (Vittorio) 203
Crispi, Francesco 145, 147
Croce, Benedetto 124
Cuccia, Enrico 77
Curcio, Renato 175 f,
Cutolo, Raffaele 104, 180

D'Alema, Massimo 217, 221–223
Dalla, Lucio 61, 242
Dalla Chiesa, Carlo Alberto 104, 178 f.
Dalla Chiesa, Nando 105
De André, Fabrizio 60
De Benedetti, Carlo 77
De Gasperi, Alcide 19–21, 23 f., 26 f., 30, 108–112, 119 f., 132–134, 139 f., 144
De Gregori, Francesco 61
De Lorenzo, Giovanni 155 f.
De Michelis, Gianni 147, 203
De Mita, Ciriaco 105, 180, 198 f., 201
De Santis, Giuseppe 56
De Sica, Vittorio 55 f.
De Sio, Teresa 61
Deleuze, Giles 175
Delle Chiaie, Stefano 159, 163–165
Dell'Utri, Marcello 211–213
Di Pietro, Antonio 202, 216 f., 223, 226 f.
Dini, Lamberto 216 f., 219, 221, 226 f.
Dolci, Danilo 98
Dozier, James 179, 181
Dunn, James 23, 109

Einaudi, Luigi 24, 68 f., 133
Eisenhower, Dwight D. 132, 135, 137, 238
Evola, Julius 163
Fanfani, Amintore 96, 111 f., 136–138, 141, 144, 149–153, 169
Falck, Giorgio 69, 75
Falcone, Giovanni 105 f., 204
Fellini, Federico 55, 57, 61
Ferré, Gianfranco 85, 88
Fini, Gianfranco 209, 214 f., 239
Fisichella, Domenico 214 f., 225
Fo, Dario 53, 60, 163
Foa, Vittorio 122
Forgacs, David 50, 191, 242
Forlani, Arnaldo 105, 111, 198 f., 208
Franceschini, Alberto 175
Freda, Francesco 163
Fritzsche, Peter 49, 232

Gaber, Giorgio 60 f.
al-Gaddafi, Muammar 138, 142
Galasso, Giuseppe 195
Garbo, Greta 132
Garibaldi, Giuseppe 90 f., 99, 122, 145
Gaulle, Charles de 156, 214
Gava, Antonio 111, 180, 201, 204
Gelli, Licio 185, 234
Germi, Pietro 56
Getty, Paul 97
Giannettini, Giovanni 167
Giannini, Guglielmo 22
Ginsborg, Paul 40, 47, 114, 210, 233, 237, 242
Gioberti, Vincenzo 202
Gioia, Giovanni 106
Giuliano, Salvatore 24
Gorbatschow, Michail S. 196
Gramsci, Antonio 58, 93, 120, 172
Grasse, Alexander 228, 237, 241
Gronchi, Giovanni 136 f., 141
Guareschi, Giovanni 13
Guattari, Felix 175, 242
Gucci, Guccio 85
Guccini, Francesco 60 f., 242
Gui, Luigi 153, 158
Gullo, Fausto 119
Gundle, Stephen 54, 58, 87, 242

Harper, John L. 141, 233
Hauschild, Thomas 217
Hausmann, Friedrike 199, 233
Hoffmann, Dustin 86

Ingrao, Pietro 170
Iotti, Nilde 170

Jannaci, Enzo 60 f., 242
Johannes XXIII. (Angelo Roncalli) 44 f., 151, 160
Johannes Paul II. (Karol Wojtyla) 45, 243

Kennan, George F. 143
Kennedy, John F. 45, 151
Klinkhammer, Lutz 128, 231, 234
Kissinger, Henry 136 f.

La Malfa, Ugo 19, 124, 152
La Palombara, Joseph 183, 233
La Pira, Giorgio 137
La Torre, Pio 104
La Valletta, Vittorio 72
Lanaro, Silvio 157, 233
Lauzi, Bruno 60
Lenin, Wladimir I., Leninismus 130, 160, 167, 174, 176
Le Pen, Jean-Marie 214
Lima, Salvatore 97, 105 f., 204 f.
Lollobrigida, Gina 55
Lombardi, Riccardo 153
Lombroso, Cesare 92
Longo, Luigi 122, 128, 162, 185
Longo, Pietro 186
Loren, Sophia 55, 59
Lubitsch, Ernst 132
Luce, Clare Boothe 134 f.
Luce, Henry 134
Luciano, Lucky 96
Lueger, Karl 21
Lussu, Emilio 19

Magri, Lucio 197
Mammì, Oscar 192 f.
Mangano, Silvana 55
Mao Zedong, Maoismus 122, 163, 175 f., 199, 220
Martini, Gaetano 136
Mastella, Clemente 225
Mattarella, Piersanti 104
Mattei, Enrico 75, 112, 136–138, 141 f.
Mazzini, Giuseppe 122, 146
Merkel, Wolfgang 188, 241
Miceli, Vito 165
Mintoff, Dom 145
Modugno, Domenico 60
Moravia, Alberto 56
Moretti, Mario 175 f., 179
Moro, Aldo 111, 125, 141 f., 144, 148, 150, 152, 154–156, 170, 173, 175, 177–181, 183, 186, 197, 200 f., 236, 240
Mussolini, Alessandra 209, 217
Mussolini, Benito 12, 16–19, 23, 27, 29, 62, 110, 128, 130, 133, 147, 168, 188, 225

Nannini, Gianna 61, 242
Napoletano, Giorgio 225
Nasser, Gamal Abdel 138
Negri, Toni 159, 174, 181, 235
Nenni, Pietro 19, 21, 23, 123, 137, 151 f., 154–156

Occhetto, Achille 187, 201
Onassis, Jackie 86
Orlando, Leoluca 105. 201 f., 209–211, 242

Pandolfi, Filippo Maria 183 f.
Panzieri, Raniero 159
Pappalardo, Salvatore 104
Parri, Ferruccio 19 f., 22, 172
Pasolini, Pier Paolo 56 f., 167, 182, 236
Pasquarelli, Gianni 199
Paul VI. (Giovanni Montini) 45
Pella, Giuseppe 136
Pertini, Sandro 172, 180, 185 f., 208
Petersen, Jens 18, 234 f., 242
Pintor, Luigi 122
Pius IX. (Giovanni M. Mastai-Ferretti) 11
Pius X. (Giuseppe Melchiorre Sarto) 11
Pius XII. (Eugenio Pacelli) 44, 62, 133 f.
Power, Romina 54, 60
Power, Tyrone 54, 135
Prada, Muccio 85, 88

Previti, Cesare 218
Prodi, Romano 62, 198 f., 217, 219–221, 223, 226 f.
Putnam, Robert D. 183, 241

Rame, Franca 53, 60
Ranieri, Massimo 60
Rauti, Pino 163, 215
Reagan, Ronald 198
Riboldi, Antonio 104
Riina, Salvatore 104, 106, 205
Rossanda, Rossana 122
Rossellini, Roberto 56 f.
Ruffini, Ernesto 98
Rumor, Mariano 111, 141
Rutelli, Francesco 199, 208 f.

Saragat, Giuseppe 123 f., 153 f., 156
Salvemini, Gaetano 93
Scajola, Claudio 214
Scalfari, Eugenio 51
Scàlfaro, Oscar Luigi 203 f., 208, 211, 218 f., 225
Scelba, Mario 24, 32
Schröder, Gerhard 189
Schuman, Robert 139
Sciascia, Leonardo 98
Scotti, Vincenzo 62, 184, 186
Segni, Antonio 101, 122, 151, 153, 155 f.
Segni, Mario 200, 209, 216 f., 226 f.
Sforza, Carlo 23, 25, 132, 134
Sindona, Michele 168 f., 197, 233 f.
Sofri, Adriano 163
Sossi, Mario 177
Spadolini, Giovanni 124, 145 f., 186, 193, 195
Spinelli, Altiero 140, 147
Stalin, Josef W. 16, 109, 116, 121, 123, 128
Stallone, Sylvester 86
Strehler, Giorgio 60
Sullo, Fiorentino 154, 171
Sylos Labini, Paolo 36, 38

Tambroni, Fernando 150 f., 158
Taviani, Emilio Paolo 160
Tenco, Luigi 60
Terenzi, Amerigo 51
Thatcher, Margaret 198
Thoeni, Gustavo 64
Togliatti, Palmiro 16 f., 19, 26 f., 29, 114, 119–121, 123, 142, 150, 170
Tomba, Alberto 64
Toscani, Oliviero 86
Totò (Antonio de Curtis) 57, 61
Tronti, Mario 159
Truman, Harry 131 f.

Valiani, Leo 128
Venditti, Antonello 61
Versace, Donatella und Gianni 85, 88
Visconti, Luchino 56 f.
Visentini, Bruno 194 f.
Volpe, John 142

Wertmuller, Lina 57
Wilder, Billy 132
Woller, Hans 18, 233, 239

Zaccagnini, Benigno 169
Zamagni, Vera 68, 233, 238
Zucchero (Adelmo Fornaciari) 61

Sachregister

Begriffe, die nur in einem Kapitel oder Unterkapitel vorkommen und deshalb leicht über das Inhaltsverzeichnis zu finden sind, wurden nicht verzeichnet.

Abruzzen 22, 73, 90, 113, 164
Abtreibung 43, 45, 47, 172
ACI (Azione Cattolica Italiana) 43–46, 56, 62, 109, 125, 213
Agrarreform, Bodenreform 66, 93, 97, 99–103, 121, 154, 157
alternativa di sinistra s. Volksfront
Albanien 25, 47
AN (Alleanza Nazionale), s.a. MSI 128, 209, 213–218, 222, 225–227
Analphabetismus 59, 94
Antifaschismus, *arco costituzionale* 13, 16–19, 21, 23 f., 27, 29, 33, 43 f., 52, 60, 99, 107–109, 114, 117, 119 f., 123–125, 129, 135, 140, 150, 169 f., 172, 183, 196, 209, 221, 225, 234
Antikommunismus 24, 27, 30, 44, 46, 50, 109 f., 114 f., 124, 132–134, 142, 149, 151, 154, 181, 187 f., 209, 213
Anti-Mafia-Bewegung, -Gesetz, -Kommission, *controcamorra* 32, 98, 101, 103–107, 241 f.
Aostatal 22, 25, 30, 73, 126
Apulien 40, 73, 90, 104, 111, 113, 241
Arbeitslosigkeit, Unterbeschäftigung 24, 39, 49, 68, 72, 81, 94 f., 106, 155, 184, 224
arco costituzionale s. Antifaschismus
Äthiopien 25
Auto, Automobilindustrie (s.a. FIAT) 55, 69–71, 74, 77, 102, 166, 177
Autonome 61, 160 f., 174, 181, 235

Banken 56, 74, 76 f., 84, 102, 127, 133, 155, 166, 197
Basilikata 22, 73, 90, 92, 113, 241
Bauern, Bauernverbände 38 f., 93, 99, 101, 103, 112 f., 155, 157 f., 162, 212, 217
bicameralismo s. Parlament
Bildungssystem 32, 47 f., 52, 70, 72, 84, 88, 94, 127, 153, 156, 158–161, 194, 224, 236
Bodenreform s. Agrarreform
Bodenschätze, Rohstoffe 65, 67, 75–77, 83, 133, 138
Bologna 50, 61, 91, 164 f., 175, 185, 190, 197, 242
BR (Brigate Rosse) 61, 142, 175–182, 236
Briganten 91 f.
Bruttoinlandsprodukt, Bruttosozialprodukt 69, 76, 79, 82, 84 f., 94 f., 106, 140, 189, 191
Bürgerkrieg 18, 20, 23, 63, 92, 164, 234
Bürokratie, Verwaltung 9, 19, 31 f., 91, 101, 103, 113, 126 f., 129, 156, 158, 164, 171–173, 186, 199, 222–224

camorra s. Mafia
Carabinieri s. Polizei
Cassa per il Mezzogiorno (CasMez) 80, 100, 102 f., 107, 164
Catania 95, 151, 166
CGIL (Confederazione Generale Italiana del Lavoro) s. Gewerkschaften
Chile 122, 164, 167
China 84, 136, 160
CIA (Central Intelligence Agency) und andere US-Geheimdienste 24, 114, 142, 185, 201
CISL (Confederazione Italiana Sindacati dei Lavoratori) s. Gewerkschaften

CLN *(Comitati di Liberazione Nazionale)* 17, 19 f., 150
Confindustria (Confederazione Generale dell'Industria Italiana) 50, 75, 118, 134, 152
controcamorra s. Antimafia
correnti s. Parteiströmungen
Corriere della Sera 51 f., 170, 186

Dänemark s. Skandinavien
DC (Democrazia Cristiana) 13, 16 f., 19, 21–24, 27, 30, 34, 43–46, 51–53, 57, 62, 64, 68, 74 f., 96, 100 f., 104 f., 107–115, 119, 122–126, 129, 131–135, 137, 140–142, 144, 147, 149–157, 160, 164, 166–174, 177 f., 180, 182–188, 190 f., 194 f., 197–201, 203 f., 208 f., 212–216, 218–220, 235, 238–240
Design 85, 87
Deutschland 12, 14, 18, 26, 36, 39, 44, 47, 51, 63, 67–70, 72, 76, 79, 94, 125, 127, 132, 138, 141, 157–159, 161, 168, 175, 224, 232 f., 236, 242 f.
Dienstleistungsgesellschaft s. Postindustrialismus
Dritte Welt 75, 131, 159
DS (Democratici di Sinistra), PDS (Partito Democratico di Sinistra) 34, 197, 201, 208–210, 213, 215–217, 220–223, 226 f.

Ehe, Scheidung 42 f., 45, 47 f., 56, 109, 125, 167 f., 172, 182, 194
Eisenbahn s. Verkehrssystem
Emilia-Romagna 22, 41, 73, 81, 151, 169, 175, 241
Empfängnisverhütung 45, 47
Energieversorgung 17, 75–78, 83, 101, 138, 153, 167
ENI (Ente Nazionale Idrocarburi) s. Staatsunternehmen
Entführung (s.a. Moro, Dozier, Cirillo) 92, 97, 146, 176 f., 179 f.
enti pubblici s. Staatsunternehmen
Erster Weltkrieg 18, 20 f., 25 f.
l'Espresso 52, 169
Europäische Einigung, EURATOM, EWG, EU 68, 75, 83 f., 103, 124, 130, 134, 139–141, 144 f., 147 f., 183, 219, 221, 223

Familie, Familiarismus 11, 14 f., 36, 46–49, 59, 64, 66, 77, 82 f., 85 f., 88, 92–95, 98, 101, 108 f., 117, 126, 166, 168, 172, 210, 213, 216, 237, 241
Faschismus 10–13, 16–22, 24–27, 30–33, 37, 39 f., 43, 45, 48, 50–55, 59, 62 f., 67–69, 72, 74, 87, 92, 96, 103, 107–110, 113 f., 120, 123, 125, 128 f., 145, 163, 171 f., 185, 199, 214 f., 217
Feminismus s. Frauenbewegung
Fernsehen s. RAI, Berlusconi
FI (Forza Italia) 30, 33, 37, 62, 107, 111, 202, 210–216, 218–220, 222 f., 226 f., 239
FIAT 66, 69, 71 f., 77, 86, 116–118, 141 f., 152, 158, 174, 176, 184, 196, 202
Finnland s. Skandinavien
Florenz 50, 80, 86, 137, 151, 164, 190
Föderalismus s. Regionen
fotoromanzi 58 f., 64
Frankreich 18, 25, 31, 39, 42, 47 f., 52, 55, 59 f., 67, 76 f., 82, 94, 130 f., 133, 138 f., 141, 143, 159, 161, 168
Frauen 21, 40, 47–49, 59, 71, 81, 108 f., 125, 168, 174, 210, 213, 224
Frauenbewegung, Frauenemanzipation, Feminismus 47, 64, 81, 168
Freimaurer (s.a. P2) 105, 185
Friaul-Julisch Venetien 15, 22, 73
Friedensvertrag 20, 23–27, 31, 33, 119, 133 f., 136, 238
Fronte dell'Uomo qualunque s. *qualunquismo*
Fußball 9, 62 f., 199, 212, 242 f.

Gastronomie s. Lebensart
Geburtenrate 47 f., 64
Geheimdienste, SID, SISDE 24, 162 f., 165, 178, 180 f., 185 f., 201
Geschlechterrollen 14, 47–49, 59, 81
Gesetzgebung s. Parlament
Gesundheitswesen 36, 88, 127, 156, 171 f.

Gewerkschaften 12, 18, 24, 37, 72, 76, 83, 88, 101, 113–119, 123, 127, 129, 134 f., 137, 152, 154 f., 157–159, 161 f., 164, 166, 171, 173 f., 176, 184, 186, 189, 193 f., 196, 213, 216, 219, 221, 240
Griechenland 17, 25, 47, 52, 128, 155, 163
Großbritannien, England 10, 16 f., 25, 47 f., 51, 55, 70, 77, 82, 119, 130 f., 133, 138, 141, 145, 172, 200, 208, 224
Großgrundbesitz(er) 18, 24, 66, 91, 93, 96 f., 100 f., 103
guerriglia diffusa 174, 181
Gustizia e Libertà 16 f., 19

Haushaltspolitik, Staatshaushalt, Staatsverschuldung 78, 85, 101, 142, 155, 206–208, 218–221
Historischer Kompromiss 123, 142, 144, 167–170, 177–179, 187 f., 197, 240

Industrie, Industrialisierung 14, 19, 25, 36–39, 41, 43, 47, 50 f., 54, 58, 64–78, 81, 88, 90, 93 f., 102 f., 106, 113, 115–118, 121 f., 152, 155, 169, 171, 200, 216
Inflation 23 f., 69, 76, 88, 117, 145, 155, 171, 183 f., 208
IRI (Istituto per la Ricostruzione Industriale) s. Staatsunternehmen
Irland 42, 47 f., 99
Italo-Amerikaner 96, 109, 131–133, 142

Jugoslawien 25, 134, 136, 146 f.
Jugend, Jugendlichkeit, Jugendkulturen 50, 60, 62, 86 f., 125, 167, 174, 212, 224, 235
Justiz, *magistratura* 31 f., 56, 105, 158, 163, 165, 177, 179–181, 185 f., 189, 192, 195, 200, 202–206, 210, 217 f., 222, 225

Kalabrien 73, 90, 92, 94 f., 97, 100, 106, 163 f., 205
Kalter Krieg 12, 23, 26 f., 31, 44, 63, 134 f., 137, 139, 144, 149, 198
Kampanien 47, 73, 90, 104, 106, 164, 180, 205
Katholizismus s. Kirche, Vatikan
Kino 46, 50, 54–59, 64, 71, 132, 135, 242
Kirche 11–14, 16, 20, 29, 42–46, 50 f., 58, 92, 98, 104, 106, 108 f., 112, 119, 123, 131, 167, 243
Kirchenstaat s. Vatikan
Klientelismus, Vetternwirtschaft 10 f., 13 f., 23, 28 f., 46, 75 f., 78, 97, 101–103, 105, 111–114, 124–126, 129, 150, 171, 173, 182, 187 f., 195, 198, 207, 213, 218, 240
Klima 40, 65, 78
Königreich Italien (1860–1922) s. Liberales Italien
Kommunalpolitik, Städtebau 12, 16, 21 f., 32, 70, 110, 125, 127, 151, 154 f., 169, 171, 174, 202, 209, 213, 219
Kommunismus s. PCI, RC, DS
Konkordate, Lateranverträge 29, 42 f., 194
Konsumismus 14, 54 f., 58, 60, 68, 70–72, 85–88, 133, 166, 194, 211
Korruption, *mani pulite*, *tangentopoli* 15, 19, 32, 46, 91, 96, 101 f., 125, 167–169, 173, 182, 186, 188, 195, 198, 202–205, 207, 210, 212, 217 f., 220, 237
Kronzeugen, *pentiti* 104, 106, 181
Kultur, Massenkultur (s.a. politische Kultur) 14, 45 f., 50, 54–64, 80, 90, 94, 105, 120 f., 125, 135, 213, 242 f.

Laizismus, Antiklerikalismus 11, 16, 21, 29, 62 f., 92, 108, 119, 124 f., 128 f., 168, 187, 217
Landwirtschaft 37, 40, 64–68, 72, 74, 77, 83, 93–95, 100–103, 112, 117, 155, 207
Lateinamerika 59 f., 108, 131, 160, 164 f., 176
Lateranverträge s. Konkordate
Latium 38–40, 73, 90, 164, 209, 241
Lebensart, Gastronomie 9, 49, 55, 80 f., 85–88
Lega Nord 34 f., 63, 92, 107, 126, 202, 210, 213–219, 222, 226 f., 239
Liberales Italien, Königreich Italien (1860–1922) 10 f., 13, 19, 32, 59, 91 f., 103, 110, 113, 126, 141, 145

Liberalismus s. *Gustizia e Libertà*, PLI, Liberales Italien
Libyen 138, 142, 145 f.
Ligurien 22, 47, 73, 81, 164, 169, 214
Linksradikalismus, Neue Linke 9, 61, 70, 126, 158–160, 166 f., 170, 175, 196, 220, 235
Lira s. Währung
Lokalismus 10, 91, 126 f., 187,
Lombardei 22, 73, 81, 94, 126, 169, 241
lottizzazione 77, 126–129, 173, 182, 190 f., 203, 207, 228

Maastricht-Kriterien 84 f., 140, 207, 218, 221, 238
Männer, Männlichkeit 40, 48, 59, 64, 71, 97, 104, 109, 168
Mafia, *camorra, 'ndrangheta,* organisierte Kriminalität 15, 22, 24, 32, 46, 61, 82, 92, 95–99, 103–107, 162–164, 169, 178–180, 185, 188, 202, 204 f., 210–212, 234, 241 f.
Mailand 41, 60–62, 66, 74, 87, 108, 127, 151, 158, 160–163, 168, 175 f., 187, 202 f., 212, 221
mani pulite s. Korruption
il Manifesto 34 f., 51, 122
Margherita 216, 225–227
Marken 22, 66, 73, 81, 85, 90, 95, 111
Marshall-Plan 24, 50, 68 f., 100, 112, 131–133, 139
Marxismus 36, 93, 152, 160
Mediengesetze 189 f., 192 f., 200,
Migration 9, 30, 37, 39–41, 46 f., 60, 63 f., 68, 70–72, 80 f., 86, 88, 93, 103, 106 f., 140, 158 f., 174, 196, 199, 205
Militär 12, 16–18, 25, 31, 33, 38, 68, 91, 97, 114, 122, 130 f., 134, 137, 140 f., 156, 159 f., 163, 165, 167, 177, 179 f., 185 f., 238
Mittelmeerpolitik, Naher Osten 130, 134, 136–139, 144–147, 214
Mode 50, 55, 86 f.
Modernisierung 14, 43 f., 47, 54, 58, 66, 70, 81, 90, 94 f., 99–103, 107, 109, 124, 140, 150, 156, 166, 185, 194, 202
Molise 22, 73, 90, 113
MSI (Movimento Sociale Italiano), Neofaschismus (s.a. AN) 34 f., 119, 125, 128, 135, 150 f., 153, 159, 162–168, 170, 177, 192, 207, 214 f., 217
Musik 50, 53, 59–62, 242

Naher Osten, Nahostkonflikt s. Mittelmeerpolitik
Nationalismus 26, 109, 135, 137, 213–215
Nationalsozialismus 12, 78, 125, 128, 130
NATO 12, 27, 119, 130 f., 133 f., 136–142, 144–146, 151, 179, 201
Natur, Naturschutz, Umweltschutz 30, 65, 79 f., 83, 86, 125, 194–196
'ndrangheta s. Mafia
Neapel 22, 44, 51, 57, 59–61, 74, 90–92, 94–97, 102, 105, 110 f., 158, 180, 209, 240
Neoatlantizismus 136–139, 141, 144, 147
Neofaschismus s. MSI
Neue Linke s. Linksradikalismus
1968 s. *sessantotto*
New York 86 f., 132, 142
Nord-Süd-Gegensatz 10, 19, 22, 63, 65, 73 f., 78, 90, 94, 106 f., 113, 115, 154

Österreich, Österreich-Ungarn 21, 25 f., 131, 147
Olivetti 66, 77, 152, 202

P2 (*Propaganda Due*) 32, 99, 178, 180, 185–187, 191
Padua 113, 161, 174, 181
Palermo 24, 90, 95–98, 104–106, 151, 169, 178, 188, 201, 205, 210 f., 242
Parlament, Gesetzgebung, *bicameralismo* 13 f., 24, 27–33, 53, 74 f., 79, 98, 104, 106, 109–111, 114, 119 f., 122, 125 f., 130, 132, 134, 144, 146, 150, 152, 154–157, 163, 168, 170–173, 185 f., 189 f., 192–194, 197, 200 f., 204, 208 f., 213, 216–220, 222 f., 225
Parteienfinanzierung, Wahlkampfkosten, Parteispenden 198, 202 f., 207, 222

Parteienherrschaft, *partitocrazia* (s.a. *lottizzazione*) 30, 127, 202, 208, 210, 214, 225, 240
Parteiströmungen, *correnti* 13, 75 f., 111 f., 119, 122–124, 126–129, 133, 144, 149–152, 154, 157, 166, 169, 187, 191, 195, 198, 209, 214, 220
PCI (Partito Comunista Italiano) 12–14, 16 f., 19, 21–25, 27, 29, 33–35, 50 f., 57 f., 61 f., 77, 88, 98, 104, 108 f., 112, 114–116, 119–127, 129, 131 f., 134 f., 140, 142–144, 149, 152–154, 157–159, 162, 164–171, 173–175, 177, 179–185, 187 f., 190, 193 f., 196–198, 203, 206–210, 213, 215 f., 220 f., 225, 234, 240, 242
PdA (Partito d'Azione) 16 f., 19–22, 34 f., 120, 126, 152, 194, 225, 227
PDS (Partito Democratico di Sinistra) s. DS
pentiti s. Kronzeugen
Piemont 22, 25, 73, 81, 90, 169
Pirelli 66, 69, 77, 152, 176 f.
PLI (Partito Liberale Italiano) 17, 22, 24, 29, 34 f., 74, 96, 110, 124, 126, 133, 136 f., 154, 183, 186, 204, 208, 218, 239
politische Kultur 9, 11–13, 21, 42–46, 50–58, 108–130, 134, 151 f., 157, 165 f., 182 f., 203 f., 210, 212, 218 f., 223, 228, 232, 237
politischer Katholizismus s. DC, PPI
politisches System 11–13, 31, 127, 132, 156 f., 178, 182, 191, 195 f., 198–201, 207, 210, 220, 222 f., 225, 234 f., 239, 243
Polizei, Carabinieri 24 f., 31 f., 95, 100, 104–106, 114, 116, 132, 151, 155, 160, 162, 164 f., 171, 174, 176–181, 201
Portugal 21, 44, 147, 169
Postindustrialismus, Dienstleistungsgesellschaft 14, 37, 41, 81–88, 196
PPI (Partito Popolare Italiano) 108, 204, 209, 216 f., 220, 226 f.
PR (Partito Radicale) 34, 126, 170, 181, 190, 196, 199, 227
Presse 16, 43, 50–53, 62, 64, 105, 112, 144, 152, 154, 169, 192, 200, 243
PRI (Partito Repubblicano Italiano) 22, 34, 110 f., 124–126, 132, 134, 145 f., 152 f., 170, 186, 195, 200, 203 f., 226 f., 239
Pro-Kopf-Einkommen 14, 67 f., 73, 83, 94 f., 103, 106 f.
PSDI (Partito Socialista Democratico) 34 f., 51, 110 f., 123–126, 134, 137, 152 f., 156, 170, 183, 185 f., 204, 208, 220
PSI (Partito Socialista Italiano), PSU (Partito Socialista Unificato), Sozialismus 12, 17, 19, 21–23, 33–36, 50 f., 53, 70, 88, 98, 105, 109, 120–127, 132, 134 f., 137, 140 f., 151–156, 159, 164, 169 f., 173 f., 178, 181–191, 195 f., 198, 203–205, 208, 216, 218, 220 f., 226 f., 241
Putschgerüchte, Putschpläne 144, 151, 155 f., 163–165, 167, 169, 177, 182, 186, 201

qualunquismo 22, 34 f.

RAI-TV (Radio Audizioni Italia/Televisione Italiana), Radio, Fernsehen (s.a. Berlusconi) 13 f., 52–56, 59–61, 84, 123, 187, 189–193, 199 f., 219
RC (Rifondazione Comunista) 34 f., 197, 215, 220 f., 226 f.
Rechtsextremismus 22, 122, 162–165, 201, 214
Referendum s. Volksentscheid
Regierung s. unter den Namen der Ministerpräsidenten
Regionalparteien 34 f., 126, 226 f.
Regionen, Regionalisierung, Föderalismus 12 f., 22 f., 30 f., 39, 42, 46, 50, 52, 58, 64 f., 71–73, 78, 80–84, 90 f., 94 f., 100 f., 106 f., 111–113, 117, 119 f., 127, 129, 153–155, 171 f., 195, 199, 208 f., 219, 222 f., 228, 241
la Repubblica 51 f., 106, 191, 199
Republik von Salò s. RSI
Resistenza 13, 16–22, 25, 27, 31, 33, 57, 75, 99, 108, 128, 135, 150 f., 154, 157, 159, 161 f., 167, 172, 175 f., 185, 194, 225, 234 f.

la Rete 34 f., 105, 202, 209–211, 216, 226 f.
risorgimento 21, 90, 95, 146
Rom (s.a. Latium) 22 f., 42, 52, 54–56, 60, 126, 140, 158–162, 166, 179, 202, 209
»roter Gürtel« (s.a. Emilia-Romagna, Toskana, Umbrien) 22, 43, 82, 153, 169, 183, 241
RSI (Repubblica Sociale Italiana), Republik von Salò 16 f., 19, 33, 125

Sardinien 22, 30, 65, 73, 90, 102, 122, 179, 200
scala mobile 117 f., 184, 186, 193, 196
Schattenwirtschaft 14, 37, 82, 95, 166
Scheidung s. Ehe
Schule, Schulpflicht s. Bildungssystem
Schwarzer Terror s. Rechtsextremismus, Terrorismus
Schweden s. Skandinavien
sessantotto, 1968 32, 76, 85, 117, 123, 126, 131, 149, 157–162, 164, 166–168, 176, 182, 185, 235 f.
Sexuamoral, sexuelle Revolution 43, 47 f., 56, 64, 125, 158, 168, 217
SID, SISDE s. Geheimdienste
Sizilien 23 f., 30, 40, 47, 51, 65, 73, 90–93, 95–98, 100–102, 104–107, 122, 151, 166, 169, 185, 204 f., 209–211, 241 f.
Skandinavien 47 f., 124
Somalia 145 f.
Sowjetunion, UdSSR 16 f., 25, 27, 51, 64, 116, 120–122, 132, 134, 136–138, 142 f., 196
Sozialismus s. PSI
Sozialstruktur 12 f., 36–39, 41, 54, 64 f., 69 f., 83, 93, 100–102, 115, 129, 158
Sozialsystem, Sozialversicherungen 32, 46, 49, 82, 106, 114, 127, 154, 194
Spanien 21, 44, 47, 90, 92, 143, 147, 164, 169
Sport (s.a. Fußball) 51 f., 62–64, 80, 86, 125, 242 f.
Staatshaushalt s. Haushaltspolitik
Staatspräsident, Präsident der Republik (s.a. unter den Amtsinhabern) 13, 27, 20, 136, 155f., 172, 180, 185 f., 200 f., 203, 208, 211, 218f., 222, 225
Staatsunternehmen, *enti pubblici*, ENI, IRI 32, 51, 53, 74 f., 77, 84, 102, 112, 114, 136, 138, 171, 198 f.
Staatsverschuldung s. Haushaltspolitik
Städtebau s. Kommunalpolitik
Streiks 31, 76, 79, 99 f., 114–120, 151 f., 158, 161, 164, 176, 182, 184, 196,
Studentenbewegung s. *sessantotto*
Süditalien, Südfrage (s.a. Nord–Süd–Gegensatz sowie unter einzelnen Regionen) 39–41, 51, 59, 66, 80, 90–107, 217
Südtirol, s. Trentino–Südtirol

tangentopoli s. Korruption
Terrorismus (s.a. BR) 96, 105, 141, 146, 151, 159, 161–165, 175, 178 f., 181 f., 185, 201, 204 f., 234–236
Toskana 11, 17, 22, 41, 66, 73, 81, 111, 169
Tourismus 9, 32, 39, 41, 54, 61 f., 71, 74, 76, 78–81, 86, 88, 94, 97, 101, 125, 195, 205, 207, 238
trasformismo 11 f., 173, 181, 219, 225
Trentino–Südtirol 21 f., 25 f., 30, 34 f., 41, 73, 111, 126, 139, 239, 241
Triest 25, 35, 109, 126, 136
Tschechoslowakei 122, 147
Tunesien 145, 203

UdSSR s. Sowjetunion
UIL (Unione Italiana del Lavoro) s. Gewerkschaften
Umbrien 15, 22, 66, 73, 81, 90, 164, 169
Umbruch von 1993/94, Ende der Ersten Republik 10, 149, 202–210, 224 f.
Umweltschutz s. Naturschutz
Ungarn 121, 147
L'Unità 14, 51, 62, 120f., 180
Universität s. Bildungssystem
Unterbeschäftigung s. Arbeitslosigkeit
US-Geheimdienste s. CIA
USA 12, 16, 23–27, 31, 39, 64, 69 f., 76, 79, 82, 88, 93, 96 f., 109 f., 115, 120,

130–147, 149, 151, 168 f., 173, 181, 191, 201, 208, 234 f., 239

Vatikan, Vatikanstaat, Kirchenstaat 11, 21, 42–45, 90, 108–110, 114, 120, 149, 151, 169, 181, 185, 194, 239, 243
Venedig 80, 86, 145, 151, 161
Venetien 22, 30, 35, 43, 73, 81, 85 f., 111, 113, 126, 163, 241
Verfassung 20, 27–33, 42, 56, 91, 96, 110, 121, 126, 130, 150, 165, 171, 186, 189f., 192–194, 196, 200 f., 204, 207 f., 211, 214 f., 222–225, 228, 234 f., 237, 240
Verkehrssystem 17, 26, 32, 65, 68, 70, 72, 74 f., 79, 83 f., 103
Verlage 50 f., 53, 59, 181
Verschwörungstheorien, *dietrologia* 28, 114, 134, 144, 150, 162, 177–179, 200, 232, 236
Verwaltung s. Bürokratie
Vetternwirtschaft s. Klientelismus
Volksentscheid 20–22, 30, 35, 43, 46, 83, 107, 118, 167 f., 172, 178, 182, 193 f., 196, 200, 202, 207, 209 f., 222 f.
Volksfront, Linksregierung (ohne DC), *alternativa di sinistra* 22 f., 44, 88, 109, 114 f., 120, 123 f., 134, 169 f., 173 f., 187 f., 196, 206 f., 217, 220–222

Währung, Lira 30, 68 f., 76, 78, 80, 84 f., 88, 142, 145, 150, 166, 183, 206, 218 f., 221
Wahlen 20, 23, 30, 33–35, 96, 109 f., 119, 123, 149, 154, 166, 169 f., 173, 186 f., 193, 197 f., 202, 209, 211, 213–217, 219 f., 222 f., 226 f.,
Wahlrecht 11, 19, 21, 27–30, 46, 84, 110, 115, 126, 194, 200, 207–209, 211, 216, 219 f., 222–224, 226 f.
Wirtschaftskrise 41, 71, 76, 79, 143, 148
Wirtschaftswachstum 67, 69–72, 79, 82, 99, 150, 189
Wirtschaftswunder 12, 14, 36, 47, 51, 70–72, 75, 79, 81 f., 115, 117, 157, 166, 235

Zeitungen s. Presse und unter dem jeweiligen Titel
Zensur 50, 53, 56 f., 60
Zweiter Weltkrieg 10, 14, 16 f., 24, 26, 68, 128, 130 f., 141